新时代法律监督理念与践行

张智辉　主编

XINSHIDAI FALV JIANDU
LINIAN YU JIANXING

中国检察出版社

图书在版编目（CIP）数据

新时代法律监督理念与践行／张智辉主编．—北京：中国检察出版社，2021.2

ISBN 978－7－5102－2544－4

Ⅰ.①新…　Ⅱ.①张…　Ⅲ.①法律监督－研究－中国
Ⅳ.①D926.34

中国版本图书馆CIP数据核字(2021)第026619号

新时代法律监督理念与践行

张智辉　主编

出版发行：中国检察出版社
社　　址：北京市石景山区香山南路109号（100144）
网　　址：中国检察出版社（www.zgjccbs.com）
编辑电话：(010)86423750
发行电话：(010)86423726　86423727　86423728
(010)86423730　86423732
经　　销：新华书店
印　　刷：保定市中画美凯印刷有限公司
开　　本：710 mm×960 mm　16开
印　　张：28.75
字　　数：332千字
版　　次：2021年2月第一版　2021年2月第一次印刷
书　　号：ISBN 978－7－5102－2544－4
定　　价：98.00元

编者的话

进入新时代以来，我国社会的主要矛盾发生了重大变化。社会主要矛盾的变化是关系全局的历史性变化，对党和国家工作提出了许多新要求，也对检察工作提出了许多新要求。特别是随着《监察法》的制定和国家监察委员会的成立，随着人民检察院组织法的修改和刑事诉讼法的再修改以及相关法律的修改，国家对检察机关的职权作出了重大调整。这种调整，对检察机关提出了新的挑战，也给检察工作带来了新的发展机遇。

适应检察职权的重大调整，满足新时代的新要求，必须有新的理念来指导。由于检察机关被宪法和人民检察院组织法定位为“国家的法律监督机关”，关于法律监督的理念，就自然而然地成为指引整个检察工作的带有全局性、根本性的理念。因此，法律监督理念的创新对新时代的检察工作必将具有深远的全局性的影响。在新时代到来的历史性时刻，最高人民检察院新一届党组提出了一系列新的理念，采取了一系列开拓性的举措。如何深刻领会这些新的理念，更好地贯彻落实新一届党组对检察工作作出的重大部署，是检察工作创新发展中必须面对的重大课题。正是在这种背景下，最高人民检察院把“新时代法律监督理念研究”作为2019年检察基础理论研究的重大课题，组织专业团队进行专题研究。湖南大学法学院有幸成为这种专业团队之一。

为了搞好该课题的研究，我们在认真梳理已有研究成果的基础上，系统地研究了最高人民检察院近年来提出的一系列理念、作出的一系列工作部署，组织有关专家学者进行集体攻关。特别是最高人民检察院法律政策研究室、检察理论研究所以及最高人民检察院和湖南省人民检察院有关业务部门的专家学者的加盟，为本课题的研究提供了有力的保障。课题组对新时代法律监督理念进行研究，就法律监督新理念在“四大检察”中如何贯彻落实的问题进行了深入讨论。

参加本课题研究的人员有（以撰写章节先后为序）：

湖南大学特聘教授、最高人民检察院咨询委员会委员张智辉（负责组织、统稿、撰写第一章第二、三部分）；

湖南大学法学院博士研究生曾昌（负责撰写第一章第一部分）；

最高人民检察院法律政策研究室副主任、二级高级检察官李文峰（负责撰写第二章）；

湖南大学法学院教授、博士生导师姚诗（负责撰写第三章）；

湖南大学法学院副教授熊亚文（负责撰写第四章）；

最高人民检察院检察理论研究所副所长、研究员邓思清（负责撰写第五章）；

最高人民检察院法律政策研究室民行研究处处长、二级高级检察官吴孟栓（负责撰写第六章）；

最高人民检察院第七检察厅副厅长、二级高级检察官张步洪（负责撰写第七章）；

湖南省人民检察院四级高级检察官单飞（负责撰写第八章）；

湖南省人民检察院常务副检察长、一级高级检察官卢乐云与湖南大学法学院博士研究生杜鹏程（共同撰写第九章）。

在本课题研究过程中，我们力求统一认识，有分有合，全面研究法律监督实践中的各种重大问题，但由于新冠疫情的影响，没有来得及举行专家论证会以修改完善本书提出的观点，更主要的是由于写作时间的仓促和水平有限，奉献给读者的研究成果难免有不当甚至错误之处，敬请读者批评指正。

张智辉

二〇二〇年七月三十日

目　录

上篇　法律监督新理念

下篇　法律监督新理念的践行

上篇　法律监督新理念

第一章　法律监督的时代命题

我国《宪法》第 134 条规定："中华人民共和国人民检察院是国家的法律监督机关。""法律监督"，既是对我国检察机关法律性质的宪法确认，也是对我国检察机关基本职能的法律概括。因此，法律监督自然而然地成为中国检察基础理论研究的核心问题，成为中国特色社会主义检察制度的重中之重。围绕法律监督问题展开的理论研究以及在此基础上形成的理念，对中国检察制度的完善、对检察工作的发展，具有至关重要的意义。尤其是在检察事业进入新的历史时期以后，法律监督理念亟须根据新时代新要求进行更新完善，以适应国家治理体系和治理能力现代化的要求，满足中国特色社会主义法治建设的需要。

一、法律监督理论研究的简要回顾

新时代，是承前启后、继往开来的时代。新时代法律监督理念是在传承已有的法律监督研究成果的基础上创新发展的理念。因此，对已有的法律监督理论研究成果的梳理和总结是新时代法律监督理念研究的逻辑起点。

（一）关于法律监督的概念

在中国，“监督”一词最早出现在南朝宣城太守范晔所作《后汉书·郑孔荀列传》，即“臣闻古之遣将，上设监督之重，下建副二之任，所以尊严国命，谋而鲜过者也。”[1] 这里的“监督”是对派出去打仗的将军进行监察而设的官，是常设的、专职的官员，其职责在于监察军令的贯彻执行，减少失误。此前的“监军”是因军事需要而临时设立的官员，如东周时期齐景公以田穰直为将军，“将兵扞燕晋之师。穰直曰：‘臣素卑贱，君擢之闾伍之中，加之大夫之上，士卒未附，百姓不信，人微权轻，愿得君之宠臣，国之所尊，以监军，乃可。’景公许之，使庄贾往”。（《史记·司马穰直列传》）由“监军”到“监督”，“监”的权力范围有了很大改变，“监”已经不仅仅是“以上临下”的为将军树威而设的官员，而是发展到可以“以下督上”的专职行使督责的官员。作为一种古代的官名，“监督”还有履行对同级官员的监察督促之责的职位，如清代所设十三仓监督、崇文门左右监督。可以说，在权力结构中，“监督”已不再局限于官员上下层级之间，已然突破了军事领域范畴，成为现代汉语中的一个外延较广的概念，被广泛用于日常生活中，如群众监督、市场监督、物价监督等。

“监督”一词，从最初始的官职到军事监察，再到现在的广泛使用，衍生了不同用法：（1）上级对下级的监督；（2）平等主体之间的监督；（3）下级对上级的监督；（4）外界的监督。监督的主体不同，监督的目的和功能就不同：上级对下级的监

〔1〕 也有学者认为“监督”一词最早是出于《后汉书·荀彧传》。参见钟海让：《法律监督论》，法律出版社1993年版，第1页。但是，后汉书并无《荀彧传》，当系《后汉书·郑孔荀列传第六十》（郑太、孔融、荀彧共作一传）之错讹或传讹。参见（宋）范晔撰、（唐）李贤等注：《后汉书》（简体字体），中华书局2000年版，第1541页。

督是为了行使管理权，因而具有管理的功能；平等主体之间的监督是为了相互制约，因而具有制衡的功能（平等主体之间的监督有积极的监督与消极的监督之分：积极的监督是主动纠察其他平等主体的行为，以发现和督促纠正对方的不当行为；消极的监督是被动的抗衡，用一种权力制约另一种权力）；下级对上级的监督则是为了提请上级注意自己的行为，具有提示的功能，同时作为一种民主权利，具有参与管理的功能。至于人民群众的监督和新闻媒体的监督，则是通过举报、控告和申诉，或者通过披露权力行使过程中出现的问题，以引起有关机关和人员的重视，进而达到帮助其改正错误的目的，这是实现人民民主的一种方式。那种认为监督就必须是居高临下、监督者一定要凌驾于被监督者之上的观点，是把监督的一种含义绝对化的结果，否定了现实社会政治生活中其他监督形式客观存在的事实，因而在理论上具有片面性。〔1〕在此，我们不难看出，监督作为群众监督、法律监督、党内监督、监察监督等监督的上位概念而存在，监督权包含了诸多权力。

"法律监督"一词，有的学者认为，是由毛泽东首次提出的。〔2〕其依据是，根据北京市人民检察院档案记载，1951 年 1 月 3 日在北京市人民检察署成立大会上，罗瑞卿检察长讲话时说："检察机关根据苏联的经验，毛主席曾经说过这就是法律监督机关。"〔3〕也有学者认为，李六如同志于 1950 年 1 月所著《检察制度纲要》（系 1949 年以后新中国的第一本检察专著）以及 1950 年 6 月所著《各国检察制度纲要》两部著作中相继提出了"法律监督"和"法律监督机关"概念。李六如同志

〔1〕张智辉：《检察权研究》，中国检察出版社 2007 年版，第 57 页。

〔2〕宋军：《法律监督理论的来龙去脉》，载《首都检察官》创刊号，2004 年 7 月。

〔3〕转引自甄贞等：《法律监督原论》，法律出版社 2007 年版，第 6 页。

将苏联的检察机关定性为“法律监督机关”，认为苏联检察的主要任务是“法律监督”。[1] 李六如同志提出的“法律监督机关”这一学理观点很快得到了中央的认同。1950年9月4日，中共中央发布的《关于建立检察机构问题的指示》明确指出：“苏联的检察机关是法律监督机关，对于保障各项法律、法令、政策、决议等贯彻实行，是起了重大作用的。我们则自中华人民共和国成立以后，才开始建立这种检察制度……必须加以重视。”[2]

尽管早已形成了法理共识与制度事实，但“法律监督机关”的定性首次写入法律则是1979年人民检察院组织法。《人民检察院组织法》第1条规定：“中华人民共和国人民检察院是国家的法律监督机关。”之后，该条规定内容又正式写入了1982年宪法第129条。之所以1979年人民检察院组织法和1982年宪法予以专门法条规定，乃是鉴于检察机关被错误对待甚至取消的惨痛历史教训，从而要拨乱反正、更加旗帜鲜明地肯定检察机关的法律监督机关性质。

关于法律监督的概念，在以往的研究中，主要有两种观点，即法律监督的一元论与二元论。

1. 法律监督概念的二元论

主张二元论的学者认为，法律监督有广义与狭义之分。广义上的法律监督是由一切国家权力、社会组织和公民对各种法律活动的合法性情况所进行的监察和督促；狭义上的法律监督则专指国家检察机关依法定程序和法定权限对法律实施的合法

〔1〕 田夫：《什么是法律监督机关》，载《政法论坛》2012年第3期；闵钐编：《中国检察史资料选编》，中国检察出版社2008年版，第829—836页。

〔2〕 闵钐、薛伟宏：《共和国检察历史片断》，中国检察出版社2009年版，第36页。

性所进行的监察和督促。[1] 但是，持此类观点的学者对法律监督内涵的阐释，也存在四种不同的观点：

第一种观点认为，广义的法律监督是法定国家机关对法律实施的合法性所进行的监察和督促。依据法理学公认的基本原理，“法律实施”包含守法、执法和司法三部分内容。“狭义上的法律监督，是专指国家检察机关依法定程序和法定权限对法的实施的合法性所进行的监察和督促。”[2] “狭义的法律监督是指法定的国家机关依照法定职权和程序对法律实施所进行的监督。”[3]

第二种观点认为，广义的法律监督是有关国家机关对立法、执法和司法活动的合法性所进行的监察和督促。如：“狭义的法律监督是指有关国家机关依照法定职权和程序，对立法、执法和司法活动的合法性所进行的监察和督促”[4] “狭义的法律监督是指法定的国家机关依法对立法、执法和司法活动的具体情况进行的监察和督促”[5] “狭义的法律监督专指有关国家机关依照法定职权和程序，对立法、执法和司法活动的合法性所进行的监察和督促。”[6] 这种观点认为法律监督不仅仅是对执法、司法的监督，立法活动也是法律监督的内容，同时认为法律监督的内容并不包括对守法行为的监督。

第三种观点认为，广义的法律监督是指有关国家机关对立法和法律实施活动的合法性的监察和督促。“狭义的法律监督专指有关国家机关依照法定权限和法定程序，对法的创制和实

---

〔1〕宋小海：《法律监督考》，载《浙江学刊》2014年第3期。
〔2〕乔克裕主编：《法学基本理论教程》，法律出版社1997年版，第316页。
〔3〕舒国滢主编：《法理学导论》，北京大学出版社2012年版，第204页。
〔4〕马新福主编：《法理学》，吉林大学出版社1995年版，第369页。
〔5〕沈宗灵主编：《法理学》（第二版），高等教育出版社2009年版，第452页。
〔6〕张文显主编：《法理学》，法律出版社2007年版，第244页。

施的合法性所进行的检查、监察、督促和指导以及由此而形成的法律制度。"[1] 狭义的法律监督，专指国家检察机关代表国家所进行的法律监督，它是为保障国家法律统一、正确地实施而对法律的适用和遵守进行监察督促的活动。[2] 此种观点将立法与法律实施活动作为法律监督对象，其监督范围更为广泛。

第四种观点认为，广义的法律监督是指社会主体对各种法律活动的合法性情况进行监察和督导。"广义上的法律监督，泛指所有国家机关、社会组织和公民对各种法律活动的合法性情况进行监察和督导。"[3] 这是各种法理学教材关于广义法律监督概念所持的一致观点。[4] 与上述三种观点相比，这种观点将社会各个主体都作为法律监督实施主体，同时也将各种法律活动均作为法律监督的对象，范围最广。

虽然持法律监督二元论的学者存在对法律监督概念界定的不同观点，但是不难看出，此类学者对于法律监督的理解侧重于监督主体以及监督对象范围，法律监督的主体从检察机关到有关国家机关、社会组织和社会公众在内的广泛主体，法律监督的范围从司法、执法到立法、司法、执法，最终衍生为所有的法律活动，使得法律监督上升为上位概念——监督，忽略了法律监督与其他监督的关系，以至于难以将法律监督与其他监

〔1〕 孙国华主编:《法理学教程》，中国人民大学出版社 1994 年版，第 523 页。

〔2〕 孙谦:《论检察机关法律监督的几个问题》，载《当代法学》1987 年第 4 期。

〔3〕 沈宗灵主编:《法理学》（第二版），高等教育出版社 2009 年版，第 452 页 .

〔4〕 孙国华主编:《法理学教程》，中国人民大学出版社 1994 年版，第 523 页；马新福主编:《法理学》，吉林大学出版社 1995 年版，第 369 页；张文显主编:《法理学》，法律出版社 2007 年版，第 244 页；乔克裕主编:《法学基本理论教程》，法律出版社 1997 年版，第 316 页；沈宗灵主编:《法理学》（第二版），高等教育出版社 2009 年版，第 452 页；舒国滢主编:《法理学导论》，北京大学出版社 2012 年版，第 204 页。

督区分开来。[1] 法律监督二元论依据法律监督主体与法律监督内容的不同组合，构建了法理学上关于法律监督极具宽泛性的解释，旨在建立一种法理视角下的监督体系，却形成了多样宽泛的抽象概念，甚至在部分情境下陷入难以自圆其说的尴尬境地。此外，无论是将所有主体都视为法律监督主体，还是将法律监督与检察机关的监督并列都是不恰当的，因为有的主体所进行的是法律监督，有的主体只是一种宽泛性监督，那么将所有主体的监督都归类于法律监督，忽视了各不同主体间监督的内容与性质，分类的科学性也就无从谈起。

2. 法律监督概念的一元论

法理学上对法律监督抽象概念研究的展开并没有解决法律监督概念所面对的现实问题，这就促使一些学者试图对法律监督作出统一的一元化的解释。主张一元论的学者认为，法律监督是中国法律中特有的一个概念，只能根据中国法律的规定来理解法律监督的概念，而在中国法律中，只有检察机关被宪法定位为国家的法律监督机关，因此，法律监督的概念只能是一个，即，法律监督是指人民检察院依照法律规定对法律实施情况所进行的具有法律效力的专门工作。但是，这些学者对“法律监督”概念的解释，又存在三种不同的路径：

第一种进路是从监督法律统一实施或遵守的角度来阐释，认为法律监督是指人民检察院通过运用法律赋予的职务犯罪侦查权、公诉权和诉讼监督权，追溯犯罪和纠正法律适用中的违法行为，以保障国家法律在全国范围内正确、统一实施的专门性活动。[2] 其中，对国家机关工作人员的职务犯罪以及与执行

〔1〕 张智辉：《中国特色检察制度的理论探索——检察基础理论研究30年述评》，载《中国法学》2009年第3期。

〔2〕 向泽选：《法律监督原理》，群众出版社2006年版，第2页。

职务有关的犯罪进行侦查，属于对国家机关工作人员执法公正性与准确性的法律监督，公诉是对违反刑事法律的犯罪行为实施的法律监督，诉讼监督职责是对诉讼活动是否合法实行的法律监督。[1]

第二种进路是从权力制衡的角度来阐释，认为检察官“作为法律之守护人，既要保护被告免于法官之擅断，亦要保护其免于警察之恣意”，检察官这一“国家权力之双重控制”角色决定了其具有法律监督的职能，公诉权正好体现了“国家权力之双重控制”角色；[2] 职务犯罪侦查权体现了检察机关对公权力的监督；对公安机关侦查终结案件的补充侦查权体现了对警察侦查权的制约和监督；批准和决定逮捕权体现了对公安侦查权的监督。[3] 还有学者则直接提出“法律监督是一种特殊形式的权力制衡”。[4]

第三种进路则是辩证式的阐释，承认侦查权、公诉权与法律监督权的相对分离，但同时认为侦查权与公诉权是法律监督权得以实现的手段、形式或载体，归根结底它们具有法律监督的性质。例如，有学者认为：“在社会主义国家，对刑事案件进行侦查、起诉和出庭支持控诉，仅是检察人员一个方面的职权，而且从根本上来说，它们是实现检察机关法律监督职责的一种手段。”[5] “检察机关法律监督职能的有效行使是不能脱离开具体的诉讼职能的，监督是内容，是目的，诉讼是形式，是载体。监督职能必须以诉讼职能为基础，为条件，诉讼职能

[1] 周士敏：《论我国检察制度的法律定位》，载《人民检察》1999 年第 1 期；徐益初：《析检察权性质及其运用》，载《人民检察》1999 年第 4 期。

[2] 万毅：《法律监督的内涵》，载《人民检察》2008 年第 11 期。

[3] 朱孝清、张智辉主编：《检察学》，中国检察出版社 2010 年版，第 339、362 页。

[4] 樊崇义主编：《检察制度原理》，法律出版社 2009 年版，第 171 页以下。

[5] 张穹、谭世贵：《检察制度比较研究》，中国检察出版社 1990 年版，第 89—90 页。

是监督职能借以发挥的必要途径和手段。”[1] 这些观点并不直接强调检察侦查权、公诉权和法律监督权的完全等同性，而是主张检察侦查权、公诉权与法律监督权的同质性，要么从权力蕴涵的监督性出发，要么立足于权力的表征，从而承认法律监督概念的相对分离，以实现对法律监督权辩证性的统合。

此外，也有学者试图从法律监督的政治性、规范性、实践性三个层面来揭示法律监督的内涵。他们认为，应当分三个层面来认识法律监督的内涵：第一个层面是检察机关承担的任务与使命。它体现的是我国检察机关作为法律监督机关所追求的目的或价值追求，是我国检察机关的政治属性。这个层面的内涵随着中国特色社会主义的发展而发展变化，当前是：“保障宪法和法律的统一正确实施，服务大局，从而实现和维护社会公平正义”。第二个层面是检察职能或法律监督职能。检察职能体现的是检察机关作为法律监督机关的规范属性，其内涵是检察机关应当具有的应然性功能和作用。第三个层面是检察机关法律监督职能的实现机制、过程和检察机关实际发挥的功能和作用。[2] 但是，这种观点，并没有对法律监督下一个准确的、完整的定义，无法说明法律监督的内涵到底是什么。

有的学者认为，“法律监督”一词本身并不存在固有的逻辑内涵，其作为一个法律专业术语，本身就是从我们的社会实践中产生和提炼的、人为赋予其特定含义的法律用语。而如何界定法律监督的内涵，则需要根据中国法制的实际情况来确定，法律监督的外延界限在不同时期存在差异，“法律监督”是可以根据不同时期的国家政治、经济、法制建设等状况而变

---

〔1〕 沈丙友：《公诉职能与法律监督职能关系之检讨》，载《人民检察》2000 年第 2 期。

〔2〕 龚佳禾等：《法律监督基本原理》，湖南人民出版社 2012 年版，第 49—58 页。

化，这种随着社会发展态势的变化以后必然也会发生。[1] 有的学者则通过对法律监督权的解释来说明法律监督的不同含义：根据监督权的设置形式，可以把法律监督权区分为建议式监督权、督促式监督权、纠正式监督权。一是法律监督权仅仅定位于法律程序启动的建议权，则法律监督权的地位或效力应当低于被监督的权力，即法律监督权的全部内涵只能提出纠正建议，而不能停止决定的执行。在监督与被监督关系中，被监督者居于主导地位，法律监督者居于次要地位，即使法律监督者提出建议，被监督者是否接受，是否按照建议的内容变更决定，则是被监督者的事，法律监督者无权干涉。二是把法律监督权定位于法律实施的督促权，则法律监督者与被监督者地位应当是对等的，在监督与被监督的关系中，监督者与被监督者居于平等地位，监督者和被监督者可以有效交换意见，发现被监督者在适用法律和认定事实存在问题时，可以督促被监督者采取措施予以变更。三是把法律监督权定位于纠正权，则法律监督者的地位高于被监督者，法律监督者认为被监督者违法执法时，有权停止被监督者的执法行为并向违法者提出纠正，被监督者应当执行监督者的纠正决定。在监督与被监督关系中，监督者居于主导地位。[2]

（二）关于法律监督的特征

“法律监督”的特征，是准确理解法律监督制度，正确行使法律监督职权的理论基础。在法律监督理论研究的早期，与法律监督的概念相比，法律监督的特征问题并没有受到学者和实务工作者的关注。直到社会监督等权利监督的兴起，为了避

---

〔1〕 甄贞等：《法律监督原论》，法律出版社2007年版，第14页。

〔2〕 向泽选：《法律监督原理》，群众出版社2006年版，第6页。

免概念的混乱，才不断有学者从理论方面进行阐述。关于法律监督的特征，主要有以下几种概括：

1. 六特征说

有的学者认为，法律监督具有6个方面的特征：（1）国家性（权威性）：“法律监督”正是检察机关受权于国家权力机关，是国家权力机关的监督权所派生的，是国家权力机关行使监督权的一个方面和一种形式，可以说是最有权威的监督，该特性也被称为“授权的最高性”。（2）专门性（独立性）：我国宪法明确规定了检察机关的法律监督主体性质，也就是说，“法律监督”是国家权力机关赋予检察机关的专职专责，其他国家机关、社会组织和个人无权行使“法律监督”权力。（3）规范性（准确性）：“法律监督”应当严格依法进行，必须依照法律规定有序进行，而不是无原则、随意的。依法监督是“法律监督”准确性的保障。（4）确定性（有限性）：“法律监督”内容是确定的，只是对法律的实施与遵守实行监督。（5）有效性（强制性）：法律监督主体通过多种手段，给被监督者施加一种国家的控制力量，使其按照法律规定和要求的方向从事行政、司法及其他行为。（6）程序性（中间性）：法律监督一般仅限于程序意义，而不具有终局性，无论是对侦查行为的监督，抑或者是审判活动的监督，仅限于建议提醒。[1]

也有学者认为，法律监督的六特征分别是：（1）国家权威性。这个特性包含两层含义，一是国家性，即法律监督权作为国家权力的一部分，是通过立法形式，由国家最高权力机关授权人民检察院行使的。二是强制性，即检察机关的法律监督具

〔1〕 甄贞等：《法律监督原论》，法律出版社2007年版，第21—28页；张玲元、杜西川、傅英敏主编：《中国监督制度》，华龄出版社1990年版，第82页；王晓军等：《实用检察学》，辽宁人民出版社1988年版，第38页。

有法律效力，以国家强制力为保证。（2）职能专门性。在中国，法律监督权只能由检察机关行使，并且所运用的监督手段是特定的，如对各种犯罪的批准逮捕和审查起诉、对法院各类错误裁决的抗诉等，其他任何机关、团体和个人均无权行使，这种专门性也可称为职能专属性。（3）行动的事后性。从监督时机看，只有当法律规定的属于法律监督的情形出现以后，监督机关才能启动法律监督程序，实施监督行为。（4）程序的严谨性。检察机关进行法律监督活动时，必须依照一定的法定程序，不得违反。法律监督活动体现为监督程序的运转中，严谨的程序是载体，更是监督活动的落脚点，是监督效力的体现形式。（5）纵向的连带性。检察机关在实施法律监督行为时，上下级之间是一种领导与被领导的关系，上级检察机关只要认为确有必要，就可以通过各种方式介入下级机关的监督活动。（6）横向的配合性。法律监督作为一种有意识、有目的的社会活动，要切实有效地实现预期效果，不仅需要完善的法律规范和高素质的监督主体，也需要良好的理顺的外部关系。[1]

2. 五特征说

有的学者认为，法律监督的特征有5个：（1）社会主义性。我国法律监督权依旧以列宁的法律监督思想为指导，其权力的宏观构建仍是苏式，法律监督权的社会主义性质依然清晰、鲜明。（2）普遍性。检察机关法律监督权的普遍性是与法律调整的普遍性相适应的。检察机关的法律监督不是仅对一部分人，而是对任何人都具有效力的监督活动。（3）领导双重性。我国检察机关实行“双重”领导体制，即各级人民检察机关同时向地方人民代表大会及上一级人民检察机关负责，既要

〔1〕 盛美军等：《法律监督运行机制研究》，中国检察出版社2009年版，第17—21页。

服从上级检察机关的业务领导，又要服从同级人民代表大会的领导和监督。(4) 民主集中性。我国检察制度建立的理论基础之一是人民民主专政的国家观，因而更加注重政权建构中的民主性和政权行使中的集中性。(5) 独立性。我国检察机关作为国家的法律监督机关，在国家权力架构中，是人民代表大会之下与行政机关、审判机关、监察机关平行的国家机关，因此我国检察机关具有独立的法律地位，并且其地位也明显高于国外检察机关。〔1〕

3. 四特征说

有的学者认为，法律监督的四个特征应该是：(1) 主体唯一性。从我国宪法的规定看，有权进行法律监督的机关，只有检察机关。只有检察机关才是宪法规定的“国家的法律监督机关”，只有检察机关的监督才具有法律监督的性质。(2) 手段专门性。尽管我国的监督主体具有多元性的特点，唯有在规定检察机关是法律监督机关的同时，法律赋予了检察机关进行法律监督的必要手段。(3) 对象特定性。法律监督并不是泛指一切法律实施的情况所进行的监督，更不是某些人所理解的包括对制定法律的行为进行监督。法律监督作为一种专门监督，必须依照法律授权进行。因此法律监督的范围是由法律明确规定的。法律没有明确规定的领域，检察机关不得介入。(4) 效果法定性。检察机关的法律监督，按照法律的规定要产生一定的法律效果。这是法律监督与其他任何监督的显著区别之一。但是，需要指出的是，法律监督并不是一个终极性的权力，它所能产生的法律效果是有限的。〔2〕

---

〔1〕 任文松、王晓：《法律监督权研究——以法律监督权的发展历程为主线》，知识产权出版社 2009 年版，第 208—211 页。

〔2〕 张智辉：《检察权研究》，中国检察出版社 2007 年版，第 71—75 页。

也有学者认为，法律监督的特征包括4个方面：(1) 目的性。目的性是一切理性行为的共性，法律监督亦然。法律监督的目的不仅仅包括实施法律监督行为的目的，还包括制定法律监督制度的目的。(2) 规范性。法律监督的内容必须有法律的明确授权，不能超越法律授权实施监督，不能不作为，也不能乱作为。(3) 程序性。法律监督的程序性不仅仅指法律监督需要依照法定的程序实施而不能随心所欲地实施，更重要的是法律监督的功能主要在于启动一个新的程序或保障已有程序顺利进行。(4) 专门性。我国建立了较为完善的监督制度，包括人大监督、政党监督、行政专项监督等。法律监督是我国监督制度的一部分，不同于其他各种监督，是一项独立的专门的国家权力。[1]

为了进一步了解法律监督的特征，有的学者分析了法律监督与其他监督的联系与区别，指出法律监督是中国特色社会主义监督体系中不可替代、不可或缺的一种监督，与其他类型的监督具有明显的区别。他们认为，首先，法律监督不同于人大监督：从监督的对象上看，人大监督的范围是广泛的、不特定的，而检察机关监督的对象是具体的特定的；从监督的方式及其性质上看，人大的监督是一种权力监督，而检察机关的监督是一种法律监督；从监督的效果上看，人大的监督具有决策的性质，而检察机关的监督只具有请求建议的性质。其次，法律监督不同于行政监督：纪律检查和行政监察都是一种内部监督，而法律监督是一种外部监督；纪律检查和行政监察是一种上级对下级的监督，而法律监督是平等主体对平等主体的监督；纪律检查和行政监察具有实体处分权，而法律监督不具有

〔1〕 张书铭：《理性法律监督论纲》，中国人民公安大学出版社2014年版，第68—71页。

实体处分权。最后，法律监督不同于社会监督：来自人民群众的社会监督，除了通过人民代表大会和人民代表监督法律的实施情况之外，还可以通过党派的民主监督、媒体的舆论监督以及采取举报、投诉等方式来监督法律的实施情况；案件当事人可以通过上诉、申诉或自诉等方式监督法律的实施情况。这种监督虽然具有广泛性，但是一方面具有一定的随机性，另一方面没有拘束力，很难构成对法律实施情况的长效监督机制。与人民群众的监督相比，法律监督具有法定性和强制性的特点。这就在制度上保障了法律监督的经常性和必为性。与法律监督的法定性相联系，法律监督的行为一经实施，就会生产一定的法律效果，不接受法律监督则构成违法。[1]

（三）关于检察权的性质与法律监督的关系

在广义法律监督的理论研究中，常常涉及法律监督与检察权的关系。一些学者试图通过对检察权性质的研究，得出检察机关的职权不具有法律监督的属性的结论。也有学者则试图通过对检察权性质的研究，论证检察权的属性就是法律监督。

关于检察权的性质，存在四种不同的认识。

1. 行政权说

持行政权说观点的学者认为，检察机关在行使检察权的过程中呈现出阶层分明、上命下从、一体化的属性，检察机关权力行使一般具有主动性，不具有司法权的中立性，检察机关的权力与行政机关的权力并没有本质区别，检察机关就是行政机关，检察机关的权属也是行政权。有的学者从体制的行政性、权力行使方式的行政性、裁判区别性、公诉主动性、中立区分

〔1〕 张智辉：《检察权研究》，中国检察出版社2007年，第45—49页。

性来论证检察机关的行政权属。[1] 也有学者基于检察机关的公诉角度，认为检察机关的基本职能是公诉，以公诉为基本内容的检察权在本质属性和终极意义上应属于行政权。检察机关在刑事诉讼中的各项权力都是具体的诉讼程序性权力，与所谓的法律监督机关并不存在必然联系。[2] 随着监察委员会改革的推进，在修宪过程中，应将检察权予以重构，将检察权定位于保障和实现公共利益而设置的以公诉权为核心的系列权力，包括刑事案件公诉权和公益诉讼权。[3]

但是，也有学者不同意这种观点。他们认为，这种行政权的理论基础是西方国家传统的三权分立制，而我国人民代表大会制度下的“一府两院”与“三权分立制”在权力的构成、配置、内容上迥然有别；检察机关在组织与活动方面存在的行政化色彩以及内部管理的行政化措施，只是单纯的管理模式表征，并不能代表检察权的本质属性；检察权的性质问题不仅仅是检察理论问题，更是涉及顶层权力设计的问题，而绝非一个简单的诉讼程序问题。即使在三权分立制的西方国家，行政权也并非通说。[4] “国家的法律监督机关”这一具有中国特色的宪法定位，“并非外国法律制度的简单移植，而是根植于我国历史条件和社会时代背景”，“不仅契合我国一元宪制结构，也

〔1〕 夏邦：《中国检察院体制应予取消》，载《法学》1997 年第 7 期；郝银忠：《检察权质疑》，载《中国人民大学学报》1999 年第 3 期；徐显明：《司法改革二十题》，载《法学》1999 年第 9 期。

〔2〕 陈卫东：《我国检察权的反思与重构》，载《法学研究》2003 年第 2 期。

〔3〕 陈冬：《监察委员会的设置与检察权的重构》，载《首都师范大学学报》2017 年第 2 期；刘涛：《检察体制改革背景下检察权能的调整》，载《广西政法管理干部学院学报》2017 年第 4 期。

〔4〕 石少侠：《论我国检察权的性质——定位于法律监督权的检察权》，载《法制与社会发展》2005 年第 3 期。

符合社会主义法治发展的需要”。[1]

2. 司法权说

持司法权说的学者认为，检察机关在行使检察权的过程中具有判断、裁决等属性，检察机关权力行使本身就是参与诉讼的过程，其实现多以参与诉讼的方式进行，检察机关的权力与司法机关的权力没有本质区别，所以检察机关就是司法机关。这些学者从司法定义着手，以检察机关在诉讼活动的角色定位、参与方式、检察目的和检察独立性及检察中立性等方面论证检察权的司法权属。[2] 换而言之，检察官与法官同质但不同职，具有等同性，检察官也由此可以称之为“站着的法官”。[3]

3. 双重属性说

持双重属性说观点认为，检察机关在行使检察权的过程中呈现出阶层分明、上命下从、一体化和判断、裁决等兼有行政权与司法权的双重属性，检察机关的权力与行政机关和司法机关的权力均没有本质区别，所以检察机关兼有行政机关和司法机关的双重属性。检察机关的上下领导关系突出体现了检察权的行政性，检察官的起诉活动等相关行为，也具有司法权性。[4] 检察机关作为国家利益和社会公共利益的代表，行使法律监督职能，即通过行使诉讼职能和监督职能，来维护国家法律的统一实施。在这两种职能分离的情况下，检察机关的诉讼职能主

〔1〕 秦前红：《全面深化改革背景下检察机关的宪法定位》，载《中国法律评论》2017年第5期。

〔2〕 徐益初：《析检察权的性质及其运用》，载《人民检察》1999年第4期；倪培兴：《论司法权的概念与检察机关的定位》，载《人民检察》2000年第3期。

〔3〕 徐静村：《论国家权力中监督权的设置与行使》，载《甘肃社会科学》2004年第6期；童兆宏：《司法权概念解读及功能探析》，载《中共中央党校学报》2004年第2期。

〔4〕 龙宗智：《论检察权的性质与检察机关的改革》，载《法学》1999年第10期；朱茂林：《独立刑事检察权若干问题研究》，载孙谦、张智辉主编：《检察论丛》（第9卷），法律出版社2004年版，第280、282页。

要体现在提起刑事公诉和提起公益诉讼这两个方面，其监督职能则不再包括传统意义上的“刑事法律监督权”，而主要保留了“行政监督”与“诉讼监督”两种形态。[1]

4. 法律监督说

多数学者持法律监督说，认为我国宪法规定检察机关是国家的法律监督机关，“法律监督”是检察机关的性质，所以，检察机关所有职权的性质都是“法律监督”，因此，检察权就是法律监督权。这种学说旨在从国家权力架构的角度论证检察权是一种与行政权、审判权、监察权并列的国家权力，从而论证检察机关是法律监督机关的正当性与合理性。也有学者认为，检察机关包含着多元化的权力属性：检察机关具有法律监督属性；检察机关承担着重要的司法职能，具有司法权属性；检察机关的行政化的组织方式以及行政活动，具有行政权属性。但是这一多元化权属本身就是建立在法律监督权上的，其司法权属性、行政权属性只是一种法律监督权表现形式，法律监督权本身就决定了检察机关的司法职能、机构运转形式。

法律监督说虽然自 1979 年人民检察院组织法明确规定之后就广为流传，但一直受到学术界的质疑。早在 20 世纪 80 年代末 90 年代初，在理论上就有对检察机关法律定位的不同认识。有些学者认为，行使其他监督职权的机关也是法律监督机关，法律监督说混淆了法律监督与其他监督特别是行政监督的界限；弄不清法律监督与公诉权的关系，甚至认为没有必要赋予检察机关以法律监督的性质和地位，主张检察机关应定位为单纯的公诉机关；我国检察机关没有也不可能担负起专门的、

---

〔1〕 陈瑞华：《论检察机关的法律职能》，载《政法论坛》2018 年第 1 期；王一鸣：《检察机关职能定位演变的反思与展望》，载《兰州大学学报》2017 年第 2 期。

普遍的法律监督职责。有的学者则对这种观点进行了系统地反驳，针对把检察机关规定为法律监督机关是名不副实的观点，回顾新中国成立以来检察机关的发展历程，强调指出，把我国的检察机关确定为法律监督机关，是加强社会主义法制的客观需要，是人民群众的迫切要求，是我国社会主义检察制度的一大特色。如果削弱或者取消检察机关的法律监督职能，只限于行使诉讼职能，就会回到公诉机关的老路上，这种改革的设想，不是什么进步，而是倒退。[1]

自20世纪90年代末以来，一些学者对检察机关性质定位再次提出质疑，认为不应当把检察机关定位为国家的法律监督机关。有的认为，检察机关与专门的法律监督机关之间并不存在必然的内在的联系，也无从反映诉讼规定的客观要求，并不具有普遍意义。因此将检察机关定性为专门的法律监督机关或其他类似的表述都是缺乏科学的理论根据的；将法律监督的国家权力“拉郎配”般地赋予检察机关这种权力配置模式是反科学的，使得刑事诉讼中的辩、诉、审三方的法律地位和相互关系失去了公正和理性基础，本来十分合理的诉讼结构就会陷入不稳定或无序状态运作，与诉讼职能区分理论相悖。这种观点强调法律监督的必要性和重要性与检察机关必须享有法律监督权在逻辑上完全是两个范畴的问题，认为检察机关不应该定位为国家法律监督机关，更不应该具有国家法律监督权的主体资格。[2]

针对这些质疑，持法律监督说的学者，有的在对各个法系

---

〔1〕 王桂五主编：《中华人民共和国检察制度研究》，法律出版社1991年版，第123—129页；徐益初：《对建设中国特色社会主义检察制度的几点思考》，载《检察理论研究》1992年第1期。

〔2〕 郝银钟：《检察权质疑》，载《中国人民大学学报》1999年第3期。

主要国家检察制度进行历史分析和比较考察的基础上，客观系统地分析了现代检察制度产生发展过程，指出“检察职能具有一种与生俱来的监督性”，东西方的检察制度，具有共同的设立目的，即维护国家法制，从而论证了检察机关与法律监督之间的内在联系，说明把检察机关定位为国家法律监督机关具有深刻的历史根源，并不存在什么反科学性的问题。有的从价值合理性的角度论证了在中国的实际情况下把检察机关作为国家法律监督机关来设置的价值合理性和历史必然性，指出在中国把检察机关作为国家法律监督机关来设置，是在人民代表大会统一行使国家权力的前提下实现权力制衡的必然要求，符合权力运作的普遍规律；是在缺乏法治传统、法制还不够健全、司法不公还在不同程度上存在的社会环境下推行依法治国方略，保障法律统一正确实施的客观需要，符合人民的根本利益；是保障权力行使的有效性和经济性的最佳选择。有的从法律监督机关定位的必要性论证，在我国实行的一元多立的权力架构下，人民代表大会及其常委会固然有权对由其产生与下辖的诸权能实施监督，但这种监督只能是宏观的监督和对国家、社会重大事项的监督，而不可能是经常的具体的监督。为了弥补制约监督的不足，必须在人民代表大会下设立专司监督的法律监督权能，并将该权能赋予某一机关，使其成为专门的法律监督机关。[1]

进入21世纪之后，关于法律监督与检察权关系的理论研究进一步深入、广泛，促进了法律监督理论的发展。有的学者

---

〔1〕 龙宗智：《检察制度教程》，法律出版社2002年版，第4—7页；张智辉：《法律监督机关设置的价值合理性》，载《法学家》2002年第5期；朱孝清：《中国检察制度的几个问题》，载《中国法学》2007年第2期。

明确提出，检察机关的法律监督权就是检察权[1]。还有学者指出，法律监督权与检察权是一个事物的两种命题，或者说是从不同角度表述同一件事物，提及法律监督权的时候，强调的是其性质和功能；提及检察权的时候，强调的是具体权能和实际行使。[2] 有的学者认为，检察权的本质就是法律监督权，并认为应当从矛盾的普遍性和特殊性、从目的和手段的角度看待法律监督权和各项具体检察职能之间的关系；要从国家权力运行的宏观层面出发，而不是仅仅囿于从诉讼程序特别是刑事诉讼程序的视角来看待和评价检察权；应当从人民代表大会制度的实际出发，而不是从三权分立的模式出发分析和设计检察权等。[3] 有的学者认为，法律监督是检察权的根本属性，司法是检察权的兼有属性，法律监督性质决定了检察机关和检察权在国家机构中的独立地位和基本功能，司法性质决定了检察机关和检察权的活动范围和活动方式，它们分属不同的层次，从不同的角度和不同的领域规定和说明了检察机关和检察权的特点。[4] 以上这些观点可以总结为检察权与法律监督权的统一性，即检察权的“一元论”。

有的学者从法律监督与公诉职能关系的角度出发，认为公诉属于诉讼职能，它与法律监督职能并不完全相同，应当以职权二元化为指导，将公诉职能与法律监督职能分离。这是检察

〔1〕 孙谦：《检察：理念、制度与改革》，法律出版社 2004 年版，第 80 页；龙宗智：《检察制度教程》，法律出版社 2002 年版，第 105 页；石少侠：《检察权要论》，中国检察出版社 2006 年版，第 63 页。

〔2〕 张智辉：《检察权研究》，中国检察出版社 2007 年版，第 21 页。

〔3〕 韩大元主编：《中国检察制度宪法基础研究》，中国检察出版社 2007 年版，第 43—52 页。

〔4〕 孙谦主编：《中国特色社会主义检察制度》，中国检察出版社 2009 年版，第 49—50 页。

权性质的“二元论”。[1]

也有学者认为，“一元论”和“二元论”对法律监督权与检察权的关系概括都有道理，如果从广义上定义检察权，则一元论有道理，如果从狭义上定义检察权，则二元论有道理。但二元论认为法律监督职能与控诉职能根本不能兼容的观点失之偏颇。事实上，检察权的法律监督目的和控诉职能之间存在内在的联系，诉讼是监督的主要手段，监督的目的在相当程度上通过诉讼的手段来实现。[2]

近年来，又有学者认为，国家监察体制改革后，我国权力架构中有两个监督权，这在世界上是少有的，即使本次宪法修正不对检察机关的定位作修改，也不等于以后就不会改，[3] 检察机关应定位为公诉机关和诉讼监督机关。[4] 但是，更多的学者认为，“国家监察体制改革并未改变检察机关的法律监督性质”[5]。我国的政治制度和基本国情决定了需要法律监督；国家赋予诉讼监督更多职责、任务的态势说明要坚持法律监督；国家监察机关的监察职能没有也不可能取代检察机关的法律监督；修正后的人民检察院组织法再次确认检察机关是国家的法律监督机关。新时代检察机关公益诉讼的重构，并不意味着检察机关权属的更迭，反而应当是检察机关法律监督权的回归。检察概念的中国特色包含了将检察主体的角色由“国家和社会

〔1〕 樊崇义：《法律监督职能哲理论纲》，载《人民检察》2010 年第 1 期。

〔2〕 李征：《中国检察权研究》，中国检察出版社 2007 年版，第 163—164 页。

〔3〕 某位学者在一次研讨会上的发言提出的观点。转引自朱孝清：《国家监察体制改革后检察制度的巩固与发展》，载《法学研究》2018 年第 4 期。

〔4〕 胡勇：《监察体制改革背景下检察机关的再定位与职能调整》，载《法治研究》2017 年第 3 期。

〔5〕 金夏莱：《论监察体制改革背景下的监察权与检察权》，载《政治与法律》2017 年第 8 期。

公益的代表”提升为“国家法律监督机关”。[1]

(四) 关于法律监督的合理性

我国检察机关被定为法律监督机关，是我国宪法对检察机关属性的明文规定。而伴随着对检察理论的深入研究，对我国法律监督机关设置是否具有合理性则衍生了学术界否定论与肯定论两种完全对立的观点。

1. 否定论

对检察机关的法律监督性质持否定观点的学者认为，虽然我国宪法规定“人民检察院是国家的法律监督机关”，但是现行法的规定是实然法的层次，而对检察权的性质进行理论上的定位属于应然法的层次，不能以合法性来说明理论上的应然性。[2] 他们从以下几个方面对我国法律监督的合理性提出了质疑。

第一，从发生学和制度史学的角度分析，检察权从诞生到不断丰富发展的历史沿革足以证明，其本身正是诉讼制度近代化和政治制度民主化的产物，其全部价值集中体现在通过行使国家追诉权而保障社会秩序和公民权利、维护公共安全和实现社会正义，同时通过履行公诉职能而防止法官专断，以便优化保障人权。检察机关在身兼两重身份、身负双重职能的情况下，实际上处于一个两难境地：一方面要尽力指控被告人犯罪，要求法院给予其刑罚，另一方面又要站在超脱的立场上对法院的审判进行监督。检察机关很难保证是不是站在超脱、公正的立场上进行法律监督，法院在行使审判权时也不免心有余

〔1〕 朱孝清：《检察的内涵及其启示》，载《法学研究》2010 年第 2 期。

〔2〕 陈卫东：《我国检察权的反思与重构——以公诉权为核心的分析》，载《法学研究》2002 年第 2 期。

悖，弊端是显而易见的。[1] 就出庭检察官的诉讼角色而言兼具两种身份使出庭检察官的诉讼角色冲突激化，表现在公诉人身份要求其服从法官指挥，而法律监督者的身份则要求法官受制于己。在检察官的心理认同上，监督者是检察官群体中最主要的心理认同；而在法官的心理认同上，出庭检察官的角色则仅等同于公诉人。因此，造成不可避免的审、检冲突。[2]

第二，从法学的基本原理分析，检察权与法律监督权本是两种性质迥异的权力形态，相互之间具有非兼容性。检察权属于一种诉讼权力，受诉讼法律关系的调整，这在世界各国法学界都是毫无异议的；而法律监督权则明显不属于诉讼权力，两者之间有着本质意义上的区别。法理上，法律监督权的内部构造和运作机制表现出两个最显著的特征，即上下性和单向性。在权力位阶中，监督者必定处于上位，被监督者必定处于下位，相互之间的法律地位是非平等的；法律监督行为是针对被监督行为的违法性而实施的法律行为，监督者可以监督被监督者，而被监督者却不能反监督监督者。司法监督的理念在于必须有一个外在的、相对超脱的主体对审判活动及其他诉讼参与人的诉讼活动实施有效的同步监督。公诉权的本质和诉讼利益决定了公诉方难以超脱控方角色，完全以公正、客观的心态来履行审判监督职能。[3]

第三，基于公理性法律原则和宪政学原理观察，检察法律监督权显然找不到合理存在的根据。在西方，从国家权力结构

---

〔1〕 广东省珠海市中级人民法院：《改革我国司法机关多重职能体制之思考》，载《人民司法》1997 年第 11 期。

〔2〕 刘少英、庞良程：《析公诉权与审判监督权的独立行使》，载《人民检察》1999 年第 11 期。

〔3〕 刘少英、庞良程：《析公诉权与审判监督权的独立行使》，载《人民检察》1999 年第 11 期。

的基本分工来看，法律监督权是为了有效保证国家其他权力在合法的轨道上正常运行而存在的，这是一种超然的、完全独立的国家权力，监督的客体对象中就应当包括检察权的主体行为；作为法律监督对象之一的控诉职能，在诉讼过程中既要服从于诉讼目的的内在要求，同时还必须遵从法律监督者的意志。检察法律监督职能与刑事控诉职能之间有着不可调和的矛盾冲突，这种混合式的权力配置模式一方面严重削弱了法律监督职能的中立性和超然性，使检察法律监督权成为服从自身利益的工具，另一方面也使得检察机关的控诉职能在法律监督职能的误导下直接威胁刑事诉讼结构的平等性和司法裁判的独立性、终结性，最终使得整个刑事诉讼过程丧失最低限度的公正性。〔1〕换言之，我国刑事诉讼法规定检察官有权监督法官裁决的过程和结果，即检察官的诉讼地位超越法官之上而成为“法官之上的法官”，这种制度设计不但破坏了司法终极裁判原则，使法官的权威性和公信力受到损害，也容易助长检察官滥用公诉权的心理倾向，使得刑事诉讼程序的运行脱离法治的轨道，最终导致刑事诉讼结构失去了最低限度的合理性。〔2〕

第四，从刑事诉讼规律分析，诉讼机制本身所固有的品格——公正性和科学性，绝不容检察权具有所谓的双重属性。诉讼程序真正永恒的生命基础在于它的公正性，主要体现在控辩平等对抗、控审分离、司法独立、审判中立等诉讼原则之中，并在此基础之上构建了控、辩、审三方良性互动、分权制衡的现代诉讼基本格局。现代诉讼机制内部本身就已经设置了防止国家司法权异化的制衡机制，这是诉讼制度近代化的典型

〔1〕陈吉生：《论公诉权与法律监督权的独立行使》，载《政法论丛》1998年第1期。

〔2〕陈卫东：《刑事诉讼法实施问题调研报告》，中国方正出版社2001年版，第79页。

标志，故在其内部根本就不需要任何另外一种国家公共权力涉入。所以，检察法律监督权完全是一种与诉讼机制的内在规律性相冲突的国家权力配置模式。如果不改变现行的检察院对庭审实行法律监督的方式和设置，这种法律监督将会流于形式。这是由于刑事诉讼法修改后，出庭检察官支持公诉的任务加重，无形中使法律监督处于附带地位，实质上是弱化了刑事审判监督的力度。[1] 也有学者认为，我国现行的检察权理论、制度及其检察实践都说明，作为我国专门法律监督机关的人民检察院，如果检察权被认为主要是履行法律监督权，是名不副实的。而且，从目前的国家权力结构形式及检察权的组成及实施方式来看，检察机关作为国家法律监督机关也名不副实。在这一情况下，与其名不副实，不如实事求是，舍弃检察权中的所谓法律监督权内容，保留公诉权为核心的刑事司法权能，将更加有利于理解检察权的地位及其真实内容。[2]

第五，法律监督的制度特征比较符合实质合理性要求，是与人治型社会相适应的权力形态，与法治社会的价值目标格格不入。从检察法律监督制度形成的特定历史条件分析，这种类型的检察制度运行模式恰与厉行“人治”的封建社会内在的国家权力运行机理有着惊人的相似之处，事实上也比较适合高度集权的计划经济体制和人治型社会。显然，把整个社会的自由、幸福与安宁完全寄托在捉摸不定的监督者的伦理道德上，这是任何民主法治社会都难以容忍的。另外，检察法律监督模式也不具有实践合理性。现代社会公共事务不断增多，国家权力的分工更加精细复杂，构建多元化的法律监督权体系已经成

〔1〕 傅宽芝：《加强检察机关对庭审监督的思考》，载《法学杂志》1996 年第 6 期。

〔2〕 洪浩：《检察权论》，武汉大学出版社 2001 年版，第 175 页。

为必然的选择，而不可能只由一个国家机关、一种模式统承所有的国家法律监督职能。检察机关被定位为法律监督机关，被赋予高于一方当事人、甚至是法院的地位，有权对法院的审判活动进行自上而下的监督，这对司法公正的实现极其不利：这种自上而下的监督方式严重影响了人民法院独立审判权的行使以及法院的司法权威；这种自上而下的监督方式严重损害了控辩平等、法官中立的诉讼构造（控辩平等对抗、法官居中裁判的等腰三角形诉讼构造是实现司法公正的基本前提。我国刑事程序中诉讼结构的失衡以及对抗制诉讼模式的发育不良与检察机关的这种自上而下的监督方式是有着紧密关系的）。[1]

持否定观点的学者多基于西方经典的三权分立的角度，指出法律监督无法挑战普适性的科学划分。如果将法律监督权划入权力第一层次，就会使得原先各司其职、功能各异的权力出现交叉状况，扰乱了三权划分的周延性。[2] 也有学者从控辩平等或者诉讼结构平衡性角度来否定法律监督的合理性，其实质就是以分权制衡理论来否定法律监督的合理性。

但是，也有学者认为，三权分立本身也是来源于分权制衡学说，发端于洛克而完善于孟德斯鸠，该学说亦在不断发展中完善。其现实基础由原先资产阶级要求与封建贵族分享权力转变为如今资产阶级政权独享；其内容也经历了洛克的两权分立、孟德斯鸠的三权分立以及美国制宪先驱提出的双重分权，三权分立本身的“科学性”以及是否适用国情也是值得商榷的。三权分立学说本身在现代西方国家也存在质疑，采用三权分立的国家以国会承担最高监督权，但囿于会期和要承担的更

〔1〕 樊崇义、翁怡洁：《法律监督和司法公正》，载《人大研究》2004年第6期。

〔2〕 蒋清华：《检察权性质的“法律监督权说”驳论》，载《人大法律评论》2011年第1期。

重要的立法任务，国会对于行政机关侵害公共利益和公民个人权益行为的监督力有不逮。于是各国都尝试建立独立于三权之外的权力部门，负责立法和司法负荷之外的行政权外部监督制度（如瑞典、丹麦、芬兰、挪威等国的国会监察专员，英国的监察使等），从而产生了第四权（the Fourth Branch of Power）的概念。

2. 肯定论

针对否定论学者从不同角度展开的对法律监督合理性的否定，不少学者从实然合理性与应然合理性的角度对否定论的观点作出了回应。

第一，制约合理性。

有的学者指出，权力制衡论又称分权制衡原则，源于古希腊的亚里士多德，其基本内容是：权力必须进行制约，权力可以进行制约，制约的目的在于取得权力间的均衡，以防止某项权力的恶性膨胀。它主张权力应当分散成若干要素，分别由不同的机构去掌握，而各个机构的权限必须由法律加以规定，既行使一定的权力，又履行一定的义务；每个权力主体行使权力的活动，又不同程度地要受到另一权力主体的制约。同时，由于这些权力主体是一种平行的机构，处于同一层次，进行横向联系，并不存在上命下从的隶属关系，因而它们各自的活动，彼此间的联系，都要遵循着法律和制度去进行，出现某一环节上的越权行为或者发生权力间的冲突，也要靠法律去调整解决。这样，制衡原则所体现的就必然是以法律为准则，依法律行使权力，以法律制约权力。[1] 检察机关提起公诉是基于客观

〔1〕 曾龙跃：《制衡学说与检察机关的法律监督职能》，载孙谦、刘立宪主编：《检察论丛》（第1卷），法律出版社2000年版，第36—37页。

中立的立场，是“以事实为依据，以法律为准绳”进行控诉，法律规定检察机关既要向法院提供被告人有罪、罪重的证据，也要向法庭提供无罪、罪轻的证据，法律并不要求公诉人追求胜诉，而是要求公诉人重事实、重证据，做到不枉不纵，不偏不倚，坚持实事求是的原则，这种客观中立的设计不至于导致控辩不平衡。检察机关在追诉犯罪的同时，必须考虑到犯罪嫌疑人和被告人的利益。这种法律设置可以避免检察机关为追求胜诉，而置犯罪嫌疑人和被告人利益于不顾的当事人化倾向，使检察机关与被告人在诉讼中最大限度地保持实质平等，实现诉讼程序的公正性。因此，检察机关享有法律监督权并不必然地破坏诉讼的公正性。[1]

有法律就有监督，法律的正确实施和法治国家的建设，离不开有效的法律监督机制。这个结论，不仅仅是理论上的推论，而且是为世界各国的历史核心现实反复证明了的事实。世界各国监督制约机制的不同恰恰说明，世界上并不存在可以适用于一切国家的法律监督机制模式，各国只能根据自己的国情来选择法律监督机制。这是世界各国法律监督机制建立的基本原理，也是中国法律监督机制建立所应当遵循的法理。西方的三权分立制衡理论也是在立法权、行政权和司法权之间设置一种制衡关系，其中任何一方都能够限制和监督另外两方的权力运作，从而防止任何一方滥用国家权力。我国人民代表大会制度下，专门的法律监督机关的设置，同样也是为了防止权力滥用。人大监督的宏观性、国家机关的独立性、监督机关的授权性，进一步说明了法律监督机关和法律监督权的设置，在人民

〔1〕 张穹等：《公诉问题研究》，载孙谦、刘立宪主编：《检察论丛》（第2卷），法律出版社2001年版，第377页。

代表大会制下，具有存在的合理性，是权力制衡的必然要求，符合权力运作的普遍规律，而这种权力本身又不是一种不受监督制约的权力，不是独立于国家最高权力之外的可以任意行使的权力。有的学者正是忽视国情区别，仅仅从诉讼的角度甚至仅仅从刑事诉讼的角度，考察法律监督机关设置的合理性，自然无法认识法律监督机关与我国根本政治制度之间的内在联系，因而不可能真正认识到法律监督机关在中国存在的基础。[1]

第二，客观合理性。

有的学者认为，刑事司法所要追求的是对犯罪的准确追究，这是中外历史和现实中各国刑事司法制度追求的共同目标。在我国民众心理中追求实体正义是不可更改的价值观念，面对由于各种原因而发生的错误裁判（或者使有罪者未受到惩罚，或者使无辜者遭受冤屈，或者使罪重者得到轻判，或者使罪轻者受到重判），我们都有强烈的纠错愿望，正是为了防止发生错判或纠正错判，有错必纠，才有检察官对法官的法律监督权。显然，我国检察机关所享有的这种监督权力与有错必纠的观念是完全吻合的。[2] 而且检察机关的公诉职能与法律监督职能是一致的、重合的，检察官的法律监督权与控辩平等原则总体上并不存在冲突问题。检察官行使法律监督的职权不仅不妨碍辩护方权利的行使，而且有利于对被告人合法权利的保护。至于实践中检察官重控诉轻保护的倾向，主要是思想观念问题，可以通过提高认识，完善必要的程序保障加以解决。[3]

---

〔1〕 张智辉：《法律监督机关设置的价值合理性》，载《法学家》2002 年第 5 期。

〔2〕 王敏远：《论我国检察机关对刑事司法的监督》，载《人大复印资料〈诉讼法学〉》，2001 年第 3 期。

〔3〕 徐益初：《从我国检察机关的发展变化看检察机关定位》，载《人民检察》2002 年第 6 期。

更何况，从历史传统上看，我国长期存在的重人治、轻法治的思想严重妨碍着法律的实施；从法律本身的状况看，我国法律留下了太多的可以任意解释适用的空间；从司法制度上看，我国现行的司法制度难以保障法律的统一正确实施；从执法的实际情况看，我国的司法腐败和执法不公现象还将长期存在，实际上对于不同社会发展的可能而言，我国监督权力构建上确实需要一个监督机关来保障我国法制的统一。〔1〕

第三，设置合理性。

检察机关作为国家的法律监督机关来设置，是否具有合理性，历来存在两种截然不同的观点。每一种观点似乎都有一定的道理。但是，研究中国问题必须从中国的实际出发，必须经由中国的实践来检验。自新中国成立以来，检察机关作为国家的法律监督机关，在中国法治建设实践中发挥的作用，是任何理论观点都无法抹杀的。这个不争的事实，在客观上就证明了中国宪法把检察机关作为国家的法律监督机关来定位的正确性。当然，随着国家法治建设的进程和依法治国的推进，检察制度必然要随之发展变化。〔2〕这种发展变化并没有改变检察机关作为国家的法律监督机关的性质和宪法定位。〔3〕这个历史事实本身也引证了宪法规定的正确性。

有的学者系统地论证了把检察机关定位为国家的法律监督机关的历史必然性。首先，现代检察制度是政治文明和司法文明发展的必然产物。在欧陆政治制度现代化的过程中，检察制度的建立，具有三个目的：一是废除当时诉讼中的纠问制度，

〔1〕张智辉：《法律监督机关设置的价值合理性》，载《法学家》2002年第5期。

〔2〕甄贞等：《法律监督原论》，法律出版社2007年版，第14页。

〔3〕朱孝清：《国家监察体制改革后检察制度的巩固与发展》，载《法学研究》2018年第4期。

确立诉讼上的分权原则；二是以一个受过严格法律训练和法律拘束的公正客观的官署控制警察活动的合法性，摆脱警察国家的梦魇；三是守护法律，使客观的法意即保护人民贯通于整个刑事诉讼程序。这三个目的都与法律监督紧密相连。其次，检察制度在近现代的产生和发展，虽然不同国家由于其法制的传统和各方面条件的制约，走过了不同的道路，但检察制度从无到有，再到普及于各国，其中包含着一种“历史的必然”。在现代化过程中，法院职能从“全能法院”向“裁判法院”的转变、追诉制度由“私诉制度”向“公诉制度”的转变、司法由“任意司法”向“程序司法”的转变，使在警察权与审判权两大权力之间产生的检察权适应了近现代国家对警察和法官的权力双重制约的需要。这在一方面就要求警察在行使侦查权时受到比较客观公正的法律官员即检察官的制约，而在另一方面则要求法官在发动审判和实施审判行为时受制于检察官的追诉。于是，“努力将公正客观地进行活动的检察官发展成为诉讼活动的核心”，是欧洲近一个半世纪以来刑事诉讼程序向更为正义和人道的方向发展的主要成果之一。显然，在现代检察制度中，检察官的基本职责是维护国家的法制，实施统一追诉政策的检察机关对于维护国家法制秩序以及法制的统一性，具有重要意义。最后，现行中国检察制度的形成具有合理性和必然性。新中国成立后，借鉴苏联的检察制度模式是必然的选择。一是因为它与人民民主专政的国家观契合；二是当时所面临的境遇和任务需要建立一个中央集权的制度。而设立强有力的法律监督机关有利于中央法令的统一。[1]

许多学者论证了检察机关作为国家的法律监督机关来定位

〔1〕 参见孙谦：《检察：理念、制度与改革》，法律出版社2004年版，第62—77页。

的必要性。有的学者指出，要论证中国检察制度的定位，要先证成中国的国家体制的现实合理性。人民代表大会制度是我国根本的政治制度。它的合理性问题已经由中国特定的历史发展过程和中国的社会主义理论所证明。在人民代表大会统一行使国家权力的政治制度下，法律监督机关的设置是一种必然的和必需的选择。首先，全国人民代表大会作为统一的最高的国家权力机关，享有广泛的权力。这就决定了人民代表大会对于由它产生并对它负责的其他国家机关的监督只能是宏观的监督，只能是就影响重大的事项的监督，而不可能是一种经常性的具体的监督。在这种情况下，行政机关和审判机关的日常事务即具体的执法活动，必然处于国家权力机关无力监督的状态。但是按照权力运作的一般规律，缺乏制约的权力必然导致权力的滥用。为了防止其他国家机关滥用国家权力，就有必要设置一个专门机关，承担常规性的监督职责，来检查督促其他国家机关正确执行全国人民代表大会制定的法律，以防止权力的滥用。其次，我国的其他国家机关都是由人民代表大会产生并直接对人民代表大会负责的。这些国家机关，相互之间互不隶属，但是又没有相互制衡的机制，不可能通过相互制约来实现权力制衡。在这样一种国家结构中，就有必要设置一个其本身不享有实体性权力的专门机关来监督其他国家机关执行法律的情况，发挥以权力制约权力的作用。最后，我国的法律监督机关是由人民代表大会产生并直接向人民代表大会负责的一个国家机关，因此它所具有的法律监督权只是人民代表大会统一行使的国家权力的一部分，是根据人民代表大会的授权代行部分监督权，检察机关行使法律监督权，不仅其本身要受到人民代表大会的监督，而且行使法律监督权的范围和方式要由人民代表大会通过法律来规定。[1] 也有学者认为，如果说中国实行共产党领导和人民代表大会制度是历史的必然、人民的选择，那么，中国设立法律监督机关同样具有历史的必然性和现实的合理性。在我国，由国情所决定，在相当长时期内，还存在诸多影响法律统一正确实施、损害法律权威和尊严的因素，如封建思想残余影响；“潜规则”的存在；经济、文化不发达且不平衡；地方和部门利益；执法犯法等多方面的因素严重影响着法律的统一正确实施，设立专门的法律监督机关，用以监察、督促国家权力的依法运行，保证法律的统一正确实施，就成了当然的制度选择。[2]

二、法律监督的时代内涵

进入新时代以来，随着检察职权的重大调整与国家监察委员会的成立，以及刑事诉讼法、人民检察院组织法和有关法律的相继修改，有关检察机关的法律监督，再次成为人们关注的话题。因此，有必要根据国家法律的修改和司法体制改革的深入，进一步论证新时代法律监督的内涵。

“法律监督是为了维护国家法制的统一和法律的正确实施，由专门的国家机关根据法律的授权，运用法律规定的手段对法律实施情况进行检查督促并能产生法定效力的专门工作。”[3] 这个定义揭示了法律监督的内涵，在新的时代背景下，也受到了新的挑战。因此有必要进一步予以解释。

（一）检察与监察的界分

随着宪法的修改和监察法立法通过以及监察委员会的成立，检察机关作为国家的法律监督机关的定位再次受到质疑。

〔1〕 张智辉：《法律监督机关设置的价值合理性》，载《法学家》2002年第5期。

〔2〕 朱孝清：《中国检察制度的几个问题》，载《中国法学》2007年第2期。

〔3〕 张智辉：《检察权研究》，中国检察出版社2007年版，第66页。

《监察法》第3条明确规定："各级监察委员会是行使国家监察职能的专责机关，依照本法对所有行使公权力的公职人员（以下称公职人员）进行监察，调查职务违法和职务犯罪，开展廉政建设和反腐败工作，维护宪法和法律的尊严。"这个规定意味着监察委员会是专司国家监察职能的国家机关，具有调查职务违法和职务犯罪、维护宪法和法律尊严的职责。而在中国传统文化的语境下，监察就是监督。[1] 更何况监察委员会是运用国家权力进行监督的专门机构。这就涉及监察委员会的监督与检察机关的法律监督到底有无区别的问题。甚至有的学者认为，这种由各级监察委员会针对公职人员所行使的"监察权"，对检察机关的法律监督权带来了极大冲击。[2] 监察权的横空出世势必取代法律监督在宪法体系中的原有地位，从而降低检察机关的政治话语权。[3]

应该承认，监察委员会的监督与检察机关的监督都是国家监督体系中的组成部分。监察委员会的监督与检察机关的监督，具有某些共同的特点：首先，同执政党的领导（也是一种监督）和权力机关的监督相比，监察委员会的监督与检察机关的监督具有专门性、具体性的特点，而执政党的领导和权力机关的监督更具有权威性、普遍性的特点；其次，同民主监督、社会监督、舆论监督（媒体监督）等相比，监察委员会的监督与检察机关的监督是运用国家权力所进行的监督，具有对象的法定性和效果的法定性，而民主监督、社会监督、舆论监督（媒体监督）是运用民主权利所进行的监督，具有对象的广泛

[1] 监察：犹监督。参见《辞源》（三），商务印书馆1981年版，第2191页。

[2] 陈瑞华：《论检察机关的法律职能》，载《政法论坛》2018年第1期。

[3] 胡勇：《监察体制改革背景下检察机关的再定位与职能调整》，载《法治研究》2017年第3期。

性和效果的不确定性。

但是，就监察委员会的监督与检察机关的监督相比，二者之间又存在明显的区别：

第一，监督的范围不同。监察委员会监督的对象相对比较具体，监督的范围明确而有限；检察机关监督的对象相对广泛，并且具有弹性。按照监察法的规定，监察委员会监督的对象是所有行使公权力的公职人员，是公职人员的职务违法和职务犯罪行为。对非公职人员，如果不是与公职人员的职务行为相关联，监察委员会就没有权力监督。即使是公职人员，如果不与职务行为相关联，也不受监察委员会的监督。检察机关监督的对象是所有主体遵守和执行法律的行为，既包括个人以及公司企业在日常生活、经济活动、社会交往中所实施的犯罪行为，也包括国家机关实施和执行法律的行为。检察机关的监督涉及法律实施的每一个环节，几乎囊括了人们社会生活的各个方面。即使是公职人员的职务犯罪行为，也有一部分是由检察机关来监督的（即司法人员在司法活动中的职务犯罪行为）。

第二，监督的方式不同。监察委员会的监督尽管也是通过案件的方式进行的，也要遵守一定的规则，但不具有诉讼的特征。从是否立案调查，是否采取强制措施，是否移送司法机关处理，是否给公职人员以实体性的处罚，都是通过内部的行政审批的方式进行的，不受其他国家机关的制约，具有明显的封闭性特征。只有在决定将案件移送检察机关审查起诉后，才会受到检察机关、审判机关的制约，而这种制约不是对监察委员会行使职权活动的制约，只是对案件处理结果的制约。与之相反，检察机关的监督是通过诉讼或建议的方式进行的，具有开放性。检察机关对犯罪行为的监督是通过对侦查机关侦查的案件进行审查批准逮捕、对移送审查起诉的案件进行审查起诉，并向法院提起公诉等方式进行的。在这个过程中，检察机关的监督活动，每一个环节都受到有关国家机关的制约。检察机关对国家机关实施和执行法律的活动所进行的监督都是以“建议”“抗诉”等方式提出来的，最终如何处理都要由有关机关来决定，检察机关没有实体处分性质的权力。

第三，监督的目的不同。监察委员会对公职人员进行监督，最主要的目的是开展廉政建设和反腐败工作。尽管对公职人员进行监督本身也具有维护宪法和法律尊严的作用，但其出发点是深入开展反腐败工作，目标是保证国家公职人员职务行为的廉洁性。而检察机关法律监督的目的是维护法律的尊严和统一正确实施。检察机关进行监督的出发点是为了保障法律的统一正确实施，目标是建设社会主义法治国家。正如有的学者指出的：监察权与（人民检察院的）监督权是两种完全不同类型的权力，指向的对象亦有较大的差别。具体而言，前者的聚焦点主要围绕“人”展开，即具有公职身份者，而涉及的内容则涵盖了两个方面：廉洁性和严谨性。这是一套具有中国传统文化底蕴的政治监管规范，以确保公务人员的职业操守为核心旨趣。[1]

由以上三个特点所决定，监察委员会的监督，行政化、政治性相对比较突出，从根本上讲，应该说是一种行政监督或政治监督；而检察机关的监督则具有鲜明的法律性特征，因此是一种法律监督。

也许有人会质疑：职务犯罪侦查权在检察机关的时候，我们将其视为法律监督的组成部分，为什么由监察委员会行使时就不是法律监督了？对此，似乎可以做如下解释：

〔1〕 李奋斗：《检察再造论》，载《政法论坛》2018年第1期。

首先，侦查权并不具有独立权力的品格，它作为发现事实真相的一种手段，可以为不同的目的服务。“如果不考虑侦查权行使的对象和目的，抽象地议论侦查权的性质，那就很难说它是不是法律监督。”〔1〕对职务犯罪立案侦查，并追究犯罪人的刑事责任，确实具有维护国家法律的尊严、促进国家法律正确实施的作用，是监督法律实施的一项措施，但这项工作是不是法律监督，还要看它是如何进行的。如前所述，以诉讼的方式进行，可以说是法律监督；以行政管理的方式进行，就很难说是法律监督。

其次，一项具体的职权具有什么样的性质，不能孤立地去看，而应当将其放在权力结构的整体框架内来考察。职务犯罪侦查权由检察机关行使时，它只是检察权中的一种权力，是检察工作的一个方面，必然要服从于检察机关的根本职能即法律监督职能。职务犯罪侦查权的行使，无论是其出发点，还是行使目的，都是为了维护国家法律的统一正确实施，因而是法律监督的一个方面。那时，反腐败工作的大局有各级党委特别是从中央到地方的各级纪律检查委员会来掌控，检察机关的职务犯罪侦查工作只是国家反腐败工作的一小部分。但是现在，随着国家监察委员会的设立，查办职务犯罪的工作作为反腐败工作的重要内容统一由各级监察委员会来进行，其性质必然要依附于监察委员会的工作性质。

最后，检察机关行使的是职务犯罪侦查权，监察委员会行使的是职务犯罪调查权。“侦查权”与“调查权”虽然在本质上是相同的，但也存在微妙的差别。而这种差别正是不同属性的反映：侦查是一种诉讼行为，要受到诉讼法的严格约束。不

〔1〕 张智辉：《法律监督三辨析》，载《中国法学》2003年第5期。

仅要遵守诉讼法所规定的诉讼程序，而且要受到当事人辩护权的制约。但是调查则无须遵循诉讼的规律。尽管监察委员会对职务犯罪的调查活动也要遵守监察法的规定以及内部管理的规则，但是这种调查不是诉讼活动，被调查人不是与调查机关相对立的诉讼主体，没有诉讼主体应当享有的权利。因此，监察委员会对职务犯罪的调查，不能视为法律监督，不具有法律监督必须具有的法律属性。这种说法，并没有否定监察委员会对职务犯罪进行调查所具有的监督性质。

这些情况说明，监察委员会的监督与检察机关的法律监督是不同的，监察委员会作为国家专门的监察机关，并不影响检察机关作为国家的法律监督机关的宪法定位。所以在监察法通过之后修改的人民检察院组织法仍然坚持了人民检察院是国家的法律监督机关的定位。这进一步说明，国家最高权力机关注意到国家监察委员会的成立，而没有因此动摇对检察机关宪法定位的认识，检察机关仍然是国家唯一的法律监督机关，检察机关的所有职权也都应当从属于法律监督。

（二）检察与行政执法的差异

有人认为，检察机关的职能活动具有维护法律的尊严和统一正确实施的功能，行政机关的执法活动同样具有维护法律的尊严和实施的作用，提出为什么检察机关行使职权的活动是法律监督，行政执法机关行使职权的活动就不是法律监督。

诚然，行政执法机关行使职权的活动与检察机关行使职权的活动，都具有维护法律的尊严和实施的作用，甚至都可以说是为了保障法律的实施，都具有“护法”的功能（这正是二者可以衔接的原因）。但是，这种相似背后所蕴含的法理是不同的。

第一，从权属上看，行政执法权是行政权的组成部分，而检察权恰恰是独立于行政权的一种国家权力。

在我们国家，行政执法机关隶属于行政机关，是行政机关的一个部门，行政执法权必然要从属于行政权。而行政权在本质上是一种执行权，即执行法律、执行权力机关意志的权力。行政执法权同样在属性上是执行权。行政权的基本特征是上下一体、上命下从。行政执法机关行使职权的活动，同样必须遵循行政权的基本原则。检察机关虽然也强调“检察一体化”，但这是在检察官独立的基础上的“一体化”，即组织结构和管理体系上，全国各级检察机关是一体化的，其目的是保证法律适用的统一性。但在行使职权方面，检察机关更强调检察官的独立性，每一个检察官对自己所办理的案件要独立承担责任。特别是实行司法责任制以后，检察官在办理案件中的独立性进一步得到强调和保障。这与行政执法机关的上下级关系形成鲜明的对照。所以，即使是在一些把检察机关设在行政机关的国家，也强调检察权与行政权的区别，强调检察官行使职权的独立性。

第二，从目的上看，行政执法权行使的目的是实现国家对公共事务的行政管理，而检察权行使的目的是维护法律的尊严和统一正确实施。

尽管行政执法权的行使在客观上也具有维护法律的尊严和遵守的作用，但它本身不是为了“护法”，而是为了执行法律，是国家对公共事务进行行政管理的辅助手段。行政权行使的目的在于谋求和保护国家、集体、社会的公共利益，行政执法权的行使同样是为这个目的服务的。行政执法机关运用法律法规赋予的执法权，对违反法律法规的具体事件进行处理，是国家行政机关在“执行”宪法、法律、行政法规或履行国际条约时所采取的具体办法和步骤，其根本目的是保证行政法规的有效执行，因而具有行政权的执行特征。检察权并不具有执行权的特征，除了不具有“上命下从”的特征之外，最主要的是，它不是为了管理公共事务，不是作为“管理权”来行使的，而是为了维护法律的尊严和统一正确实施；不是实施法律，而是监督法律的实施、保障法律实施的正确性。所以，检察权的一个十分重要的方面是对其他国家机关执行法律的情况进行监督，以保障法律实施的正确性，而行政执法权是不可能具有这种属性的。

第三，从行使方式上看，行政执法权行使的方式是“行政化”的，而检察权行使的方式是以诉讼化为主的。

这种“行政化”，不仅表现为行政执法活动必须遵循“上命下从”的原则，而且表现为行政执法活动是一种单向式的法律行为，即行政执法机关行使职权的活动虽然也要受法律的约束，要遵守法律的规定，但执法的标准、程序、后果都是由行政执法机关自己决定的，行政执法机关对违反法律的行为，自行进行调查、自行制定处罚的标准、自行收集和认定证据，并直接进行行政处罚，无须第三方的介入。这与检察机关行使国家追诉权的活动是完全不同的。如前所述，检察机关行使的国家追诉权是一种诉讼活动，要有第三方的介入和参与，追诉权的行使要通过人民法院的审判活动来最后裁判。

正是因为行政执法机关行使职权的活动与检察机关行使职权的活动之间存在这种本质上的差异，所以，行政执法活动是一种“可诉”的法律行为，即当事人（行政相对人）对行政执法机关的执法活动不服，有权提起行政诉讼，请求人民法院进行裁判。而检察机关行使职权的活动是不可诉的，监督对象对检察机关的法律监督行为可以不服，可以要求上一级检察机关进行复核，甚至可以进行投诉，但不能对其提起诉讼，不能向人民法院要求审判。

（三）监督与制约的联系与区别

监督与制约之间具有密切的联系。这两个词既可以做同义词使用，也可以做相互区别的两个词使用。因为它们都包含着对权力的制衡作用。所以在汉语的语言习惯中，这两个词常常被连在一起使用。

但是，监督与制约对权力制衡的方式和效果是不同的。制约意味着双方相互依存[1]，有甲方才有乙方，没有甲方，也就没有了乙方。而监督意味着彼此独立存在，没有乙方，甲方照样存在。

制约通常是双向的活动。在刑事诉讼中，公安机关、人民检察院、人民法院相互制约，是因为公安机关行使的侦查权、人民检察院行使的公诉权、人民法院行使的审判权之间存在相互依存的关系。公安机关侦查终结的案件，必须通过人民检察院的审查并提起公诉的行为，才能进入审判阶段。公安机关不把案件移送给人民检察院，人民检察院就不能对其行使公诉权；人民检察院对公安机关移送的案件，可以提起公诉，也可以不提起公诉，这就是相互制约。同样地，只有人民检察院把案件起诉到人民法院，人民法院才可以对该案件行使审判权，人民检察院没有提起公诉的案件，人民法院就不能启动审判活动；人民法院的审判活动又制约着人民检察院提起公诉的活动，对于人民检察院提起公诉的案件，人民法院经过审判，可以判定被告人有罪，也可以判定被告人无罪，从而直接决定了人民检察院提起公诉行为的结果。

---

〔1〕 制约，指一种事物的存在和变化以另一种事物的存在和变化为条件，如：自然界和社会上各种现象是互相联系而又互相制约的。参见《辞海》（缩印本），上海辞书出版社 1980 年版，第 185 页。

监督与之不同，监督通常是单方面的行为。按照刑事诉讼法的规定，人民检察院有权对公安机关的侦查活动进行审查，发现有违法行为时可以提出纠正意见，督促公安机关纠正违法，但是公安机关不能对人民检察院的公诉活动进行审查，不能通知人民检察院纠正公诉活动中的违法行为。人民检察院对人民法院的审判活动包括对生效的判决裁定有权进行监督，但是人民法院不能对人民检察院的公诉活动进行监督，不能向人民检察院提出纠正违法的建议。尽管公安机关不服人民检察院的决定时可以提请人民检察院复议甚至可以提请上一级人民检察院复核，但这种行为只是一种（不服决定时的）意愿表达。这种行为对人民检察院行使职权的活动虽然也具有一定的制约作用，但不具有督促纠正的性质和效果。人民法院可以通过审判活动否定人民检察院提起公诉的请求，但不能就人民检察院的公诉活动是否违法进行审查。这是制约与监督的区别之一。

不仅如此，制约通常是以决定权为基础的，而监督通常是以建议权为基础的。公安机关、人民检察院、人民法院之所以能够相互制约，是因为它们对刑事案件都享有一定的决定权。公安机关有权决定是否立案侦查、是否移送起诉，人民检察院有权决定是否提起公诉、如何提起公诉，人民法院有权决定如何对案件进行审判、如何作出判决。各自享有的这种决定权能够在彼此之间形成权力的制衡（即否定另一方的行为），这种制衡必然会影响到另一方行使权力的结果。而人民检察院对公安机关、人民法院的监督，说到底，是一种督促纠正的建议权。公安机关、人民法院认为人民检察院的监督意见正确，就可以接受，认为不正确，完全可以不接受，是否接受最终要取决于被监督一方的意志。人民检察院作为监督者，只能发现并指出公安机关、人民法院在诉讼活动中存在的违法行为，不能干预公安机关、人民法院行使职权的活动，更不能代替公安机关、人民法院作出是否纠正的决定。

正是因为监督与制约不能完全等同，有的学者认为，检察机关的诉讼职能与诉讼监督职能应当加以区别，不能把行使公诉权的活动视为法律监督（对这种观点，下文将会回应）。

（四）检察与法律监督的关系

我国宪法和人民检察院组织法同时规定："人民检察院是国家的法律监督机关"，"人民检察院依法独立行使检察权"。由此引起了人们关于法律监督与检察、法律监督权与检察权关系的经久不衰的争论。

一种观点认为，检察与法律监督是两个不同的概念，检察权与法律监督权是两种彼此联系但又不同的权力。检察是指人民检察院依法对认为可能发生的违法犯罪行为进行的详细查验，以发现犯罪进而使犯罪受到追诉的刑事诉讼活动。检察权是实施这种职能的所有权力的总称。而法律监督是指人民检察院依法对于特定国家机关执行法律行为是否违法进行察看，进而督促违法者纠正违法行为所进行的活动。法律监督权，则是履行这类职能的所有权力的总称。人民检察院的检察权和法律监督权，各自实际包含的保证实现职能作用的具体公权的多少和种类不同。〔1〕类似的观点有：检察权与法律监督权是两个不同的概念，二者所针对的行为对象性质不同、时态不同、权力行使的目的、手段也不同。所以，我国检察机关具有双重国家权力，即检察权和法律监督权。〔2〕

另一种观点认为，检察与法律监督具有同一性，是一个事

〔1〕傅宽之：《人民检察院的检察与法律监督》，载《人民检察》2008年第17期。

〔2〕蒋德海：《论我国检察机关的双重国家权力》，载《复旦学报》2010年第5期。

物的两个方面。检察本身具有法律监督的性质，或者说，检察的内在属性就是法律监督，检察权从属性上看，就是法律监督权。[1] “一元分立权力架构下的检察权，其本质属性就是进行法律监督。在分设的权力体系中，检察权并不依附于任何一种权力，而是作为独立的法律监督权，参与保障权力的有效行使。”[2] 这就意味着，在我们国家，检察权是作为法律监督权而存在的。

检察权是不是法律监督权，争议的焦点在于检察权中的刑事追诉权。许多诉讼法学界的学者关注检察机关以公诉权为核心的诉讼职权，并认为这些诉讼职权与对诉讼活动进行监督的职权是不同的，因而反对把这种诉讼职权归结为法律监督职权。有的学者认为，把公诉权笼统地定位为法律监督，没有抓住公诉权的本质属性。按照这些学者的观点，公诉权最直接、最本质的属性是国家追诉权，法律监督属性只是公诉权的第二位的属性。[3]

不可否认，国家追诉权确实是公诉权的第一位属性，但它只是“最直接的”属性，也就是表层的属性，公诉权第二位的属性或者说更深层次的属性则是法律监督的属性。国家为什么要自己来追诉犯罪？为什么要设立一个专门的机关来追诉犯罪？这个问题，从公诉权出现的时候，亦即从检察机关诞生的时候，就有了答案。“检察官创制目的的一个方面乃为废除由法官一手包办侦查的纠问制度，制衡法官权力，两方面也为防

[1] 张智辉：《论检察权的性质》，载《检察日报》2000年3月9日第3版；孙谦：《论检察》，中国检察出版社2013年版，第121—123页。

[2] 樊崇义主编：《检察制度原理》，法律出版社2009年版，第117页。

[3] 樊崇义：《论检察》，中国检察出版社2013年版，第151—159页。

范法治国沦为警察国，控制警察活动。”[1] 检察制度从诞生之日起，就具有监督的属性。之所以要设置检察机关并由检察官来行使国家追诉权，其根本原因在于通过国家权力来维护国家法律被严格遵守。因此，国家追诉权只是公诉权最直接的属性，其表象背后的本质属性恰恰是法律监督，即为了维护国家法律的严格遵守，由专门的国家机关来追诉触犯法律的犯罪行为，并监督其他国家机关执行和适用法律追诉犯罪的活动。因此，从深层次看，从国家法治全局上看，公诉权最本质的属性，不是其表象，而是其背后所蕴含的法治意义。只有从这个角度，才能理解为什么国家在把检察机关定位为法律监督机关的同时，把公诉权赋予检察机关。正是因为公诉权契合了法律监督的本质要求，所以，检察机关才会既是行使国家追诉权的机关，也是法律监督机关。二者之间的内在联系，恰恰是法律监督。诚然，公诉权与检察机关对诉讼活动进行监督的职权是不同的。这种不同不是本质属性上的不同，而是具体权能上的差异。应该说，在广义上，公诉权属于法律监督权的组成部分；在狭义上，公诉权与诉讼监督权是两种不同的权能。实际上，不仅公诉权与诉讼监督权之间具有明显的差别，在民事诉讼监督方面，检察机关对人民法院生效的判决裁定进行审查并提出抗诉的职权与对民事审判活动中的违法行为进行监督的职权，同样是有差别的，同样应当遵循不同的规律。

这种争论，随着人民检察院组织法的修改，可以说是尘埃落定。全国人大常委会 2018 年 10 月 26 日修订的《人民检察院组织法》第 20 条规定了人民检察院行使的职权，第 21 条紧接着规定：“人民检察院行使本法第二十条规定的法律监督职

---

〔1〕 林钰雄：《检察官论》，学林文化事业有限公司 1999 年版，第 16 页

权，可以进行调查核实，并依法提出抗诉、纠正意见、检察建议。”这个规定意味着，全国人民代表大会常务委员会以法律的形式确认了人民检察院行使的职权（通常所说的检察权）是“法律监督职权”。这表明，在我国的法律中，检察与法律监督、检察权与法律监督权，具有同一性：检察就是法律监督，检察权就是法律监督权。

其实，对这个问题，许多学者均有论述。如王桂五早在20世纪90年代就指出：法律监督是检察制度的本质属性，检察机关的各项职能，都应当统一于法律监督。[1] 陈光中教授指出：“从宪法层面理解，检察机关行使的一切职能都属于法律监督职能，都是为了维护法制的统一实施，是一种广义的法律监督。”[2] 樊崇义教授也指出：“宪法和法律明确将我国检察机关定性为法律监督机关，即检察机关的任务在于通过诉讼方式督促和纠正有关法律执行、实施中的严重违法行为，这是我国检察制度最为重要的特征。检察机关的所有职能都是围绕这一点设置的。”[3] 龙宗智教授认为：“法律监督，是宪法和法律对中国检察权的定位。这一定位对中国检察制度具有多方面的影响：其一，以法律监督统揽检察活动，使检察行为不再是单纯的诉讼行为，而成为国家法律体系及其运行机制的基本组成部分之一，而各项具体的检察行为，均应纳入法律监督的范畴，受法律监督属性及其制度要求的约束”。[4] 可见，在权威学者眼里，或者说，作为一种主流观点，检察机关的职能，在

〔1〕 王桂五主编：《中华人民共和国检察制度研究》，法律出版社1991年版，第242—256页。

〔2〕 陈光中等：《中国司法制度的基础理论问题研究》，经济科学出版社2010年版，转引自陈光中：《论检察》，中国检察出版社2013年版，第34页。

〔3〕 樊崇义主编：《检察制度原理》，法律出版社2009年版，第18页。

〔4〕 龙宗智：《中国法语境中的检察官客观义务论》，载《法学研究》2009年第4期。

广义上，都应当属于法律监督职能，为保证这种职能发挥作用而赋予检察机关的权力即检察权，也就因此而具有法律监督的性质。

三、法律监督的理念更新

新时代需要新理念。随着新时代以来法律监督职能的变化和司法体制改革的不断深入，检察机关的法律监督理念也应当做出相应的更新，以适应新时代的新要求。法律监督理念的更新，也是检察机关对自己的法律监督职权进行自省、对法律监督的价值追求进行再认识的产物。

国家设立专门的法律监督机关，一方面是为了在一元分立的国家权力架构下实现权力制衡，但更重要的是为了维护法律的尊严和统一正确实施。法律赋予检察机关的各项职权都与维护法律的尊严和统一正确实施紧密相连。因此，检察机关在履行法律监督职责的过程中，除了政治使命之外，要始终牢记自己的法律使命，把维护法律的尊严和统一正确实施作为法律监督的价值追求。

事实上，检察机关履行法律监督职责，无论是行使哪一项具体职权，都应当以维护法律的尊严和统一正确实施为宗旨，以是否有利于维护法律的尊严和统一正确实施为衡量工作成绩的标准。在行使追诉犯罪的职权时，既要看到使确实实施了犯罪的人受到法律的制裁是维护法律的尊严，也要看到使无罪的人不受法律的制裁也是维护法律的尊严；检察机关既要保护被害人的合法权益，也要尊重和保障犯罪嫌疑人、被告人的人权，特别是在涉及公司企业的经营活动时，更要设身处地地考虑公司企业的利益。在审查当事人对法院生效判决裁定的申诉时，既要维护当事人的合法权益，也要维护司法裁判的权威，要站在客观公正的立场上实事求是地、依照法律规定来审查生效判决裁定是否确有错误。在对侦查活动、审判活动进行监督时，同样的，既要保证法律的正确实施，也要充分考虑侦查机关、审判机关的职能，即使是纠正违法，也要对侦查人员、审判人员给予应有的尊重。在审查公益诉讼案件时，既要考虑公共利益，也要考虑有关行政机关的职能，既要维护公共利益和社会的公平正义，也要保证行政机关依法行政。这些都要求检察机关及其检察人员全面考虑行使检察职权的活动可能带来的法律效果和社会效果，做好监督涉及的各方主体的工作。如果能够做到这一点，就可能实现双赢多赢共赢的效果。

但是，在以往的检察实践中，有的检察人员过分看重追诉犯罪的职能，把成功地追诉犯罪作为自己的价值追求，忘记了追诉犯罪本身所具有的“护法”功能；有的检察人员为了在公诉中求得胜诉，罗织罪名，强词夺理，无视当事人的申辩，甚至置犯罪嫌疑人、被告人的合法权益于不顾；有的检察机关片面强调追诉犯罪的成功率，简单地把法院的无罪判决作为衡量检察工作质量的重要指标；有的检察人员以监督者自居，有意无意地试图把自己凌驾于监督对象之上，如果监督对象没有接受自己的监督意见，就会感到“丢了面子”，甚至发牢骚、讲怪话，抱怨法律监督没有权威性；有的检察人员在民事行政检察中片面听取一方当事人的诉求，对生效的判决裁定未做深入具体的分析就提出抗诉意见。凡此种种，都背离了法律监督的价值追求。

为了纠正检察实践中的偏差，最高人民检察院新一届党组提出了双赢多赢共赢的理念，要求各级检察机关和全体检察人员在履行法律监督职责的过程中，准确把握自己的角色定位，正确处理监督与被监督的关系，真诚帮助监督对象解决问题，实现双赢多赢共赢的目标。

双赢多赢共赢的理念，体现了法律监督的价值追求。法律实施的活动往往涉及多元主体的行为与利益，法律监督必须兼顾不同主体的活动特点和权益保护，才能受到监督对象的认可，取得良好的法律效果。检察机关行使审查批准逮捕和决定逮捕的职权或者审查起诉的职权，并不是单纯地为了打击犯罪，而是要通过惩罚犯罪来教育人们尊重和遵守法律，以维护法律的尊严和实施。这里的“人们”既包括实施了犯罪行为的人，也包括受到犯罪行为侵害的人，既包括犯罪人、被害人的亲戚朋友，也包括与犯罪行为没有直接关联的一般群体。通过追诉犯罪，让更多的人看到法律正义和法律适用的公正性，感受到法律的不可侵犯性，就实现了多赢的目标。检察机关根据当事人的申诉，审查生效的判决裁定（无论是刑事的、民事的还是行政的），并不仅仅是满足申诉人的要求，而是要通过审查来评估生效判决裁定是否存在适用法律错误的问题。如果认为判决裁定确有错误，向人民法院提起抗诉，帮助法院发现和纠正错误裁判，这既是维护法律的正确实施，也是维护申诉人的合法权益；如果认为判决裁定在认定事实和适用法律方面没有错误，就应当耐心细致地做好申诉人的息诉工作，帮助其正确认识和对待生效的判决裁定，这既是维护审判权威，保障法律正确实施，也是帮助当事人正确认识法律、正确处理现实问题，防止其因不服判决裁定铤而走险，一错再错。检察机关对侦查活动、审判活动、判决裁定的执行活动进行监督，并不是单纯地给有关机关的工作挑毛病，而是为了帮助有关机关纠正错误，改进工作，更好地执行和适用法律，保障法律的正确实施。同样地，检察机关开展公益诉讼活动也不是为了帮助不特定多数人“打官司”，或者给行政机关找茬子。对行政机关可能或已经危害到不特定多数人利益的不履职或者不当履职行为提出纠正建议或者提起诉讼，既是为了维护更多人民群众的共同利益，避免其受到不当行政行为的侵害或挽回已经受到的损失，也是为了帮助有关行政机关更好地履职，促进其依法行政。总之，把维护法律的尊严和统一正确实施作为法律监督的价值追求，就不能片面强调监督与被监督的关系，片面坚持自己的立场，而要同时考虑法律监督可能涉及的各个方面的利益，既要尊重监督对象，又要兼顾不同主体的利益诉求，追求法律统一正确实施基础上的双赢多赢共赢效果。

双赢多赢共赢的理念，体现了检察工作的时代精神。把双赢多赢共赢作为法律监督的理念，是检察机关根据新时代社会主要矛盾的变化，对检察工作提出的新要求。中国特色社会主义进入新时代，我国社会的主要矛盾发生了变化。如何更好地满足人民群众在经济、政治、文化、社会、生态等方面日益增长的需要，不仅是党和国家的工作重心，也是检察机关应当时刻关注的问题。检察机关在行使检察职权的过程中，认真思考检察工作不平衡不充分发展与人民日益增长的美好生活需要之间的矛盾，就不能片面强调自己单方面的工作，而应当把履行检察职能的活动与满足人民群众对检察工作的需求联系起来思考问题，兼顾法律监督与被监督的关系，既要保证法律监督的依法顺利进行，也要充分顾及被监督的个人和单位利益以及被监督机关的工作，由此就提出了把双赢多赢共赢作为履行检察职能的工作目标和法律监督的价值追求，在行使检察职权中维护当事人的合法权益，在行使检察职权中帮助有关机关改进工作，既维护法律的尊严和统一正确实施，也维护有关个人、单位或机关的利益。可以说，这是对检察工作的更高更新的要求，是法律监督的题中应有之义。

四、法律监督实现方式的改进

把维护法律的尊严和统一正确实施作为法律监督的价值追求，实现双赢多赢共赢的目标，就必须采取有效措施，改进检察工作，更好地组织实施法律监督。

（一）恪守客观公正的立场

恪守客观公正的立场，是世界各国检察人员的共同准则。在以法律“守护人”为角色定位的大陆法系国家，检察官的客观公正义务不仅是一个职业伦理问题，而且是一个履职责任问题，检察官违反客观义务，对应当起诉的人不提起公诉，或者故意对无罪的人提起公诉，都可能被追究刑事责任（如《德国刑法典》第344条）。即使是在奉行当事人主义的英美法系国家，检察官也要遵守客观公正义务，如美国律师协会在其制定的《检察职能与辩护职能刑事司法准则》中规定：检察官的职责是寻求正义，而不是定罪。[1] 正因为如此，联合国《关于检察官作用的准则》第13条规定：“检察官在履行其职责时应：（a）不偏不倚地履行其职能，并避免任何政治、社会、文化、性别或任何其他形式的歧视；（b）保证公众利益，按照客观标准行事，适当考虑到嫌疑犯和受害者的立场，并注意到一切有关的情况，无论是否对嫌疑犯有利或不利……”第14条进一步明确规定：“如若一项不偏不倚的调查表明起诉缺乏根据，检察官不应提出或继续检控，或应竭力阻止诉讼程序。”[2] 在我们国家，检察官行使法律监督职权，更应该恪守客观公正的立场。因为法律监督的使命本身就是维护法律的统一正确实

〔1〕 ABA Standards for Criminal Justice, Third Edition, Prosecution Function and Defense Function: Prosecution Function, Part I. Standard 3－1.2（C）.

〔2〕 杨宇冠、杨晓春：《联合国刑事司法准则》，中国人民公安大学出版社2003年版，第371—372页。

施、维护司法公正和社会公平正义。检察机关和检察人员在行使职权的时候，只有站在客观公正的立场上，才有可能客观地看待自己所办理的案件，才有可能公平地对待案件所涉及的各个方面，才有可能公正地处理案件办理过程中遇到的不同主体利益冲突，从而在维护法律统一正确实施的过程中实现双赢多赢共赢的目标。

在新的时代背景下，强调法律监督中的客观公正立场，具有特别重要的意义。一是以审判为中心的诉讼制度改革，进一步强化了检察官的举证责任和庭审过程中的对抗性。检察官庭前证据审查过程中，必然要更多地关注有利于指控犯罪的证据，很容易忽视有利于犯罪嫌疑人的证据；在出庭支持公诉的过程中，特别是在普通程序出庭公诉过程中，可能会受到更多的来自辩方的质疑和诘问，从而刺激检察官的控方角色，不断强化其控方意识。这些都容易导致检察官忘记法律监督者的责任，丧失客观公正的立场。二是认罪认罚从宽制度的实施，进一步增强了检察官在审前程序中的主导作用。在犯罪嫌疑人认罪认罚案件中，检察官必然要利用自己的量刑建议权来与犯罪嫌疑人进行协商，而这种协商很容易强化检察官的优越感，容易导致其把自己对案件证据材料的分析判断和对案件事实的认定意见以及对量刑的看法强加于犯罪嫌疑人。三是检察机关近年来实行的捕诉一体工作机制改革，减少了公诉案件内部制约的环节。检察官在办理公诉案件的过程中，既负责对案件的审查批准逮捕工作，又负责对案件的审查起诉工作，对自己批准逮捕的案件，很容易形成犯罪嫌疑人有罪的思维定势，以致审查起诉特别是提起公诉以后，很容易按照犯罪嫌疑人就是有罪的思维定势来出庭支持公诉，很可能听不进去被告人无罪或者罪轻的辩护意见，甚至会不服人民法院对被告人作出的无罪判决。凡此种种，都可能丧失客观公正的立场。因此，在这些改革过程中，强调检察官的客观公正义务，尤为重要和必要。进入新时代以后，人民群众对检察机关的法律监督提出了新的更高的要求，对维护法律的正确实施、维护社会公平正义的期盼更高。检察机关和检察人员在法律监督过程中，唯有坚持客观公正的立场，严格依法监督、切实维护公平正义，才能得到人民群众和有关各方的认可与支持。一旦丧失了客观公正的立场，就可能导致案件处理的不公正，就可能导致法律监督的失衡和失误，也就很难取得人民群众和有关各方的信任和支持，更不可能实现双赢多赢共赢的效果。

恪守客观公正的立场，不是一个口号，而是引领法律监督的理念，是一项实实在在的工作。客观公正，并不仅仅是对检察官履行追诉职能时的要求，而是对检察官履行所有法律监督职能的共同要求。要做到客观公正地对待每一项法律监督工作，第一，必须始终站在国家的立场上，铁面无私。社会的公平正义是通过法治来实现的。检察官在履职过程中要牢记自己的使命，把国家利益、社会公共利益放在首位，把维护法律的尊严和统一正确实施作为自己的价值追求，而不能把本单位利益、把个人的荣辱得失作为履职时思前顾后的筹码，不能把自己混同于一般意义上的“原告”，片面追求胜诉的结果。特别是在履行追诉职能时，要时刻想到自己是代表国家在行使追诉权，不仅要把国家利益放在首位，而且要运用国家的理智和铁面无私的精神来履行职责。第二，必须始终坚持法律标准，公正严明。检察官办理案件，无论是公诉案件还是其他类型案件，都必须严格坚持法律标准，严格依照有关法律的规定，客观冷静地分析案件中的所有证据材料，不偏不倚地认定案件事实，公正对待案件当事人。在履行其他法律监督职能时，同样要恪守客观公正义务，遵守法律、尊重事实，客观地看待监督对象的行为，公正地提出监督意见，不能偏听偏信，以成见对待监督对象、以感情代替法律。第三，必须始终保持法律人的理性，兼顾各方。检察官在办理公诉案件过程中，不仅要重视侦查机关的起诉意见，而且要重视犯罪嫌疑人、被告人的辩护意见，特别是在有被害人的案件中，检察官既要尊重犯罪嫌疑人、被告人的权利，也要保护被害人的权益；既要重视有利于指控犯罪的所有证据材料，也要重视有利于犯罪嫌疑人、被告人的所有证据材料；既要尽可能地满足被害人方面的诉讼请求，也要充分考虑犯罪嫌疑人、被告人尤其是其辩护人的辩护意见。在审查当事人不服人民法院生效判决裁定的申诉案件时，检察官既不能感情用事、偏信一方当事人的申诉，而无视法院判决裁定所持的事实依据和法律依据，也不能带着“有色眼镜”看待当事人的申诉，片面强调生效判决裁定的权威性，而应当实事求是地分析案件的证据材料和当事人申诉的理由，客观公正地对待每一份判决裁定，既向每一个申诉的当事人负责，也向法律负责。在对侦查活动、审判活动实行法律监督的过程中，既要根据控诉人的控诉或申诉人的申诉，认真审查核实有关违法事实，也要认真听取有关侦查机关、审判机关的意见，真正站在客观公正的立场上对待每一个监督事项，客观公正地面对被监督的各个方面。一旦偏离客观公正的立场，就可能不适当地伤害到一方甚至各方的利益，伤害到法律的权威，从而丧失法律监督的应有价值。

（二）坚持案件化办理模式

检察机关履行法律监督职能，要通过“办案”的模式进行。所谓“办案模式”，是指处理案件应当遵循的规则和程式。

把每一个法律监督事项都作为“案件”来办理，是法律监督理念的重大转变。以往，检察机关只是在行使国家追诉权的过程中，才强调严格按照刑事诉讼法的规定办理案件。在行使诉讼监督权的过程中，往往强调监督的单向性，按照行政化处理问题的模式通过内部管理程序来办理。这种行政化的、内部的处理方式，很难取得监督对象的认可，因而也就很难取得人民群众满意的法律效果、社会效果，有时甚至连监督者自己都不满意。把办案与监督割裂开来也不符合法律监督的规律。如前所述，法律监督虽然包含了不同类型的权能，但都是对法律实施过程中出现的严重违反法律的行为所进行的监督，都是运用国家权力依照法定程序进行的监督。无论是对犯罪行为行使国家追诉权，还是对三大诉讼活动中的违法情况行使诉讼监督权，抑或对行政机关的不作为或不当作为的行政行为提起公益诉讼，所针对的都是严重违反法律的行为。这些行为都应当作为案件来办理。很难说，对犯罪行为提起公诉是办案，对诉讼中的违法行为进行法律监督就不是办案，或者说就不需要作为案件来办理。当然，对犯罪行为提起公诉，往往是由侦查机关立案侦查后移送检察机关办理的案件，在检察机关的“入口”就是一个既成的案件，而诉讼监督的事项，除了对生效判决裁定的审查之外，往往没有现成的案件。检察机关需要在办理其他案件的过程中去发现违法情况的线索，进而实行法律监督。但是对于在办理其他案件过程中发现的违法情况的线索，同样应当作为案件来办理。因此，在最高人民检察院提出法律监督要实现“双赢多赢共赢”的目标后，反思以往对待法律监督特别是诉讼监督的观念，认为必须改进法律监督的方式，从而提出“在办案中监督、在监督中办案”的要求，强调办案是检察机关履行法律监督职责的基本方式。这种改进的显著标志就是在观念上，要把每一个法律监督事项都作为“案件”来办理。

用办案模式来处理法律监督事项，就要做到以下几点：

第一，重证据。

案件是以客观上已经发生的事实的存在为前提的。没有违法或者犯罪的事实，就不存在“案件”。而事实不是假想的事实、不是虚构的事实，甚至也不是一方当事人描述的事实，它必须是客观存在的事实。这种事实作为已经发生过的事实，只有通过证据才能还原、才能证实其存在过。检察机关在履行法律监督职责的过程中所遇到的每一个监督事项，实际上都是一个已经发生过的事实。不仅是在行使国家追诉权时所面对的犯罪事实，而且在行使其他监督权的过程中所面对的违法事实，都是曾经发生过的事实，都是必须用证据才能证明其存在的事实。因此，检察机关处理每一个监督事项，无论是哪一类事实，无论是哪一个法律领域，都必须重证据、重调查研究，既不能轻信某一方当事人的证言或者申诉，也不能仅凭自己的看法甚至“直觉”来进行监督。只有尽可能多收集证据，全面仔细地审查案件中的每一份证据材料，才有可能客观地还原案件的事实真相，从而对案件作出准确的判断。

第二，重程序。

程序是保证案件办理质量的制度性措施。对于案件，必须依照法律规定的程序来办理。检察机关面对的每一个监督事项都应当作为案件来办理，就意味着处理每一个监督事项都必须遵守相应的程序规则。办理刑事案件，当然要按照刑事诉讼法的规定进行。处理其他类型的监督事项，也应当按照一定的程序规则来办理。这些程序规则包括对监督线索的受理和管理程序、审查“立案”程序、对有关材料的审查或调查程序、监督意见的提出和发送程序、处理结果反馈程序等。每一个程序都应当受到不同主体的制约，都必须遵守相关的规则约束。这样，既可以保证法律监督工作的公开透明，也可以防止监督主体的个人恣意或任性，避免轻率的、不当的监督行为。重程序，就是重规则、重制约、重权限。对检察机关而言，重程序，就是强调每一个承办人员不能逾越自己的职权范围实行法律监督，不能凭借监督的热情实行法律监督，不能基于个人的好恶实行法律监督。

第三，重公正。

对案件的处理必须客观公正，才能取得良好的法律效果。偏听偏信，不可能对案件作出公正的判断，也不可能对案件作出公正的处理。把每一个监督事项作为案件来办理，就要求检察机关及其工作人员在处理每一个监督事项时，不仅要听取控告、申诉方的意见，而且要听取监督对象的意见；不仅要认真审查不利于监督对象的证据材料，而且要认真审查有利于监督对象的证据材料；不仅要站在被害人、控告人、申诉人的立场上思考，而且要站在被监督主体的立场上思考。只有充分考虑到各个方面的意见和利益，才有可能提出公正的监督意见，才有可能取得有关各方的认可，从而达到双赢多赢共赢的目标。因此，重公正，既是对法律监督工作的要求，也是对法律监督结果的要求。检察机关在刑事诉讼活动中要认真听取犯罪嫌疑人、被告人及其辩护律师的意见，在诉讼监督活动中要认真听取其他有关机关及其工作人员的意见，这对做好法律监督工作尤为重要。当然，听取意见不是放弃自己的立场，而是要保证自己的监督意见是在充分考虑到各方意见的基础上作出的。听取意见、尊重对方，与坚持原则并不矛盾。只有在听取不同意见的基础上，坚持原则才会更有信心。

第四，重说理。

法律监督的过程，既是维护法律的尊严和统一正确实施的过程，也是教育人民群众特别是监督对象严格遵守法律和正确实施法律的过程。把一个个法律监督事项作为一个个案件来办理，就要坚持法律说理，让被监督的主体充分了解有关法律的规定，了解被监督的原因，并且让其相信监督意见的正确性，才能促使监督对象心悦诚服地接受检察机关的决定或者监督意见。即使是检察机关的法律监督行为是必要的、监督意见是正确的、监督决定是必需的，但如果监督对象没有认识到这一点，就不可能达到监督对象的认同，就难以取得良好的法律效果，法律监督的目的就没有真正实现。因此，通过充分的说理，让监督对象心悦诚服，至少难以反驳，对实现法律监督效果的目的具有重要意义。法律监督说理的过程，也是对法律监督工作进行自我检测的过程。因为，说理就是要说明自己采取有关监督行为、作出有关监督决定或者提出监督意见的理由。这种理由包括法律上的根据、事实上的证据、监督对象的行为中存在的问题等，对这些方面的论述要有理有据、能够自圆其说，才会有说服力。这个说理的过程，从目的和结果上看，是为了说服监督对象，但过程本身也是说服监督者自己的过程。因为能够说服自己，才有可能说服别人。如果监督者所讲的道理连自己都说服不了，那就不可能说服别人。从这个意义上讲，重说理，是保证法律监督取得双赢多赢共赢效果的重要措施。

总之，用“办案模式”处理每一个监督事项，是对检察机关和检察人员更高的要求，是实现双赢多赢共赢目标的有效措施，也是制约检察机关法律监督活动的重大举措。

（三）尊重权力行使规律

法律赋予检察机关的职权，虽然在广义上我们统称为检察权或法律监督权，但这些职权毕竟包含着不同的类型。行使这些职权，既要遵循法律监督的一般规律，也要考虑不同类型权力的特点。只有兼顾这两个方面，选择合适的实现方式，才有利于法律监督目的的实现。

追诉犯罪的职权本身是一种诉讼类的职权，因此必须遵循刑事诉讼的规律，必须按照公检法三机关分工负责、互相配合、互相制约的原则来进行。这就意味着，在刑事诉讼中，检察机关只是职能部门之一，检察环节只是刑事诉讼的一个环节，检察机关的职权仅限于刑事诉讼法规定的职权。只有在检察环节，检察机关才能发挥主导作用，在其他环节则应当尊重其他机关的主导地位，不能越俎代庖。在检察环节，检察机关的职权主要是审查证据、根据侦查机关提供的证据来判断案件的事实真相，进而决定是否批准逮捕或者要不要决定逮捕犯罪嫌疑人、是否对犯罪嫌疑人提起公诉或者作出不起诉的决定，对决定提起公诉的案件则要出席法庭担负指控犯罪的任务。在行使追诉职权时，权力指向的对象是犯罪嫌疑人、被告人，检察机关的优势地位要求检察官更多地注意“控辩平等”和人权保障。

但是在对生效判决裁定进行监督时，检察职权所指向的是具有法律效力的裁判文书。无论是审理案件的检察机关，还是具体承办案件的检察官，都应当充分顾及生效裁判的权威性。对生效判决裁定的审查，既要仔细研究判决裁定所依据的证据材料，也要认真分析作出判决裁定所依据的法律规定；既要依法认定判决裁定是否确有错误、在哪些方面或哪个问题上出现了错误，也要权衡提起抗诉的必要性。只有在有充分的理由认定判决裁定确有错误，并且这种错误导致了判决裁定显失公正而有抗诉的必要时，才可以对生效的判决裁定提起抗诉。同时还应当注意刑事判决裁定、民事判决裁定、行政判决裁定之间的差异性，对不同类型的判决裁定，按照不同的法律标准、不同的证据规则来审查判断。

对诉讼活动中可能妨碍法律正确实施的违法行为或不当行为进行监督时，检察职权所指向的主要是诉讼过程中有关国家机关的诉讼活动。在诉讼活动中，这些机关虽然与检察机关所扮演的角色不同，但其法律地位是相同的，特别是在刑事诉讼中，公检法三机关具有共同的诉讼任务，存在分工负责、互相配合的一面。检察机关在行使法律监督职权时，不能不顾及这种客观存在的情况，片面强调自己的法律监督地位。但也不能因为顾及互相配合的一面，而忘记自己的职责，不敢监督、不愿监督。在这两个方面之间选择，就需要理性与智慧，既要不辜负法律监督的使命，依法对有关机关的违法行为或不当行为及时提出监督纠正的意见，又要避免对诉讼活动的不当干预或不良影响。为此，就需要在调查核实违法行为是否存在上下功夫，在监督必要性说理上下功夫，既要对确有监督必要的问题坚持提出纠正意见，又要通过摆事实讲法理让有关机关认可监督意见。这是实现双赢多赢共赢目标的需要，也是诉讼监督权行使规律的要求。

人民检察院提起公益诉讼的职权，是指人民检察院对危害或者可能危害到国家利益、社会利益或不特定多数人利益的行为，向人民法院提起诉讼，请求追究有关主体法律责任的职权。这种职权是由人民检察院组织法、民事诉讼法、行政诉讼法授予的。这种职权在实践中主要针对的是行政机关不作为或不当作为造成或者可能造成国家利益、社会利益或不特定多数人利益受损的行政行为。所以，有人将其视为对行政行为的法律监督。公益诉讼的目的是促进行政机关依法行政，更好地维护公共利益。因此，是否存在不作为或不当作为的行政行为、是否造成了或者可能造成公共利益受损的事实，就是首先必须调查核实的问题。没有搞清楚这些事实，或者说没有确实充分的证据证明这些事实的存在，检察机关就不能贸然地对有关行政机关提起诉讼。但是调查核实这些事实是否存在，不能影响行政机关正常的工作秩序，更不能妨碍行政机关的日常工作，不能对有关人员采取强制性措施。如何做好公益诉讼监督，需要检察机关进一步在实践中探索有效的工作模式。

总之，法律监督职权的多样性决定了实现方式的多样性。对于不同类型的职权，应当采取不同的行使方式，才能更有效地发挥法律监督的作用。片面强调某一种方式，可能在一种职权行使中是非常有效的，但在行使另外一种职权时就未必有效，也未必可行。注意到法律监督的不同实现方式，并不意味着否认它们之间的内在联系。法律赋予检察机关的各项职权，其共同的目标都是为了维护法律的尊严和统一正确实施，各项检察职权都应当为了这个共同的目标而努力。只是在具体行使的时候，要考虑各自的特殊性，这是为了更好地行使职权，更有效地发挥其作用。

第二章　双赢多赢共赢理念的展开

何谓理念?《现代汉语规范词典》有三种解释：一是指思想、观念；二是指信念；三是指认定和追求的某种目标、原则、方法等，多具有个性、行业性和学科性。[1] 一般意义上，观念与理念是通用的，但理念是更深层次的问题，只有上升到理性高度的观念才能称作理念。最高人民检察院张军检察长指出：所谓理念，就是指导、引领我们办好检察案件的思想、灵魂；理念要与时俱进、常思常新，因为社会是发展的，办案总会遇到新情况。[2]

进入新时代以来，最高人民检察院党组提出了一系列新的工作思路。有的同志认为，这些新的工作思路都是法律监督的理念。如有观点认为，双赢多赢共赢，在办案中监督、在监督中办案，案-件比，主导责任，尊重和保障人权，政治效果、法律效果和社会效果的有机统一，等等，都是法律监督理念。这种说法，从某种角度或者某种范围来讲，虽然也可以称之为

---

〔1〕 李行健主编：《现代汉语规范词典》（第3版），外语教学与研究出版社、语文出版社2014年版，第809页。

〔2〕 张军：《关于检察工作的若干问题》，载《人民检察》2019年第13期。

法律监督理念，但严格来说，有的是一种工作方法，如在办案中监督、在监督中办案；有的是一种案件质量评价指标，如案－件比；有的是某一领域法律监督的理念甚或是整个政法工作的理念。

就检察工作的全局而言，真正带有根本性的重大变革，应该说是在检察工作的指导思想上，从单纯强调法律监督职责到努力实现双赢多赢共赢效果的观念转变。双赢多赢共赢，是指导整个检察工作的一个目的性或终极性的理念，是最高人民检察院新一届党组根据新时代党和人民对检察工作的新要求提出的法律监督理念，我们将其称为法律监督新理念。本章即围绕双赢多赢共赢的法律监督新理念展开论述。

一、法律监督双赢多赢共赢的必要性

中国特色社会主义已经进入新时代，人民群众对政法机关有了新的更高要求，检察机关的职责也有了较大调整。面对新形势新任务新要求，如何更好地履行宪法法律赋予的法律监督职责，取得政治效果、法律效果和社会效果的有机统一，是检察机关必须认真思考的问题。最高人民检察院党组以习近平新时代中国特色社会主义思想为指导，贯彻落实新发展理念，重新审视监督者与被监督者的关系，提出了双赢多赢共赢的法律监督新理念。

（一）新时代人民群众对检察工作有了新的更高要求

当今世界正处于百年未有之大变局，我国改革开放已经进入新时代。党的十九大报告指出，我国社会主要矛盾已经转化为人民日益增长的美好生活需要和不平衡不充分的发展之间的矛盾。这是一个关系全局的历史性变化，对党和国家工作大局都提出许多新的、完全不同的要求，对检察工作也提出新的更高要求。新时代人民群众在民主、法治、公平、正义、安全、环境等方面有了更高水平、更丰富内涵的需求。二三十年前，节日供应丰富一些，大家就很有幸福感。现在物质生活极大丰富，人们不仅希望吃饱、穿暖、住好，而且期待食品更安全、生态更美好、服务更均等、社会更和谐；不仅希望人身权、财产权不受侵犯，而且期待个人尊严、情感得到更多尊重，人格权得到更有效保护；不仅注重现实安全，而且期待未来十年、五十年的长远安宁；不仅关心个人权益，而且更加注重参政问政，更加关注社会问题，主动替那些弱势群体鼓与呼。山东于欢案、江苏于海明案等都是围观者在发声。情况发生了很大变化，与过往完全不同。检察机关认为努力做到了还不够，还要让当事人自己“感觉到”，而且具体的公平正义还要让社会、人民群众认为符合发展的方向，具有进步性、引领性，这样才可能得到社会的认同。这些就是摆在检察机关面前的新课题，也是对检察工作的更高要求。而且，这个要求是发展的、与时俱进的，没有最高，只有更高。检察机关必须对标对表，为人民群众、为社会和时代提供更好、更优、更实在的法治产品、检察产品。作为“供给侧”，与人民日益增长的美好生活需要相比，法律监督的供给能力还远远不适应。这就是新时代检察工作面临的主要矛盾，也是我国社会主要矛盾在检察领域的具体体现。[1]

（二）近年来检察机关职责有了较大调整

自新中国成立以来，检察机关的职责多有调整。近年来，在党中央决策部署下，检察机关的职责有了较大调整。一是检察机关反贪工作转隶到监察委员会。从中华苏维埃工农检察部开始，到新中国成立后的近 70 年，检察机关一直具有反贪职

〔1〕 2018 年 7 月 25 日最高人民检察院张军检察长在大检察官研讨班上的讲话。

责。反贪工作不仅是检察机关强化法律监督的“拳头”，也是党和国家反腐败斗争的重要组成部分，为全面从严治党、巩固党的执政根基作出了重要贡献。进入新时代以后，为了深化国家监察体制改革，加强对所有行使公权力的公职人员的监督，实现国家监察全覆盖，深入开展反腐败工作，推进国家治理体系和治理能力现代化，检察机关的反贪工作转隶到了同级监察委员会。2016 年 11 月，中央部署在北京市、山西省、浙江省开展国家监察体制改革试点，一年后在全国试点，各级检察机关陆续完成反贪工作转隶。2018 年 3 月，全国人大通过的《监察法》对此予以确认。二是建立公益诉讼检察制度。2014 年 10 月，党的十八届四中全会决定探索建立检察机关提起公益诉讼制度。2015 年 7 月，全国人大常委会授权在 13 个省区市开展为期两年的公益诉讼试点工作。2017 年 6 月，全国人大常委会修改民事诉讼法、行政诉讼法，正式确立这一制度；2018 年 10 月、2019 年 4 月又将公益诉讼检察职权写进修订后的人民检察院组织法、检察官法。党的十九届四中全会进一步要求检察机关“拓展公益诉讼案件范围”。在以习近平同志为核心的党中央坚强领导下，在全国人大及其常委会有力监督下，公益诉讼检察制度从顶层设计到实践落地，从局部试点到全面推开、健康发展，形成了公益司法保护的“中国方案”。三是检察机关原有的刑事检察、民事检察和行政检察职责也有了新的调整。如刑事检察增加了羁押必要性审查、认罪认罚从宽等制度；明确了反贪转隶后检察机关还可以对诉讼活动实行法律监督中发现的司法工作人员利用职权实施的非法拘禁、刑讯逼供、非法搜查等侵犯公民权利、损害司法公正的犯罪直接立案侦查等；民事检察增加了对民事执行活动的法律监督等；行政检察增加了对行政非诉执行活动的法律监督等。

（三）传统检察工作模式制约了法律监督职能的全面充分发挥

以往传统的检察工作模式，反贪和公诉是检察机关的主业，其他检察业务如民事、行政检察一直处于弱势地位，导致检察工作存在“三个不平衡”，制约了检察机关法律监督职能的全面充分发挥：一是刑事检察与民事检察、行政检察、公益诉讼检察工作发展不平衡。无论从机构设置、人员配备、能力素质看，还是从办案数量、监督效果和社会影响看，刑事检察都明显更强。二是刑事检察中公诉部门的工作与侦查监督部门、刑事执行检察部门的工作发展不平衡。公诉工作分量更重，力量配备也相对更强。三是最高人民检察院、省级检察院的领导指导能力与市、县检察院办案工作的实际需求不相适应。这也是一种不平衡，而且与前两个不平衡不无关系。[1]

（四）法律监督实践中还存在监督效果不佳的问题

2019年1月，习近平总书记在中央政法工作会议上深刻指出，政法机关之间制约不足、配合不够等问题时有发生，影响执法司法公正和效率。郭声琨书记强调指出，要着力破解监督制约难题，全面增强执法司法公信，并对检察工作、检察改革作出许多具体明确的部署，提出了更多、更高、更严的要求。[2] 中央巡视组对最高人民检察院党组进行巡视时，了解的一个重点问题就是检察机关对法院、公安机关监督有无不到位的地方。

例如，河北赵艳锦案。2001年9月24日19时前后，河北省安新县端村镇大河南村6岁的赵某失踪，后发现被人杀害。

〔1〕 2018年7月25日最高人民检察院张军检察长在大检察官研讨班开幕时的讲话。
〔2〕 2019年7月20日最高人民检察院张军检察长在大检察官研讨班开幕时的讲话。

10月15日、16日，赵艳锦两次供述雇凶杀害赵某。3天后赵艳锦由安新县看守所转到高阳县看守所。从2001年10月18日起，赵艳锦开始翻供，不承认杀人。2002年3月6日，安新县检察院将赵艳锦案报送保定市检察院审查起诉。2002年4月4日，保定市检察院将此案退回安新县公安局补充侦查。2003年7月23日，安新县检察院向安新县法院提起公诉，指控赵艳锦故意杀人。2005年6月22日，安新县法院将赵艳锦案移送保定市中院审判。2005年12月23日，保定市中院一审判决赵艳锦无罪。宣判4天后，12月27日赵艳锦被释放。2006年1月4日，保定市检察院提起抗诉。2006年7月7日，河北省高院开庭审理，2007年4月23日以“事实尚不清楚”为由，裁定撤销原判，发回重审。2008年4月1日，赵艳锦被第二次逮捕。2008年4月23日，保定市中院开庭，控、辩双方均没有提交新的实质性证据。2008年6月12日，保定市中院认定赵艳锦雇凶杀人，判处无期徒刑。赵艳锦提起上诉。2010年4月9日，河北省高院裁定“事实尚不清楚，且违反诉讼程序”，撤销原判，发回重审，但并没有明确指出原审哪些地方违反诉讼程序。2010年8月10日，保定市中院再次判处赵艳锦无期徒刑。赵艳锦再次提起上诉。2011年5月23日，河北省高院终审判决赵艳锦无罪。

对照刑法、刑事诉讼法和有关司法解释，很容易就能看出办案机关有诸多违法之处。如关于抗诉原因，第一次判决赵艳锦无罪时，死者家属情绪失控，大闹法庭，当天围堵中院大门，要求检察机关抗诉。在检察机关未明确表态抗诉前，死者赵某的姥爷撞碎市检察院玻璃门，欲割腕自杀，后来检察院作出抗诉决定。再如当辩护律师质疑赵艳锦《入所体检表》系伪造时，高阳县看守所出具了一份《说明》：“据我所现存档案记载，赵艳锦入所时间为 2001 年 10 月 19 日，入所体检时间为 2001 年 11 月 9 日，两个时间为何不符，因为当时的值班民警均已不在看守所工作，所以我所现不解释原因。至于入所后 20 天左右才体检的问题，我所也无法解释原因。”又如 2011 年 5 月 23 日河北省高院改判赵艳锦无罪，但直到 2011 年 11 月 25 日保定市中院才接到赵艳锦无罪判决书和委托宣判函，因担心被害人家属闹事，直到 2013 年 2 月 6 日才向赵艳锦宣判，导致赵艳锦在河北省高院作出无罪判决后仍被关押 20 个月。赵艳锦共被羁押 3307 天，其丈夫因为上访被行政拘留三次、劳教两次，失去人身自由近 300 天。[1] 综上所述，检察机关在该案中存在不敢监督、不愿监督、不会监督、不善监督的问题，没有依法履行好维护社会公平正义的职责，不仅没有让人民群众在这起案件中感受到公平正义，而且在这起错案中负有不可推卸的责任。

实践中政法机关都有自己的考核指标，不同机关的一些指标甚至相互冲突。2015 年 1 月，时任中央政法委书记孟建柱在中央政法工作会议上要求：中央政法各单位和各地政法机关要对各类执法司法考核指标进行全面清理，坚决取消刑事拘留数、批捕率、起诉率、有罪判决率、结案率等不合理的考核项目。2019 年 4 月，郭声琨书记在政法领导干部专题研讨会开班式上再次要求：中央政法单位原则上每年只搞一次综合性督查检查考核，严禁下达刑事拘留数、批捕率、起诉率、有罪判决率、结案率等不合理、不必要考核指标等。

我国《宪法》第 127 条规定：监察委员会依照法律规定独

〔1〕 刘万永：《“走”了 20 个月的无罪判决书》《十年错案这样形成》《被错案改变的人生》，载《中国青年报》2013 年 5 月 6 日第 7 版。

立行使监察权，不受行政机关、社会团体和个人的干涉。监察机关办理职务违法和职务犯罪案件，应当与审判机关、检察机关、执法部门互相配合，互相制约。国家监察体制改革后，纪检监察机关对所有涉嫌违纪、职务违法、职务犯罪的问题一体进行审查调查，涉嫌职务犯罪的移送检察机关审查起诉，最后由审判机关依法判决。但在实践中，有的地方盲目追求“零延期”“零退查”“零不诉”“零无罪”“零上诉”等不符合客观规律、脱离实际的目标；有的地方对检察机关退回补充调查存在抵触情绪，甚至表示拒绝接受退查；有的地方片面追求所谓的“三一致”，即要求判决书在“事实、罪名、数额”上与监察委认定完全一致，这都是与监察机关职责定位相违背的。[1]

上述情况表明，检察工作的现状与新时代人民群众的要求之间还存在一定的差距。满足人民群众的新要求，必须更新法律监督理念，从根本上把新时代新要求放在心上。

二、双赢多赢共赢监督理念的可行性

最高人民检察院新一届党组提出的双赢多赢共赢的法律监督理念，听起来很美好，是否具有可行性呢？我们认为，我国社会制度与西方社会制度不同，具有典型的中国特色和巨大优越性，法律监督各方都在中国共产党的领导下，都以习近平新时代中国特色社会主义思想为指导，都是中国特色社会主义的建设者，双赢多赢共赢的法律监督理念具有现实可行性。

（一）中国特色社会主义制度具有巨大优越性

中国特色社会主义制度是党和人民在长期实践探索中形成的科学制度体系。中国共产党自成立以来，团结带领全国各族

〔1〕 钟纪晟：《提高案件审理质量　切实加强沟通协调——〈关于加强和改进案件审理工作的意见〉系列解读之二》，载《中国纪检监察报》2019 年 7 月 17 日第 5 版。

人民，坚持把马克思主义基本原理同中国具体实际相结合，赢得了中国革命胜利，并深刻总结国内外正反两方面经验，不断探索实践，不断改革创新，建立和完善社会主义制度。新中国成立七十年来，我们党领导人民创造了世所罕见的经济快速发展奇迹和社会长期稳定奇迹，中华民族迎来了从站起来、富起来到强起来的伟大飞跃。实践证明，中国特色社会主义制度是以马克思主义为指导、植根中国大地、具有深厚中华文化根基、深得人民拥护的制度，是具有强大生命力和巨大优越性的制度，是能够持续推动拥有十四亿人口大国进步和发展、确保拥有五千多年文明史的中华民族实现“两个一百年”奋斗目标进而实现伟大复兴的制度。

我国《宪法》第 1 条明确规定：中华人民共和国是工人阶级领导的、以工农联盟为基础的人民民主专政的社会主义国家。社会主义制度是中华人民共和国的根本制度。中国共产党领导是中国特色社会主义最本质的特征。《宪法》第 134 条规定：“中华人民共和国人民检察院是国家的法律监督机关。”根据宪法规定，我国实行人民代表大会制度下的“一府一委两院”制度，并规定了各种国家机关的性质和相互关系。中国共产党领导的中国特色社会主义制度的巨大优越性，是检察机关法律监督工作能够取得双赢多赢共赢的制度保证。

（二）法律监督各方都是社会主义法治国家的建设者

历史和现实都告诉我们，法治兴则国兴，法治强则国强。长期以来，特别是党的十一届三中全会以来，我们党深刻总结我国社会主义法治建设的成功经验和深刻教训，提出为了保障人民民主，必须加强法治，必须使民主制度化、法律化，把依法治国确定为党领导人民治理国家的基本方略，把依法执政确定为党治国理政的基本方式，积极建设社会主义法治，取得历史性成就。

但实践中，还存在一些有法不依、执法不严、违法不究的现象。尤其民生领域、社会治理领域、经济金融管理领域，人民群众的反映还比较集中。当前，我国正处于实现“两个一百年”奋斗目标的历史交汇期，坚持和发展中国特色社会主义更加需要依靠法治，更加需要加强党对全面依法治国的领导。

党的十八大以来，法治成为以习近平同志为核心的党中央治国理政的基本方式，全面依法治国纳入“四个全面”战略布局，法治建设宏伟蓝图徐徐展开，激励着全党全国各族人民共同建设充满生机、成就辉煌的法治中国。2014 年 10 月，党的十八届四中全会大幕拉开，以习近平同志为核心的党中央全面依法治国顶层设计和战略部署全面展现在世人眼前。2018 年 8 月，习近平总书记主持召开中央全面依法治国委员会第一次会议并发表重要讲话，中央全面依法治国委员会工作正式全面启动，法治中国建设迈入系统协同推进新阶段。法律监督各方，无论是法院、检察院、公安机关、国家安全机关、司法行政机关，还是刑事诉讼、民事诉讼、行政诉讼或者公益诉讼中的各方当事人，以及证人、律师、专家学者等，都是中国特色社会主义法治国家的积极建设者，这是检察机关法律监督工作能够取得双赢多赢共赢的社会基础。

（三）政法各机关具有共同的职责使命

我国《宪法》第 140 条规定：人民法院、人民检察院和公安机关办理刑事案件，应当分工负责，互相配合，互相制约，以保证准确有效地执行法律。2019 年 1 月，习近平总书记在中央政法工作会议上强调指出，政法系统要在更高起点上，推动改革取得新的突破性进展，加快构建优化协同高效的政法机构职能体系。要优化政法机关职权配置，构建各尽其职、配合有力、制约有效的工作体系。要聚焦人民群众反映强烈的突出问题，抓紧完善权力运行监督和制约机制，坚决防止执法不严、司法不公甚至执法犯法、司法腐败。要深化诉讼制度改革，推进案件繁简分流、轻重分离、快慢分道，推动大数据、人工智能等科技创新成果同司法工作深度融合。〔1〕

2019 年 1 月，中共中央印发《中国共产党政法工作条例》，第 5 条规定了政法工作的主要任务是：在以习近平同志为核心的党中央坚强领导下开展工作，推进平安中国、法治中国建设，推动政法领域全面深化改革，加强过硬队伍建设，深化智能化建设，严格执法、公正司法，履行维护国家政治安全、确保社会大局稳定、促进社会公平正义、保障人民安居乐业的主要职责，创造安全的政治环境、稳定的社会环境、公正的法治环境、优质的服务环境，增强人民群众获得感、幸福感、安全感。

监督和被监督只是法律上、工作中分工不同、职能不同，但目标是共同的，赢则共赢、损则同损。检察机关要树立双赢多赢共赢的监督理念，用创新、协调、绿色、开放、共享的发展理念来引领检察工作，充分运用政治智慧和法律智慧开展法律监督工作，建设监督与被监督的良性、积极关系，使法律监督在主观和客观方面都发挥促进和保障执法司法机关更全面更深刻理解法律、共同履行好职责的作用，共同推进严格执法、公正司法，努力实现双赢多赢共赢。〔2〕

（四）合作共赢已经成为新时代博弈各方的价值追求

博弈的概念有多种，通常认为，博弈是指代表不同利益的

〔1〕《习近平在中央政法工作会议上强调全面深入做好新时代政法各项工作促进社会公平正义保障人民安居乐业》，载《人民日报》2019 年 1 月 17 日第 1 版。

〔2〕张军：《强化新时代法律监督　维护宪法法律权威》，载《学习时报》2019 年 1 月 2 日第 1 版。

决策主体，在一定的环境条件和规则下，同时或先后、一次或多次从各自允许的行动方案中加以选择并实施，从而取得各自相应结果的活动。[1]

博弈有多种分类方法，从结果来说可以分为负和博弈、零和博弈、正和博弈三种基本类型，这也是人们最常接触的划分方式。负和博弈，是指在博弈中双方互不相让，这个时候双方的策略只会给自己带来损失，这种损失比各自的策略带来的利益更多，从而造成两败俱伤的局面，简单来说就是“损人不利己”。零和博弈，是指在博弈中一方获得收益的同时必然意味着另一方遭受损失，博弈各方的收益和损失相加总和永远为“零”，双方不存在合作的可能，因而双方都想尽一切办法以实现“损人利己”。正和博弈，是指博弈双方的利益都有所增加，或者至少是一方的利益增加，而另一方的利益不受损害，因而整体的利益有所增加，这是一个“利人利己”的双赢局面或者至少是“利己不损人”。[2]

自20世纪以来，人类在经历了两次世界大战、经济高速增长、科学技术进步、全球一体化以及日益严重的环境污染之后，“零和”观念正逐渐被“双赢”观念所取代。在竞争的社会中，人们开始认识到“利己”不一定要建立在“损人”的基础上。领导者要善于跳出“零和”的圈子，寻找能够实现“双赢”的机遇和突破口，防止负面影响抵消正面成绩。从零和走向正和，要求各方要有真诚合作的精神和勇气，遵守博弈规则，否则“双赢”的局面就不会出现，最终吃亏的还是合作者自己。党的十八大以来，中国高举和平、发展、合作、共赢

〔1〕 常金华等：《博弈论通识十八讲》，北京大学出版社2017年版，第2页。

〔2〕 王力哲：《博弈论》，民主与建设出版社2018年版，第16页。

的旗帜，习近平总书记亲自倡导构建人类命运共同体，得到联合国和世界绝大多数国家的积极响应。

最高人民检察院张军检察长上任以来多次强调指出：监督不是你错我对的零和博弈，也不是高人一等。监督机关与被监督机关责任是共同的，目标是一致的，赢则共赢，损则同损。例如，检察机关对民事诉讼和执行活动的法律监督，实质上是启动纠错程序，促进法院重新审视并自我纠错。检察机关要与法院形成良性、互动、积极的工作关系，使法律监督在出发点和落脚点上、在主观和客观方面都发挥促进法院更全面依法规范司法的作用，共同维护司法公正、提高司法公信力。各级检察机关以会签文件、召开联席会议、组织案例研讨等方式，与法院建立常态化沟通协调机制，不断增进互信。

三、双赢多赢共赢监督理念的内涵

最高人民检察院新一届党组最初提出双赢多赢共赢的法律监督理念，是针对有的地方政府对公益诉讼检察存在不同认识或误解和有的检察机关表现出畏难情绪不愿、不会开展公益诉讼检察工作的。随着时间推移和法律监督效果的提升，进而将双赢多赢共赢延展为做好各项法律监督工作的理念。因此，双赢多赢共赢的法律监督理念，就不仅仅是检察机关的赢，而是包括了法律监督各方的赢，如监察机关、审判机关、检察机关、公安机关、司法行政机关、案件当事人、律师等；不仅体现在公益诉讼检察中，而且体现在四大检察、十大业务中。

（一）刑事诉讼中的双赢多赢共赢

我国《宪法》第140条规定：人民法院、人民检察院和公安机关办理刑事案件，应当分工负责，互相配合，互相制约，以保证准确有效地执行法律。从上述规定可以看出，在刑事诉讼中，审判机关、检察机关、公安机关互相配合、互相制约，属于合作性博弈。其中，检察机关不仅是法律监督机关，而且处于承上启下的地位，因此，检察机关应当发挥主导作用，努力争取有关各方的双赢多赢共赢。

例如，在刑事侦查阶段，经公安机关商请或者检察机关认为确有必要时，可以派员适时介入重大、疑难、复杂案件的侦查活动，参加公安机关对于重大案件的讨论，对案件性质、收集证据、适用法律等提出意见，监督侦查活动是否合法。再如，检察机关可以将案件退回公安机关补充侦查，为了达到双赢多赢共赢的效果，检察机关不能简单地以案件事实不清、证据不足为由退回补充侦查，而应当制作较为详细的退回补充侦查提纲，阐明补充侦查的理由，包括案件事实不清、证据不足的具体表现和问题；阐明补充侦查的方向和取证目的；明确需要补充侦查的具体事项和需要补充收集的证据目录；根据起诉和审判的证据标准，明确补充、完善证据需要达到的标准和必备要素；有遗漏罪行的，应当指出在起诉意见书中没有认定的犯罪嫌疑人的罪行；有遗漏同案犯罪嫌疑人需要追究刑事责任的，应当建议补充移送；等等。案件退回补充侦查后，检察机关仍然应当加强与公安机关的沟通，及时就取证方向、落实补证要求等达成一致意见。如果公安机关对补充侦查提纲有异议的，双方更应当及时沟通。当公安机关能够充分了解检察机关的补充侦查意图后，不仅能够及时调取补充侦查提纲提到的证据，而且还可能调取补充侦查提纲没有提到但对认定案件事实有用的其他证据。又如，对不捕或者不诉案件，要注重把不捕、不诉的理由阐释清楚，让侦查机关理解，甚至可以借此机会更进一步地让侦查机关准确把握检察机关批捕、起诉的标准，尽量减少无谓的提请复议复核。这项工作做到位了，也是一种双赢多赢共赢。

修改后刑事诉讼法规定了犯罪嫌疑人认罪认罚从宽制度。人民检察院审查案件，犯罪嫌疑人认罪认罚的，人民检察院应当告知其享有的诉讼权利和认罪认罚的法律规定，听取犯罪嫌疑人、辩护人或者值班律师、被害人及其诉讼代理人的意见，并记录在案。犯罪嫌疑人自愿认罪，同意量刑建议和程序适用的，应当在辩护人或者值班律师在场的情况下签署认罪认罚具结书。可以看出，认罪认罚从宽制度属于典型的合作性博弈，检察机关在其中居于主导地位，追求的是诉讼各方的双赢多赢共赢。在认罪案件的诉讼中，被追诉人在“是否有罪”这一刑事诉讼的关键问题上，与追诉方持合作态度，故合作是该类案件诉讼的主基调。认罪认罚案件在“认罪”的基础上还多了“认罚”，因而更是“合作式诉讼”。被追诉人与两方面进行合作：一是与追诉方合作，通过自愿如实供述涉嫌的犯罪事实、同意量刑建议、签署认罪认罚具结书等方式，在案件事实、行为性质、量刑建议、案件审理适用的程序等方面，与追诉方合作。由于法院判处的刑罚是被追诉人事先同意的，因而绝大多数被追诉人都会接受判决；投入监狱后抗拒改造、刑满释放后重新犯罪的都会明显少于不认罪案件。二是与被害人合作，通过真诚悔罪、赔礼道歉、赔偿损失，减少其犯罪所造成的危害，缓解双方的紧张关系，有的还取得被害人一定程度的谅解而达成和解。以上两方面的合作，既有利于降低上诉申诉率、抗拒改造率和重新犯罪率，又有利于化解社会矛盾，促进社会和谐，还有利于被追诉人在刑满释放后回归社会。[1]

实践中，为达到双赢多赢共赢的执法司法效果，最高人民

〔1〕朱孝清：《认罪认罚从宽制度对刑事诉讼制度的影响》，载《检察日报》2020 年 4 月 2 日第 3 版。

法院、最高人民检察院经常联合制发司法解释，有时候还会同公安部、司法部等单位联合发布指导性意见。例如，为贯彻落实《中共中央、国务院关于开展扫黑除恶专项斗争的通知》精神，依法、准确、有力惩处黑恶势力犯罪，针对实践中遇到的新情况、新问题，2018 年 1 月“两高两部”联合印发了《关于办理黑恶势力犯罪案件若干问题的指导意见》，2019 年 4 月联合印发了《关于办理恶势力刑事案件若干问题的意见》《关于办理“套路贷”刑事案件若干问题的意见》《关于办理黑恶势力刑事案件中财产处置若干问题的意见》《关于办理实施“软暴力”的刑事案件若干问题的意见》等规范性文件，2020 年 4 月联合印发了《关于依法严惩利用未成年人实施黑恶势力犯罪的意见》。再如，为依法惩治妨害新型冠状病毒感染肺炎疫情防控违法犯罪行为，保障人民群众生命安全和身体健康，保障社会安定有序，2020 年 2 月“两高两部”联合印发了《关于依法惩治妨害新型冠状病毒感染肺炎疫情防控违法犯罪的意见》，2020 年 3 月“两高两部”海关总署联合印发了《关于进一步加强国境卫生检疫工作　依法惩治妨害国境卫生检疫违法犯罪的意见》。又如，为进一步加强和规范补充侦查工作，提高办案质效，确保公正司法，2020 年 3 月最高人民检察院、公安部联合印发了《关于加强和规范补充侦查工作的指导意见》。这些规范性文件的印发，就是为了统一各方的认识，达到双赢多赢共赢的目标。

（二）刑事执行检察中的双赢多赢共赢

根据有关规定，刑事执行检察的职责是：负责对监狱、看守所和社区矫正机构等执法活动的监督，对刑事判决、裁定执行、强制医疗执行、羁押和办案期限的监督，办理罪犯又犯罪案件，负责对法律规定由人民检察院办理的司法工作人员利用职权实施的非法拘禁、刑讯逼供、非法搜查等侵犯公民权利、损害司法公正犯罪以及按照刑事诉讼法规定需要由人民检察院直接受理的其他重大犯罪案件的侦查。可以看出，刑事执行检察的监督对象既包括审判机关、公安机关、司法行政机关、监狱、看守所、社区矫正机构、强制医疗机构等，还包括犯罪嫌疑人、被告人、在押罪犯、社区矫正人员、强制医疗人员等，法律监督性质更为显著，在具体工作中更应当努力追求双赢多赢共赢。

长期以来，检察机关主要采取在监狱设置检察室的方式，对监狱刑罚执行和监管改造活动进行派驻检察。最高人民检察院新一届党组从增强检察机关法律监督实效出发，积极转变监督理念，探索改变监狱检察方式，适当调整监狱检察工作重点，2018 年 5 月在全国部分省份部署开展了为期一年的监狱巡回检察试点，改“派驻”为“派驻 + 巡回”，既发挥“巡”的优势，又发挥“驻”的便利，把罪犯教育改造工作作为监督重点。也就是说，在监狱检察工作中不仅要监督监狱让罪犯“收得下、关得住、跑不了”，更要监督监狱注重提升罪犯教育改造效果，努力使罪犯刑满释放后成为守法公民，降低罪犯重新犯罪率。在试点过程中，最高人民检察院积极主动地向中央政法委、中央司改办、全国人大监司委、全国人大常委会法工委等部门汇报，得到相关部门的大力支持。试点工作得到司法部的充分理解和支持配合，第五检察厅与司法部监狱管理局在工作层面多次沟通协调，并联合出台有关工作衔接的文件。各试点检察机关在巡回检察工作中从政法工作全局出发，积极转变监督理念，主动加强与司法行政部门联系，注重建立良性、互动、积极的工作关系，得到了相关部门的大力支持和配合，实现了法律监督和刑罚执行等工作的双赢多赢共赢。2018 年 10

月，修订后的人民检察院组织法对巡回与派驻相结合的检察方式予以确认。

（三）民事检察中的双赢多赢共赢

根据民事诉讼法有关规定，人民检察院有权对民事诉讼和民事执行活动实行法律监督。最高人民检察院对各级人民法院已经发生法律效力的判决、裁定，上级人民检察院对下级人民法院已经发生法律效力的判决、裁定，发现有《民事诉讼法》第200条规定情形之一的，或者发现调解书损害国家利益、社会公共利益的，应当提出抗诉。地方各级人民检察院对同级人民法院已经发生法律效力的判决、裁定，发现有《民事诉讼法》第200条规定情形之一的，或者发现调解书损害国家利益、社会公共利益的，可以向同级人民法院提出再审检察建议，并报上级人民检察院备案，也可以提请上级人民检察院向同级人民法院提出抗诉。各级人民检察院对审判监督程序以外的其他审判程序中审判人员的违法行为，有权向同级人民法院提出检察建议。具有《民事诉讼法》第209条规定情形之一的，当事人可以向人民检察院申请检察建议或者抗诉。人民检察院对当事人的申请应当在3个月内进行审查，作出提出或者不予提出检察建议或者抗诉的决定。当事人不得再次向人民检察院申请检察建议或者抗诉。

进入新时代以来，民事检察工作得到越来越多的重视，社会各界也对民事检察寄予厚望。2018年10月，全国人大常委会专题听取和审议了人民检察院加强对民事诉讼和执行活动法律监督工作情况的报告，并对最高人民检察院进行了历史上首次专题询问。检察机关办理的民事申诉案件，许多都是经过二审甚至再审的，除了涉及一审、二审、再审法院外，还涉及原告、被告、法定代理人和诉讼代理人等诉讼参与人。如何在民事检察中做到双赢多赢共赢，关键是要做到精准监督，依法维护当事人合法权益。对于多数没有问题的民事监督案件，要做好息诉服判工作，维护司法权威。对于那些确有错误但不具有典型性的个案，可以检察建议方式督请法院纠正。对于抗诉，要注重选择那些具有典型意义、在司法理念方面有创新、进步、引领价值的案件，力争每件抗诉都能促进解决一个领域、一个地方、一个时期司法理念、政策导向的问题，发挥对类案的指导作用。同时，针对一些缠讼或者社会关注、有影响的案件，可以公开听证，邀请第三方参与。这样既可以通过当事人、律师、人大代表参与，更好地促进息诉服判，还可以实现“谁执法谁普法”，教育当事人依法行事，展示检察机关负责任的形象。在依法监督民事审判活动和民事执行活动的同时，检察机关还应当加强与法院、公安机关的协作配合，依法防范和打击民事领域的虚假诉讼，有效维护公民、法人和其他组织合法权益以及国家利益、社会公共利益。

《人民检察院民事诉讼监督规则（试行）》第32条规定：对人民法院作出的一审民事判决、裁定，当事人依法可以上诉但未提出上诉，而依照《民事诉讼法》第209条第1款第一项、第二项的规定向人民检察院申请监督的，人民检察院不予受理，但有下列情形之一的除外：（1）据以作出原判决、裁定的法律文书被撤销或者变更的；（2）审判人员有贪污受贿、徇私舞弊、枉法裁判等严重违法行为的；（3）人民法院送达法律文书违反法律规定，影响当事人行使上诉权的；（4）当事人因自然灾害等不可抗力无法行使上诉权的；（5）当事人因人身自由被剥夺、限制，或者因严重疾病等客观原因不能行使上诉权的；（6）有证据证明他人以暴力、胁迫、欺诈等方式阻止当事人行使上诉权的；（7）因其他不可归责于当事人的原因没有提出上诉的。可以看出，该条规定相当于剥夺了部分当事人向检察机关申请监督的权利，检察机关也主动放弃了对部分民事判决、裁定的法律监督，无法做到双赢多赢共赢。2018 年 9 月，最高人民检察院决定停止执行该条规定，当事人针对人民法院作出的已经发生法律效力的一审民事判决、裁定提出的监督申请，无论是否提出过上诉，只要符合《民事诉讼法》第 209 条规定，检察机关均应当依法受理。这就有效地保护了当事人提请检察机关抗诉的权利。

（四）行政检察中的双赢多赢共赢

根据行政诉讼法有关规定：人民检察院有权对行政诉讼和行政执行活动实行法律监督。最高人民检察院对各级人民法院已经发生法律效力的判决、裁定，上级人民检察院对下级人民法院已经发生法律效力的判决、裁定，发现有《行政诉讼法》第 91 条规定情形之一，或者发现调解书损害国家利益、社会公共利益的，应当提出抗诉。地方各级人民检察院对同级人民法院已经发生法律效力的判决、裁定，发现有《行政诉讼法》第 91 条规定情形之一，或者发现调解书损害国家利益、社会公共利益的，可以向同级人民法院提出再审检察建议，并报上级人民检察院备案；也可以提请上级人民检察院向同级人民法院提出抗诉。各级人民检察院对审判监督程序以外的其他审判程序中审判人员的违法行为，有权向同级人民法院提出检察建议。《人民检察院行政诉讼监督规则（试行）》第 5 条还规定了当事人可以向人民检察院申请监督的四种情形。

行政检察、行政审判、行政执法在维护法治、维护公平正义方面具有共同的价值追求，监督是为了提醒、促进监督对象重新审视并自我纠错，推进严格执法、公正司法。最高人民检察院张军检察长提出，行政检察是“一手托两家”，“托”是托举，也是监督。行政检察同时承担着双重监督任务，一方面监督法院审理行政诉讼案件是否公正，另一方面也要监督行政机关的行政行为是否违法。对于检察机关办理的行政申诉案件，许多都经过二审甚至再审，除了涉及一审、二审、再审法院外，还涉及原告及其法定代理人、诉讼代理人和被告行政机关及其诉讼代理人等。检察机关要通过办理行政诉讼监督案件，监督法院依法审判和执行，促进行政机关依法行使职权，维护司法公正和司法权威，维护国家利益和社会公共利益，保护公民、法人和其他组织的合法权益，保障国家法律的统一正确实施，最终实现双赢多赢共赢。

为贯彻落实党的十九大精神，回应社会公众对“执行难”“执行乱”问题的关切，2018 年 2 月，最高人民检察院在全国检察机关部署开展了行政非诉执行监督专项活动，重点关注涉及生态环境和资源保护、食品药品安全、国有财产保护、国有土地使用权出让等事关国家和社会公共利益的行政执法活动，重点围绕法院怠于受理、消极执行、执行错误、执行不到位等问题，有针对性地开展监督，督促法院依法及时受理、立案、审查和执行的同时，也督促行政执法机关依法及时向法院申请强制执行，推动解决了一些行政决定执行难的问题。

此外，对于一些不支持当事人监督申请、息诉服判难度大、极易引发社会稳定风险的案件，检察机关可以进一步加大检务公开力度，积极推行公开听证制度，探索不支持监督申请案件检察宣告制度，邀请人大代表、政协委员、人民监督员、专家学者、律师等参与，从不同角度分析案件事实和法律适用问题，向当事人阐明行政法律监督决定和理由，做好检察环节释法说理、疏导情绪、息诉服判、维护稳定工作，有效化解行政争议和矛盾纠纷，努力在行政检察中做到双赢多赢共赢。

（五）公益诉讼检察中的双赢多赢共赢

2014 年 10 月，党的十八届四中全会决定探索建立检察机关提起公益诉讼制度，习近平总书记在大会上强调指出：由检察机关提起公益诉讼，有利于优化司法职权配置、完善行政诉讼制度，也有利于推进法治政府建设。2017 年 9 月，习近平总书记在向第二十二届国际检察官联合会年会暨会员代表大会的贺信中指出：检察官作为公共利益的代表，肩负着重要责任。

《民事诉讼法》第 55 条规定：对污染环境、侵害众多消费者合法权益等损害社会公共利益的行为，法律规定的机关和有关组织可以向人民法院提起诉讼。人民检察院在履行职责中发现破坏生态环境和资源保护、食品药品安全领域侵害众多消费者合法权益等损害社会公共利益的行为，在没有前款规定的机关和组织或者前款规定的机关和组织不提起诉讼的情况下，可以向人民法院提起诉讼。前款规定的机关或者组织提起诉讼的，人民检察院可以支持起诉。《行政诉讼法》第 25 条第 4 款规定：人民检察院在履行职责中发现生态环境和资源保护、食品药品安全、国有财产保护、国有土地使用权出让等领域负有监督管理职责的行政机关违法行使职权或者不作为，致使国家利益或者社会公共利益受到侵害的，应当向行政机关提出检察建议，督促其依法履行职责。行政机关不依法履行职责的，人民检察院依法向人民法院提起诉讼。

最初，双赢多赢共赢的法律监督理念就是针对公益诉讼检察提出来的，因为公益诉讼检察维护的就是公共的利益、大众的利益。公益诉讼全面推开之后，一些基层检察机关在办案中存在不会办、不敢办的畏难情绪，一些行政机关对检察机关依法履职也存在不理解和抵触情绪。针对这种新情况新问题，最高人民检察院新一届党组明确指出，检察机关与行政机关虽然分工不同，但工作目标是相同的，都是为了维护人民群众的根本利益，把以人民为中心落到实处，因此并非“零和博弈”，遂提出了双赢多赢共赢的法律监督理念。在这个理念引领下，检察机关注重加强与相关行政机关的沟通协调。最高人民检察院带头与自然资源部、生态环境部、市场监管总局等部门积极协调沟通，推动出台协作配合工作意见。地方检察机关也密切跟进，加强与相关行政部门的协作配合，着力解决办案中存在的实际问题。同时，检察公益诉讼以公益保护为目标，而不是片面追求办案数量，检察机关坚持把诉前实现维护公益目的作为最佳司法状态，尽量在诉前程序阶段把公益损害问题治理好，把与行政机关磋商交换意见，作为发出检察建议的必经程序。发出检察建议后，持续跟进监督，通过圆桌会议、会商研究等方式支持协同行政机关解决问题。

公益诉讼检察坚持把人民群众关注关切的问题作为办案的重点。人民群众应当是双赢多赢共赢的最大赢家，人民群众有需求，检察机关就要积极探索，不断满足人民群众在新时代对民主、法治、公平、正义、安全、环境等方面的新需求。实践中，人民检察院已经办理了许多破坏生态环境和资源保护、食品药品安全领域侵害众多消费者合法权益等民事公益诉讼案件，生态环境和资源保护、食品药品安全、国有财产保护、国有土地使用权出让等领域的行政公益诉讼案件，侵害英雄烈士姓名、肖像、名誉、荣誉的公益诉讼案件。例如，为了深入贯彻落实习近平总书记关于食品药品监管“四个最严”指示精神，2018年8月，最高人民检察院在全国部署开展了为期一年的“保障千家万户舌尖上的安全”检察公益诉讼专项监督活动，积极服务“健康中国”战略，回应人民群众食品药品安全关切，取得显著成效。专项活动期间，全国检察机关共办理该领域公益诉讼案件 61668 件，发出诉前检察建议 52291 件，提起诉讼 1083 件。

此外，2018 年 12 月，最高人民检察院、水利部共同领导，河南省人民检察院和黄河水利委员会共同倡议发起，沿黄九省（区）检察机关、河长办、河务局联合开展了“携手清四乱 保护母亲河”专项行动，依法集中整治黄河流域乱占、乱采、乱堆、乱建等“四乱”突出问题，取得明显成效。截至 2019 年 7 月底，检察机关共受理水利部门移交问题线索 2339 件，立案 1097 件，发出检察建议 1029 件，提起行政公益诉讼 10 件。共督促清理污染水域面积 1707 亩，督促清理污染和非法占用河道 1937 公里，督促整改拆除违法建筑 80.8 万平方米，督促清理生活垃圾、建筑垃圾 138.7 万吨。同时，也探索建立了一套生态环境保护长效机制，形成一套“发现、交办、整改、验收、销号”系统完善行之有效的管理机制和“河长 + 检察长”的河湖监管新模式。

四、贯彻落实双赢多赢共赢理念的具体措施

如上所述，双赢多赢共赢是符合新时代党和人民要求的法律监督理念，各级检察机关应当在最高人民检察院党组领导下，按照“讲政治、顾大局、谋发展、重自强”的总体要求，充分发挥政治智慧、法治智慧和检察智慧，采取切实有效措施，积极推动双赢多赢共赢监督理念的贯彻落实。

（一）牢固树立双赢多赢共赢的法律监督理念

党的十八大以后，国家进行了监察体制改革，增设了监察委员会，将原由检察机关行使的反贪职能划归监察委员会行使，但检察机关的宪法定位并没有改变，仍然是国家的法律监督机关。这种情况下，有的检察人员表示，没有了反贪这个“撒手锏”，法律监督就像没有牙齿的老虎，无法再像以前那样

强有力了。面对这种认识，最高人民检察院新一届党组鲜明指出，新时代检察工作要创新发展，理念转变至关重要，理念一新天地宽，并及时提出了双赢多赢共赢的法律监督理念。

双赢多赢共赢的法律监督理念，对当前和今后一个时期检察机关做好四大检察工作具有重要指导意义。理念转变到位，办案监督自然就会有新思路、新方法、新局面，就会与其他部门形成良性互动的工作关系，这其实就是监督过程中的双赢多赢共赢。全体检察人员特别是办案人员要切实转变理念，认真思考新时代如何全面履行法律监督职责，怎样把办案工作做得更好。要清醒认识到法律监督并不是高高在上、高人一等，但却要求本领高强、技高一等，因此在办案工作中应当牢固树立双赢多赢共赢理念，积极追求政治效果、法律效果和社会效果的有机统一，努力成为创造优质法治产品、检察产品的工匠、能手乃至大师。

（二）积极推进四大检察协调发展和协同发力

在反贪转隶之前，检察机关一直把反贪和公诉当作主责主业，投入了绝大部分的人力物力财力等办案资源，导致其他检察业务如民事检察、行政检察一直处于弱势地位，即便想抓好也是心有余而力不足，甚至社会上许多人都不知道检察机关还有民事行政检察职责。公益诉讼检察则是检察机关近年来才有的职责。面对反贪转隶这一新形势，最高人民检察院新一届党组因势利导，及时提出“转隶就是转机”的发展思路，提出四大检察要全面协调充分发展，从上到下对内设机构进行了具有里程碑意义的重塑性改革，强调做优刑事检察工作、做强民事检察、做实行政检察、做好公益诉讼检察。简要来讲，刑事检察要更强调专业化建设，进行了捕诉一体改革，一类刑事检察业务，由一个机构、一个办案组、一个主办检察官办到底，同一案件的批捕、起诉，由同一名检察官负责到底；大力推进认罪认罚从宽适用，要求适用率总体达到70%以上。民事检察要更注重精准化监督，通过选择那些具有典型意义、在司法理念方面有创新、进步、引领价值的案件，力争每件抗诉都能促进解决一个领域、一个地方、一个时期司法理念、政策导向的问题，发挥对类案的指导作用。行政检察是以往检察业务“弱项中的弱项”“短板中的短板”，要围绕行政诉讼监督和行政非诉执行监督展开，“一手托两家”，既要监督法院审理行政诉讼案件是否公正，也要监督行政机关的行政行为是否违法。公益诉讼检察要坚持把诉前实现维护公益目的作为最佳司法状态，把与行政机关磋商作为检察建议履行必经程序，尽量在诉前程序阶段把损害公益问题治理好；要注重持续跟进监督，常态化开展公益诉讼“回头看”，推动损害国家和社会公共利益问题的彻底解决；要积极稳妥地探索法律规定的公益诉讼案件“等”外领域，逐步优化案件结构，推动公益诉讼检察深入健康发展。

为了取得双赢多赢共赢的法律监督效果，还要注重在具体办案过程中让四大检察协同发力。我国宪法和有关法律规定检察机关的法律监督并不是单纯的刑事法律监督，而是诉讼领域以及与诉讼相关领域的较为全面的法律监督。进入新时代，经济社会发展中许多矛盾和问题也以案件形式进入检察环节，服务打好“三大攻坚战”、推进“一带一路”建设等，不仅需要刑事检察发力，也需要民事检察、行政检察和公益诉讼检察的积极参与。新时代检察工作要创新发展，积极回应人民群众的新要求新期待，就应当综合运用刑事检察、民事检察、行政检察和公益诉讼检察，也就是说，不能仅仅是某个检察的单打独斗，而要根据具体案件情况让四大检察协同发力，这样才可能取得双赢多赢共赢的法律监督效果。例如，虚假诉讼不仅侵害公民、法人和其他组织合法权益，而且损害司法秩序和司法公信力，检察机关可以运用民事检察依法向法院提出再审检察建议或者抗诉，同时还可以运用刑事检察追究有关单位或者个人虚假诉讼罪的刑事责任。再如，为了加强生态文明建设，严惩破坏环境犯罪，检察机关可以运用刑事检察依法追究单位或者个人污染环境罪的刑事责任，同时还可以提起民事公益诉讼，要求污染者修复被污染的环境或者进行生态损害赔偿，甚至还可以启动行政公益诉讼检察，向失职渎职的行政机关发出诉前检察建议，必要时向法院提出行政公益诉讼。

（三）综合用好各项法律监督措施

2018 年 10 月修订后的《人民检察院组织法》第 21 条规定：人民检察院行使法律监督职权，可以进行调查核实，并依法提出抗诉、纠正意见、检察建议。有关单位应当予以配合，并及时将采纳纠正意见、检察建议的情况书面回复人民检察院。抗诉、纠正意见、检察建议的适用范围及其程序，依照法律有关规定。

实践中，为达到双赢多赢共赢的监督效果，检察机关应当综合运用法律监督措施，根据具体案件的不同情况进行调查核实，依法提出再审检察建议或者抗诉、纠正违法检察建议、公益诉讼检察建议、社会治理检察建议以及其他检察建议等，必要时还可以根据案件管辖立案侦查。2019 年 2 月，最高人民检察院公布修改后的《人民检察院检察建议工作规定》，要求人民检察院应当积极督促和支持配合被建议单位落实检察建议，努力把检察建议做成刚性、做到刚性，并于当年 10 月印发了《人民检察院检察建议督促落实统管工作办法》。

对于符合再审条件的申请监督案件，检察机关要注意处理好再审检察建议与抗诉的关系。根据法律规定，检察机关提出再审检察建议后，法院不一定再审；但是对于检察机关抗诉的案件，则法院必须启动再审程序。根据民事诉讼法和行政诉讼法的规定，如果最高人民检察院发现各级法院或者上级检察院发现下级法院已经发生法律效力的民事或者行政判决、裁定、调解书符合法律规定的再审条件的，应当提出抗诉，而不是交给下级检察院提出再审检察建议，最高人民检察院也无权向最高人民法院提出再审检察建议。如果地方各级检察院发现同级法院已经发生法律效力的民事或者行政判决、裁定、调解书符合法律规定的再审条件的，既可以提出再审检察建议，也可以提请上级检察院抗诉。

根据刑事诉讼法的规定，最高人民检察院发现各级法院或者上级检察院发现下级法院已经发生法律效力的刑事判决和裁定确有错误的，有权按照审判监督程序向同级法院提出抗诉，而不是交给下级检察院提出再审检察建议，最高人民检察院也无权向最高人民法院提出再审检察建议。2018 年 10 月新修订的《刑事诉讼法》并没有比照 2012 年 8 月修订后的《民事诉讼法》和 2014 年 11 月修订后的《行政诉讼法》增加规定地方各级检察院发现同级法院已经发生法律效力的刑事判决、裁定确有错误的，可以提出再审检察建议；2018 年 10 月修订后的《人民检察院组织法》和 2019 年 12 月修订后的《人民检察院刑事诉讼规则》也没有明确规定地方各级检察院可以向同级法院提出再审检察建议，只是笼统规定了人民检察院对刑事诉讼活动实行法律监督，发现违法情形的，依法提出抗诉、纠正意见或者检察建议。1998 年 6 月《人民检察院复查刑事申诉案件规定》仅规定了抗诉一种监督方式，2014 年 4 月《人民检察院复查刑事申诉案件规定》规定了抗诉和再审检察建议两种监督方式。

我们注意到，即使在一些社会各界持续多年关注的重大刑事冤假错案中，检察机关也极少行使抗诉职权，如聂树斌案、呼格吉勒图案、张文中案、顾雏军案等，都是法院启动的再审程序。例如，安徽于英生案。1996 年 12 月 2 日，于英生妻子在家中被人杀害。此后该案历经蚌埠市中院三次一审、于英生三次上诉、安徽省高院三次二审，2002 年 7 月安徽省高院裁定维持了对于英生无期徒刑的判决，2004 年 8 月安徽省高院驳回了于英生的申诉。在申诉被法院驳回后，于英生向安徽省检察院提出了申诉。2008 年 5 月，安徽省检察院决定立案复查，并在复查中发现了重要证据，经该院检委会两次讨论，认为原审裁判认定于英生构成故意杀人罪事实不清、证据不足，决定先与省高院进行沟通，由其自行决定再审，省高院审查后决定不予再审。于英生再次向安徽省检察院提出申诉，2012 年 9 月安徽省检察院提请最高人民检察院抗诉。最高人民检察院经审查，2013 年 5 月向最高人民法院提出再审检察建议。最高人民法院指令安徽省高院再审，2013 年 8 月安徽省高院再审改判于英生无罪。[1] 该案的最终结果是令人欣慰的，也被最高人民检察院选定为第 25 号指导性案例，并附有相关法律规定。

对于行政公益诉讼案件，为取得双赢多赢共赢的监督效果，检察机关要注意处理好诉前检察建议与提起公益诉讼的关系。要认识到通过诉前程序实现维护公益目的是司法的最佳状态，这不仅有利于及时保护公益，而且可以用最小的司法资源获得最佳的办案效果。提出诉前检察建议后，检察机关要注意

〔1〕 吴贻伙：《坚守五载持续监督纠正“于英生错案”》，载《检察日报》2017 年 10 月 18 日第 7 版。

督促、协助行政机关抓好检察建议的落实，而不能一发了之。2019 年 4 月到 6 月，最高人民检察院专门部署开展了公益诉讼“回头看”专项活动，发现了一些行政机关整改落实不到位、虚假落实、纠正违法不实或者反弹回潮等问题，同时也发现了检察机关诉前检察建议质量不高、制发不规范、起诉及判决后跟进不力等问题。如果发现没有落实或者落实不到位的检察建议，要加大督促力度，或者做实工作、直接起诉。与此相关的是诉前检察建议落实标准问题，这是决定是否提起诉讼的关键。要坚持问题导向，从形式和实质两个方面通盘考虑。形式标准，要看是否在法定期限内给予回复，或直观了解是否存在形式落实、承诺落实但不作为、落实工作出现反复的问题；实质标准，要看是否有效制止违法行为、受损公益是否真正得到保护、是否用尽行政监管手段等。福建省检察机关探索建立行政公益诉讼诉前圆桌会议机制，即检察院在向行政机关发出检察建议之后，针对受建议单位虽有整改意愿但因客观原因整改确有困难，或案件涉及多个行政机关需协调配合共同履职的，检察院通过召集相关部门、组织以及群众代表召开诉前圆桌会议，共同研究解决方案和措施，推动责任主体更好地履行公益保护职责。

检察机关在综合运用法律监督措施办好案件的同时，还要积极运用检察建议做好案件的后续文章，积极推进和参与社会治理。例如齐某强奸、猥亵儿童案，最高人民检察院依法抗诉和最高人民法院终审改判后，最高人民检察院并没有止步于此。针对办案中发现的学生教育和学校管理等方面问题，最高人民检察院向教育部发出“一号检察建议”，建议加强顶层设计，进一步健全完善预防性侵害的制度机制，加强对校园预防性侵害相关制度落实情况的监督检查，依法严肃处理有关违法违纪人员，并要求全国检察机关没完没了抓，持续跟踪监督检察建议的落实。教育部和各地教育行政部门推动落实性违法犯罪人员从业禁止、校园性侵强制报告、女生宿舍封闭管理等制度，促使全社会进一步重视、关爱儿童权利保护，彰显了司法机关立足办案参与社会治理的积极作用，达到了双赢多赢共赢的良好效果。

（四）检察官应当秉持客观公正的立场

国内外都有人把检察官称作“公诉人”，认为公诉人理所当然就是追诉、从严从重惩处犯罪人。相当一部分检察人员往往也认同这样的标签，体现在个案办理上，就存在可捕可不捕的倾向于捕，可诉可不诉的倾向于诉，可宽可严的倾向于严，可轻可重的倾向于重。实际上，作为国家法律监督机关的人民检察院，捍卫的是法律不折不扣的正确实施，实事求是、依法准确、客观公正才是根本的价值追求。〔1〕进入新时代，不能再简单地把检察官等同于公诉人，要认识到检察官既是犯罪的追诉者，也是无辜的保护者，更要努力成为中国特色社会主义法律意识和法治进步的引领者。

联合国《关于检察官作用的准则》第 12 条规定：检察官应始终一贯迅速而公平地依法行事，尊重和保护人的尊严，维护人权，从而有助于确保法定诉讼程序和刑事司法系统的职能顺利地运行。第 13 条规定：检察官在履行其职责时应：（a）不偏不倚地履行其职能，并避免任何政治、社会、文化、性别或任何其他形式的歧视；（b）保证公众利益，按照客观标准行事，适当考虑到嫌疑犯和受害者的立场，并注意到一切有关的情况，无论是否对嫌疑犯有利或不利；……这两个条文概括了

〔1〕 张军：《关于检察工作的若干问题》，载《人民检察》2019 年第 13 期。

检察官履职时应当坚持客观公正的准则，如此规定也代表了当今世界大多数国家对检察官的要求。

2014 年 1 月，习近平总书记在中央政法工作会议上强调指出，促进社会公平正义是政法工作的核心价值追求。从一定意义上说，公平正义是政法工作的生命线，司法机关是维护社会公平正义的最后一道防线。2019 年 4 月修订后的《检察官法》首次规定："检察官履行职责，应当以事实为根据，以法律为准绳，秉持客观公正的立场。"这里的"客观"要求检察官实事求是，不偏不倚，避免陷入当事方的立场。这里的"公正"要求检察官应维护公平、实现正义，既要追求实体公正，也要符合程序公正；既要公正履行职责，又要通过履职促进公正。因此，检察官也被称为法律的"守护人"。实践中，检察官只有在秉持客观公正立场的基础上，充分发挥主导作用，切实做到以事实为依据、以法律为准绳，不偏不倚、不枉不纵，既无过度也无不及，才能维护好法律尊严和权威，才有可能达到双赢多赢共赢的办案效果。

2019 年 3 月，中央政法委、最高人民法院、最高人民检察院联合印发了《关于加强司法权力运行监督管理的意见》，针对全面落实司法责任制改革，突出强调正确处理有序放权和有效监管的关系。最高人民检察院强调既要充分发挥检察官的主导作用，也要把严管就是厚爱真正落到实处，这种情况下检察官更要注重秉持客观公正的立场。实践中，检察官在四大检察中均能够发挥主导作用，特别是刑事检察，由于案件直接关系到犯罪嫌疑人、被告人的人身自由和财产权益，在一个刑事案件中检察官依法履行审查批准或者决定逮捕、捕后羁押必要性审查、审查起诉、退回或者自行补充侦查、提出量刑建议和是否适用缓刑建议、侦查监督和审判监督等职责，权力不可谓不大，防止被“围猎”是对检察官的一个新的现实考验。同时需要指出的是，在刑事诉讼过程中检察官既是追诉者，也是监督者，两种角色基本面是统一的，但也存在角色冲突。在起诉率和有罪判决率是衡量和评价检察官业绩硬性指标的情况下，追诉可能被过于强调。捕诉一体实施后，由同一检察官行使捕诉权和监督权，角色冲突有加剧的隐忧，可能导致检察官要么控诉有余而监督不足，要么做有利于控诉的监督而放任不利于控诉的监督。[1] 这是需要高度警惕的。

检察官秉持客观公正的立场，还应当注重听取律师意见。《检察官法》第 3 条规定：检察官必须忠实执行宪法和法律，维护社会公平正义，全心全意为人民服务。《律师法》第 2 条规定：律师应当维护当事人合法权益，维护法律正确实施，维护社会公平和正义。上述规定可以看出，检察官和律师虽然出发点不尽相同，但都是社会公平正义的维护者，具有共同的价值追求。从已纠正的刑事冤假错案来看，检察官往往不重视律师的辩护意见，如安徽于英生杀妻案，在被害人内裤残留物中检出精子，但不是于英生的，辩护人提出无罪辩护意见。对此，办案人员解释为被害人内裤上的精子，来源于一只他人用过丢弃的避孕套，被于英生捡拾用来伪装犯罪现场。如此无视辩护人意见和牵强附会的解释导致了英生蒙冤入狱 17 载，身心、家庭遭受重创。检察官秉持客观公正立场，就要尊重和保障律师执业权利，重视和发挥律师的作用。要真正把律师当成法律职业共同体，真诚尊重、真心支持，决不能把律师提出意见当成是“添乱”。律师无论是在法庭上发表的，还是法庭下

〔1〕 李华伟：《派驻公安执法办案管理中心检察机制研究——侦查监督的中国路径探索》，载《国家检察官学院学报》2020 年第 2 期。

与检察官沟通的意见，都可以、也应当理解为帮助甚至是督促检察官做到客观公正，更好地维护社会公平正义，争取双赢多赢共赢的办案效果。

2020 年 4 月，最高人民检察院印发了《关于开展检察官业绩考评工作的若干规定》。所谓检察官业绩考评，是指根据法律、司法解释以及检察官岗位说明书、办案权力清单等规定的检察官职责，对检察官办理案件和其他检察业务的质量、效率、效果等进行的考核评价。检察官业绩考评指标涵盖了四大检察、十大业务，确定了 79 类业务、160 项质量指标、106 项效率指标、46 项效果指标，明确了三类指标的计分规则和方式。检察官在办案过程中，只有坚持以事实为根据，以法律为准绳，秉持客观公正的立场，才能考核出良好业绩，否则就有可能被淘汰出检察官队伍。

（五）坚持领导干部带头办理重大疑难复杂案件

习近平总书记强调指出：全面推进依法治国，必须坚持抓住领导干部这个“关键少数”。领导干部是干部队伍中的“关键少数”，检察长、副检察长、检察委员会专职委员则是检察人员中的“关键少数”。检察机关实行检察官员额制改革后，检察长、副检察长、检察委员会专职委员通常都是员额检察官，入额的领导干部以上率下带头办理重大疑难复杂案件、新类型案件和在法律适用方面具有普遍指导意义的案件，更有利于解决案件中的矛盾和问题，排除办案中的干扰和阻力，取得双赢多赢共赢的办案效果。

检察长、副检察长、检察委员会专职委员办理案件，是指检察长根据法律规定或者副检察长、检察委员会专职委员根据法律规定和检察长的授权，参与具体诉讼案件或者其他法律监督案件办理的全部过程或者相关环节，依法对案件提出处理意见或者作出处理决定，并承担相应司法责任的履职活动。为紧紧抓住检察机关领导干部这个“关键少数”，推进司法责任制的贯彻落实，2019 年 4 月，最高人民检察院印发了《关于检察长、副检察长、检察委员会专职委员办理案件有关问题的意见》，指出领导干部带头办案是履行政治责任和法律职责的必然要求，各级检察长都要以主办检察官或者独任检察官的身份直接办案、完整办案，从批捕到审查起诉，从出庭支持公诉、抗诉到列席法院审委会会议，在检察职责范围内完整地办理若干案件。领导干部不能把自己当成简单的办案力量，而是要通过办理重大、疑难、复杂案件，总结办案经验，发现深层次问题，预防、解决检察管理、办案中的问题，带动整个队伍提升能力水平。案卷是所办案件的载体，办案就要阅卷，如果不阅卷，光听汇报，可能与事实证据相差十万八千里。上级检察院每年要通报下一级检察院检察长、副检察长、检委会专职委员的办案情况。省级院检察长、副检察长、检委会专职委员每人每年要努力办 3 至 5 件案件，地市级院入额的领导干部每人也要办 7 至 8 件案件，基层院入额的领导干部要办更多的案件。

《人民检察院组织法》第 26 条规定：人民检察院检察长或者检察长委托的副检察长，可以列席同级人民法院审判委员会会议。因此，检察长、副检察长列席同级法院审判委员会会议既是履行法定职责，也是领导干部带头办案的重要方式。要认真落实最高人民法院、最高人民检察院《关于人民检察院检察长列席人民法院审判委员会会议的实施意见》，应该列席的都要认真履职。讨论的案件最后没有采纳检察意见的，检察长回来就要总结，不断提高法律监督能力。

（六）注重采取公开听证方式争取良好办案效果

实践中，绝大多数案件的办理都是顺畅的，当事人都能理解和尊重司法机关的决定、判决和裁定。但是，也有一些案件的当事人不能理解司法机关的决定、判决和裁定，向检察机关申请监督，甚至常年申诉上访。如何依法妥善办理这些案件，真正做到案结事了，不仅关系到执法司法机关的公信力，也关系到党和国家的形象，更考验检察机关的办案水平和办案智慧。

《人民检察院组织法》第 11 条规定：人民检察院应当接受人民群众监督，保障人民群众对人民检察院工作依法享有知情权、参与权和监督权。最高人民检察院张军检察长强调指出：一定要避免简单一句“你的案件总体符合法律规定”就打发信访人的做法。实践中，检察机关对一些重大、疑难、复杂的审查逮捕、不起诉、申诉案件等，不能仅仅满足于从法律角度提出审查意见、结案了事，而应当坚持以人民为中心，按照“办实事、求极致、解难题、葆本色”的要求，真正做到案结事了。对于各方有争议并且有社会意义的案件，就可以采取公开听证方式，除了各方当事人参加以外，还可以邀请与案件没有利害关系的人民监督员、人大代表、政协委员、特约检察员、特约监督员、专家咨询委员、人民调解员或者当事人所在单位代表、居住地的居民委员会、村民委员会委员以及有关专家、学者、律师等其他社会人士作为听证员参加并发表意见，通过公开促进公正，取得当事人的理解，有效化解当事人之间的矛盾，达到息诉罢访的办案效果。这不是简单地为了走所谓司法化的道路，而是通过听证方式把问题摆出来，释疑解惑、释法说理，有利于统一各方当事人对事实、证据和法律的认识，保障人民群众对检察工作的知情权、参与权和监督权，做到政治效果、法律效果和社会效果的有机统一。自 2019 年以来，最高人民检察院对 7 起申诉案件进行了公开听证，受到当事人、听证员和人民群众的好评，取得了良好办案效果。[1] 接下来，检察机关将建设标准化的检察听证室，增加采用公开听证方式办理案件的数量，同时选择部分典型的听证案件在中国检察听证网或者其他视频媒体进行直播或者录播，通过公开听证方式争取双赢多赢共赢的法律监督效果。

（七）构建以“案－件比”为核心的案件质量评价指标体系

贯彻落实双赢多赢共赢的理念，最终体现在检察机关办理案件的质量上。因此，随着新的检察工作机制运行，科学构建以人民群众获得感为评判标准的案件质量评价指标体系，是事关新时代检察工作创新发展的战略性、导向性问题。例如，不批准逮捕，结果犯罪嫌疑人跑了，怎么评价？批准逮捕了没有诉出去，怎么评价？诉出去被判决无罪，又怎么评价？再如，逮捕案件的质量评价指标，既要体现鼓励可捕可不捕的尽量不捕这个价值导向，也要充分考虑防止该捕不捕造成新的危害。如何把握好这个度？又如，对不捕或者不诉案件，要特别把理由阐释清楚，让侦查机关理解，甚至借此机会更进一步地让他们准确把握检察机关批捕、起诉的标准，尽量减少无谓的提请复议复核。这不是简单的管理问题，而是一个涉及价值判断、司法规律和科学管理的问题。

最高人民检察院张军检察长多次强调，要建立以“案－件比”为核心的案件质量评价指标体系，以人民群众、当事人对办案活动的实际感受作为评价检察办案工作成效的一个重要因素。所谓“案－件比”，简单说就是发生在人民群众身边的案，与案进入司法程序后所经历的有关诉讼环节统计出来的件相

〔1〕 巩宸宇：《让公平正义更加可感可触——最高检对7起申诉案件进行公开听证》，载《检察日报》2019年12月25日第1版。

比，形成的一组对比关系。“案”是指发生的具体案件，“件”是指这些具体的案进入司法程序后所经历的有关诉讼环节统计出来的件。“案－件比”是观测评价检察机关办案运行态势，反映每一个办案环节是否将工作做到极致的重要指标，对于防止产生不必要的办案环节具有重要意义。“案－件比”中“件”数越高，说明“案”经历的诉讼环节越多，办案时间越长，当事人对办案活动的评价相对越低，办案效果越差。最优“案－件比”是1∶1，老百姓一个“案”，进入检察程序后一次性办结，检察办案质效最高，司法资源投入最少，当事人感受相对更好。

2020年1月，最高人民检察院印发了《检察机关案件质量主要评价指标》，涵盖四大检察、十大业务主要案件类型、主要办案活动、主要诉讼流程，以及立案监督、直接受理侦查案件、抗诉、纠正意见、检察建议、公益诉讼等所有法律监督方式，共计51组87项，可以实现跨办案流程、跨案件类型的组合评价。案件质量主要评价指标分为刑事检察、民事检察、行政检察和公益诉讼检察四大类，以“案－件比”作为核心指标。为避免某些单一指标的片面评价可能导致结论的不客观、不全面，明确一些具有关联性的指标应组合起来使用，实现对不同办案活动的全面动态评价。例如，撤回起诉率指标和无罪判决率指标要结合起来使用，以避免有的地方为降低无罪判决率，而将法院拟判决无罪的案件作撤回起诉处理。案件质量主要评价指标体系还要解决容错机制的问题，对于检察官在严格依法、规范运用自由裁量权的前提下，因为办案中无法预见或提前作出判断的情况导致的质量瑕疵，不作负面评价。比如捕后不诉，如果应该捕，案件有变，不诉也是正确的，就不应当扣分。这需要更多人性化的精准管理，并不是信息化简单输入数据就可以完成的。总而言之，一个科学的、完善的质量评价指标体系，要能涵盖可能影响案件质量的各种因素，并相应设置合理的评价标准，而且还应当是动态的、开放的，能及时反映办案实践的最新变化。

最高人民检察院新一届党组还建立了业务数据分析研判会商机制，由案管办牵头，各业务部门参与，围绕业务数据的变化进行分析研判，为检察决策和业务开展提供高质量有价值的参考依据。最高人民检察院每季度进行一次研商，省级检察院每两个月或者一个月进行一次研商，地市级检察院和基层院每个月都要进行研商。同时，还要加强与公安、法院的衔接，打破信息孤岛，比较相关数据，拿出真实情况，找准具体问题和原因，有效促进提升检察工作质量。这也是上级检察院对下指导工作的需要，对普遍性倾向性问题扎实有效推进解决，对局部、个别问题及时提醒。例如，最高人民检察院党组专门研究了公诉案件无罪判决情况，发现有三个省无罪判决比较突出，及时督促研究解决。

（八）充分发挥指导性案例和典型案例的示范引领作用

习近平总书记深刻指出：一个案例胜过一打文件。党的十八大以来，案例在治国理政中越来越占有重要位置，主题教育活动、环保攻坚督查、反腐倡廉斗争等都能看到典型案例。检察机关作为国家司法机关，办案是检察工作的主要内容，案例则是检察工作的主要载体。自 2018 年 3 月以来，最高人民检察院新一届党组高度重视案例指导工作，张军检察长多次强调指出：指导性案例是检察工作中落实“讲政治、顾大局、谋发展、重自强”的重要抓手，不仅具有指导性，还具有监督、制约作用，案例指导工作抓得好，能够把各级检察机关各项检察业务都带动起来。

2018年10月，修订后的《人民检察院组织法》第23条第2款规定“最高人民检察院可以发布指导性案例”，第一次确定了指导性案例的法律地位。2019年4月，最高人民检察院再次修订了《关于案例指导工作的规定》，进一步完善了指导性案例的体例，突出了检察机关的履职过程，规定各业务厅和法律政策研究室分工负责指导性案例的研究编制工作。

2010年12月最高人民检察院发布第一批指导性案例后，截至2018年3月，共发布9批38件指导性案例，平均每年发布1批，每批3至6件案例。自2018年3月以来，最高人民检察院提高了指导性案例的研发频次，截至2020年4月，已经发布18批69件指导性案例，涵盖了刑事检察、民事检察、行政检察和公益诉讼检察四大领域。

在发布指导性案例的同时，最高人民检察院还积极服务党和国家工作大局，先后发布了多批次典型案例，如服务保障长江经济带发展典型案例、加强未成年人司法保护典型案例、涉民营企业司法保护典型案例、保护知识产权典型案例、打击侵犯消费者权益犯罪典型案例、依法惩治和预防毒品犯罪典型案例、扫黑除恶专项斗争典型案例、“携手清四乱保护母亲河”专项行动公益诉讼检察典型案例、“保障千家万户舌尖上的安全”公益诉讼专项监督活动典型案例、检察公益诉讼全面实施两周年典型案例、认罪认罚典型案例、“弘扬宪法精神落实宪法规定”典型案例、涉新冠肺炎疫情防控典型案例、刑事申诉公开听证典型案例、依法严惩利用未成年人实施黑恶势力犯罪典型案例，等等。

最高人民检察院可以发布指导性案例和典型案例，省级院和地市级院也要收集、筛选、发布典型案例，加强对下指导。做好案例指导工作，离不开地方检察机关的“案源”。各级检察机关都办理了大量案件，但能成为典型案例仅属个别，说明有的地方缺乏案例意识或者案例意识不强，案例敏感性不够，不能直接发现案例。案例工作绝不仅仅是案件办完以后的工作，受理的典型、影响性案件，要有“培养”意识，一开始就按指导性案例、典型案例的标准去办，努力办成精品案。比如，最高人民检察院、省级院挂牌督办的案件，就要按照指导性案例的标准去办。典型案例可以是正面的，也可以是反面的。有些案例在理解、适用法律或程序运行等方面存在突出问题，也是“宝贵财富”，内部编发会有很强的“警示”意义。

指导性案例和典型案例对检察办案工作具有较强的示范引领作用，不仅有助于促进检察机关严格公正司法，也有助于保障法律统一正确实施。因此，案例发布了就要认真学习和参照适用，而不能束之高阁。最高人民检察院制发的指导性案例，都经案例指导委员会讨论、筛选、修改，再报送检察委员会研究、取舍、决定，是全国检察机关办案精品中的精品，是指导各级检察机关办案的“样板”。要探索建立指导性案例强制检索制度，检察官办理案件，要把检索有无类似指导性案例作为重要程序。各级检察机关都要认真学习、研讨，要请本院相关业务部门同志讲解，结合本地、本院所办类似案件进行分析、比较，对照指导性案例和典型案例总结得失，从中发现存在的问题和不足，提出改进建议和要求，不断提升法律监督能力和水平。

最高人民检察院应当以新发展理念为指导，积极利用信息网络技术，抓紧建设覆盖全国检察机关的智能化的检察案例数据库，实现快捷检索、类案推送、结果比对、数据分析、裁判文书提取、办案瑕疵提示等智能化办案辅助。同时，应当本着

“开放共享、为我所用”的原则，加强与最高人民法院、公安部、司法部以及其他行政执法机关的沟通协调，把这些机关特别是法院的案例数据库与检察案例数据库互联互通互享，切实做到案例指导工作的双赢多赢共赢。

（九）着力提高检察官的政治素质和业务能力

检察工作是要靠人来做的，案件是要靠检察官来办的。检察机关在履行法律监督职责时，要想取得双赢多赢共赢的办案效果，则必须按照习近平总书记的要求，着力加强检察队伍建设，锻造一支有铁一般的理想信念、铁一般的责任担当、铁一般的过硬本领、铁一般的纪律作风的检察队伍。习近平总书记在中央全面依法治国委员会第一次会议上深刻指出：法治工作是政治性很强的业务工作，也是业务性很强的政治工作。打铁必须自身硬。检察机关是国家的法律监督机关，检察官必须对自己提出更高要求，把政治建设和业务建设深度融合，努力做到政治上更敏锐、业务上更精通，要成为“放心型”检察官。

要紧密结合深化司法体制改革加强思想政治建设，坚持党对检察工作的绝对领导，严格执行中国共产党重大事项请示报告工作条例、政法工作条例等重要党内法规。要持续提升专业能力，开展分层分类、精准高效的业务培训，落实检察官教检察官制度，最高人民检察院张军检察长亲自带头授课；商有关部门深化法官、检察官、警官、律师一体化培训，增强法律职业共同体意识。持续建好用好“检答网”，进一步提高解答质量，确保“检答网”的权威性；《检察日报》要定期刊载“检答网”精品问答，供办案人员参考使用。

要注重提高检察官的理论研究能力。2017 年 5 月 3 日，习近平总书记在中国政法大学考察时强调指出：没有正确的法治理论引领，就不可能有正确的法治实践。最高人民检察院高度重视检察理论研究，专门成立了检察理论研究领导小组，2019年8月在一批重点高校设立了16个检察研究基地。近年来，检察机关的理论研究取得了很多成果，但毋庸讳言，仍然不能满足检察实践的需要，许多检察工作都是在探索中前进，“摸着石头过河”，法学界研究检察理论和检察实践的专家学者也不够多。从这个角度来说，检察理论研究与检察实践结合得还不够充分，甚至有些滞后。实践是理论的基础，理论研究要围绕办案、围绕具体工作展开，不能就理论谈理论。实践走在前面，理论再去总结，办案遇到困惑，理论再去及时研究解惑。各级检察机关都要高度重视检察理论研究工作，既要眼睛向内，深挖自身潜力，加强检察理论人才培养，更要用好“外脑”，与法学研究机构、重点法学刊物、专家学者等建立起更加紧密联系，主动提供典型案例、研究成果，主动邀请参与重大课题，共同发展检察理论、法治理论。同时，还要加强与法院、公安、司法行政机关以及律师协会的学术交流，吸收他们的成果和经验，凝聚更多共识与合力。

（十）高度重视检察公共关系建设

2018年10月，最高人民检察院向全国人大常委会专题汇报人民检察院加强对民事诉讼和执行活动法律监督工作情况时，很多领导同志和常委会组成人员对检察工作不太熟悉，特别是对民事检察工作不熟悉，以为检察机关就是刑事检察职能，要求检察机关改变“重刑轻民”的现状。这说明检察机关的公共关系工作长期没有受到重视，还远没有做到位。

所谓检察公共关系，可以简要概括为检察职能介绍、检察形象建设、检察权力与公众的关系、检察工作与相关职能部门的关系，等等。检察机关练好内功、向社会宣传检察工作、重视危机处理等，是检察公共关系建设；到高等院校讲课，与专家学者建立紧密联系，用好“外脑”，与重点法学期刊和法学会建立联系，是检察公共关系建设；改版指导性案例，召开新闻发布会，扩大检察开放日活动，每季度向社会公布检察机关办理案件情况，在央视作“大检察官说”节目，也是检察公共关系建设。在日常工作中与党政机关、其他执法司法机关、社会组织发生的工作联系，无疑也是检察公共关系建设的重要方面。以上所有这一切，给社会公众、同行，给人民群众一个什么样的观感、印象，检察机关、检察官就是一个什么形象！例如，检察官出去做工作要特别注意以谦虚的态度、商量的口吻，智慧地坚持正确的意见，而不能口大气粗，延续过去反贪在手有意无意形成的以势压人的毛病。再如，2018 年最高人民检察院聘请 98 位全国人大代表担任特约监督员，就是考虑每个省能有一两名代表对检察工作更熟悉，在讨论工作报告时能为检察工作做更充分的介绍，同时也有利于我们更全面、更快捷了解代表对检察工作的意见建议。又如，检察机关领导干部兼任法治副校长，定期或不定期去学校讲授法治课，促进法治进校园，促进少年强、奉法者强、法治国家强。上述这些都是检察公共关系建设。

加强检察公共关系建设，要特别注重做好检察宣传工作。如果把办案当作检察机关的“硬实力”，那么检察宣传工作就是检察机关的“软实力”。检察宣传工作是一门学问、一门艺术，而且是政治性、专业性、社会性都很强的学问和艺术。要立足鲜活的检察实践讲好检察故事，有效运用好“三同步”工作机制。如果宣传报道时没有政治意识，不考虑人民群众能不能理解、社会能不能认同，自说自话，效果肯定就不好。例如，有的“讲故事”没有温度、不注意尺度，把“故事”讲成了“事故”；有的只顾自己一枝独秀，没想到被监督者的感受。有的地方交了学费，其他地方都要一起吸取教训，对司法案件引发社会炒作的，在情况明、有把握的前提下，该出手的就要及时出手，不能任由舆情发酵，切实防止小事变大、大事拖炸。

五、贯彻落实双赢多赢共赢理念需要处理好的若干关系

司法实践中，贯彻落实双赢多赢共赢的法律监督理念，必然会涉及监督者和被监督者的职责、权利和利益，会遇到多种多样的困难和问题，检察机关要充分运用政治智慧、法治智慧和检察智慧，妥善处理好以下关系。

（一）党的绝对领导与依法独立行使检察权的关系

党的十九大报告鲜明指出：党政军民学，东西南北中，党是领导一切的。党的十九届四中全会指出：完善党领导人大、政府、政协、监察机关、审判机关、检察机关、武装力量、人民团体、企事业单位、基层群众自治组织、社会组织等制度，健全各级党委（党组）工作制度，确保党在各种组织中发挥领导作用。《中国共产党政法工作条例》第 6 条将“坚持党的绝对领导，把党的领导贯彻到政法工作各方面和全过程”作为政法工作应当遵循的首要原则。第 7 条规定党中央对政法工作实施绝对领导，决定政法工作大政方针，决策部署事关政法工作全局和长远发展的重大举措，管理政法工作中央事权和由中央负责的重大事项。第 9 条规定县级以上地方党委领导本地区政法工作，贯彻落实党中央关于政法工作大政方针，执行党中央以及上级党组织关于政法工作的决定、决策部署、指示等事项。第 13 条规定中央和地方各级党委政法委员会指导、支持、督促政法单位在宪法法律规定的职责范围内开展工作。《宪法》第 136 条规定：人民检察院依照法律规定独立行使检察权，不受行政机关、社会团体和个人的干涉。

由上述规定可以看出，坚持党的绝对领导与依法独立行使检察权都是检察机关在履行法律监督职责过程中必须坚持的重大原则。这两大原则之间并不矛盾，党的绝对领导是检察工作沿着正确方向前进的政治保证，要确保司法职权牢牢掌握在党和人民手中，把党的绝对领导优势转化为检察工作效能。习近平总书记在中央全面依法治国委员会第一次会议上深刻指出：党的领导是社会主义法治最根本的保证。全面依法治国绝不是要削弱党的领导，而是要加强和改善党的领导，不断提高党领导依法治国的能力和水平，巩固党的执政地位。必须坚持实现党领导立法、保证执法、支持司法、带头守法，健全党领导全面依法治国的制度和工作机制，通过法定程序使党的主张成为国家意志、形成法律，通过法律保障党的政策有效实施，确保全面依法治国正确方向。

检察机关要深刻认识到依法独立行使检察权并不是独立于党的领导，而是在党的绝对领导下、在党的坚强支持下依法行使检察权，必须坚持以马克思列宁主义、毛泽东思想、邓小平理论、“三个代表”重要思想、科学发展观、习近平新时代中国特色社会主义思想为指导，牢固树立政治意识、大局意识、核心意识、看齐意识，坚定中国特色社会主义道路自信、理论自信、制度自信、文化自信，坚决维护习近平总书记党中央的核心、全党的核心地位，坚决维护党中央权威和集中统一领导，围绕统筹推进“五位一体”总体布局和协调推进“四个全面”战略布局，坚持党的领导、人民当家作主、依法治国有机统一，坚决捍卫党的领导和中国特色社会主义制度，维护宪法法律权威，依法履行法律监督职责，确保检察队伍全面正确履行中国特色社会主义事业建设者、捍卫者的使命。最高人民检察院、上级检察院要在深入学习贯彻习近平新时代中国特色社会主义思想上作表率，在始终同党中央保持高度一致上作表率，在坚决贯彻落实党中央各项决策部署上作表率，特别是要按照党中央关于重大事项请示报告的有关规定，严格执行请示报告制度。对于检察工作中遇到的重大困难和问题，要主动提请党中央和同级党委帮助协调解决，创造良好的司法环境，把党的主张和人民的意志贯彻落实到具体的检察实践中，争取双赢多赢共赢的办案效果。

（二）服务保障大局与法律面前人人平等的关系

《中国共产党政法工作条例》第6条将“坚持服务和保障大局，为推动经济持续健康发展和保持社会长期稳定提供法治保障”作为政法工作应当遵循的一条原则。近年来，全国检察机关将服务保障大局作为新时代检察工作创新发展的出发点和立足点，坚决维护国家政治安全，确保社会大局稳定，深入推进扫黑除恶专项斗争，精准服务打好“三大攻坚战”，依法平等保护民营经济合法权益。在开展上述工作时，检察机关一方面注意避免用力不够，另一方面注意避免用力过猛，始终秉持客观公正的立场，坚持法律面前人人平等。

例如，2018年1月，中共中央、国务院发出《关于开展扫黑除恶专项斗争的通知》。最高人民检察院党组对专项斗争高度重视，多次研究部署扫黑除恶工作，提出明确要求。2019年全国两会上，张军检察长向全国人民庄严承诺：“是黑恶犯罪一个不放过，不是黑恶犯罪一个不凑数。”2019年3月28日，最高人民检察院印发《关于建立健全省级检察院对涉黑和重大涉恶案件统一严格把关制度的通知》，明确涉黑和重大涉恶案件认定标准由省级检察院统一把握，审查意见由省级检察院统一把关，确保“不放过、不凑数”的正确方向。同时，最高人民检察院还印发《检察机关开展扫黑除恶专项斗争典型案例选编》，用以指导各地检察机关办案，要求各地检察机关既要从严打击黑恶势力犯罪，又要严格遵循罪刑法定、证据裁判、非法证据排除、程序公正等法治原则，依法规范办案，既不降格处理，也不人为拔高，确保扫黑除恶专项斗争始终在法治轨道上推进。据悉，2018 年至 2019 年底，公安机关以涉黑涉恶犯罪移送审查起诉，检察机关未认定案件的有 1.8 万余件，占受理数的 38%；公安机关未以涉黑涉恶犯罪移送，检察机关起诉时认定为黑恶案件的有 4000 余件，占受理数的 8.9%。[1]

再如，当前经济下行压力加大，民营企业发展更加不易。检察机关从促进就业和维护社会稳定出发，依法加大平等保护民营经济力度。加强对涉民营企业的刑事立案监督，坚决防止将经济纠纷当作犯罪处理；对涉案民营企业负责人依法能不捕的不捕、能不诉的不诉、能不判实刑的就提出适用缓刑建议；能不查封、扣押、冻结民营企业财产的，就不查封、扣押、冻结。同时，积极推动民营企业筑牢守法合规经营底线，对那些必须捕、必须诉特别是涉黑恶犯罪的，坚决依法惩治。对于争议性案件及时与有关方面做好沟通协调、向上请示等工作，切实防止不该捕的捕了、不该诉的诉了。2017 年 12 月，习近平总书记在中央经济工作会议上提出要支持民营企业发展，落实保护产权政策，依法甄别纠正社会反映强烈的产权纠纷案件。检察机关在落实总书记重要指示时，要求决不能误读中央有关司法政策搞“一风吹”，坚持实事求是和法治思维，全案错了就全案纠正，部分错了就部分纠正。最高人民检察院经审查，对张文中案提出了无罪的审查意见；对顾雏军案提出有一笔挪

---

〔1〕 史兆琨：《扫黑除恶“不放过、不凑数”兑现承诺彰显担当》，载《检察日报》2020 年 4 月 19 日第 1 版。

用资金事实清楚、证据确实充分，原审裁判相关部分定性准确、量刑适当，应予维持的审查意见，均得到最高人民法院采纳。

（三）在办案中监督与在监督中办案的关系

检察机关内设机构改革后，2019年上半年全国检察机关刑事诉讼监督数据大幅度下降。最高人民检察院对此高度重视，第一至第四检察厅联合设立了立案监督和侦查活动监督（以下简称“两项监督”）研究指导组到12个省区市调研。总体来看，实行捕诉一体后，被害人控告、当事人申请立案监督等线索同比变化不大，而检察官主动发现的线索下降幅度较大，说明主观重视不够、客观工作弱化；加之各地普遍处于内设机构改革准备或磨合期，等待、观望、找感觉，导致“两项监督”被忽视，有的甚至“停摆”。最高人民检察院要求各地切实提高对“两项监督”重要性的认识，充分发挥捕诉一体优势，优质高效办理捕诉案件；同时，要更加注重、更加自觉将“两项监督”融入捕、诉工作中，一体提升办案、监督质量和效率。

最高人民检察院认为，办案是检察机关履行法律监督职责的基本方式，履行各项法律监督职责都要贯穿于办案中，遂提出了“在办案中监督、在监督中办案”的工作方法，强调办案要优质、监督要精准，把案件办好、把监督做实。最高人民检察院张军检察长指出，要坚持以办案为中心的工作导向，实现监督与办案有机统一。办案是硬道理，离开办案，法律监督就不能落地。要立足办案促改革、谋发展，严格规范公正文明司法，不断提升办案品质和层次。正确认识监督与办案的辩证统一关系，坚持在办案中监督、在监督中办案，把监督寓于办案中，把办案作为监督的基本手段，不断提升法律监督实效、维护法律监督权威。[1]

例如，为加强对公安机关刑事立案和侦查活动的法律监督，2020 年 1 月中央政法工作会议要求，积极推进在市、县公安机关执法办案管理中心派驻检察机制改革。最高人民检察院商公安部同意，拟在公安机关执法办案管理中心设立派驻检察室，对公安机关办理刑事案件实行全程法律监督，更好促进公安机关提高刑事立案和侦查活动质量，更好实现刑事诉讼正义，实行双赢多赢共赢。北京市检察机关对此进行了先行探索，2016 年开始在公安机关执法办案管理中心派驻检察室，将监督起点由以往的公安机关报请逮捕提前到刑事立案和抓获犯罪嫌疑人阶段，取得了较好监督效果，2017 年立案监督数量是 2106 年的 3.4 倍，2018 年同比上升 40%，2019 年同比又上升 40%。[2] 需要指出的是，北京市检察机关派驻公安机关执法办案管理中心的法律监督模式赋予了监督程序独立地位，并没有融于捕诉一体办案中，与最高人民检察院强调的“在办案中监督、在监督中办案”的要求并不完全相同，这也是检察机关内设机构改革后的一种新探索。当然，如果能够在赋予派驻公安机关执法办案中心检察官法律监督权的同时，再赋予审查批捕和审查起诉的权力，就可以真正做到最高人民检察院所要求的“在办案中监督、在监督中办案”。

无论是在办案中监督还是在监督中办案，都要积极发挥检察官的主导作用。2019 年 3 月，最高人民检察院张军检察长在全国人大会议上作工作报告时首次提出检察官的主导作用：在

---

〔1〕 张军：《强化新时代法律监督　维护宪法法律权威》，载《学习时报》2019 年 1 月 2 日第 1 版。

〔2〕 李华伟：《派驻公安执法办案管理中心检察机制研究——侦查监督的中国路径探索》，载《国家检察官学院学报》2020 年第 2 期。

办理认罪认罚从宽案件中充分发挥主导作用，检察机关建议适用该程序审理的占 98.3%，量刑建议采纳率 96%。从我国检察机关的宪法定位和刑事诉讼制度设计看，检察官承担着刑事诉讼中指控证明犯罪的主导责任。修改后刑事诉讼法确立的认罪认罚从宽制度，是十分典型的以检察官主导责任为基础的诉讼制度设计。最高人民检察院会同最高人民法院、公安部、国家安全部、司法部联合制定了《关于适用认罪认罚从宽制度的指导意见》。总体来看，检察机关对认罪认罚从宽制度认识上有差距，导致适用上也不平衡。最高人民检察院提出，要努力把认罪认罚从宽制度适用率总体提高到 70% 以上。这个比率并不是最高目标，从法院生效判决数据看，一审认罪不上诉的要大大高于这个比例。检察官在刑事诉讼中的主导作用，还体现在可以提前介入公安机关的侦查案件或者监察机关的调查案件，并就案件性质、收集证据、适用法律等提出意见，监督侦查活动、审判活动和执行活动是否合法。

检察官的主导作用还体现在民事检察、行政检察和公益诉讼检察案件中，例如，对于民事、行政监督案件，检察官可以根据案件情况提出再审检察建议或者抗诉，将案件导入再审程序，如果是抗诉案件还要出庭宣读抗诉书。对于公益诉讼检察案件，检察官还应当主动进行调查核实、收集证据等工作。民事公益诉讼还需要提前发布诉前公告，如果公告期满，法律规定的机关和有关组织不提起诉讼的，人民检察院才可以向人民法院提起诉讼。行政公益诉讼还需要首先向行政机关提出诉前检察建议，提出检察建议后行政机关仍然不依法履行职责的，人民检察院才依法向人民法院提起诉讼。如果检察机关通过公开听证方式办理案件，则检察官的主导作用更为明显，既要主持好听证活动，还要在社会公众监督下办理案件，争取双赢多赢共赢的办案效果。

（四）分工配合与制约监督的关系

早在二百多年前，资产阶级启蒙思想家孟德斯鸠就深刻指出："一切有权力的人都容易滥用权力，这是万古不易的一条经验。有权力的人们使用权力一直到遇有界限的地方才休止……从事物的性质来说，要防止滥用权力，就必须以权力约束权力。"[1] 我国宪法第140条规定：人民法院、人民检察院和公安机关办理刑事案件，应当分工负责，互相配合，互相制约，以保证准确有效地执行法律。2019年1月，习近平总书记在中央政法工作会议上深刻指出，政法机关之间制约不足、配合不够等问题时有发生，影响执法司法公正和效率。如刑事冤假错案，虽然被告人都是由法院判决有罪的，但这些案件都是检察院起诉到法院的。因此，有人认为"检察机关是刑事错案的第一责任人"[2]，2020年3月《检察日报》就此问题还刊登多篇文章进行讨论。在刑事冤假错案中，无论检察官是否承担第一责任，其对造成冤假错案是责无旁贷的，而刑事冤假错案是对双赢多赢共赢的巨大破坏。英国哲学家弗朗西斯·培根说过："一次不公正的裁判，其恶果甚至超过十次犯罪。因为犯罪虽是无视法律——好比污染了水流，而不公正的裁判则是毁坏法律——好比污染了水源。"正因如此，2014年1月习近平总书记在中央政法工作会议上告诫全体政法干警："要懂得'100－1＝0'的道理，一个错案的负面影响足以摧毁九十九个公正裁判积累起来的良好形象。执法司法中万分之一的失误，

〔1〕［法］孟德斯鸠：《论法的精神》，张雁深译，商务印书馆1961年版，第154页。

〔2〕娄凤才：《检察机关是刑事错案的第一责任人》，载《检察日报》2020年3月11日第3版。

对当事人就是百分之百的伤害。”[1]

习近平总书记指出，要优化政法机关职权配置，构建各尽其职、配合有力、制约有效的工作体系。要聚焦人民群众反映强烈的突出问题，抓紧完善权力运行监督和制约机制，坚决防止执法不严、司法不公甚至执法犯法、司法腐败。[2] 为了让人民群众在每一个司法案件中感受到公平正义，检察机关在工作中既要做好与其他政法机关的分工负责、互相配合，更要做好互相制约，做到敢于监督、善于监督、依法监督、规范监督。例如，齐某强奸、猥亵儿童案，某省检察院认为该案终审判决确有错误，提请最高人民检察院抗诉。最高人民检察院经审查，依照审判监督程序向最高人民法院提出抗诉。该案历经三级法院五次审理，诉讼过程近六年，最高人民检察院抗诉后，张军检察长依法列席最高人民法院审判委员会会议并发表意见，法院采纳抗诉意见，最终齐某得到应有惩罚。该案判决不仅有助于准确把握性侵儿童犯罪案件证据的审查判断标准，而且有助于准确适用奸淫幼女“情节恶劣”和“公共场所当众”实施强奸、猥亵儿童犯罪的刑法规定来严惩此类犯罪。2018 年 11 月，最高人民检察院将该案作为第 42 号指导性案例予以发布。

实践中，政法机关之间的制约和配合是辩证统一的。不捕、不诉、退查都是制约；讲清法理、事理、情理，让公安机关接受得心悦诚服，这就是配合。不捕、不诉不是简单作个决定，涉及公民自由、涉及法律实施、涉及秩序维护，要有充分的理由，必须有同公安机关直接的沟通和法律文书的规范阐

〔1〕 中共中央文献研究室编：《习近平关于全面依法治国论述摘编》，中央文献出版社 2015 年版，第 96 页。

〔2〕《习近平在中央政法工作会议上强调全面深入做好新时代政法各项工作促进社会公平正义保障人民安居乐业》，载《人民日报》2019 年 1 月 17 日第 1 版。

释，才能防止无谓的提请复议复核。说理到位了，公安机关理解了、接受了，逐步形成趋近统一的执法司法理念，这就是双赢。退回补充侦查要注重引导和说理，补侦方向、标准和要求都应当一次性说清楚，而不能就一行字：“本案事实不清、证据不足，应予补充侦查。”就是自行补充侦查的，也要及时向侦查机关反馈问题和建议，必要时还可以与侦查机关一起补充侦查。这样做，自己提升能力的同时，也会让侦查机关真正感受到监督就是支持，更加信赖检察机关的监督。检察说理不仅是对社会、对老百姓，首先是对检察官自己，通过释法才能把法律理解得更深入，说服自己才能说服别人。如果理由不能阐释充分，就要考虑作出的决定是不是立得住。

需要指出的是，检察机关作为国家的法律监督机关，在依法制约监督别人的同时，更要自觉接受来自外部的制约监督，做好内部的制约监督，争取实现双赢多赢共赢的监督效果。在履行法律监督职责过程中，应当自觉接受监察机关、审判机关、公安机关、司法行政机关的制约，注重听取律师意见。根据《人民检察院组织法》第 9 条规定，各级人民检察院都应当接受本级人民代表大会及其常务委员会的监督，对其负责并报告工作。第 11、27 条规定：各级人民检察院应当接受人民群众监督，保障人民群众对人民检察院工作依法享有知情权、参与权和监督权。人民监督员依照规定对人民检察院的办案活动实行监督。为落实上述规定，最高人民检察院专门制定了《人民检察院办案活动接受人民监督员监督的规定》等规范性文件，进一步明确了人民监督员监督检察机关办案活动的范围、职责和程序等。此外，各级人民检察院还应当自觉接受监察机关的监察监督、人民政协的民主监督、新闻媒体的舆论监督、人民群众的社会监督等。同时，检察机关还要做好内部的制约监督。例如，对于不捕不诉案件的复议、法院发回重审案件的出庭公诉和刑事申诉案件的复查，都应当由不同的检察官或者检察官办案组来办理，体现检察机关的内部制约。对于所有案件，都应当接受案件管理部门和检务督察部门的监督，体现检察机关的内部监督。

（五）办案效果与办案效率的关系

关于办案效果，检察机关追求的是政治效果、法律效果、社会效果的有机统一，因为检察官办理的不仅仅是案件，而是他人的人生。实践中，有的检察官往往就案办案，认为事实证据没有问题，套得上法律规定就没有错误，把自己仅仅等同于一个办案的“工匠”。这相对于满足新时代人民群众在民主、法治、公平、正义、安全、环境等方面更高的要求，无疑远远不够。法律是有一定弹性的，留给了检察官一定的自由裁量空间。在办案过程中，是消极敷衍，还是认真负责围绕着法的精神、进步的司法理念去做，是知难而退、浅尝辄止，还是尽全力去做，效果是完全不同的，需要我们在很多方面下大功夫、苦功夫。[1]

检察官在履行职责时，要认真贯彻新时代“枫桥经验”，积极、稳妥化解检察环节的矛盾纠纷，不能就案办案、机械办案，而要看：本案问题是不是真正解决了？通过办案给社会传递一个什么样的信号？是引领社会发展进步，还是只要形式上于法有据、不管政治效果和社会效果？传统、普通、一般性的案件，都不会有争议。遇到疑难复杂有影响的案件，就要考虑是不是应该逮捕、起诉，是该判有罪还是无罪，是重罪还是轻罪。民事行政案件也一样，要认真思考如何通过个案的公平正义来引领司法工作进步甚至社会进步，考虑“三个效果”的有

〔1〕张军：《关于检察工作的若干问题》，载《人民检察》2019年第13期。

机统一。新时代不能搞那种粗放式的、运动式的办案，单纯追求办案数量而忽视办案质量和效率，尤其是决不能为了追求监督数量而忽视监督的准确性！例如，抗诉案件不在于多，而在于精准。要选择那些具有典型意义、在司法理念方面有纠偏、创新、进步、引领的案件，抗诉一件可以促进解决一个方面、一个领域、一个时期司法理念、政策、导向的问题，发挥对类案的指导作用。说到底，就是用有限的法律监督资源，通过优化监督实现强化监督，努力做到抗诉案件虽不是很多、但抗诉效果却十分得好，人民群众更加满意，形成良性循环。对于一些有瑕疵的个案，比如裁判技术、文书表述、论理不足，包括不是根本性错误的法律适用等问题，也决不能放任，可以更多地以检察建议方式促请人民法院加以纠正，以取得较好的法律监督效果。

在注重办案效果的同时，还要注重办案效率。可以说二者是相互联系、相辅相成的。如果没有良好的办案效果，再高的办案效率也是没有意义的；反之，如果没有一定的办案效率，也很难取得良好的办案效果。惩罚犯罪的刑罚越是迅速和及时，就越是公正和有益。因为犯罪与刑罚之间的时间隔得越短，在人们心中，犯罪与刑罚这两个概念的联系就越突出、越持续，因而，人们就很自然地把犯罪看作起因，把刑罚看作不可缺少的必然结果。[1] 2020 年初新冠肺炎疫情期间，执法司法机关依法严惩抗拒疫情防控措施的违法犯罪行为，从快侦查、批捕、审查起诉、审理判决，有的案件短短几天之内就做出了判决，及时形成了有效震慑，较好维护了社会秩序和人民

〔1〕［意］贝卡利亚：《论犯罪与刑罚》，黄风译，中国大百科全书出版社 1993 年版，第 70 页。

群众生命健康安全。

为保证一定的办案效率，避免案件久拖不决，法律对执法司法活动都规定了较为严格的办案期限。但实践中，超期办案问题屡禁不止、时有发生。就刑事案件而言，检察机关进行了多次纠正超期羁押的专项活动，但边清边超、前清后超问题一直存在，甚至在有的案件中将显性超期羁押变成了隐性超期羁押，以规避检察机关的法律监督。有鉴于此，从 2013 年开始，在中央政法委领导和其他政法单位大力支持下，检察机关开始了清理久押不决活动，历经三年多时间将 1845 件 4459 人的久押不决案件清理完毕，但实践中超期羁押和久押不决案件并没有杜绝。推迟刑罚尽管也给人以惩罚犯罪的印象，然而，它造成的印象不像是惩罚，倒像是表演，并且只是在那种本来有助于增加惩罚感的、对某一犯罪的恐惧心理已在观众心中减弱之后，才产生这种印象。[1] 就民事、行政监督案件而言，相关明确规定办案期限为三个月，情况特殊的可以延长，但在实践中，超期办案现象也经常发生。最高人民检察院新一届党组提出群众来信“7 日内程序回复、3 个月内办理过程或者结果答复”，以及构建以“案－件比”为核心指标的案件质量主要评价指标体系，就是为了有效避免案件久拖不决或者反复退查，切实提高办案效率，取得双赢多赢共赢的办案效果。

党的十八届四中全会通过的《中共中央关于全面推进依法治国若干重大问题的决定》要求健全冤假错案有效防范、及时纠正机制。但实践中，即使在死者复活、真凶落网的情况下，纠正时间也往往过长，有人称之为“马拉松式纠错”。如呼格

〔1〕［意］贝卡利亚：《论犯罪与刑罚》，黄风译，中国大百科全书出版社 1993 年版，第 71 页。

吉勒图 1996 年 4 月被捕时 18 岁，2005 年 10 月赵志红落网供述自己是真凶，2014 年 12 月改判呼格吉勒图无罪，沉冤昭雪历时 18 年。聂树斌 1994 年 9 月被捕时 19 岁，2005 年 1 月王书金落网供述自己是真凶，2016 年 12 月改判无罪，沉冤昭雪历时 22 年。

最为典型的是安徽杨德武案。2000 年 7 月 14 日，杨德武发现丈母娘在家中被人杀害。2000 年 11 月芜湖市中院以故意杀人罪判处杨德武死刑，缓期二年执行。2001 年 2 月安徽省高院裁定驳回上诉，维持并核准原判。之后，杨德武不断申诉，每天一封申诉信，16 年寄出 5000 份申诉材料。“从 2004 年 5 月安徽省检察院受理杨德武申诉到 2016 年 11 月安徽省高院最终改判其无罪，安徽省检察院三次立案复查，三次向安徽省高院提出再审建议，历时 13 年。正义虽然迟到了，但没有缺席，检察机关经过持续监督最终将清白还给了杨德武。”[1] 据了解，安徽省检察院先后于 2005 年 12 月、2010 年 11 月向安徽省高院提出再审建议，但安徽省高院均未再审。2015 年 6 月第三次向安徽省高院提出再审建议，安徽省高院启动再审于 2016 年 11 月改判杨德武无罪。一个案件历时 13 年监督，一方面说明了检察机关的执着，另一方面也说明了法律监督的无力。实际上，刑事诉讼法并没有赋予检察机关针对刑事判决和裁定提出再审检察建议的权力。试想一下，如果安徽省检察院第一次提出再审建议不被法院采纳后，能够及时提请最高人民检察院抗诉并得到支持，则最高人民法院必然再审，杨德武有可能提早 10 年得以改判，也就是说杨德武可能减少 10 年的牢狱之

〔1〕 徐日丹：《十三年持续监督　申诉人终判无罪——安徽省检察院办理杨德武故意杀人申诉案纪实》，载《检察日报》2017 年 2 月 27 日第 1 版。

灾。人生能有几个10年？有人说，“迟来的正义就是非正义”，也是有一定道理的。

（六）加强检察官专业化建设与智慧借助外力的关系

2019年1月，习近平总书记在中央政法工作会议上强调指出，政法系统要把专业化建设摆到更加重要的位置来抓，全面提升政法干警的法律政策运用能力、防控风险能力、群众工作能力、科技应用能力、舆论引导能力。近年来，检察机关高度重视队伍的专业化建设，通过岗位练兵、业务竞赛、集中培训、建设检察业务交流平台“检答网”等方式，不断增强检察官的政治素质和业务素质。但毋庸讳言，检察官的专业化能力仍然难以完全满足实践需要，检察办案中仍然存在一些问题。微信公众号“刑事视野”于2020年3月发表了《一位不愿意透露姓名的法官对公安办案弱点的评判》一文，对公安案卷方面存在的弱点作了专业评判，涵盖抓获经过（或破案经过）、问话笔录、勘验笔录、检验鉴定、涉案财物管理等方面存在的典型问题。最高人民检察院张军检察长批示指出：文章讲的是“公安办案弱点”，评的却是检察办案差距。建议每一位办理刑事案件的检察人员都能认真研读、反思：关注过这类问题吗？自己办案有无这类问题？如何提升办案能力，切实履行好主导刑事诉讼、指控证明犯罪的职责，切实把习近平总书记要求的“让人民群众在每一个司法案件中都能感受到公平正义”落到实处？《检察日报》特摘登此文，供广大检察人员认真学习、阅思，不断提升业务能力，加强业务建设，为全面依法履职锻造铁一般过硬本领。[1]

〔1〕《我们应从“法官对公安办案弱点评判”一文中得到什么启示》，载《检察日报》2020年3月9日第3版。

唐代文学家韩愈在《师说》中写道：闻道有先后，术业有专攻。检察机关也要清醒地认识到，检察官应当对法律很熟悉，但对检察工作中涉及的形形色色的问题，如涉及金融科技、知识产权、生态环境、网络信息等方面案件，即使再努力学习，也赶不上这个领域专家的水平。因此，智慧借助外力，帮助检察官解决工作中遇到的不熟悉的难题，是破解法律监督力量和专业能力不足的重要方法。2018年4月，最高人民检察院公布了《关于指派、聘请有专门知识的人参与办案若干问题的规定（试行)》。例如，检察机关在对监狱开展巡回检察时，可以邀请安全生产监督管理、食品药品监督管理、审计、消防等部门中具有专门知识的人参加，让专业的人干专业的事，更有助于发现和解决问题。对于民事行政监督案件，检察机关可以充分发挥社会力量特别是专家学者、律师、退休法官和有法律背景的人大代表、政协委员等的作用，借助他们的政治智慧、专业知识和实践经验，帮助检察机关办理案件，这样还可以逐步提升检察官的法律监督能力。最高人民检察院聘请103名专家组建了民事行政诉讼监督案件专家委员会，大多数省级院也设立了专家咨询委员会，发挥了重要作用。

智慧借助既要“借智”，也要“扶智”。最高人民检察院的专家咨询委员会，各省级院可以用；省级院的专家咨询委员会，市、县两级院也可以用。最高人民检察院正在筹划建立民事行政检察案件互联网咨询平台，把最高人民检察院、各省级院的专家全部纳入其中，直接面向全国检察机关，办案中遇到法律适用、证据理解等难题，隐去有关信息后，都可以上网寻求指导和帮助，这对全国民事行政检察办案会是有力促进。邀请专家讨论案件，相关同志都可以旁听，这也是一种培训。智慧借助既要“请进来”，也可“走出去”，推进与行政机关互派干部挂职交流，委托高等院校或公司企业对检察官进行某类专业知识的深度培训等。目前，最高人民检察院与生态环境部、国家税务总局、银保监会、国家知识产权局等部门已经开展了互派干部挂职交流，广东深圳等地检察机关引进了一批具有网络技术知识背景的专业人才从事检察工作，浙江省杭州市余杭区检察院定期选派检察官赴互联网公司学习交流。

第三章　法律监督的原则

双赢多赢共赢的理念，体现了新时代对法律监督工作的新要求。贯彻落实双赢多赢共赢的理念，必须遵循一定的行为准则，才能保证法律监督实践活动的结果能够真正实现双赢多赢共赢的效果。因此，始终牢记并坚持法律监督的基本原则，是贯彻落实法律监督新理念的重要方面。

关于法律监督的原则，学术界有不同的概括。有的学者认为，法律监督的基本原则应当包括：人民检察院依法独立行使检察权、适用法律平等、司法公正、司法公开和司法民主、司法责任制和检察一体化等六项原则。[1] 有的学者认为，法律监督的原则应包括民主原则、公开原则、法治原则、独立原则、协调原则、效能原则。[2] 有的学者认为，法律监督的基本原则即为检察活动的基本原则，包括依法独立行使检察权原则、检察一体原则、公益原则、客观公正原则、专业化与民主化相结

---

〔1〕 孙谦：《新时代检察机关法律监督的理念、原则与职能》，载《人民检察》2018年第21期。

〔2〕 乐虹：《论法律监督的功能、要求及原则》，载《中共郑州市委党校学报》2003年第6期。

合原则、保障人权原则。[1] 有的学者认为，办案责任制、监督理性、接受监督制约等都属于法律监督应有的原则。为此，有必要先澄清原则的含义、作用，再就各观点所提出的不同原则进行判断和筛选。

所谓基本原则，是在一个领域中具有普适性、全局性、根本性的准则。根据宪法和其他相关法律的规定，法律监督是检察权的根本属性。因此，法律监督的原则是指贯穿于检察机关行使检察权的活动始终并为检察活动所特有的、具有普遍指导意义的全局性、根本性准则。具体而言：第一，这些原则应当是检察机关法律监督活动所特有的。检察机关的法律监督不同于人大监督、行政监督、社会监督等其他监督活动。法律监督的特殊性表现为主体唯一性、方式专业性、对象特定性、效果法定性、权能时代性。因此，法律监督的原则必须突出检察机关法律监督活动的特点。第二，这些原则必须贯穿于法律监督活动始终。法律监督是通过检察机关行使法律赋予自己的检察权来实现的，检察机关行使检察权的活动包括刑事检察、民事检察、行政检察、公益诉讼检察等，基本原则应当在这些领域中均得到遵守，而不应当仅仅是适用于某个局部的规则、准则。第三，原则与规则不同。原则反映了抽象的价值取向，具有更强的指导意义。规则则更多强调制度做法。据此，我们认为，学者们提出的原则中有些不宜或无法作为法律监督的基本原则：

首先，办案责任制不宜作为法律监督的原则。由于最高人民检察院 2019 年印发《关于贯彻落实党的十九大精神深入推进检察改革的工作意见》（以下简称意见），要求全国检察机关

[1] 朱孝清、张智辉主编：《检察学》，中国检察出版社 2011 年版，第 451—494 页。

认真贯彻落实党的十九大精神，深化司法体制综合配套改革，全面落实司法责任制，因此，有人认为，办案责任制应当被提高到原则性的高度上来。然而，办案责任制，通俗地说是指“谁办案谁负责，谁决定谁负责”。根据《人民检察院组织法》第34条和第29条的规定，除了少数重大办案事项之外，绝大部分案件将由检察官决定。过去以行政化的方式管理司法活动，这与司法亲历性的基本规律相违背。办案责任制，是为了符合司法规律，建立以检察官为中心的组织体系，强调以检察业务为中心，而非以行政管理为中心。因此，办案责任制作为司法规律的一种组织制度体现，并不是法律监督的原则，反而恰恰是独立监督原则的一个表现。

其次，接受监督制约不宜作为法律监督的原则。一方面，接受监督制约，指的是公权力必须受到监督和约束，这是民主法治国家的一个基本准则，也是权力运行的合法性基础。任何公权力的运行，都必须接受监督，法律监督也不例外。因此，接受监督制约属于更广泛意义上的司法理念。另一方面，从监督者更需要有被监督意识这方面来说，接受监督制约对于法律监督活动来说，具有特别的意义。正是因为如此，修改后的《人民检察院组织法》第9条、第11条、第27条分别规定了各级人民代表大会及其常务委员会对本级人民检察院的工作监督，以及人民监督员依照规定对人民检察院的办案活动实行监督的内容。但是，总体来看，接受监督制约并非指导所有法律监督活动的准则，而应该是法律监督的保障制度。

最后，民主、公开、协调、效能、理性等不宜作为法律监督的原则。民主和公平正义一样，本身属于社会主义核心价值观，其具有高屋建瓴的抽象价值，将其放在法律监督中，难以有针对性地进行指导。而公开、协调、效能、理性原则，偏向于司法活动的方式方法。例如，理性原则，是指司法理性化，转换斗争思维，“尽可能地抑制和减少司法者个人情感在司法过程中对分析、判断和决定的影响”[1]；协调、效能原则，是指组织机构需要共同协调、有效率地完成监督；公开、民主原则，指的是在司法过程中必须注意对外界开放，接受外界的监督，使得人民群众对司法的参与更广泛、更有序、更深入，参与形式更多样。作为需要依靠组织体系来实施的监督活动，这些价值都是必然要加以考虑的。但其不触及法律监督的实质。

我们认为，法律监督的原则应当包括：依法独立行使检察权原则、检察一体化原则、保障人权原则、客观公正原则、公益原则。以下分别予以探讨。

一、依法独立行使检察权原则

依法独立行使检察权，毫无争议是法律监督的一项基本原则。它反映了检察权运行的基本规律，是保障检察工作顺利展开的基础，是制约检察权扩张的内在要求，是提升检察公信力的外在要求。对该项原则的产生、具体含义、必要性及制度保障有必要予以详细阐释。

我国早在1949年《中央人民政府最高人民检察署试行组织条例》中就规定：“全国各级检察署均独立行使职权，不受地方机关干涉，只服从最高人民检察署指挥。”这一规定仅强调独立行使职权，尚未提及“依法”独立。最早将依法和独立行使结合起来的，是1979年《人民检察院组织法》的规定：“人民检察院依照法律独立行使检察权，不受其他行政机关、团体和个人的干涉。”1982年《宪法》确定我国的检察机关为

〔1〕 孙谦：《新时代检察机关法律监督的理念、原则与职能》，载《人民检察》2018年第21期。

国家的法律监督机关，并于第131条规定："人民检察院依照法律规定独立行使检察权，不受行政机关、社会团体和个人的干涉。"此时已经删去了"其他"的表述，与检察机关的法律监督性质更加贴合。此后，1996年修订的《刑事诉讼法》第5条规定："人民法院依照法律规定独立行使审判权，人民检察院依照法律规定独立行使检察权，不受行政机关、社会团体和个人的干涉。"2018年10月26日，第十三届全国人民代表大会常务委员会第六次会议修订《人民检察院组织法》，其中第4条亦作出了同样强调。从上述法律规定发展史来看，检察机关依法独立行使监督权这一原则，受到了从宪法到刑事诉讼法、人民检察院组织法等各类法律的认可和完善。这一规定意味着，我国检察机关的定位和权力赋予来自宪法，这一权力与行政权、审判权相并列。而且，这一规定从检察机关与外部关系的角度，阐释了检察机关与行政机关、社会团体和个人的关系。

（一）依法独立行使检察权原则的含义

根据宪法和相关法律的规定，依法独立行使检察权原则的含义，包括"依法行使"和"独立行使"两个方面。检察权的依法行使，以检察权的独立行使为依托，而检察权的独立行使，亦要求以依法行使作为保障，共同保障检察权公正运行。[1]

1. 依法行使

所谓依法行使，是指检察权的行使必须有法律的明文规定，确保其在法律轨道上运行。这里的依"法"，首先是宪法。宪法作为一国的根本法，是检察权依法行使的最高价值追求和

〔1〕吴高庆、钱文杰：《论依法独立公正行使检察权》，载《中共浙江省委党校学报》2015年第6期。

最高行为准则。在现代法治社会中，国家权力的合法性是基于宪法来进行分配的，检察权是通过检察机关或检察官的宪法职权来加以定义的。[1] 其次是人民检察院组织法、刑事诉讼法、民事诉讼法、行政诉讼法等其他相关法律。

这里“行使”的职权，在范围、内容和程序上，都必须以现有法律的规定为依据。依法行使，强调检察权在程序层面遵行法律。这主要是为了防止检察官滥用权力。检察院在行使权力的过程中，应依循一定的方式方法。“法律程序提供了一套保障自由和排斥恣意性的机制，为检察权的正确行使提供了合法性基础”。[2] 依法行使，也强调检察权在实体法层面遵行法律。实体法层面主要规制“做什么”，遵行实体法，就是为了确保检察官准确执行法律。检察官不能不负责任，玩忽职守，也不能滥用职权，谋求私利。只有满足在实体法和程序法上的双重要求，才能使检察权运行良好。

2. 独立行使

所谓独立行使，根据条文表述，是指检察权不受行政机关、社会团体和个人的干涉。学界提出了几种代表性意见：一是认为检察权独立性包括两个方面，即外部独立和内部独立问题，前者涉及在国家权力运作过程中检察机关与其他国家机关、团体和个人的关系，后者涉及检察权在检察机关内部的分配以及各检察权行使主体间的相互关系。[3] 二是认为，检察独立包括组织独立和官员独立两个层面的含义。[4] 三是认为，应

---

〔1〕 吴高庆、钱文杰：《论依法独立公正行使检察权》，载《中共浙江省委党校学报》，2015 年第 6 期。

〔2〕 朱孝清、张智辉主编：《检察学》，中国检察出版社 2010 年版，第 453 页。

〔3〕 龙宗智：《论依法独立行使检察权》，载《中国刑事法杂志》2002 年第 1 期。

〔4〕 万毅、毛建平：《一体与独立：现代检察权运行的双重机制》，载《河北大学学报（哲学社会科学版）》2004 年第 2 期。

从国家权力的结构意义、制度意义、精神意义三个层面去理解检察独立。[1] 还有观点认为，独立行使检察权原则包括三方面的含义：一是检察机关或检察官的整体独立；二是检察机关内部或者检察官的个人独立；三是检察官的身份独立。[2]

我们认为，上述第一种含义更为妥当。首先，检察权具有外部独立性。检察权和审判权、行政权都是各自独立，由统一的国家权力派生，由作为国家权力机关的人民代表大会产生。也就是说，检察机关和审判机关、政府是并列的国家机构，检察权是检察机关独有的国家权力，通过"检察一体化"，整个检察机关对外以整体的面貌出现，独立于审判机关、政府机关和其他社会团体及个人。其次，检察权具有内部独立性。所谓内部独立性是指检察官在履行检察职务时，应做到权力和责任的统一与一致。只有明确了权责的边界，尊重司法亲历性规律，才能确保检察机关顺利开展法律监督。检察官基于自己对法律的理解和对事实的判断独立完成诉讼活动，是检察责任的要求，也是程序正义的要求。

需要注意的是，在我国，检察权独立行使具有一定的限制。首先，检察工作必须接受党的领导。中国共产党既要领导人民制定法律，也要领导人民实施法律和监督法律活动。其次，必须接受人大监督。全国人民代表大会作为我国的权力机关，派生出检察权，后者当然需要对前者负责。人大的监督和依法独立行使检察权并不矛盾，党的领导和独立行使检察权也是一致的。这不仅与我国的政治体制相符合，而且也与权力运行规律相符合。检察权不仅需要一定的独立性，同时也需要受

〔1〕冯景合：《论依法独立行使检察权》，载《国家检察官学院学报》2006年第1期。
〔2〕邓思清、晓勤：《简析独立行使检察权》，载《人民检察》2000年第6期。

到监督，防止滥用。

（二）依法独立行使检察权原则的必要性

宪法和人民检察院把依法独立行使检察权作为人民检察院履行职责的一项根本原则，具有充分的理由和必要。概括地讲，主要理由是：

1. 司法公正的必要条件

公平公正是司法活动的重要目标。检察权的行使，必须根据法律对证据的客观分析和对事实的客观判断来进行。如果检察权不依法进行，存在滥用职权或者误用职权的现象，就必然会对司法公平公正产生影响。如果检察权的行使不够独立，在侦查犯罪、提起公诉等检察权行使时，当检察机关发现了问题，认为不该起诉，但受到外界因素的干涉而起诉，则容易造成冤假错案。[1] 鉴于司法公平公正丧失的后果，检察权依法独立不仅对于达成司法公平公正，而且对于社会公信力的维护、政治大局的稳定都具有重要意义。

2. 有效监督的必要条件

检察权的本质是监督权。检察权的依法独立行使，是有效监督的基础。一方面，检察权的行使应当只服从于法律，而不能受到其他主体的影响。如果检察权无法独立，与其他被监督对象存在利益关联，或者制度、人事关联，那么监督本身就可能因为存在这些关联而受到干预。另一方面，检察机关作为法律监督机构，其所指向的监督对象常常具有强大的公权力。如果检察机关不能独立行使监督权，那么当监督对象发生违法犯罪行为时，检察机关是无法阻止这些行为的。监督的本质是

〔1〕吴高庆、钱文杰：《论依法独立公正行使检察权》，载《中共浙江省委党校学报》2015年第6期。

“制衡、控权”，在监督机关缺乏独立性的前提下，是无法做到严格执法的。

3. 严格、高效司法的重要保障

检察机关参与的司法活动，绝大部分都是与犯罪行为作斗争。这些行为挑战法律权威，践踏人民利益，需要坚决制止，严格执法。如果检察权缺乏独立性，就会导致在执法过程中，不能排除外界力量的干扰，也就无法达成严格执法的目标。同时，检察权的独立也是司法高效的保障。表面上看，监督环节增加了成本，但实际上，通过检察机关的监督，各受监督主体受到强有力的外部制约，从而更加注重遵守法纪，在自己的轨道上正确履行职责。如果检察机关缺乏独立性，则会导致监督虚置，在付出成本的同时，也无法达到监督的根本目的。换言之，从成本—收益角度来看，检察权的独立是高效司法的基础。

综上，强调依法独立行使检察权，是检察权有效行使的根本，也是司法公正、严格高效司法的保障。值得注意的是，依法独立行使检察权还源于社会发展的特殊要求。我国目前还处在大力建构民主和法治社会的阶段。过去那种依靠人情介入司法过程、依靠权力野蛮破坏正常司法活动的现象，一直深深影响着司法的社会公信力。因此，在这个阶段，大力强调法律监督权的依法独立具有正本清源的现实意义。“只有从制度上保障检察机关独立严格执法，检察机关才能在这种缺乏法治传统的环境下”正确履行职责。[1]

（三）依法独立行使检察权原则的制度保障

依法独立行使检察权，在我国仍然面临困难。主要原因包

---

〔1〕 朱孝清、张智辉主编：《检察学》，中国检察出版社2010年版，第454页。

括：检察权行使的地方化，例如，地方党委越权、地方人大阻碍、地方政府干扰等；上级检察机关领导权缺位；检察官无法独立办案；现行管理制度不遵循司法规律，等等。为了保障检察权的独立行使，各国一般采取了两方面措施，即一方面为检察官的独立性提供制度保障，另一方面以法制手段限制行政与政治干预。据此，我们认为，主要应当采取如下措施。

1. 对抗司法地方化

针对这一点，首先，应推动省级以下地方检察院的人财物统一管理制度改革。检察机关的财政保障是其独立运行的基础。检察院应能统一调配人力资源，统一管理财产物资，并且完善检察官选任制，实现逐级遴选。其次，推动跨区设院和巡回法庭的完善。司法地方化的源头在于司法辖区和行政辖区的重合。跨区设院和巡回法庭的设置，能够在一定程度上打破行政区域造成的藩篱。最后，注重法律监督程序司法化。通过设置科学的、符合司法规律的法律监督程序，要求司法工作人员严格依照法定程序来开展监督工作，能够从制度上排斥其他权力的入侵。

2. 加强内部保障

首先，为了使检察系统作为一个整体对抗外来干预，应着力完善检察一体制度。根据人民检察院组织法，最高人民检察院领导地方各级人民检察院和专门人民检察院的工作，上级人民检察院领导下级人民检察院的工作。其次，应坚持突出检察官主体地位。目前重点在于员额制改革。应当明确检察人员的职责权限，全面推进办案责任制，真正做到权责明晰、制约有力，“谁办案、谁负责，谁决定、谁负责”。再次，应建立完善违法干预司法的责任追查机制。司法机关内部过问案件的记录和责任追究机制，能够有效促进检察官依法独立办案。认真落实最高人民检察院关于完善检察官权力清单的意见，准确界定检察委员会、检察长、检察官在办案中的职责权限。最后，还应相继完善检察官的培训与考核机制、检察官的任职交流机制、案件管理机制、检察官职业道德保障机制、司法信息公开机制以及司法文化保障机制。

二、检察一体化原则

检察一体化原则是组织构建检察机关和检察权运行的一项基本原则。当前在世界上诸多国家和地区得以通行，许多国家根据自己的具体情况建立了本国特色的检察一体原则。在日本，为实现检察一体原则，使检察权的行使保持整体统一，将每个独立机关的检察官组织在一个统一的体系中，采用检察官的所有活动一体化的方针，上级指挥和监督权以及上级事务调取权和转移权都是检察一体原则的体现。〔1〕日本著名刑事诉讼法学者松尾浩也指出，每一个检察官都是“独任制官厅”，每个检察官都处于“独立负责的地位”。检察官中存在“检察官一体原则”，这一原则实际上以检察官的独立性为前提，是对检察官独立性的统一。〔2〕德国则实行了严格意义上的检察一体化，检察长是检察机关的首长，享有其所管辖检察官的内部指令权，主要有指挥监督权和职务收取、转移权，检察官对于检察长的指令应当服从，否则会受到纪律惩戒。〔3〕作为检察官制度诞生地的法国则在1958年就建立起了完善的检察一体化组织原则，其检察院具有上下隶属的级别关系，检察院的司法

〔1〕蒋国强：《检察一体化的西方实践及其对中国的启示》，载《河北法学》2013年第4期。

〔2〕［日］松尾浩也：《日本刑事诉讼法》（上卷），丁相顺译，中国人民大学出版社2005年版，第31页。

〔3〕邓思清：《我国检察一体保障制度的完善》，载《国家检察官学院学报》2016年第2期。

官不仅要接受上级的命令，还必须执行上级命令，同时，即使是在某一案件审判过程中，检察院的成员也可以相互替代履行职责。[1] 英国检察部门则是由总检察长为首长的中央法律事务部、刑事检察署以及区检察署构成，实行全国一体化且分层管理的原则，上下级之间有明确的监管和被监管的关系。[2] 在我国，检察一体化贯穿于检察权运行的全过程，具有鲜明的中国特色。

（一）检察一体化原则的内涵

"检察一体化"，既是对检察制度中上命下从的权力运行模式的概括，也是对检察机关内部组织原则的概括。[3] 检察一体原则，又被称作检察一体制，主要是对检察制度中有关上命下从的权力运行方式的概括，是指检察机关在组织体系上为一个共同体，在行使检察权活动上必须保持整体的统一性。[4] 有人表述为：根据检察权的性质及独立行使检察权的需要，整个检察系统形成统一的有机整体，各级检察机关及其人员实行上级对下级的领导与指挥和下级对上级的服从与执行，在检察权的行使过程中形成的整体统筹、上下一体、协作配合的运行体制。[5] 还有人认为，我国"检察一体原则是指所有检察机关和检察人员在共同的法律监督目标下结成一个自上而下的有机整体，内部遵循上命下从的领导原则和相互配合的工作原则，

〔1〕［法］卡斯东·斯特法尼等：《法国刑事诉讼法精义》，中国政法大学出版社1999年版，第128页。

〔2〕肖扬主编：《当代司法体制》，中国政法大学出版社1998年版，第61页。

〔3〕单民、上官春光：《检察一体化的内部实现方式探讨——以职务犯罪侦查和公诉为视角》，载《人民检察》2007年第10期。

〔4〕孔璋，叶成国：《检察一体制下公诉管理的检视和规制》，载《河北法学》2011年第11期。

〔5〕彭东：《检察一体化下的公诉机制研究》，载《河南社会科学》2011年第3期。

外部则遵循独立判断、独立责任的原则。”[1] 总之，检察一体的基本内涵主要包含了三个方面的内容：一是上下级检察机关（检察官）之间实行上命下从的领导关系；二是同级检察官之间有职务上的承继权、转移权；三是不同地区的检察官之间在职务上可以提供便利，相互代行职务。

1. 上下级检察机关（检察官）之间实行上命下从的领导关系

我国《宪法》第137条明文规定：“最高人民检察院是最高检察机关。最高人民检察院领导地方各级人民检察院和专门人民检察院的工作，上级人民检察院领导下级人民检察院的工作。”《人民检察院组织法》第10条亦对此作了重申。此外，《人民检察院组织法》第29条还规定，检察官在检察长领导下开展工作，重大办案事项由检察长决定；第36条规定，人民检察院检察长领导本院检察工作，管理本院行政事务。《检察官法》第9条规定，检察官在检察长领导下开展工作，重大办案事项由检察长决定。检察长可以将部分职权委托检察官行使，可以授权检察官签发法律文书。这些规定表明，上级检察机关对下级检察机关具有领导权，主要是指上级检察机关有权对下级检察机关发布命令、指示、决定和工作部署，下级检察机关应当执行；上级检察机关可以到下级检察机关检查工作；在认为下级检察机关的决定是错误时，可以指令下级检察机关纠正，或者依法进行撤销、变更；对于下级检察机关管辖的案件，可以指定管辖，或者自行办理；对于辖区的检察人员，可以统一调用办理案件。而下级检察机关在办理管辖的案件时或者在检察工作中遇到重大问题的，可以请示上级检察机关，由

[1] 甄贞等：《法律监督原论》，法律出版社2007年版，第90页。

上级检察机关作出批复后予以执行。

2. 同级检察官职务上的承继权与转移权

同级检察官之间在职务上的承继与转移权，具体是指在案件办理的过程中，若参与诉讼的检察官即使中途替换，对案件在诉讼法上的效力并无影响，[1] 即检察官的更换并不会导致案件的重新开始，这也是其与法官办理案件的主要区别之一，法官独立审判案件，若中途更换了法官，那么根据集中审理原则以及直接言词原则，这个案件就需要重新开始审判。

3. 不同地区检察官之间可互相提供便利、代行职务

各级、各地检察机关均有明确的管辖区，但在办理案件过程中，若确实需要其他检察机关予以协助的，可以请求有管辖权的检察机关提供必要的便利条件以协助职能的履行，或者直接请求有管辖权的检察机关代为执行侦查、调查取证或者扣押等职能。

基于对检察一体原则基本内涵的分析可知，检察一体原则的核心是上命下从的领导关系，职务承继、转移和协助是检察一体原则的必然要求，也是检察职能和检察官职责的重要特点。[2] 但同时需要注意的是，检察一体原则不是完全绝对的，其不是排斥或者否定检察官独立的单纯的一体化机制，而是在保证检察官独立办案的高效公正的同时，促进检察职能的统一有效的履行。[3]

（二）检察一体化原则的必要性

检察一体化直接目的在于实现国家刑罚权与保障公民基本

〔1〕 龙宗智：《论检察权的性质与检察机关的改革》，载《法学》1999 年第 10 期。

〔2〕 孔璋、叶成国：《检察一体制下公诉管理的检视和规制》，载《河北法学》2011 年第 11 期。

〔3〕 谢鹏程：《论检察官独立与检察一体》，载《法学杂志》2003 年第 3 期。

人权，而其根本目的则在于保障刑事法治与社会和谐。[1] 检察一体原则不仅是行使检察权的原则，而且是检察机关的组织原则；它既有检察工作机制的重要内容，又有领导体制的重要内容。[2] 不仅如此，检察一体原则在调整检察机关内部关系和确定诉讼规则等方面也很重要，[3] 总之，检察一体原则在我国具有十分重要的意义。

1. 维护法制统一性，促进司法公正

我国《宪法》第134条以及《人民检察院组织法》第2条均明确规定，检察机关作为国家的法律监督机关，以维护社会公平正义、维护国家法制统一为主要职责内容，而检察一体原则可以有效地保证检察机关职责的实现。首先，从检察机关内部来看，上级检察机关通过对下级检察机关工作的指导，保证全国检察机关在职能上和组织上的统一性、整体性以及一致性；其次，就检察机关对外履职来看，当法律的实施与适用受到来自地方保护主义或者部门保护主义的阻力，出现执法不公、司法不公或法制统一性受到挑战等情形时，全国各级、各地检察机关可以形成法律监督的合力，依据其整体性优势有效地打击破坏法制统一的势力。在我国这样一个幅员辽阔、各地经济社会状况差异较大的国家，检察一体原则的维护法制统一、促进司法公正的功能显得尤为必要。

〔1〕 姜涛、许岳华：《检察一体目的论》，载《西南政法大学学报》2014年第5期。

〔2〕 姜伟、韩炳勋：《论检察活动的原则》，载《法律科学》2014年第2期。

〔3〕 张建伟：《检察一体化：完善检察机关组织结构刍议》，载《人民检察》1996年第4期。

2. 有效保障检察机关职能的实现

检察一体原则的建设和实施，有助于检察机关实现“法律的守护人”这一职能。法治国家最重要的特征就是通过宪法和法律对权力与权力之间、权力与权利之间的关系进行合理界定，以权力制衡权力、通过法律制约权力、用公民权来制约权力、用社会权力来制约权力、通过引入竞争机制来约束公共权力，目的在于以此来防止和消除国家公共权力的越权、滥权及形形色色权力异化及腐败现象。〔1〕在司法体制内，侦查机关享有大部分案件的侦查权，审判机关享有定罪量刑的权力，检察机关相对而言较为弱势，因此检察机关要实现对侦查活动的“主导”以及对审判活动的“把关”，必须借助检察一体原则来提供组织保障。〔2〕从宏观层面讲，检察一体化是推进法治进程的重要力量。因为现代检察制度是法治过程的产物，其建立的最初目的是出于对法官、警察的“不信任”。现代检察机关既要保障公民免受法院的恣意审判，也要避免公民受到警察的随意压制，承载着双重任务。如此之重担仅靠单个检察官或检察机关都力所不能及，必须以检察机关之合力来对抗外界之强势，因此，必须要依靠“检察一体化”来防止其他权力的滥用，维护法律的尊严，最终达到保障公民权利的目的。〔3〕在检察一体原则下，各级检察机关可形成一种“集体权力”的合力来制约侦查机关以及审判机关权力的行使，使得侦查活动与审判活动在法律的框架内运行。

---

〔1〕郝银钟：《刑事公诉权原理》，人民法院出版社2004年版，第70页。

〔2〕蒋国强：《检察一体化的西方实践及其对中国的启示》，载《河北法学》2013年第4期。

〔3〕冯中华：《论中国语境下检察一体化的实现》，载《中国刑事法杂志》2011年第7期。

3. 既保障检察机关依法独立行使职权，又防止检察权的滥用

我国《宪法》第136条规定："人民检察院依照法律规定独立行使检察权，不受行政机关、社会团体和个人的干涉。"《人民检察院组织法》第4条也对此作了重申。我国在检察机关内部确立了上级领导下级的体制，建立了请示、报告制度、指令纠正、备案制度和报批等制度以及内部的检察长负责制，避免下级检察机关（检察官）滥用权力，实现上级对下级检察机关（检察官）之间的监督制约。一方面，检察一体原则能有效地保障检察机关不受来自其他行政机关、社会团体和个人的干扰，独立行使自身检察权。通过该原则，上级检察机关可以通过对案件进行指定管辖或是辖区内办案人员调用的方式来化解来自地方的压力以及不当干扰，为下级检察机关依法独立行使职权提供保障。另一方面，根据《人民检察院组织法》第20条的规定，检察机关享有批准或者决定是否逮捕犯罪嫌疑人，决定是否提起公诉等多项检察权。由于检察权的运行事关广大民众切身利益，其自身在实践案件办理中又缺少像审判机关中审级制和合议制一样的制约机制，故要在检察机关内部实现对检察权运行的有效制约。[1] 实践中，检察机关可能会存在放宽不批准或者不提起公诉标准的情形，即对应当逮捕的犯罪嫌疑人不予逮捕，对应当提起公诉的案件不提起公诉。而在检察一体原则下，检察长以及上级检察机关遇到该种情况时，可以认为检察官或者下级检察机关的决定是错误的，那么上级检察机关或者上级检察官具有的监督、指挥权可以使下级检察机关或检察官的错误决定得到及时纠正或者依法撤销、变更，在

〔1〕 王强、赵罡：《检察一体化与检察权独立行使的关系》，载《法学》2007年第7期。

检察一体化这种组织结构内，这种监督、指挥权才能够得以有效行使，进而有利于有效防止检察权的滥用。

（三）检察一体化原则的基本要求

检察一体原则是检察权本质所要求的、制度构建中不可缺少的一个重要因素。[1] 因此要推进法治国家的发展，维护我国法制统一，促进司法公平公正，贯彻、完善检察一体原则，需要做好以下四个方面：

1. 正确处理好上下级检察机关之间的关系

上级检察机关应当加强对下级检察机关的领导，才能使得检察一体原则落到实处，与此同时上级检察机关对下级检察机关的领导权并不是无限的，而是应当加以明确与规范的，这主要包含了两个方面：一是检察行政事务。在检察行政事务方面，上级检察机关应当对下级检察机关享有完全的领导权，上级检察机关有权向下级检察机关发布指示、命令和工作部署，下级检察机关应当予以执行；[2] 二是检察事务，为保证下级检察机关的独立性，下级检察机关在自己的职权范围内办理案件时，上级检察机关不得随意干预，只有在发现下级检察机关行使职权确有不当时方可就其错误决定进行纠正或者撤销。

2. 加强检察机关之间的相互协助

在强调上级检察机关对下级检察机关的领导职能时，检察机关之间的相互协助相对而言并未引起重视，法律亦未对此作出明确全面的规定，以至于同级检察机关之间的协助是较为薄弱的。因此，在检察一体原则下可以通过以下方式加强检察机关之间的相互协作：（1）建立责任追究机制。即明确规定同级

---

〔1〕 陈卫东、李训虎：《检察一体与检察官独立》，载《法学研究》2006 年第 1 期。

〔2〕 陈文兴：《检察一体化制度设计中的两个难题》，载《中国司法》2008 年第 11 期。

检察机关具有互相协助的义务，若一方检察机关在收到协助请求时，没有正当理由就予以拒绝，那么应当追究其相应的责任；（2）建立协助考核机制。检察机关内部可以将协助情况纳入对检察官的考核机制，以提高同级检察机关互相协助的积极性；（3）建立排除地方保护主义干扰的机制。在同级检察机关相互协助的过程中，一方检察机关可能因地方保护主义无法向另一方检察机关提供协助甚至会产生干扰，这也会在根本上影响检察一体原则的实施，因此需要建立地方保护主义排除机制，以保证检察机关的一体化。[1]

3. 妥善处理检察一体原则与检察官独立的关系

检察一体原则与检察官独立之间并不是对立的，而是相互依存、相互促进的关系，检察官独立是检察一体原则下的检察官的相对独立。有学者强调，不能简单地认为检察机关的权力运行模式都是上命下从，一体化也不等于是上命下从。[2] 还有学者指出，没有检察官独立的检察一体化是纯粹的行政体制，而没有检察一体化的检察官独立，也不符合检察工作的特点和要求。[3]

但是，司法实践中，检察一体化与检察官独立确实存在一定矛盾，即在太过强调检察官独立的情况下，检察一体原则会受到影响；而在太强调检察一体原则的情况下，也会产生一些不利影响。例如，容易导致下级检察机关、检察官推脱责任，下级检察机关、检察官受到上级检察机关、检察官的不当影

〔1〕 邓思清：《我国检察一体保障制度的完善》，载《国家检察官学院学报》2016 年第 2 期。

〔2〕 陈文兴：《论检察一体化与检察官独立的冲突与协调》，载《中国司法》2011 年第 11 期。

〔3〕 孙谦：《中国检察制度论纲》，人民出版社 2004 年版，第 224 页。

响。此外，还不利于调动检察官的积极性，易导致办案效率低下。[1] 在我国，讨论如何妥善处理二者的关系、如何寻求二者间的平衡问题时，要注意将二者辩证统一地看待。具体来说，要妥善处理好检察一体原则和检察官独立的关系，需要做好以下几个方面：一是需要在检察一体原则下尊重检察官的独立性。减少行政性命令，主要是运用审查、劝告、承认的方法，行使指挥监督权，以保证上级的指挥监督权和检察官独立相协调；[2] 检察一体化无疑限制了检察官执行职务的独立性，但并未完全否定其独立性，检察官也并非是上级的附庸。二是赋予下级检察机关异议权，即下级检察机关对上级检察机关所发布的指示、命令有异议的时候，下级检察机关可以提出异议并说明理由，若上级检察机关不予采纳，应当书面告知。此外，上级行使监督指令权也应当以法定的方式行使，上级指令权的内容也应当符合纪律和法律规定，对于违纪违法的指令，检察官有权拒绝服从。三是建立检察权独立的保障机制。人民检察院实行检察官办案责任制，检察官在其职权范围内就案件作出的决定负责。既然如此，就应当明确检察官办案的责任范围，即规定检察官只有因其故意、重大过失导致错案发生时才承担相应的责任。否则，承办逮捕和公诉案件的检察官由于害怕承担国家赔偿责任就会产生“逮捕必诉”“公诉必判”的错误倾向，导致恶性循环。只有保障检察权的独立行使，确定检察官的办案主体地位以及明确检察官的办案权限，才能使得检察权在检察一体原则下能够得到依法公正的行使。

---

〔1〕 孔璋、叶成国：《检察一体制下公诉管理的检视和规制》，载《河北法学》2011年第11期。

〔2〕 孙钦华：《论检察一体化与检察官独立》，山东大学博士论文，2009年。

三、保障人权原则

“人权是人类启蒙观念的反映。”〔1〕虽然说法治的所有价值目标都可以归结为充分尊重和保障人权，但是，这一价值对于检察权来说尤其需要加以强调。检察活动作为国家司法权运行的一种具体形式，检察机关和检察官作为法律监督者，稍有不慎就容易侵犯人权。因此，检察机关和检察官在履行法律监督职责的活动时必须坚持保障人权原则。

（一）保障人权原则的内涵

严格地说，人权是一个政治概念，一般是指“人作为人应该享有的权利”〔2〕。有人亦表述为“人以其自然属性和社会本质所享有和应当享有的权利”〔3〕。“人权不是天赋的，而是历史地产生的。”〔4〕人权这一概念起源于资产阶级启蒙思想家为反抗封建等级和王权专制而主张的“天赋人权”学说，一般认为，1776年美国《独立宣言》是人类历史上第一个确认人权的宪法性文件，而1789年法国《人权宣言》中有关人权保护的内容规定得更为完整和系统。自此以后，世界各国立宪时纷纷将人权作为核心内容和基本准则。此外，《联合国宪章》和联合国成立后先后通过的《世界人权宣言》《经济、社会及文化权利国际公约》以及《公民权利和政治权利国际公约》等，也将人权保障作为重要内容予以载入和详细阐述。

我国对于人权的规定也经历了一个不断认识、不断完善的

---

〔1〕［瑞］托马斯·弗莱纳：《人权是什么》，谢鹏程译，中国社会科学出版社2000年版，第5页。

〔2〕孙孝福：《刑事诉讼人权的运行机制研究》，法律出版社2001年版，第4页。

〔3〕王家福、刘海年主编：《中国人权百科全书》，中国大百科全书出版社1998年版，第481页。

〔4〕中共中央编译局编：《马克思恩格斯选集》（第2卷），人民出版社1972年版，第146页。

过程。从《中国人民政治协商会议共同纲领》开始，我国在历部宪法中都以专章的形式规定了“公民的基本权利和义务”。1982 年宪法将“公民的基本权利和义务”一章调整至“国家机构”一章之前，突出了公民基本权利作为国家权力来源的宪法价值。但是由于历史原因和长期以来义务本位认识的限制，我国一直以来都未提倡和使用“人权”或“基本人权”的概念。改革开放后，随着社会进步和认识的加深，我国开始认识到，人权是一个国际社会通行的概念和价值观，并开始逐步宣传社会主义的人权价值观，法学界曾经的“人权禁区”也得以突破。[1] 在这一背景下，2004 年《宪法修正案》第 22 条规定，《宪法》第 33 条增加一款，作为第 3 款，“国家尊重和保障人权”。这是我国宪法第一次引入“人权”概念，也意味着确立了保障人权原则，同时为国家设立了尊重和保障人权的义务。党的十九大报告明确提出：加强人权法治保障，保证人民依法享有广泛权利和自由。这说明，人权的法治保障已经成为依法治国、建设社会主义法治国家的基础与重要内容。

鉴于保障人权原则之于检察活动的重要意义，其在检察活动中也有具体内涵。对此，学界并无太大争议，只是表述不同。综合起来，主要包括以下几个方面：（1）在程序上保障人权。主要是程序上保障所有诉讼参与人的利益。检察机关和检察官在进行刑事诉讼时，要确保被害人和证人在诉讼参与过程中的正当权益。同时，要公正对待犯罪嫌疑人、被告人。由于控辩实力在实践中往往严重失衡，检察机关要格外注意保障犯罪嫌疑人、被告人的诉讼权利。在量刑和行刑（刑罚执行）阶

〔1〕 郭道晖、陶威：《人权禁区是怎样突破的——建国以来法学界重大事件研究（24）》，载《法学》1999 年第 5 期。

段，也要注意保障犯罪嫌疑人和被告人的合法权利应当受到法律保护。(2) 在实体上保障人权。一方面，保障人权原则要求使有罪的人及时受到追诉，罚当其罪，不能脱离法律的制裁，另一方面，保障人权原则还要求检察机关要慎重、准确行使起诉权，使得无罪的人不受非法的或无根据的刑事追究。此外，还要注意加强对被害人权益的保护。被害人受到的侵害应当得到充分和恰当的补偿。(3) 在最终意义上的保障人权，即检察机关和检察官在刑事诉讼中保障人权，实际上是实现所有社会成员人权的保障，这是因为刑事诉讼的根本目的，就是“准确惩罚犯罪，维护国家安全和社会秩序，以及公民的人身利益和财产利益”[1]。

(二) 保障人权原则的必要性

应当说，我国作为一个发展中国家，经历了漫长的封建社会，经济文化相对落后，民主和法治的思想发轫也比较晚。邓小平同志也指出：“旧中国遗留给我们的，封建专制传统比较多，民主法制传统很少。”[2] 因此，在我国，强调保障人权原则在检察活动中的真正树立，就是一个非常紧迫而重要的任务。

1. 保障人权是实现司法公正的重要追求

司法公正是社会正义的重要组成部分。“一次不公正的审判，其恶果甚至超过十次犯罪。因为犯罪虽是无视法律——好比污染了水流，而不公正的审判则毁坏法律——好比污染了水源。”[3] 司法公正是司法的生命和灵魂，是司法的本质要求和终极价值准则，保障人权是达成司法公正的重要基石，二者相

〔1〕 徐益初：《刑事诉讼与人权保障》，载《法学研究》1996 年第 2 期。
〔2〕《邓小平文选》(第 2 卷)，人民出版社 1994 年版，第 332 页。
〔3〕［英］弗朗西斯·培根：《人生论》，何新译，华龄出版社 2002 年版，第 230 页。

辅相成，辩证统一。检察机关和检察官作为司法活动的重要参与者，在代表国家行使检察权时，必须充分尊重和保障人权，只有在司法过程中，从实体、程序上确保各诉讼参与人的权益得到保障，才能实现司法公正。

2. 保障人权是检察机关的天然使命和职责

一方面，现代检察制度的产生说明了这一点。“权力总是趋向于无限的扩张，而权力扩张的最大受害者是人权。”〔1〕随着人类社会的进步，人们逐渐发现国家在防范和打击犯罪时，常常会出现侵害人权的现象，于是早期的侦查审判合一、控诉审判合一、行政司法合一的司法模式开始出现了第一次分权，由警察专司侦查，法官专司审判。随着人类文明和法治文明的进一步发展，人们发现警察的恣意妄为、法官的无端擅断仍然难以防范，于是目的在于“检察官既要保护被告免于法官之擅断，亦要保护其免于警察之恣意”〔2〕的现代检察制度便应运而生了，这是司法模式的第二次分权。由此可见，检察制度自诞生之日起，便负有保障人权的天然使命和职责。

另一方面，检察活动的特点说明了这一点。检察机关和检察官行使检察权的一个重点领域是刑事诉讼活动，而刑事诉讼往往是发生侵害人权的“重灾区”，刑事诉讼一旦启动，个人的人身自由和财产安全便会陷入危险；一旦错误的判决、裁定进入执行程序，刑罚造成的严厉后果便难以挽回。容易看出，刑事诉讼中被追诉人的人权就是公民基本人权在刑事诉讼中的现实化和具体化，任何公民个人都是潜在的被追诉人。

〔1〕程燎原：《从法制到法治》，法律出版社1999年版，第203页。

〔2〕林钰雄：《刑事诉讼法》（上），中国人民大学出版社2005年版，第102页。

3. 保障人权符合检察工作的全球发展趋势

第二次世界大战结束后，人权问题日益受到国际社会的关注，世界各国通过国际公约准则的形式制定、加入了一系列的国际法律文件，这些国际公约准则对保障人权的方式作了大量规定和说明，例如：《世界人权宣言》第5条规定，任何人不得加以酷刑，或施以残忍的、不人道的或侮辱性的待遇或刑罚。《公民权利和政治权利国际公约》第14条第1款规定，在判定对任何人提出的任何刑事指控或确定他在一件诉讼案件中的权利和义务时，人人有资格由一个依法设立的合格的、独立的和无偏倚的法庭进行公正的和公开的审讯。1990年通过的联合国《关于检察官作用的准则》第12条也规定："检察官应始终一贯迅速而公平地依法办事，尊重和保护人的尊严。"

对于大多规定保障人权方式的国际公约准则，我国都已经缔约或批准加入，这表明我国对国际社会关心的保障人权原则持认可态度，也意味着我国在全面依法治国和司法实践中必须对尊重和保障人权予以高度重视。当今世界全球化趋势不可逆转，"法律全球化是全球化的重要组成部分，与科技和经济的全球化密不可分。"[1] 检察机关和检察官开展检察工作、进行检察活动时也必须将保障人权作为重要内容和发展趋势予以对待。

（三）保障人权原则的基本要求

2012年3月14日，十一届全国人大五次会议通过将"尊重和保障人权"明文载入刑事诉讼法，将其作为刑事诉讼的基本任务之一，对检察机关而言可谓意义重大。进入新时代，人民群众对人权保障又有了更高层次的需求。如何全面回应这些

〔1〕 高鸿钧等编：《法律全球化：中国与世界》，清华大学出版社2014年版，前言第3页。

需求，也正是保障人权原则的基本要求所在。

1. 侦查阶段的人权保障

侦查是指侦查机关为查明犯罪事实、收集证据、追诉犯罪依法开展的调查活动以及采取有关强制性措施的活动。德国作为大陆法系的典型代表国家，其司法体系下检察官在侦查环节拥有巨大权力，从立案到采取强制措施再到侦查总结，基本上整个侦查链条都在检察官的控制之下。“检察官是这一阶段名副其实的主导者和控制者。”[1] 虽然与德国不同，我国刑事诉讼中检察官没有像德国检察官那么大的权力，但根据我国刑事诉讼法的规定，检察官也是侦查环节的重要控制者，运用包括立案监督权、审查批捕权和延长羁押期限的批准权在内的多项权力控制侦查活动依法进行。此外，尽管《刑事诉讼法》2018年修改后大部分公职犯罪由检察机关变更为监察委员会管辖，但该法第19条仍然规定：“人民检察院在对诉讼活动实行法律监督中发现的司法工作人员利用职权实施的非法拘禁、刑讯逼供、非法搜查等侵犯公民权利、损害司法公正的犯罪，可以由人民检察院立案侦查。对于公安机关管辖的国家机关工作人员利用职权实施的重大犯罪案件，需要由人民检察院直接受理的时候，经省级以上人民检察院决定，可以由人民检察院立案侦查。”可见，检察机关仍有一定的立案侦查权，检察机关对于无论是自己管辖还是其他机关管辖的案件，在侦查阶段都应当依法控制、监督。

“许多实证研究指出，错误裁判最大的肇因乃错误侦查，再好的法官、再完美的审判制度，往往也挽救不了侦查方向偏

〔1〕［德］托马斯·魏根特：《德国刑事诉讼程序》，岳礼玲等译，中国政法大学出版社2004年版，第42页以下。

差所造成的恶果。”[1] 侦查权由于权力天然的扩张性，一旦滥用极易造成难以挽回的严重后果。在我国，侦查监督主要包括三大内容：（1）立案监督。主要规定在《刑事诉讼法》第113条以及《人民检察院刑事诉讼规则》第十三章第二节部分。（2）审查逮捕和羁押必要性审查。审查逮捕是人民检察院通过行使逮捕的审查批准权而对侦查进行的实体性监督。逮捕是刑事强制措施中最为严厉的一种，其本质是剥夺被逮捕者的人身自由，这种强制措施极易侵害犯罪嫌疑人和被告人的合法权益。有学者指出，批准逮捕本应以具有社会危险性作为要件，但实践中检察机关采取的是“构罪即捕”。为了追诉的需要，检察机关维持了极高的批捕率和捕诉率，并在批捕后极力追求定罪以规避错误逮捕的赔偿责任，而在定罪目标不能实现的情况下，则易滥用撤回起诉。[2] 因此，为保障人权，依照罪刑法定原则和宽严相济的刑事政策，检察机关不仅要谨慎批准逮捕，也要谨慎决定逮捕，防止“可捕可不捕的一律捕”的错误倾向。另外，2018年《刑事诉讼法》修改后，第95条规定：“犯罪嫌疑人、被告人被逮捕后，人民检察院仍应当对羁押的必要性进行审查。对不需要继续羁押的，应当建议予以释放或者变更强制措施。有关机关应当在十日以内将处理情况通知人民检察院。”其目的十分明确，就是为了保障人权，防止超期羁押和不必要的羁押。（3）对侦查活动的监督。这部分内容十分广泛，既包括对讯问犯罪嫌疑人、勘验检查、调查取证、采取强制措施等所有的侦查行为的法律监督，还包括对违法侦查行为进行纠正、查处。特别要指出的是：侦查阶段的重要

---

〔1〕 林钰雄：《检察官在诉讼法上之任务与义务》，载《法令月刊》1998年第10期。
〔2〕 刘计划：《逮捕审查制度的中国模式及其改革》，载《法学研究》2012年第2期。

目的之一是收集和固定证据，证据得出的结论往往对起诉工作和审判工作的进行具有重大影响。刑事冤假错案发生的重要原因——非法证据往往是这一阶段形成的。因此，检察机关在这一阶段首先要引导侦查机关合法取证，必要时可以提前介入，杜绝刑讯逼供，落实非法证据排除规则，避免刑讯逼供、暴力取证等不当侵犯公民人身权利的事件发生。

2. 审查起诉阶段的人权保障

在具有“承上启下”地位的审查起诉环节，一方面，检察官一旦决定起诉，会使刑事诉讼进入审判阶段，法官基于起诉内容，会作出具有实体意义的判决；另一方面，检察官一旦作出不起诉决定，其性质是人民检察院对其认定的不应追究、不需要追究或者无法追究刑事责任的犯罪嫌疑人所作的一种实体意义的处理。它的法律效力在于不将案件交付人民法院审判，从而在审查起诉阶段终止刑事诉讼程序。这表明检察官的起诉裁量权既具有实体意义，又具有程序意义。

长久以来，我国司法实践中存在“疑罪从挂”的做法，即案件久拖不决、久侦不破，犯罪嫌疑人久押不放时，将案件“挂起来”搁置处理。这种做法使得案件犯罪嫌疑人长期处于刑事诉讼中的不确定状态。如果审查起诉时检察官没有裁量权，那么公诉权实际上就是起诉权，检察官实际上也将成为法官的附庸而存在，控审分离也将失去它存在的意义，刑事诉讼的进行一旦没有障碍，犯罪嫌疑人的人权保障也将受阻。

我国检察机关和检察官要依法行使起诉裁量权，对于可诉可不诉的案件，纠正一律起诉的倾向。根据 2012 年和 2018 年《刑事诉讼法》的两次修改，我国的不起诉制度可以区分为 5 种：法定不起诉、酌定不起诉、存疑不起诉、附条件不起诉、特别不起诉。尽管以上不起诉的原因多种多样，但它们将产生一个相同的结果，即“切断了无辜者被错误定罪的可能性，从而实现了最低层次的实体正义”〔1〕，保障了人权。检察官在审查起诉时，应当充分考虑案件事实细节情况，犯罪嫌疑人既然有符合以上规定的情况而没有一般预防和特殊预防的必要，就应将其迅速从刑事诉讼程序中退出、终结，以尊重和保障人权。

3. 审判阶段的人权保障

在审判阶段，检察官作为公诉人出庭，参与刑事诉讼，代表国家指控犯罪，提请审判机关依法审判，确保国家法律的正确实施，维护国家法律尊严。为尊重和保障人权，检察官应当依法指控。在刑事审判程序中，第一审程序作为“事实审”，是人权保障的基础。在一审程序中，首先根据证明责任的分配，检察机关要承担证明被告人有罪的责任，这是出于制约国家权力，保障人权的需要。不仅如此，检察机关还必须将被告人有罪的主张证明到“事实清楚，证据确实、充分”的高度，2012 年修改刑事诉讼法时，“排除合理怀疑”标准在立法层面正式确立，这要求检察机关的证明应当达到排除其他可能性的程度，而不能使法官的心证存在合理疑问。根据陈瑞华教授的观点，排除合理怀疑的适用要求“法院综合全案证据，认定案件必须达到排除其他可能性、关键证据能够相互印证的标准”〔2〕。除此之外，第一审程序还有其他特殊的制度设计，比如审理公开原则，除了依法不公开审理的案件外，其他案件都应公开审理，不仅如此，第一审案件还应一律开庭审理、公开宣告判决，以贯彻确保审判接受监督。审判权如果没有得到监

〔1〕 刘兰秋：《刑事不起诉制度研究》，中国政法大学博士论文，2006 年。

〔2〕 陈瑞华：《刑事证明标准中主客观要素的关系》，载《中国法学》2014 年第 3 期。

督，审判过程便可能侵犯被告人的人权。检察机关在进行一审活动时，不仅应当依法监督这些诉讼程序是否一一依法进行，还应当监督被告人依法享有的“程序选择权、当庭对质权、迅速审判权”[1] 等诉讼权利是否得到充分保障。

在二审程序和审判监督程序，由于其本质上是“救济性程序”[2]，人权保障意义显得更为重要。首先，在二审程序中，“检察机关一方面要保障诉讼参与人在二审期间的合法权益，另一方面要善于发现、纠正之前各诉讼环节上的侵权行为，保证刑诉法在各诉讼环节上的有效实施”[3]。实践中，检察机关提起的抗诉往往都是因为量刑畸轻提起的，而为了被告人利益、因“量刑畸重”提起的抗诉，则非常少见。这一不良倾向无疑使得一些轻罪重判的案件错误进入了执行程序，损害了被告人的人权。除了重视有利于被告人的抗诉外，检察机关在二审贯彻保障人权原则，还应当充分保障被告人的辩护权。

其次，在审判监督程序中。检察活动中的刑事审判监督是指人民检察院依法对人民法院的刑事审判活动是否违反法律规定的诉讼程序以及人民法院的判决、裁定是否违反法律规定所进行的专门法律监督。审判监督程序在人权保护上具有特殊的意义，最重要的一点就是要防止不公正的审判对被告人人权的侵害，对其他公民人权的侵害，进而造成对法治的破坏。检察机关的审判监督工作事关审判活动公正和保障人权，因此，检察机关应当根据有错必究的理念，始终把加强审判监督作为一

---

〔1〕 王延延：《第一审程序之人权保障》，载《安徽大学法律评论》2016年第1期。

〔2〕 ［日］田口守一：《刑事诉讼法》（第5版），张凌、于秀峰译，中国政法大学出版社2010年版，第194页。

〔3〕 谢佑平：《刑事二审程序的功能与检察机关的作用》，载《人民检察》2007年第10期。

项重点工作予以对待和把握。

4. 刑罚执行阶段的人权保障

刑罚的执行是刑事诉讼的末端环节，事关司法科学性、严肃性和权威性。检察官由之前阶段的公诉人角色演变为刑罚执行监督人的角色，是检察机关在整个刑事诉讼程序中的最后监督环节，可以说，这一环节的监督对整个检察活动中的人权保障起着至关重要的终结性作用。刑罚的执行监督主要包括：（1）对执行死刑判决的临场监督以及对其他自由刑等生效判决的执行情况的监督；（2）对监外执行刑罚的监督，主要包括假释、减刑、暂予监外执行、保外就医以及缓刑考验的监督；（3）受理控告、申诉；（4）对看守所和监狱等监管场所进行的监督。《监狱法》第7条规定："罪犯的人格不受侮辱，其人身安全、合法财产和辩护、申诉、控告、检举以及其他未被依法剥夺或者限制的权利不受侵犯。"《监狱法》还对罪犯的民事权利也作了保护性规定。这些都是其人权的具体表现，检察机关应当依法保障。

在刑罚的执行阶段，检察机关应当克服"重打击、轻改造"的传统思维，通过以下方式在刑罚执行中保障人权：（1）改变与执行机关只讲配合不讲监督的侧重关系，认真听取罪犯的控告和申诉、检举；（2）监督刑罚变更，发现不应变更刑罚却变更、应当变更刑罚却不变更时，检察机关应当向具体执行机关发出纠正违法通知书；（3）检察机关发现有违反法定程序和条件执行的，应当提出书面纠正意见，维护被侵犯权利人权益及社会公共利益。

四、客观公正原则

检察活动的客观公正原则，亦称之为检察官的客观义务或客观公正义务。一般而言，是指检察官以实现司法公正为目的，在刑事诉讼中应当站在客观中立的立场而非当事人立场进行检察活动，做到忠于案件事实真相，实现不偏不倚、不枉不纵。

（一）客观公正原则的内涵

检察活动的客观公正原则滥觞于19世纪中后期的德国。这一理念诞生不久后，关于检察官在刑事诉讼中的任务和义务究竟为何这一问题在社会上引发讨论，并形成了针锋相对的两派——诉讼当事人派和法律守护人派。两派围绕这一问题进行了激烈交锋。前者认为检察官职责为指控犯罪，如同民事诉讼的原告，只需收集对控诉犯罪有利的事实和证据即可，也不需要为被告人无罪判有罪、轻罪判重罪的不利判决提起抗诉；检察官作为当事人，也不得被被告人一方申请回避。后者则截然对立地指出，检察官除了代表国家追诉犯罪外，更应注重维护法律公平与司法公正，因此，检察官还要关注对被告人有利的证据；同样，对于侵害被告人合法权益的畸重判决，检察官应当提起抗诉；检察官亦可被申请回避。两派论战后，1877年通过的《德国刑事诉讼法典》确认了法律守护人派的主张。主要体现在：第160条第2款规定了检察官有义务调查可能丧失的证据，且对入罪及出罪的情形都要进行调查；第296条第2款规定了检察机关得为有利于被告人之目的而使用法律救济；第156条规定，提起公诉后，即使检察官认为证据不足无法定罪，亦不得撤诉，只得请求法官宣告被告人无罪。[1]

客观公正原则在德国得以逐步确认后，也对大陆法系其他国家和英美法系国家产生了深远影响。但是，在采用不同的诉讼模式的国家，体现这一原则的具体规定存在或多或少的差异。

〔1〕《德国刑事诉讼法典》，李昌柯译，中国政法大学出版社1995年版，第78、116页。

在实行职权主义模式下的法国，其刑事诉讼法规定："检察官应从维护司法公正的立场出发，不仅要追诉犯罪，更要注重维护被告人的合法权益，实现客观公正，检察官亦可决定对被告人免予起诉。"[1] 不仅如此，其还规定检察官对各级法院的判决均可提出上诉，无论是否已产生既判力，该上诉既可以是为了纠正法官不当审判的错误而提起，也可以是为了被告人合法权益而提起。[2] 法国虽然与德国同属大陆法系，但其相较于后者而言，因为存在预审法官制度等，又有一定的特殊性。

在实行当事人主义模式下的英美法系国家，同样也逐渐确立了客观公正原则。以美国为例，1935 年"伯格诉合众国"一案是客观公正原则在美国确立的经典案例。大法官萨瑟兰在该案中明确指出，美国检察官代表的不是普通的一方当事人，而是国家政权，他应当公平地行使自己的职责，因此检察官在刑事司法中不能仅仅以追求胜诉作为自己的目标，应当确保实现公正，也就是说，从这个特别的、有限的意义上讲，检察官是法律的奴仆，具有双重目标，既要惩罚犯罪，又要确保无辜者不被错误定罪。由于美国检察官同时具有律师身份，规定律师行为的有关规范也对检察官具有约束力。例如，美国律师协会制定的《律师职业责任示范法典》和《律师职业行为示范规则》便明确规定检察官的最终目的是维护法律公平正义而非成功追诉犯罪。与德国相比，客观公正原则在美国还存在一些差异。例如，美国高度重视程序正当，认为程序正义的价值高于实体正义。同时，美国并非如同德国一样强调国家机关主动维

〔1〕［法］卡斯东·斯特法尼、乔治·勒瓦所、贝尔纳·布洛克：《法国刑事诉讼精义》，罗结珍译，中国政法大学出版社 1999 年版，第 135 页。

〔2〕《法国刑事诉讼法典》，余叔通、谢朝华译，中国政法大学出版社 1997 年版，第 193 页、第 206 页。

护公正，而是在诉讼进程中赋予被告人一方多种诉讼权利，实现权利与权力的制衡，保护被告人的权益。

意大利、日本等实行混合主义模式的国家，也在不同程度上践行了客观公正原则。其中，意大利 1988 年修改刑事诉讼法时，检察官转变为特殊意义上的一方当事人，之所以称其“特殊”，是由于检察官并不被认为是真正的、一般意义上的当事人，其职责同样也被认为不仅仅是追诉犯罪，而是为发现法律争议背后的事实真相而进行检察活动。在意大利刑事诉讼法中，体现客观公正原则的重要内容，是检察官的法定回避制度、核实有利于被告人的证据及事实的义务、为被告方利益而上诉或者申请再审的义务等有关规定。〔1〕

在国际准则规约方面，客观公正原则也有相关体现。例如，1990 年联合国大会犯罪防治委员会通过的《关于检察官作用的准则》中第 12 条规定：检察官应始终一贯迅速而公平地依法行事，尊重和保护人的尊严，维护人权从而有助于确保法定诉讼程序和刑事司法系统的职能顺利进行。第 13 条规定：检察官在履行其职责时，应不偏不倚地履行其职能，并避免任何政治、社会、文化、性别或任何其他形式的歧视；保护公共利益，按照客观标准行事，适当考虑到犯罪嫌疑人和被害人的立场，并注意到有关一切情况，无论是否对犯罪嫌疑人有利或者不利。第 16 条规定：当检察官根据合理的原因得知或者认为其掌握不利于犯罪嫌疑人的证据是通过侵犯犯罪嫌疑人人权的非法手段，尤其是通过拷打，残酷的、非人道的或有辱人格的待遇或者以其他违反人权的方法而取得时，检察官应拒绝将

〔1〕《意大利刑事诉讼法典》，黄风译，中国政法大学出版社 1994 年版，第 21、127、223 页。

此类证据运用到办案过程中。[1] 再如，国际检察官协会 1999 年 4 月颁布的《检察官专业责任守则和主要职责及权利的声明》中，第 1 条至第 3 条、第 24 条、第 29 条是有关检察官行使职权应不偏袒、不歧视及应遵守的行为准则。[2] 包括：依据法律或法律的授权发挥其职责，考虑所有相关情节，不管其对犯罪嫌疑人有利或不利；必须公平，公正，客观地行使职权；等等。还有 1998 年在联合国设立国际刑事法院全权代表外交会议通过、2002 年 7 月 1 日生效的《国际刑事法院罗马规约》中第 54 条第 1 项第 1 款也规定了侦查阶段的客观性要求，第 67 条第 2 项规定了起诉后的客观性要求，第 81 条及第 84 条还规定检察官可以为被告的利益提起上诉或者请求再审。[3] 包括上述文件在内的诸多国际准则规约都体现了客观公正原则，这表明客观公正原则的精神在世界范围内得到了大多数国家和地区的认可。

总的来看，世界不同法系的国家和国际准则规约都体现了客观公正原则。从这些规定中我们可以概括得出客观公正原则的含义：一是坚持客观中立立场；二是忠于案件事实真相；三是实现司法公正。

（二）客观公正原则的必要性

为什么政治经济状况各异、历史文化传统不同的各国一致重视客观公正原则？为什么客观公正原则能够得到国际社会的普遍认可？我们认为有以下原因。

---

〔1〕 参见程味秋等编：《联合国人权公约和刑事司法文献汇编》，中国法制出版社 2000 年版，第 264 页以下。

〔2〕 张志铭、徐媛媛：《对我国检察官职业伦理的初步认识》，载《国家检察官学院学报》2013 年第 5 期。

〔3〕 赵秉志、王秀梅：《批准与执行国际刑事法院罗马规约手册》，中信出版社 2002 年版，第 368 页、第 450 页。

1. 客观公正原则符合检察官制度的设立初衷

检察制度起源于中世纪时期的法国，腓力四世（Philippe Ⅳ，1268—1314）统治时，将原先的“国王律师和代理人”赋予专职国家官员的身份，路易十四（Louis ⅩⅣ，1638—1715）统治时，将其定名为“总检察官”，现代意义上的检察制度由此产生。[1] 法国大革命后，资产阶级通过长期斗争逐步掌握了政权，但资产阶级并没有废除封建时期遗留下的检察官制度，反而将其继承并进一步发展健全。究其原因，首先，出于对强大警察权的不信任，检察官通过起诉前的审查工作对其实行限制，有利于防止其进一步膨胀。其次，出于对法官的不信任，检察官通过决定是否起诉，对司法程序源头进行控制，即“不告不理”。即便在进入司法程序后，检察官还可以通过出庭控诉、提起抗诉的形式防止法官枉法恣意裁判，确保被告人得到公正审理和判决。通过事前、事中、事后的多维控制，检察制度能够在最大程度上保证刑事诉讼程序公正进行，以实现对警察和法官的制约。总之，客观公正原则符合检察官制度的设立初衷。

2. 客观公正原则是检察官角色和身份的必然要求

检察官制度作为一项基本的国家司法制度，其内在品质天生就具有公益性，无论大陆法系国家抑或英美法系国家，尽管各自法律关于检察制度的具体规定不同，都强调检察机关、检察官应当维护国家利益和公共利益。这一公益职责要求检察官在进行检察活动时不能将自己视为一方当事人，而应为公共利益的代表，担负着实现司法公正进而推动社会公正的神圣职

---

〔1〕 朱孝清：《检察官负有客观义务的缘由》，载《国家检察官学院学报》2015 年第 3 期。

责。检察官应当将诉讼结果与自身利害关系脱钩，如此才能客观公正地代表公共利益。只有坚持客观公正原则，才能准确客观地认定案件事实，以事实为依据公正处理案件，实现不枉不纵、不偏不倚。反之，如果检察官不坚持客观公正原则，将自己视为诉讼中的原告方，片面追求控诉的胜利，使得无罪判有罪或轻罪判重罪，就与其“国家和公共利益代表”的身份角色背道而驰，损害了司法公正。“司法公正对社会公正具有重要的引领作用，司法不公对社会公正具有致命的破坏作用。”[1]司法不公则权利受损，司法不公则社会不稳，司法不公则法治不存，这是现代法治国所极力避免的。

3. 客观公正原则有利于实现控辩实力的平衡

刑事诉讼法在很多国家都有“小宪法”“人权法”之称。刑事诉讼中被告人权益得以保证的程度，体现了一个国家司法文明程度。刑事诉讼既要惩治犯罪，又要保障人权，二者作为刑事诉讼的目的是辩证统一的。但在刑事诉讼程序中，由于控方作为国家机器享有强大的诉讼资源，导致控辩双方实力悬殊巨大，影响刑事诉讼目的的实现。在被追诉方孤立无援的情况下，被追诉人和辩护人的诉讼权利容易受到侵犯，对控方提出的指控往往难以招架，容易导致刑事冤假错案的发生。为了有效避免这种情况，各国除了限制控方权力，提高有罪证据的证明标准外，重点在于要求检察官根据客观公正原则进行检察活动，即检察官在追诉犯罪的同时，应注意保护被告人的合法权益，力求控辩双方实力大致平衡。以美国为例，在20世纪20年代前，美国的刑事诉讼实践长期受到当事人主义、“竞技型

〔1〕 张文显：《习近平法治思想研究（中）——习近平法治思想的一般理论》，载《法制与社会发展》2016年第3期。

司法”的不当影响，刑事诉讼被视为当事人双方的纠纷，检察官往往以胜利追诉为目的，甚至“明知证人陈述为真实时，仍严厉诘问证人，希望动摇证人证词的可信性，以求得胜诉判决”[1]。这种诉讼模式受到了来自学界和社会越来越多的批判，于是，客观公正原则中强调发现案件事实真相的含义逐渐受到认同，在追求控辩实力平衡这一背景下，美国也逐渐通过规定证据开示义务等方式将客观公正原则予以确立。[2]

4. 客观公正原则有利于纠正错误的司法理念和做法

在我国，要求检察机关和检察官在进行检察活动时坚持客观公正原则，同样至关重要。我国宪法对“检察机关是我国法律监督机关”的职能定位的明确规定，以及近年来刑事诉讼法、检察官法修订所表现出的立法价值倾向，均体现出坚持客观公正原则的必要性。但是，我国历史上受大陆法系职权主义诉讼模式影响较深，新中国成立后，从苏联学习的法律理论尤其是刑法和刑诉法理论更加深了这一影响，以至于检察机关、检察官往往视自己为国家打击犯罪的“刀把子”，强调从重从快惩治犯罪的同时往往忽视了对被告人合法权益的保护。虽然1996年和2012年刑事诉讼法的两次修订引入了对抗主义诉讼模式中的一些原理和方法，但近年来曝出的一系列冤假错案，仍然体现出我国检察机关的观念落后。正是在这些“有罪推定”、重实体轻程序等陈旧观念制约下，办案人员对应当不起诉的案件往往起诉或者建议公安机关撤案；对可以不起诉的案件出于不合理的一些指标考核或者其他考虑作提起公诉处理；滥用变更、追加、撤回起诉权；运用的抗诉权时“抗轻不抗

〔1〕 王兆鹏：《美国刑事诉讼法》，北京大学出版社2005年版，第487页以下。

〔2〕 朱孝清：《检察官客观公正义务及其在中国的发展完善》，载《中国法学》2009年第2期。

重”，等等。办案人员罔顾客观公正原则，酿成一系列冤假错案，在社会上造成了极其恶劣的影响。这些，都有必要通过强调客观公正原则进行纠正。

（三）客观公正原则的基本要求

关于客观公正原则的基本要求，我国学者已经有了比较丰富的研究和论述，例如，陈永生教授认为检察官客观义务体现在六个方面：（1）回避义务；（2）全面调查义务；（3）协助调查义务；（4）向辩护方提供阅卷机会的义务；（5）全面抗诉义务；（6）协助保护被追诉者诉讼权利的义务。[1] 陈光中教授从立法方面归纳了我国检察官的客观义务：（1）自侦案件侦查取证过程中要尊重事实真相，要采取合法文明手段取证；（2）在审查起诉和审查批捕过程中要中立、不偏不倚，还要处理非法证据排除问题；（3）在审判过程中发现定罪证据不确实、充分，应当主动撤回起诉，并注意从轻、减轻的量刑情节，在二审和审判程序中只要是确有错误的裁判都应当主动监督纠正；（4）保障律师合法权利。[2] 龙宗智教授通过比较研究，将检察官客观义务归纳为六种类型，即客观取证义务、中立审查责任、公正判决追求、定罪救济责任、诉讼关照义务以及程序维护使命。[3]

综合学术界关于客观公正原则的普遍认识，我们认为，检察机关和检察官在履行法律监督职责的活动中，应当满足以下五个方面的要求：（1）证据客观。检察官在证据收集、证据运

〔1〕 陈永生：《论客观与诉讼关照义务原则》，载《国家检察官学院学报》2005 年第 4 期。

〔2〕 陈光中：《关于检察官客观义务的几点看法》，载《检察日报》2009 年 5 月 15 日第 3 版。

〔3〕 龙宗智：《检察官客观义务论》，法律出版社 2014 年版，第 126 页。

用等方面要坚持客观公正原则。尤其是在取证活动中，以德国为代表的大陆法系国家大多明确规定检察官在收集证据时，应当同时收集有利于被追诉人和不利于被追诉人的证据。在我国，《刑事诉讼法》第52条也规定，检察人员必须依照法定程序，收集能够证实犯罪嫌疑人、被告人有罪或者无罪、犯罪情节轻重的各种证据。（2）追诉客观。检察官在进行刑事检察活动，代表国家追诉被告人时，要注意维护被告人的合法权益。在审查起诉方面，《刑事诉讼法》第176条规定提起公诉时，措辞与有罪判决的证明标准一致，均为“犯罪事实清楚，证据确实、充分”。在变更起诉方面，虽然刑事诉讼法没有明确规定，但《人民检察院刑事诉讼规则》第423条、第425条也作出了比较明确的规定。追诉客观还要求量刑的公正客观，不仅体现在上文所说的收集无罪证据、罪轻证据方面，还体现在要求检察官应当提出考虑了包括有利于被告人的量刑情节的合理量刑建议方面。（3）抗诉客观。《刑事诉讼法》第228条规定：地方各级人民检察院认为本级人民法院第一审的判决、裁定确有错误的时候，应当向上一级人民法院提出抗诉，第294条规定：人民检察院认为人民法院的判决确有错误的，应当向上一级人民法院提出抗诉。总之，抗诉客观要求客观公正，只要判决、裁定确有错误，检察机关就应当提出抗诉。（4）提供诉讼协助。即检察机关在检察活动中，为被追诉人有效行使诉讼权利、维护自身权益而提供必要协助。主要有：告知诉讼进程、被追诉人享有的诉讼权利，转达委托辩护律师的要求，通知到场等；〔1〕辩护人依法提出申请检察机关收集或调取证据时，应当提供必要

〔1〕韩旭：《新刑事诉讼法中检察官客观义务研究》，载《南京大学法律评论》2012年第2期。

的协助。(5）违反客观公正原则时检察官应当负法律责任。检察机关在进行法律监督和司法救济活动时，不得违反客观公正原则，故意隐匿、伪造证据，或者明知无罪的人受到刑事追诉的，不仅将受到党纪政纪处分，还将被依法追究刑事责任。

以上五个方面，是客观公正原则比较突出的几点基本要求。从司法实践来看，要准确贯彻落实客观公正原则，还要从以下几个方面着手：

1. 高度重视程序正义

“程序公正必须被视为独立的价值。”[1] 但是，重实体轻程序的沉疴在我国还没有得到根本消除，受到传统司法思维的影响，我国相当一部分检察人员对于程序正义的重视程度还不够（例如，管辖和回避问题在实践中往往未得到应有的重视）。客观公正原则将实体正义和程序正义辩证统一起来，在我国国情下，尤其应当重视程序正义。“正义不仅要实现，而且要以让人们看得见的方式实现”，检察机关和检察官在进行检察活动的过程中，必须尊重事实真相，严格遵循实体规则和程序规则，改变传统思维，通过程序正义来促进实体正义的实现。

2. 避免当事人主义倾向

检察机关和检察官在行使检察权的过程中，要保持清醒，注意克服当事人主义倾向，避免将自己视为民事诉讼的原告，避免片面追求定罪。应当站在客观公正的立场，以法律守护者的身份收集和运用证据，从而认定案件事实，适用法律。在这一过程中，尤其不能忽视损害被告人合法权益的错误判决和裁定。总之，检察官在形式上代表国家提起诉讼的职能，一定程

〔1〕 宋冰编：《程序、正义与现代化——外国法学家在华演讲录》，中国政法大学出版社1998年版，第374页。

度上类似于民事诉讼当事人，但在实质上，其是国家利益和公共利益的代表，扮演着“准司法官”的角色，并非单纯的当事人。因此，检察官一定要注意“超越、克服因追诉者的身份易产生的一方当事人倾向，避免当事人化”。[1]

3. 合理处理与检察一体化原则的关系

检察一体化即各级检察机关基于领导关系，构成有机统一整体，检察官在上命下从的关系中根据上级检察官的指示命令执行职务。我国《人民检察院组织法》第10条规定：最高人民检察院是最高检察机关。最高人民检察院领导地方各级人民检察院和专门人民检察院的工作，上级人民检察院领导下级人民检察院的工作；第29条规定：检察官在检察长领导下开展工作，重大办案事项由检察长决定；第36条规定：人民检察院检察长领导本院检察工作，管理本院行政事务。检察一体化的体制设置是为了保证检察职能的统一行使和高效运转，其在表面上看来与客观公正原则所要求的检察官要站在客观公正立场进行检察活动似有冲突，实际是辩证统一的。检察官一般来说要服从上级的命令和指示，但同时也要注意站在客观公正立场，当上级滥用职权、玩忽职守甚至徇私枉法时，保留拒绝执行和检举、控告的权利。换言之，“对于检察官基于自己对法律的确信而提出的公诉或者不起诉的决定，检察长不得强迫承办检察官放弃自己原本对于法律的确信”[2]。

4. 加强推进相关制度改革

首先，根据我国《宪法》第136条和其他基本法律的相关规定，我国检察机关具有依法独立行使检察权，不受行政机

〔1〕 姜伟、韩炳勋：《论检察活动的原则》，载《法律科学》2014年第2期。
〔2〕 姜世明：《法律伦理学》，元照出版公司2011年版，第213页以下。

关、社会团体和个人干涉的独立地位。但当前在一些地方上还存在党政机关插手和干预司法的现象，阻碍了客观公正原则的贯彻。由于地方的不当制约，检察官受到干涉时便往往难以贯彻客观公正原则。为此，要坚决杜绝领导干部个人插手具体案件，保证检察机关和检察官的独立性。其次，对于不合理的业绩考核制度[1]、不完善的检察官管理制度以及乏力的外部监督机制，同样需要大刀阔斧的改革和有针对性的强化，以准确贯彻客观公正原则。[2]

五、公益原则

公益，具有两层含义。第一层为社会公共利益，即为社会全部或部分成员所享有的利益，第二层含义是指国家利益。[3]现代检察制度创立伊始，检察机关和检察官就是作为国家和社会利益的代表而出现的，正基于此，许多国家的检察机关都将“公共利益”（public interest）作为自身进行检察活动所遵循的原则之一。

（一）公益原则的内涵

公益这一概念虽然在不同国家有不同的表述和内涵，但一般是指包括医疗保障、社会福利在内的社会利益。在英美法系国家，一般用“公共利益”或“公共政策”来进行描述。关于前者，美国《布莱克法律大辞典》解释为：是公众和社团普遍享有的，包含某种金钱利益，或者公共或者社团的权利和义务因之受到影响的某种利益；公共利益并不意味着狭隘的如某种稀见之物，或者像处于争议中的事情影响的特定地区的利

〔1〕陈卫东、杜磊：《检察官客观义务的立法评析》，载《国家检察官学院学报》2015年第3期。

〔2〕龚佳禾：《检察官客观义务研究》，载《湖南社会科学》2007年第5期。

〔3〕颜运秋：《公益诉讼法律制度研究》，法律出版社2008年版，第26页以下。

益；为公民所分享的利益通常属于地方、州或者联邦政府的大事。关于后者，有学者指出，“公共政策”是指社会的普遍公共利益或福利，或者一种极不明确的道德价值。[1] 而在日本，多用“公共福利”这一概念来表示公共利益的含义。[2] 还有日本学者认为，公共利益仅指不特定多数人的利益，或称社会公共利益。[3]

公益原则认为国家权力的运行应当符合社会公众的整体意志和最广大人民群众的要求，它首先是指导国家机构正常开展相关工作的原则，其次也是检察机关运作、活动所应当遵循的一项基本原则。当今世界各国普遍认同这一点，有些国家甚至在立法层次上作了明确规定。但由于各国国情迥异，检察制度和检察官性质不尽相同，各国所持公益原则的含义和基本要求也必然存在差异。例如，在英国，检察官在某一案件中作出起诉决定前必须首先经过证据审查，然后经过公共利益审查。若一个案件中同时存在支持和反对起诉的公共利益时，还要进行权衡。正如其前检察长萧克罗斯勋爵所言：“有犯罪嫌疑就必须起诉，这从来就不是我们国家的方针……只有当罪刑和犯罪时的情形具有这样一个特点，即对该案的起诉符合公共利益，检察官才应该起诉。公共利益仍然是我们应当考虑的首要问题。起诉无论到头来成功与否，都要考虑到对公众情绪和秩序造成的影响，及其对任何其他公共政策的影响。”[4] 英国《皇家检察官准则》还详细列举了检察官在决定起诉时需要考虑的

〔1〕［英］戴维·M. 沃克：《牛津法律大辞典》，光明日报出版社 1988 年版，第 699 页。

〔2〕金斗焕主编：《比较检察制度概论》，中国检察出版社 1993 年版，第 56 页以下。

〔3〕［日］小岛武司：《诉讼制度改革的法理与实证》，陈刚、郭美松等译，法律出版社 2001 年版，第 40 页

〔4〕转引自龙宗智：《相对合理主义》，中国政法大学出版社 1999 年版，第 308 页以下。

公共利益因素，主要有：（1）可能的刑罚；（2）丧失时效；（3）青少年犯罪；（4）年老体弱；（5）精神病患者或精神紧张；（6）性犯罪；（7）被害方的态度；（8）边缘被告。“上述这些因素经权衡可以适用于某个案件，如果皇家检察官对诉讼是否适宜仍有怀疑，还需要权衡当地公众的态度和特定的犯罪行为在当地和全国范围内流行的情况。”〔1〕这种在起诉时考虑诸多不同因素的规定，充分体现英国对公益原则的理解。例如，罪行严重程度这一考虑因素反映了犯罪对法益侵害的大小，也反映了国家、社会利益受损的程度；起诉时考虑被害人利益则反映了社会公众的利益；考虑犯罪嫌疑人的个人情况，体现了对人权的尊重。可见，检察官在考虑多种不同利益时，公益原则在一定程度上得以体现和贯彻。

在美国，一切刑事案件概由检察官和大陪审团以政府的名义向主管法院提起诉讼。在庭审中，美国检察官代表国家和人民，且负担着作为司法官员的职业道德义务。因而，美国司法部的格言是：“当公民在法院获得了公正，美国就赢得了胜利。”〔2〕可见，美国检察官所代表的公益包括国家利益和公众利益。

在法国，学者一般认为，公诉是一种具有总体利益的诉讼，或者说是一种公共利益性质的诉讼。“公诉权属于社会，且唯一属于社会。社会唯一有权进行公诉或放弃进行公诉。当然，在实际上，社会是通过其有资格的代表，也就是检察机关

〔1〕樊崇义：《刑事诉讼法实施问题与对策研究》，中国人民公安大学出版社 2001 年版，第 387 页以下。

〔2〕宋冰编著：《读本：美国与德国司法制度及司法程序》，中国政法大学出版社 1998 年版，第 349 页。

的司法官来进行公诉的。”[1] 因而在法国，检察机关和检察官所代表的公益是指社会总体利益。

此外，有关国际法律文件对检察机关或检察官在诉讼中坚持公益原则也提出了要求，例如，《关于检察官作用的准则》规定，检察官应当根据法律授权，在侦查犯罪、监督侦查的合法性、监督法院判决的执行和作为公众利益的代表行使其他职能中发挥积极作用；检察官应始终一贯迅速而公平地依法行事，尊重和保护人的尊严，维护人权；检察官在履行其职责时应保证公众利益，按照客观标准行事，适当考虑到犯罪嫌疑人和被害者的立场等。

从上述各国的法律规定和制度设计以及国际法律文件的规定来看，公益原则的内涵主要包括两方面，即国家利益和社会公共利益。具言之，公益原则要求检察机关和检察官进行检察活动时必须将维护国家利益和社会公共利益作为基本要求。国家利益包括国家的政治、经济、军事、国防、外交等各方面的利益。社会公共利益包括社会生活的基础条件、环境、秩序、目标和道德准则以及良好的风俗习惯等，表现在法律上，就是公共秩序和善良风俗，也称公序良俗。[2] 任何社会，无论其社会形态或政体设置如何，都有其社会公共利益。公共利益和个人利益共存于一个社会中，相互依存，有着统一性、一致性。公共利益是一种社会成员的共同利益，是从个人利益中分离出来的一种独立的利益。[3]

〔1〕［法］卡斯东·斯特法尼等：《法国刑事诉讼法精义》（上），罗结珍等译，中国政法大学出版社 1999 年版，第 118 页。

〔2〕王家福：《中国民法学——民法债权》，法律出版社 1995 年版，第 356 页。

〔3〕金石：《我国民事检察制度改革研究》，吉林大学博士论文，2019 年。

(二) 公益原则的必要性

在我国这样一个社会主义国家，保护国家利益和社会公共利益是我国政权机构运作的基本原则和根本宗旨，也是我国包括检察机关在内的各个政法机关的价值取向。公益原则的必要性首先体现在保障公民权利方面，检察机关和检察官进行的刑事诉讼活动是保障人权的重点领域和环节。刑事诉讼法作为调整国家权力和个人权利之间关系的法律，从某种意义上来说，又是人权保护法。在国家本位和社会本位的封建社会，刑事诉讼法极度重视国家利益和社会利益，将个人利益放在微不足道的位置上。而在法治社会中，应当以公民个人为本位，注重和强调个人的权利和自由。[1] 检察机关和检察官在刑事诉讼中坚持公益原则，绝不意味着可以为了国家利益和社会利益不择手段，更不意味着可以以维护国家利益和社会利益为借口侵犯犯罪嫌疑人、被告人以及其他诉讼参与人的合法权益，否则便与公益原则的根本要求背道而驰。现代文明社会在公共利益和个人利益的关系问题上，一般都主张在不损害个人利益的基础上维护公共利益，反对为了公共利益不合理地牺牲个人权益。其次，公益原则还有助于指导和限制检察权的依法行使，防止检察官的自由裁量权被滥用、误用。总之，公益原则要求检察机关和检察官作为公益代表，树立法治观念，充分尊重和保障人权，依法行使检察权，防止出现以地方利益、部门利益甚至长官利益为重的错误倾向，做到真正维护国家和社会的利益。

(三) 公益原则的基本要求

公益原则作为检察机关或检察官活动的一项基本准则，已为世界各国所普遍承认和确立。虽然我国尚未将公益原则以立

〔1〕 程燎原：《从法制到法治》，法律出版社 1999 年版，第 202 页。

法的形式明文规定，但公益原则中维护国家和社会利益的要求实际上已经贯穿我国检察机关“四大检察”职能，而且，2017年9月，习近平在给第22届国际检察官联合会年会暨会员代表大会发的贺信中也指出，检察官作为公共利益的代表肩负着重要责任。[1] 因此，公益原则无疑是实践中指导我国检察机关进行检察活动所应当遵循的重要原则和价值取向。

1. 在刑事检察工作中维护公益

刑事检察工作是检察机关的传统业务，也是最大的存量业务。[2] 在检察机关法律监督格局中，刑事检察始终处于社会公众关注度最高的重要地位。因此我国检察机关在进行刑事检察工作时，要坚持公益原则，有效维护国家利益和社会利益，也就是既准确惩治犯罪，又依法保障人权。具体来看，要根据新时代刑事司法面临的新情况新问题，适应以审判为中心诉讼制度改革要求，坚定不移地推进“捕诉一体”办案模式，突出检察官在刑事诉讼中的主导责任，发挥检察机关量刑协商主动性，全面推进认罪认罚从宽制度有效实施。

国家利益和社会利益都是刑法保护的对象，我国检察机关应当依照法定程序，树立正当程序理念，以公正有效地维护国家和社会利益。要注意不得侵犯公民的合法权益尤其是诉讼权利，避免和纠正以维护公共利益为借口，侵害个人合法权益的错误做法。

2. 在民事检察工作中维护公益

“民事检察在我国法治发展历史上属于后起的新型概念，

---

〔1〕 季卫华等：《新时代检察机关的职能优化》，载《天津行政学院学报》2018年第6期。

〔2〕 庄永廉等：《推动“四大检察”全面协调充分发展的内涵与路径》，载《人民检察》2019年第9期。

是我国在诉讼法上摸着石头过河逐步探索发展来的。"[1] 在我国，民事检察的范围主要包括对民事审判的监督和对民事执行的监督两个方面，对民事审判的监督又包括三个方面，即对生效判决、裁定的监督，对损害国家或社会公共利益的调解书的监督，以及对审判监督程序以外的其他审判程序中审判人员违法行为的监督。此外，民事检察有抗诉和检察建议“一刚一柔”两种基本方式。

随着我国经济社会的不断发展和市场经济体制的进一步完善，原本一般是个人私益领域的民事纠纷常常也涉及社会公众的利益，以 2008 年爆发的三鹿奶粉三聚氰胺丑闻和 2018 年长春长生生物科技有限公司冻干人用狂犬病疫苗造假事件为例，这些重大公共卫生事件由一件件单独的民事侵权案件构成，但由于受害者的广泛性和不特定性，受害者个人向人民法院提起民事诉讼，时间和经济成本巨大，而且作为个人受害者，其诉讼资源单薄，难以与大型企业抗衡，此时就需要检察机关及时和有效的介入，对公共利益进行救济。2012 年和 2017 年民事诉讼法的两次修改，均体现了加强民事检察的立法倾向，推进了民事检察制度的发展和完善，民事检察工作因此揭开了新的篇章。结合实践来看，检察机关应当把加强保护民营企业和企业家合法权益作为当前民事检察工作贯彻公益原则的一项重点。例如，密切关注企业主体反映在诉讼活动中受到不公平对待、损害其利益的案件，坚持早介入早纠正，及时提供法律帮助；加大对侵犯企业家财产、知识产权等问题以及执行不力问题的监督，重点监督因不依法履行职责及错误采取执行措施、

〔1〕 汤维建：《新时代民事检察的定位与作为》，载《检察日报》2019 年 12 月 9 日第 3 版。

错误处置执行标的物、错误追加企业家为被执行人，致使企业家财产受到侵害的案件。[1] 此外，根据公益原则的内涵和要求，结合我国民事司法的实践情况，可以借鉴德日和英美等国的通常做法，赋予检察机关更多的对损害国家利益和社会公共利益的行为提起诉讼的权力，以全面贯彻公益原则，保护国家利益和社会公共利益。

3. 在行政检察工作中维护公益

无论是英美法系还是大陆法系，不同法系下的国家大多赋予检察机关一定的行政监督权，[2] 特别是监督可能损害公共利益的违法行政行为，这表明公益原则在行政检察活动中有高度的必要性。十九大报告指出，经过长期努力，中国特色社会主义进入了新时代，新时代下人民群众对全面依法治国提出了更高的要求。我们应当确保行政主体始终运行在法治的轨道上，强化对行政权运行的制约和监督，让权力在阳光下运行，真正做到"把权力关进制度的笼子"。习近平总书记也强调过，"要健全权力运行制约和监督体系"，"保证人民赋予的权力始终用来为人民谋利益"。[3] 行政检察是制约和监督行政权的重要手段，检察机关应当主动承担时代使命，依据宪法的授权开展行政检察工作，坚持和贯彻公益原则，维护好国家和社会利益。需要注意的是，这里的公益原则，是结合我国当前"转型中国"之实际而确立的，体现了行政检察制度的价值追求与实践功能，其含义是指行政检察的宗旨是维护国家利益或社会公共

〔1〕 丰建平等：《立足"四大检察"职能服务保障经济社会发展》，载《检察日报》2019年6月30日第3版。

〔2〕 裴铭光：《论我国行政检察制度体系之完善》，载《成都行政学院学报》2019年第1期。

〔3〕 习近平：《习近平谈治国理政》，外文出版社2014年版，第142页。

利益，在整体的行政检察活动中必须以公益为核心。[1] 检察机关应当创新思维和理念，在行政检察工作中确立公益优先的工作思路，积极顺应新时代的要求、以发展的眼光对目前相对薄弱的行政检察工作作出中国式的解答，彰显中国特色、时代特色，贡献中国智慧和中国方案。[2] 具体来看，检察机关在依法履行职责过程中，对涉及群众切身利益、涉及社会稳定、涉及当地社会发展等行政管理中的重点、难点问题，应当探索通过检察建议或是诉讼等法治手段解决问题的路径，[3] 以维护公共利益。

行政权行使遵循效率原则，检察权监督注重公正。[4] 行政权在行使过程中往往会对国家利益、社会公共利益及作为个体的公民的合法权益造成或大或小的影响，违法行政行为损害公共利益的程度更甚。当下，生态资源破坏问题、环境污染问题、以食品药品为重点的产品质量问题、国有资产流失问题都比较严重，加之负有监督管理职责的行政机关及其工作人员滥用职权或者玩忽职守现象时有发生，公共利益经常受到二者叠加所致的严重侵害。这要求检察机关和检察官为防止公共利益受损而对有关国家机关是否遵守法律、是否损害公共利益进行监督。[5] 可见，行政检察具有强烈的公益性。检察机关开展行政检察，对行政主体进行监督，对涉及国家利益、社会公共利

〔1〕 李傲、臧荣华：《略论我国的行政检察原则》，载《法学评论》2014 年第 5 期。

〔2〕 肖中扬：《论新时代行政检察》，载《法学评论》2019 年第 1 期。

〔3〕 丰建平等：《立足“四大检察”职能服务保障经济社会发展》，载《检察日报》2019 年 6 月 30 日第 3 版。

〔4〕 苏扬、张宏波：《违法行政行为检察监督制度探析》，载《法制与社会》2017 年第 28 期。

〔5〕 刘畅、肖泽晟：《行政违法行为法律监督的边界》，载《行政法学研究》2017 年第 1 期。

益的行政违法行为进行督促、纠正，确保其合法、正当，[1] 对行政机关的行政权行使行为发挥强有力的监督和制约作用，以此维护公共利益。在处理行政检察和行政公益诉讼的关系问题时，要打破二者的工作界限，以行政法律监督为行政公益诉讼提供案源线索，以行政公益诉讼为行政检察介入诉讼背后的行政执法行为提供手段，让两者互相配合、互为补充，推动行政检察工作起步和发展。[2]

4. 在公益诉讼检察工作中维护公益

我国检察机关“四大检察”职能中最能集中体现检察活动的公益性原则的当属公益诉讼检察工作，检察机关和检察官能否在检察活动中坚持和贯彻公益原则，在相当程度上取决于能否做好公益诉讼检察工作。检察公益诉讼制度与检察机关作为法律监督机关的定位密切相关，它不同于行政体系的内部监督，也不同于人大监督，而是具有个案意义的常态监督。[3]

2012 年 9 月修改的《民事诉讼法》主要解决了公益诉讼的诉讼主体资格问题，这是环境公益诉讼在程序法方面的进步，但对于具体的程序设置、审理方式、救济手段、裁判效力等，仍然缺少具体规定支撑。2014 年 10 月 23 日，党的十八届四中全会通过的《中共中央关于全面推进依法治国若干重大问题的决定》中提出“探索建立检察机关提起公益诉讼制度”。2015 年 7 月 1 日，第十二届全国人大常委会第十五次会议授权最高人民检察院在 13 个省、自治区、直辖市的部分市级与基

〔1〕 孙谦主编：《中国特色社会主义检察制度》，中国检察出版社 2009 年版，第 245 页。

〔2〕 庄永廉等：《推动“四大检察”全面协调充分发展的内涵与路径》，载《人民检察》2019 年第 9 期。

〔3〕 刘艺：《检察公益诉讼的司法实践与理论探索》，载《国家检察官学院学报》2017 年第 2 期。

层检察院开展为期两年的公益诉讼试点工作。2017 年 6 月 27 日，全国人民代表大会常务委员会通过新修订的民事诉讼法和行政诉讼法，这标志着检察机关提起公益诉讼制度初步建立，检察机关作为“国家力量”开始登上了公益诉讼的舞台。

公益诉讼保护的重点是在生态环境和资源保护、食品药品安全领域侵害消费者合法权益，国有财产保护，国有土地使用权出让以及英雄烈士姓名、肖像、名誉、荣誉等领域的国家利益和社会公共利益。按照适用的诉讼法的性质或者被诉对象（客体）的不同，公益诉讼可以划分为民事公益诉讼（包括刑事附带民事公益诉讼）和行政公益诉讼。公益性原则在这两大公益诉讼中也有不同的要求。例如，关于诉前程序，民事领域中，为了防止公权过度介入私权，检察机关在诉前程序中必须先向适格的主体提出督促或者支持法律规定的机关和有关组织提起民事公益诉讼的检察建议，只有在无适格主体或者适格主体不依法提起诉讼的前提下，检察机关才能提起诉讼。[1] 而在行政领域，检察机关在诉前程序中可以径直要求行政机关纠正违法行为或者要求怠于履行职责的行政机关依法履行职责。经过诉前程序，如果公益仍处于受损状态，且民事领域中无适格主体或适格主体未提起诉讼、行政领域中行政机关仍不纠正违法行为或不履行职责，检察机关可以依法提起民事公益诉讼或行政公益诉讼。

有目共睹的是，检察机关提起公益诉讼制度自建立以来，取得了巨大成效，行政机关不作为、乱作为的现象得到一定程度遏制，大量损害公益的行为被及时制止，一批群众反映强

---

〔1〕 参见郑新俭：《做好顶层设计稳步推进公益诉讼试点工作》，载《人民检察》2015 年第 14 期。

烈、久拖不决的问题得到解决，全社会的公益意识不断增强，保护公益的社会氛围越来越浓。同时，毋庸讳言的是，我国公益诉讼检察工作在办案质量和社会效果等方面与预期目标还有一定差距，公益诉讼制度具体运行实践中还存在案件类型单一、合力尚未形成、工作阻力较大以及办案力量薄弱等一些问题。[1] 为了进一步在公益诉讼检察工作中贯彻公益原则，要尽快解决这些问题以更好地发挥公益诉讼的作用。此外，检察机关和检察官开展公益诉讼检察工作应当紧扣公共利益这个关键核心，在广大人民群众最关心的公共利益领域聚焦现实问题，提升公益诉讼成效。

〔1〕 戴江：《浅谈公益诉讼工作的现状和对策》，载《西部法制报》2020年1月23日第5版。

第四章　法律监督的体系

随着检察职权的重大调整，过去在实践中长期形成的法律监督体系，即以职务犯罪侦查为龙头、以刑事检察为主体、以民事行政检察为补充的法律监督体系，显然不能适应新时代的需要，重构法律监督体系也就自然成为新时代法律监督的重要命题。

一、法律监督体系重构的时代背景

在国家监察体制改革、司法体制改革、以审判为中心的诉讼制度改革叠加运行的作用下，我国检察机关的职能体系迎来重大调整。尤其是国家监察体制改革对检察机关职务犯罪侦查职能的转隶，给传统的检察制度带来了重大而深刻的影响。[1]面对新时代中国特色社会主义新形势新任务新要求，检察机关如何把“转隶”变为“转机”，实现新时代检察工作创新发展，把检察机关法律监督工作做实做好做强，实现法律监督工作的双赢多赢共赢，成为检察改革必须解决的重大课题。[2]

---

〔1〕 朱孝清：《国家监察体制改革后检察制度的巩固与发展》，载《法学研究》2018年第4期。

〔2〕 最高人民检察院2019年2月发布的《2018—2022年检察改革工作规划》。

当前，随着宪法、刑事诉讼法、民事诉讼法、行政诉讼法、人民检察院组织法等法律的陆续修订，以及中央有关司法体制改革的文件出台，“人民检察院是国家的法律监督机关”这一宪法上的职能定位得以重申和巩固，检察机关的法律监督职能也得到了相应扩充。在“三大诉讼法”的基础上，《人民检察院组织法》第20条集中规定了检察机关的法律监督职权，包括对三大诉讼活动实行法律监督，提起民事和行政公益诉讼（包括对履职中发现的特定领域行政机关违法行使职权或者不行使职权行为的法律监督），对判决、裁定等生效法律文书的执行工作实行法律监督，对监狱、看守所的执法活动实行法律监督等法律监督职权。此外，2014年党的十八届四中全会通过的《中共中央关于全面推进依法治国若干重大问题的决定》（以下简称《全面依法治国决定》）还明确提出，“完善对涉及公民人身、财产权益的行政强制措施实行司法监督制度”，不过这项全新的行政法律监督职能目前尚未通过立法确认。我国检察机关的法律监督职能正处在不断丰富发展完善的过程中，“深耕监督主业”[1]已经成为当下和未来检察工作的重中之重。

2019年1月17日，张军检察长在全国检察长会议上强调，要主动适应形势发展变化，深化内设机构改革，推动“四大检察”全面协调充分发展。应当说，“四大检察”法律监督格局正是检察机关根据新形势新任务新要求，积极适应反贪转隶和检察职能调整，主动作出的检察制度改革布局。在我国社会主要矛盾发生历史性变化的时代背景下，人民群众对民主、法

〔1〕　甄贞、梁景明：《“法律监督体系”建设的阶段论刍议》，载《人民检察》2018年第3期。

治、公平、正义、安全、环境等方面有着更高的需求。然而，与之相比，当前检察工作、检察队伍仍然存在不少亟须解决的问题和亟须补强的短板，法律监督工作的不平衡、不协调、不充分与人民日益增长的美好生活需要不相适应，迫切需要通过改革，推动检察职能得到全面、充分履行，为人民群众提供更丰富、更优质的法治产品、检察产品。[1] 2019 年 3 月 15 日，第十三届全国人民代表大会第二次会议通过的《关于最高人民检察院工作报告的决议》要求：全面深化司法体制改革，加强过硬队伍建设，更好发挥人民检察院刑事、民事、行政、公益诉讼各项检察职能，为决胜全面建成小康社会提供更高水平司法保障。这标志着最高检提出的“四大检察”监督职能得到了最高国家权力机关的认同与肯定，标志着检察机关法律监督体系、职能运行模式的重塑与基本定型，对丰富和发展中国特色社会主义检察制度具有里程碑意义。[2]

随着以最高人民检察院为首的检察机关内设机构改革的逐步有序推进和落实，当前我国检察机关已经初步形成了刑事、民事、行政、公益诉讼“四大检察”法律监督总体布局。不过，“四大检察”法律监督总体布局仅仅是破题、开局，按照“做优刑事检察、做强民事检察、做实行政检察、做好公益诉讼检察”的标准来看，都还有很大努力和上升的空间。[3] 为了更好地谋划和推进检察改革，实现“四大检察”全面协调充分发展，最高人民检察院发布了《2018—2022 年检察改革工作

〔1〕 最高人民检察院 2019 年 2 月发布的《2018—2022 年检察改革工作规划》。

〔2〕 万春：《“四大检察”协同共进 实现全面协调充分发展》，载《检察日报》2019 年 10 月 24 日第 3 版。

〔3〕 参见《不负重托实现“四大检察”全面协调充分发展》，载《检察日报》2019 年 3 月 18 日第 1 版。

规划》(以下简称《检察改革规划》)，对检察改革的相关问题作出总体规划和统一布局。《检察改革规划》指出，检察改革的目标在于构建以刑事检察、民事检察、行政检察、公益诉讼检察为主要内容的检察机关法律监督职能体系，应当全面、协调、平衡发展检察机关各项法律监督职能，把传统业务做优，把新增职能做好，把短板工作补强。根据这一总体目标要求，《检察改革规划》高屋建瓴地提出了健全完善检察机关法律监督体系的主要任务和举措，从而为今后一段时期的检察改革工作指明了方向。

然而，新形势下"四大检察"工作的开展仍旧面临许多新的问题，亟须检察理论研究及时跟进、破题解局。比如，"四大检察"的法律依据、理论基础何在？"四大检察"之间的内在关系是什么？如何理解"四大检察"全面协调充分发展的内涵？推动"四大检察"全面协调充分发展的路径何在？诸如此类基础性问题，均是我们正确认识和推动"四大检察"全面协调充分发展的检察改革目标要求的前提。鉴于此，本章拟探讨"四大检察"的理论依据问题，在此基础上再对"四大检察"全面协调充分发展的内涵加以详细解读，从而明确"四大检察"之间的内在关系及其全面协调充分发展的具体要求和路径，以期有助于"四大检察"全面协调充分发展的检察改革目标之实现。

二、"四大检察"体系构建的理论依据

在我国，检察机关作为国家法律监督机关的宪法定位决定了法律赋予检察机关的各项职权在本质上均具有法律监督的性质。检察机关设置的目的和存在的根本价值，在于通过法律监督来保障法律的统一正确实施。这既是检察权的根本属性，也

是检察权在国家权力结构中独立设置的根本目的。[1] 检察机关的职能设置应当符合法律监督的目的和需求。为了维护国家法律在各领域的统一正确实施，法律监督的职能范围应当全面覆盖法律实施的三大领域，即涵盖对执法活动的监督、对守法情况的监督以及对司法活动的监督。面对新形势新任务新要求，推动“四大检察”全面协调充分发展是全面履行检察机关法律监督职责的需要。

（一）“四大检察”符合法律监督的目的

我国宪法和人民检察院组织法均明确规定，人民检察院是国家的法律监督机关。据此，我国检察机关的法律定位应当是“国家的法律监督机关”，而不是单纯的公诉机关。检察机关作为国家法律监督机关的宪法地位表明，检察机关是在国家权力机关之下与行政机关、审判机关和军事机关并列的专门的法律监督机关，而不是广义上的全面监督法律实施的机关（如人民代表大会及其常务委员会、监察委员会）。检察机关依法代表国家行使法律监督权，其通过对司法工作人员职务犯罪进行立案侦查、批准逮捕、提起公诉，对公安机关的立案侦查活动实施监督、对人民法院的判决裁定予以抗诉等法定职权手段，对法律的实施和遵守进行个案监督，这些都是检察机关所独有的专门的法律监督职权。

检察机关的宪法定位决定了检察权的定性。检察机关既然属于国家的法律监督机关，那么法律赋予检察机关的各项职权（检察权）的根本属性就应当是法律监督权。值得特别指出的是，检察机关的公诉职能与法律监督机关的宪法定位并不矛盾，公诉权的各项权能都在不同程度上具有保障法律统一正确

〔1〕 张智辉：《论检察权的构造》，载《国家检察官学院学报》2007 年第 4 期。

实施的监督作用，不同程度、不同侧面、不同方式地体现着法律监督的性质，从而也就从整体上决定了公诉权在本质上具有法律监督的属性。[1] 当然，在中国，检察机关所享有的以公诉权为代表的追诉权无疑同时也具有司法权的性质，这使得检察权兼具监督权和司法权的双重属性。对此，正如有观点所指出的，在检察权的基本属性中，司法权是监督权得以实现的基础，离开办案的监督会成为“无源之水、无本之木”，检察权不能片面强调监督属性忽视司法属性，也不能片面强调司法属性忽视监督属性，两者辩证统一于检察权之中，呈现“在监督中办案，在办案中监督”的状态。[2] 由此可见，检察机关作为国家专门的法律监督机关，既担负追诉犯罪的诉讼职责，又担负维护人权、保障诉讼活动依法进行的监督职责，所有检察职责均旨在维护法律统一实施和公正司法。[3]

检察机关作为国家法律监督机关的宪法定位，决定了检察权的配置应当符合法律监督的目的和需求，否则，检察机关作为国家法律监督机关的宪法设置的根本价值和目标就会落空。对此，正如张智辉教授所指出的：“检察权的构造应当紧紧围绕实现法律监督目的的内在需求来设置。离开了法律监督的目的要求，谈论检察机关应当具有哪些职权、不应当具有哪些职权，都将是无的放矢的空谈，检察权的构建也就会迷失方向。”[4]

那么，检察机关作为国家法律监督机关的目的设定，具体

〔1〕 张智辉：《中国特色检察制度的理论探索——检察基础理论研究 30 年述评》，载《中国法学》2009 年第 3 期。

〔2〕 苗生明：《新时代检察权的定位、特征与发展趋向》，载《中国法学》2019 年第 6 期。

〔3〕 樊崇义：《检察机关深化法律监督发展的四个面向》，载《中国法律评论》2017 年第 5 期。

〔4〕 张智辉：《论检察权的构造》，载《国家检察官学院学报》2007 年第 4 期。

如何决定检察权的构造呢？对此，主要体现在如下三个方面：[1] 首先，检察机关的各项职权必须按照法律监督的需要来配置。法律监督是对法律实施情况的监督，而法律的实施包括执法、守法和司法三个方面。与之相适应，检察机关的监督职权在范围上也应当能够延伸到这三个领域，检察权行使的范围应当包括对执法活动的监督、对守法情况的监督和对司法活动的监督。其次，检察权的配置要能够保证检察机关有效完成法律监督的职责任务。为了能够有效地对上述三个领域实施法律的情况进行监督，法律赋予检察机关的监督手段即职权在内容上应当能够保证检察机关及时发现法律实施中存在的问题，并具有阻止或纠正问题的法定职权（如调查核实权、追诉权、建议权等），从而使检察机关的法律监督职责得以实现。最后，检察权的配置必须符合中国的实际。尽管从法律监督的需要上看，检察机关的职权应该延伸到法律实施的各个领域，但是，由于一方面受司法资源的有限性限制，另一方面不同法律实施领域的违法情况及其严重程度存在客观差异，这决定了检察机关不可能对法律实施过程中出现的所有违法行为都进行监督，而只能是根据当前中国的实际情况，对法律实施中影响比较严重的问题和重要的方面进行监督。也正是在这个意义上可以说，检察机关的法律监督职权体系建设具有一定的发展性和阶段性，[2] 其在本质上反映了特定的时代背景及其法治需求。

（二）"四大检察"符合检察权的科学分类

把法律赋予检察机关的各项职权划分为刑事检察、民事检察、行政检察和公益诉讼检察四大类型，并由此重构法律监督

---

〔1〕 张智辉：《论检察权的构造》，载《国家检察官学院学报》2007年第4期。

〔2〕 甄贞、梁景明：《"法律监督体系"建设的阶段论刍议》，载《人民检察》2018年第3期。

体系，具有内在的合理性。

第一，便于区分法律监督的不同领域，根据不同领域的特点和规律来实施法律监督。刑事法律监督（刑事检察）、民事法律监督（民事检察）、行政法律监督（行政检察）、公共利益监督（公益检察或称公益诉讼）中的每一个类别，不仅适用的法律门类不同，监督的对象不同，遵循的原理原则也存在很大的差异。比如刑事诉讼监督与民事诉讼监督，虽然都包含了对诉讼活动的监督，但刑事领域与民事领域，无论是监督的对象还是适用的法律，无论是遵循的原理还是认定事实的证据标准，都存在很大的差异。只有把它们区分开来，才有利于检察人员更深入地学习掌握不同领域的规律，更好地履行法律监督的职责。俗话说，"隔行如隔山"，不区分不同的法律部门，不了解不同法律部门的原理和规律，就很难做好该领域的工作。

第二，便于组织实施法律监督工作。徒法不足以自行。法律赋予检察机关的各项职能，在检察机关内部，必然要分部门来组织实施。如果把具有刑事追诉职能的逮捕权、公诉权与对刑事诉讼活动的法律监督权分离开来，由不同的部门来实施，那么，负责批捕、起诉工作的部门，在审查批准逮捕、审查起诉过程中就可能不会关注对侦查活动的监督，而负责诉讼监督的部门由于不能介入审查批准逮捕、审查起诉的过程，也就没有渠道来发现侦查活动中是否存在违反法律的情况，难以进行有效的法律监督。[1] 相反，按照诉讼领域来设置检察机关的内设机构，把与刑事诉讼有关的检察职权交给一个部门来行使，

〔1〕 前些年，有的地方检察机关曾进行过诉讼职能与诉讼监督职能适当分离的实践。这种构想在理论上是可行的，但实践的结果并不理想。一是能够分离的范围很有限（只是把刑事案件的抗诉权从公诉权中分离出来，设立刑事诉讼监督部门）；二是对诉讼活动的监督仍然需要通过审查批准逮捕、审查起诉来进行。分离的实践意义并不明显。

把与民事诉讼或者行政诉讼有关的检察职权分别交给另外的部门来行使，就便于统一行使该领域相关的检察职权，达到法律监督的目的，便于检察机关的内部管理和对业务活动质量的考核。

第三，便于不断改进法律监督工作。按照不同的领域来组织实施检察职权，这种专业分工有利于检察人员学习和把握不同领域的活动规律，提高专业化水平，有利于检察机关及时发现法律监督过程中存在的问题，因而更有利于针对问题采取改进的措施，同时也有利于上级检察机关分析情况、指导工作。

当然，按照“四大检察”的格局来组织实施检察工作并不是无视检察职权内部的差异性，不是要完全按照相同的规则来行使检察职权或者按照相同的标准来考核衡量检察工作的优劣。把法律赋予检察机关的各项职权分为四大类，是为了便于检察职权的组织实施，但在具体实施每一类检察职权时，还应当考虑同一领域中的检察职权之间的差别，遵循权力行使的规律和规则。例如，在刑事检察领域，应当充分注意到刑事追诉权与刑事诉讼活动监督权的不同要求。在决定是否批准逮捕、是否提起公诉时，注重对案件事实和证据材料的审查判断、对法律适用标准的正确把握；在决定是否启动对诉讼活动的法律监督时，则应注重对违法情况的调查和对监督必要性的分析。在民事检察领域，同样要重视对生效的民事判决裁定进行审查与对民事诉讼活动中违法情况的监督之间的差别，不仅要按照不同的标准进行审查，而且要遵循各自的规律和规则进行监督，不能混同不同类型的法律监督行为。

（三）“四大检察”是全面履行法律监督职责的需要

众所周知，在国家监察体制改革以前，以职务犯罪侦查、审查批捕、提起公诉为核心的刑事检察职能，在检察机关的职权体系中一直处于绝对的支配地位。如果从历史的、阶段性的视角来看，刑事检察一家独大的检察权构造格局无疑是符合当时的中国实际的。因为一方面，刑事犯罪对法律的破坏相对于民事违法和行政违法要严重得多，其社会危害性也是最大的，法律将检察追诉权行使的重点放在刑事追诉权方面无疑是理所当然的，这也是世界各国的通行做法；另一方面，由于检察机关承担了职务犯罪侦查这项极为重要且繁重的司法职权，需要占用大量的检察资源，在司法资源有限性的情况下，不可能再集中大量的精力来对民事违法行为和行政违法行为行使法律监督职责。由此可见，我国检察机关长期存在的“重刑轻民（行）”的法律监督格局具有历史的、阶段的合理性。

不过，进入新时代，我国社会的主要矛盾已经转化为人民日益增长的美好生活需要和不平衡不充分的发展之间的矛盾，人民美好生活需要日益广泛，不仅对物质文化生活提出了更高要求，而且在民主、法治、公平、正义、安全、环境等方面的要求日益增长。〔1〕与新形势新任务新要求相比，检察工作、检察队伍仍然存在不少亟须解决的问题和亟须补强的短板，法律监督工作的不平衡、不协调、不充分与人民日益增长的美好生活需要不相适应，迫切需要通过改革，推动检察职能得到全面、充分履行，为人民群众提供更丰富、更优质的法治产品、检察产品。〔2〕尤其是随着国家监察体制改革的实施落地，检察机关完成了空前而又深刻的职能、机构调整和人员转隶，这为人们理性认同检察机关是国家的法律监督机关、为检察机关回归法律监督主责主业创造了主客观有利条件，为推进检察机关

〔1〕 2017年10月18日习近平总书记在中国共产党第十九次全国代表大会上作的《决胜全面建成小康社会夺取新时代中国特色社会主义伟大胜利》的报告。

〔2〕 最高人民检察院2019年2月发布的《2018—2022年检察改革工作规划》。

法律监督职能全面协调充分发展提供了强大动力和历史契机。

检察权作为宪法法律赋予检察机关履行法律监督职责的基本手段，其权能设置和实践运行应当符合检察机关法律监督的宪法定位。为了维护国家法律在各领域的统一正确实施，检察权应当跨越公法和私法两大法律领域，涵盖刑法、民法、行政法等不同法律部门。[1] 追诉权作为检察权中最基本最重要的一项核心权能，是检察机关行使法律监督权最主要的表现形式。为了全面履行法律监督职责，检察机关的追诉权既应当包括对构成犯罪的行为提请人民法院审判并追究刑事责任的权力，也应当包括对严重侵犯社会公共利益的民事侵权行为和行政侵权行为提请审判机关追究侵权责任和进行赔偿的权力，还应当包括对执法活动中严重违法行为依照法律规定的权限提请有关机关追究违法主体的行政责任或纪律责任的权力，以及对不当追究法律责任的决定依法进行抗诉或者提请复议的权力。[2] 换言之，一个完整的全面体现检察机关法律监督宪法定位的追诉权，应当涵盖刑事追诉权、民事追诉权和行政追诉权三大部门法领域。唯有如此，方能使检察权行使的范围全面覆盖法律实施的三大领域，即涵盖对执法活动的监督、对守法情况的监督以及对司法活动的监督。

近年来，法治的进步、改革的深化、实践的探索，为突出检察机关是国家法律监督机关的宪法地位，以及刑事检察、民事检察、行政检察和公益诉讼检察“四大检察”全面协调充分发展积聚了必要基础和充分条件。[3] 正是出于全面履行法律监

---

〔1〕 苗生明：《新时代检察权的定位、特征与发展趋向》，载《中国法学》2019 年第 6 期。

〔2〕 张智辉：《论检察权的构造》，载《国家检察官学院学报》2007 年第 4 期。

〔3〕 王祺国：《法律监督的构建与实施》，载《人民检察》2019 年第 16 期。

督职责的目的需要，我国陆续对三大诉讼法进行了重大修改，检察机关的法律监督职能由此得以一步步发展完善。尤其是随着民事、行政公益诉讼制度在民事诉讼法和行政诉讼法中的同步确立，开创了检察机关对法定领域民事活动、行政执法活动进行法律监督的新局面，从而使检察机关的法律监督范围拓展到了生态环境、食品药品、国有财产保护、国有土地使用权出让、英雄烈士权益保护等民事活动和行政执法领域，法律监督的领域和方式均有了突破性变化。根据我国现行法律的相关规定，检察机关的法律监督职能已经全面涵盖了刑事法律监督、民事法律监督和行政法律监督三大法律监督领域。[1] 不仅如此，行政诉讼法、民事诉讼法和人民检察院组织法等相关法律还明确规定了检察机关行使调查核实权、提出检察建议等法律监督的手段和方式。由此，我国长期以来刑事检察一家独大的不全面不协调不充分的法律监督格局得以扭转，检察机关的法律监督职能在刑事诉讼、民事诉讼、行政诉讼三大诉讼领域的分布逐渐趋于平衡。

新时代检察机关法律监督职能的全方位发展，为构建和实施"四大检察"法律监督职能体系提供了根本的坚实的法治依据。自2019年1月17日张军检察长在全国检察长会议上强调要推动"四大检察"全面协调充分发展，至2019年3月15日十三届全国人大二次会议通过《关于最高人民检察院工作报告的决议》，并将刑事、民事、行政、公益诉讼"四大检察"首次明确写进全国人大决议，"四大检察"法律监督新格局已经正式获得国家最高权力机关的认同与肯定。随着检察机关内设

〔1〕 秦前红、王天鸿：《国家监察体制改革背景下检察权优化配置》，载《理论视野》2018年第8期。

机构改革的逐步有序推进和落实，当前我国检察机关已经形成了“四大检察”“十大业务”的检察工作新格局，检察机关法律监督总体布局实现刑事、民事、行政、公益诉讼检察并行发展的态势。

首先，在刑事检察法律监督方面，根据我国现行刑事诉讼法和人民检察院组织法等相关法律规定，检察机关的刑事法律监督职权已经全面覆盖了立案监督、司法工作人员利用职权实施犯罪的侦查、侦查监督、批准和决定逮捕、提起公诉、抗诉、刑事执行等从实体监督到程序监督、从诉前监督到诉中监督再到诉后监督的全部刑事领域。应当说，刑事法律监督实现全阶段全领域覆盖，不仅极大地巩固了作为检察机关传统强项的刑事检察职能，而且更为“四大检察”法律监督职能的顺利履行（尤其是对民事、行政诉讼中的司法人员违法行为的监督）提供了整体保障。在国家监察体制改革后，由于法律监督失去了职务犯罪侦查权的支撑，许多理论和实务工作者担心这会导致检察机关诉讼监督职能的进一步软化和弱化。[1] 不过，好在新修改后的刑事诉讼法仍然为检察机关保留了对司法工作人员利用职权实施犯罪的侦查权，从而可以继续为检察机关履行诉讼监督职责提供有力保障。

其次，在民事检察法律监督方面，根据我国现行民事诉讼法和人民检察院组织法等法律以及相关司法解释文件的规定，检察机关的民事检察法律监督职权包括对生效判决和裁定及调解书等民事诉讼结果的监督、对民事审判程序中审判人员违法行为的监督、对民事执行活动的监督以及提起民事公益诉讼和

---

〔1〕 朱孝清：《国家监察体制改革后检察制度的巩固与发展》，载《法学研究》2018 年第 4 期。

刑事附带民事公益诉讼等多元化民事法律监督格局。对比修改前的法律规定，现行民事诉讼法将民事法律监督的范围从民事审判活动扩大到整个民事诉讼领域，新增了检察建议、调查核实等监督方式和手段，规范了当事人申请法律监督的条件和程序，为检察机关全面正确开展民事检察工作，坚持和完善中国特色社会主义民事检察制度奠定了更加坚实的法律基础。[1] 不过，从司法实践情况来看，检察机关对民事诉讼活动监督的重点主要还是集中在诉讼结果监督和审判人员违法行为监督上，而较少涉及纯粹的程序性事项的法律监督。事实上，修改后的民事诉讼法用“民事诉讼”的表述取代了此前的“民事审判活动”的表述，其立法用意就在于将检察机关对民事诉讼的法律监督权扩充到民事诉讼的全部领域，包括实体性监督对象与程序性监督对象。[2] 尤其是像特别程序、督促程序、破产程序、公示催告程序、海事诉讼特别程序、涉外民事诉讼程序等涉及的纯粹程序性事项，无疑也应当被纳入监督范围。因此，检察机关在重点做好对人民法院诉讼结果监督、审判人员违法行为监督和执行监督外，还要考虑全面监督各种民事诉讼程序，建立健全各种监督机制。

再次，在行政检察法律监督方面，根据我国现行行政诉讼法和人民检察院组织法等法律以及《人民检察院行政诉讼监督规则》等相关司法文件的规定，检察机关的行政法律监督职权包括对行政案件受理、审理、裁判、执行等行政诉讼的监督以及对人民检察院在履行职责中发现的生态环境和资源保护、食品药品安全、国有财产保护、国有土地使用权出让等领域负有

〔1〕 庄永廉、郑新俭、汤维建、肖建华、刘传稿：《如何健全协调发展的多元化民事检察监督格局》，载《人民检察》2017 年第 5 期。

〔2〕 汤维建：《民事法律监督制度的定位》，载《国家检察官学院学报》2013 年第 2 期。

监督管理职责的行政机关违法行使职权或者不作为的法律监督（提出检察建议、提起行政公益诉讼）。此外，根据相关中央文件要求，未来还需要进一步“完善对涉及公民人身、财产权益的行政强制措施实行司法监督制度”，“检察机关在履行职责中发现行政机关违法行使职权或者不行使职权的行为，应该督促其纠正”。〔1〕由此，我国行政法律监督的内涵得到了极大的丰富和提升，其既包括行政诉讼法律监督又包括诉讼外行政法律监督，〔2〕后者具体包含行政违法行为法律监督（仅限特定领域）、行政强制措施法律监督（尚未被我国法律所确立）与行政公益诉讼（仅限特定领域）等三项监督职能。当前，行政检察仍然是检察机关各项法律监督职能“弱项中的弱项”，对行政违法行为的法律监督存在较大空白，不利于全面覆盖检察机关的法律监督职责。因此，为了保障法律的正确实施、为了保障公民权利不受行政违法行为的侵犯，促进法治政府建设，有必要进一步扩大对行政违法行为的法律监督领域范围。

最后，在公益诉讼法律监督方面，根据我国现行民事诉讼法、行政诉讼法、人民检察院组织法、英烈保护法等法律以及“两高”《关于检察公益诉讼案件适用法律若干问题的解释》的规定，当前我国已经初步建成民事公益诉讼与行政公益诉讼并行的公益诉讼法律监督格局。具体而言，《民事诉讼法》第55条确立了民事公益诉讼检察制度，人民检察院对于在履行职责中发现破坏生态环境和资源保护、食品药品安全领域侵害众多消费者合法权益等损害社会公共利益的行为，可以在一定条

〔1〕2014年党的十八届四中全会通过的《中共中央关于全面推进依法治国若干重大问题的决定》。

〔2〕肖中扬：《诉讼外行政法律监督顶层设计刍议——以“宁夏经验”为基点推动制度机制的构建》，载《人民检察》2015年第6期。

件下向人民法院提起民事公益诉讼。《行政诉讼法》第25条确立了行政公益诉讼检察制度，人民检察院对于在履行职责中发现生态环境和资源保护、食品药品安全、国有财产保护、国有土地使用权出让等领域负有监督管理职责的行政机关违法行使职权或者不作为，致使国家利益或者社会公共利益受到侵害的，应当向行政机关提出检察建议，督促其依法履行职责；行政机关不依法履行职责的，人民检察院依法向人民法院提起行政公益诉讼。此外，《英雄烈士保护法》第25条还规定，检察机关可以在一定条件下依法对侵害英雄烈士的姓名、肖像、名誉、荣誉，损害社会公共利益的行为向人民法院提起民事公益诉讼。

探索建立检察机关提起公益诉讼制度，是党的十八届四中全会作出的一项重大改革部署，也是以法治思维和法治方式推进国家治理体系和治理能力现代化的一项重要制度安排。[1] 有了民事、行政公益诉讼检察制度，我国检察机关的法律监督职能才真正实现对司法、守法、执法三大法律的实施领域的全面覆盖，从而使检察权的配置和运行真正符合检察机关是国家法律监督机关的宪法定位。有了民事、行政公益诉讼检察制度，我国检察机关才得以在民事、行政诉讼监督之外，实现对民事违法行为和行政违法行为的法律监督，由此极大地扩充了民事法律监督和行政法律监督的职权和法律内涵，这对于打破一直以来刑事检察一家独大的不全面不协调不充分的法律监督旧格局，从而构建刑事检察、民事检察、行政检察三大部门法领域的法律监督职能的全面协调发展的法律监督新格局，无疑具有

〔1〕 2019年10月23日最高人民检察院检察长张军在第十三届全国人民代表大会常务委员会第十四次会议上所作的《最高人民检察院关于开展公益诉讼检察工作情况的报告》。

重要的推动作用。

正因为此，最高人民检察院将公益诉讼检察作为新时代检察工作创新发展的重要方面，与刑事检察、民事检察、行政检察并列为“四大检察”统筹推进。2019 年 10 月 23 日最高人民检察院检察长张军在第十三届全国人民代表大会常务委员会第十四次会议上所作的《最高人民检察院关于开展公益诉讼检察工作情况的报告》（以下简称《公益诉讼检察报告（2019）》）指出：2017 年 7 月至 2019 年 9 月，全国检察机关共立案公益诉讼案件 214740 件，办理诉前程序案件 187565 件、提起诉讼 6353 件；其中，2017 年 7 月至 12 月立案 9170 件；2018 年立案 113160 件；2019 年 1 月至 9 月立案 92410 件，同比上升 68.98%。至 2018 年 11 月，全国基层检察院办理公益诉讼案件已实现全覆盖。作为新赋予检察机关的职权，公益诉讼办案数量的“爆发”，为建立“四大检察”新格局的必要性提供了有力的注脚。[1] 我们认为，这组宏观数据不仅在客观上反映出检察公益诉讼在我国的蓬勃发展势头，表明检察机关提起公益诉讼本身已经取得了一定的成效，其更意味着我国检察机关法律监督职能体系建设正朝着全面协调充分发展的方向不断推进，以及我国检察机关作为国家法律监督机关的宪法地位正在得以不断巩固和完善。

综上可见，从法律监督的领域来看，“四大检察”职能体系不仅全面覆盖了刑事、民事和行政三大部门法领域，而且还全面覆盖了执法、司法、守法三大法律的实施领域，可谓真正实现了检察机关法律监督职能的全阶段全领域覆盖。从各项法

〔1〕 姜洪：《“四大检察”“十大业务”，检察工作迎来新格局——“贯彻落实全面依法治国新理念新思想新战略，推进法律监督工作实现新发展”系列述评之一》，载《检察日报》2019 年 7 月 15 日第 1 版。

律监督职能之间的关系来看，“四大检察”之间既有职责分工、相互独立，同时又相互配合、相互依存、相互借力、相互促进。

我们认为，“四大检察”法律监督体系格局不仅契合检察机关作为国家法律监督机关的宪法定位和要求，实现了检察机关法律监督职权的全阶段全领域覆盖，而且还有助于促进各领域内的法律监督职能的全面协调充分发展。因此，“四大检察”法律监督布局无疑是科学合理且具有坚实法律依据的。“四大检察”是支撑中国特色社会主义检察制度这一法治大厦的支柱，是依法履行好宪法、法律赋予法律监督职能的总纲，对我国检察事业在新时代创新发展具有重要意义。[1] 未来，检察机关应当继续坚持突出法律监督主业，围绕刑事、民事、行政和公益诉讼“四大检察”全面协调充分发展的总体目标要求，健全完善我国检察机关的法律监督职能体系。

三、“四大检察”的内在关系

健全完善“四大检察”全面协调充分发展的法律监督体系，是当前检察改革的核心目标和任务。“四大检察”全面协调充分发展作为新时代检察机关法律监督主业创新发展的总体要求，它在开辟了“四大检察”法律监督职能体系工作格局的同时，更高度精练地总结了“四大检察”之间的相互关系和发展要求，从而为“四大检察”的构建与实施提供了顶层设计和具体方案。

（一）“四大检察”全面协调充分发展的内涵

长期以来，刑事法律监督在检察机关的职能体系中一直都占据着绝对的支配地位，从而形成一种根深蒂固的“重刑轻民

〔1〕 王祺国：《法律监督的构建与实施》，载《人民检察》2019 年第 16 期。

(行)”的法律监督工作格局。显然，如果仅仅注重职务犯罪侦查、批捕、公诉等刑事法律监督职能，而忽视民事法律监督和行政法律监督，那么，这样的法律监督格局无疑是不全面、不协调、不充分的，无法真正体现“检察机关是国家的法律监督机关”这一宪法定位和要求。不过，随着国家监察体制改革的落地，检察机关传统上以职务犯罪侦查为重心的刑事检察职能定位、工作布局、组织模式发生了根本性改变。这为检察机关打破刑事检察一家独大的格局，突出国家法律监督机关的宪法定位，确立全面覆盖法律监督需要的职权体系提供了强大动力和历史机遇。

“四大检察”法律监督职能体系的提出，将民事检察、行政检察、公益诉讼检察摆到了与刑事检察同等重要的地位，要求“四大检察”协同共进，实现全面协调充分发展。“四大检察”都是检察机关法律监督职能的重要组成部分，都是为满足新时代人民群众对法治和公平正义新需求而开展的重要工作，因此，必须整体部署，统筹安排，相互融合，协调共进，而不应顾此失彼，厚此薄彼，壁垒分割，影响法律监督的整体效能。[1]

确立刑事检察、民事检察、行政检察和公益诉讼检察“四大检察”全面协调充分发展的重要目的，是从整体上体现和维护检察机关作为国家法律监督机关的宪法地位。全面协调充分发展，是“四大检察”的立身之基、发展之要，是正确把握和有效实施“四大检察”的主线。[2]“四大检察”全面协调充分发展，既是对各项检察职能的具体发展要求，更是对检察机关

〔1〕万春：《“四大检察”协同共进 实现全面协调充分发展》，载《检察日报》2019年10月24日第3版。

〔2〕王祺国：《法律监督的构建与实施》，载《人民检察》2019年第16期。

的法律监督职能体系的总体发展要求，其为我们科学界定新时代刑事检察、民事检察、行政检察和公益诉讼检察之间的相互关系，进而合理构建和实施“四大检察”法律监督体系和工作格局提供了基本指引。

1. “四大检察”之间的内在联系

刑事检察、民事检察、行政检察与公益诉讼检察作为检察机关的四大检察职能，均属于检察机关法律监督权的重要组成部分。因此，作为检察机关的四项法律监督主业，“四大检察”之间存在相当广度和深度的内在联系。总体来看，“四大检察”既各司其职、相互独立，又互相联系、互相依存、互相配合、互相促进、共生共长。“四大检察”全面协调充分发展的检察改革要求，正是基于“四大检察”之间的内在联系而提出的，尤其是对“四大检察”之间的基本关系和内在逻辑的科学总结。

首先，刑事检察、民事检察、行政检察与公益诉讼检察四大检察职能之间相互关联、相互依存、融合互通是“四大检察”的基本发展取向。

具体而言，从“四大检察”的业务内容来看，刑事检察、民事检察、行政检察与公益诉讼检察之间具有广泛而深刻的联系。比如，在刑事检察中，存在刑事附带民事公益诉讼等内容；在民事检察、行政检察和公益诉讼检察中，则会涉及司法工作人员职务犯罪、行政机关工作人员不正确履行或者不履行职责涉嫌渎职犯罪线索的发现和移送等刑事问题。再如，行政检察与行政公益诉讼检察之间更是存在千丝万缕的联系。当前，我国行政检察的内涵得到了极大的丰富和提升，其既包括行政诉讼法律监督又包括诉讼外行政法律监督，[1] 后者具体包含行政违法行为法律监督、行政强制措施法律监督与行政公益诉讼等三项监督职能。其中，行政公益诉讼作为一项已经被行政诉讼法、人民检察院组织法等基本法律所确立的检察制度，其在当下实际上同时承担着诉讼外行政法律监督的重任。根据《行政诉讼法》第25条之规定，人民检察院对于在履行职责中发现的生态环境和资源保护、食品药品安全、国有财产保护、国有土地使用权出让等领域负有监督管理职责的行政机关违法行使职权或者不作为，致使国家利益或者社会公共利益受到侵害的，应当向行政机关提出检察建议，督促其依法履行职责。行政机关不依法履行职责的，人民检察院有权依法向人民法院提起诉讼。由此可见，行政公益诉讼检察制度实际上内含检察机关对特定领域内的行政违法行为的法律监督职权，其与行政诉讼法律监督在本质上是融合互通的。

从"四大检察"的职权关系来看，刑事检察、民事检察、行政检察与公益诉讼检察之间具有相互依存、相互借力、相互促进的关系。在"四大检察"中，刑事检察无疑是最具强制力的一项法律监督职权，尤其是其中的司法工作人员职务犯罪侦查、审查批准逮捕、提起公诉等刑事检察权，对于增强检察机关行政监督和诉讼监督的刚性和质效，起着重要的威慑和保障作用。对此，正如有学者所指出的："检察机关重建四十年来的历史经验充分表明，纠正违法行为和错误决定与侦查职务犯罪这二者相辅相成，不可或缺：通过纠正违法行为和错误决定，可以发现一些职务犯罪线索；通过侦查职务犯罪，可以促

[1] 肖中扬：《诉讼外行政法律监督顶层设计刍议——以"宁夏经验"为基点推动制度机制的构建》，载《人民检察》2015年第6期。

进纠正意见或者建议的落实。诉讼监督如果只有监督违法行为、错误决定的权力，而无必要的职务犯罪侦查权作为支撑，诉讼监督就会软弱无力。检察机关纠正违法行为、错误决定的权力与职务犯罪侦查权相结合，以职务犯罪侦查权为支撑，诉讼监督才能由软变硬，检察机关也才能更好地履行诉讼监督职能。”〔1〕此外，对于特定领域内的行政违法行为的法律监督而言，行政公益诉讼检察制度无疑也是一项极为重要的制度性保障，其通过赋予检察机关提起行政公益诉讼的法定职权，来威慑和保障行政机关积极按照检察建议的要求来正确履行法定职责，从而在很大程度上提升行政违法行为法律监督的刚性和质效。由此可见，“四大检察”虽然在表面上各司其职、相互独立，但是，它们之间不论是在职权范围和职权关系上，均存在广泛而深刻的联系。

其次，“四大检察”法律监督的方式具有一定的共通性。

从“四大检察”履行职责的方式来看，既有诉讼方式，又有非诉讼方式，人民检察院组织法赋予检察机关八项基本职权，并明确了抗诉、提出纠正意见、检察建议以及调查核实、检查审查等行使职权的具体方式，形成了检察机关履行法律监督职责的立体化职责权限体系，对此需要予以统筹综合运用。在实践中，“四大检察”职权行使所遇到的许多问题均具有一定的共通性和普遍性。比如，调查核实权作为检察机关进行法律监督的一项法定权力，由于现行立法并未赋予检察机关与法律监督调查核实权相配套的结构性权力，尤其是具有强制性的保障性权力，导致实践中调查核实权运行不畅、效果不佳，对

〔1〕朱孝清：《国家监察体制改革后检察制度的巩固与发展》，载《法学研究》2018年第4期。

检察机关有效行使法律监督职权造成非常大的障碍。除此之外，检察建议作为检察机关进行法律监督的一项重要形式，也都普遍面临着刚性不足的问题，这严重影响了检察机关法律监督的质效。如何规范、细化、保障、强化检察机关调查核实权的行使，如何增强检察建议的刚性，提升法律监督的质效，是“四大检察”制度建设共同面临的重要而迫切的课题。

最后，“四大检察”在司法资源配置和配套机制建设方面具有协调性和统筹性。

从四大检察的司法资源配置上看，四大检察全面协调充分发展要改变过去检察机关刑事检察一家独大现状，但不是片面追求形式上的平衡，而是遵循诉讼规律，因事设岗，因事明责，从新时代人民群众的需求、不同诉讼特点以及监督案件发生量等实际出发，优化人员结构、资源配置，既要全面，又要协调，并且在各自领域充分发展，以获取最优的监督实效。[1]不仅如此，“四大检察”作为检察机关法律监督职权体系的重要组成部分，尽管业务内容存在一定差异，但是在权力性质上均同属检察权（法律监督权），因此，“四大检察”的权力运行逻辑在本质上是相同的，相关配套机制的建设自然应当统筹协调推进。

2. “四大检察”的一体化统筹推进

基于“四大检察”之间存在的广泛而深刻的内在联系，“四大检察”法律监督职能体系的构建和实施必须按照一体化的思路予以统筹推进，如此方能实现“四大检察”的全面协调充分发展。“四大检察”的职能分工和工作布局并不意味着“部

〔1〕 万春：《“四大检察”协同共进 实现全面协调充分发展》，载《检察日报》2019年10月24日第3版。

门本位主义"，相反，"四大检察"之间的内在联系要求检察机关内部必须打破部门法的壁垒，从而在整体上发挥法律监督的效能。[1]

在理论上，有观点认为，应当确立一种整体的法律监督观，以此来认识和发展我国检察机关的法律监督职能。这是十分必要的。一方面，整体法律监督观将"四大检察"法律监督职能视为一个整体，这既符合"四大检察"之间相互联系、相互依存、分工合作的内在关系，又契合了当前我国检察机关的法定领导体制，真正体现并践行了检察一体化的原则要求。"领导体制的一体性是中国特色社会主义检察制度的重要国情特色，显现了国家的法律监督职能及其实现需要得到统一而强有力的一体的组织、制度保证，以在全面协调充分发展的法律监督工作中，既保证实现检察机关的法律监督工作自上而下一条龙，又保证各地各级检察机关开展法律监督工作一盘棋。只有把法定领导体制优势切实转变为推动整体法律监督的体制优势，增强领导力、执行力，纵向合拍，横向合力，才能有效克服行使法律监督职能的各种地方和外部不正当影响、干扰，保证法律监督意志的恒性和法律监督活动的刚性。"[2]

另一方面，整体法律监督观要求坚持以点带面、统筹兼顾的科学发展观基本原理，对"四大检察"工作予以统筹推进，从而既保证"四大检察"在整体层面上全面协调充分发展，又确保刑事检察、民事检察、行政检察和公益诉讼检察在各自层面上全面协调充分发展。例如，统筹推进监督立案、纠正违法、抗诉、再审检察建议等法定法律监督方式，有助于"四大

---

〔1〕 苗生明：《新时代检察权的定位、特征与发展趋向》，载《中国法学》2019年第6期。

〔2〕 王祺国：《论确立整体法律监督观》，载《法治研究》2019年第3期。

检察”工作实现精准监督、有效监督；统筹推进相关配套机制建设和司法资源配置，有助于“四大检察”协同共进、协调发展。因此，整体法律监督观既符合我国检察机关自上而下的一体化领导体制，又符合我国检察机关作为国家法律监督机关的宪法定位，是实现“四大检察”全面协调充分发展的应然内涵和必然要求。

基于整体法律监督观，“四大检察”法律监督体系的一体化统筹推进，应当兼顾“四大检察”发展的全面性、协调性和充分性等三个方面的要求。其中，全面性基于“四大检察”是一个相互依存、互相关联的检察机关法律监督职能体系的有机统一体，它是协调性和充分性的前提和基础，而协调性、充分性是全面性的保证和提升，共同从整体上提升法律监督的能力、水平，共同增强法律监督的权威性和公信力，更高质量更高水平实现人民群众对美好生活多层次、宽领域的需求，更高质量更高水平维护国家法律的统一正确实施。[1]

全面性要求“四大检察”应在整体上依法全面开展，切实改变以往“重刑轻民”的机构设置、力量配置、评价机制，保证“四大检察”法律监督领域都有对应的业务机构、组织体系、工作机制，都能够在全国四级检察机关落地生根。应当说，随着检察机关内设机构改革的推进落实，当前我国已经初步建立起了“四大检察”的法律监督体系格局，检察机关的法律监督职权已经全面覆盖到刑事、民事、行政等部门法领域，刑事检察一家独大的局面也正在扭转。从这个意义上来说，“四大检察”发展的全面性要求已经初步实现，当下的关键在于推进“四大检察”更加协调充分地发展。

---

〔1〕 王祺国：《法律监督的构建与实施》，载《人民检察》2019年第16期。

协调性要求“四大检察”监督领域既应依法履行好各自的法定职责，不可怠于职守、转移责任，又要从共同体立场出发兼顾各方、相互照应、互相支持，以“1 + 1 > 2”的功效使法律监督均衡发展、效果倍增。显然，协调性是基于“四大检察”之间所具有的广泛而深刻的内在联系而提出的发展要求。“四大检察”作为检察机关法律监督职能体系的重要组成部分，不应当各自为政、相互割裂，而应当分工协作、相互配合、相互依存、相互促进。“四大检察”之间只有实现良性互动、融合互通，才能将检察机关法律监督职权的一体化优势发挥出来，从而在整体上提升法律监督的质效。

充分性既要求法律监督整体上应充分发展，也要求“四大检察”监督本身应充分发展，即针对当前法律监督不充分的问题，应当按照“做优刑事检察、做强民事检察、做实行政检察、做好公益诉讼检察”的要求，对标新时代人民群众对法律监督的新期待，深度挖掘法律监督体系内各领域的各自优势，形成有特色的、差别化的、可持续的充分性，并为法律监督制度的完善提供有充分说服力的实践依据，使法律监督真正全面协调充分发展。

当前，我国“四大检察”法律监督职能体系的最突出问题就在于，“四大检察”之间发展的不平衡，尤其是民事检察、行政检察以及公益诉讼检察发展的不充分。以行政检察为例：一方面，与《全面依法治国决定》明确提出的建立多元化全方位行政法律监督制度要求相比，差距依然很大，有关行政强制措施的法律监督目前尚未建立起来，有关行政违法行为的法律监督目前仅被限定在特定几个领域，范围相当狭隘；另一方面，无论是对于发展相对较为完备的行政诉讼法律监督，还是已经初步建立起的行政公益诉讼以及与之相关的行政违法行为法律监督，在实践中均暴露出了一定的问题，亟须进一步予以发展完善。事实上，民事检察和公益诉讼检察亦是如此。因此，如何在坚持“四大检察”全面协调充分发展的目标导向，以及树立双赢多赢共赢等新时代法律监督理念的基础之上，针对各项法律监督工作存在的短板和不足等问题，分别将刑事检察、民事检察、行政检察、公益诉讼检察“做优、做强、做实、做好”，成为当前检察理论与实务面临的重要课题和紧迫任务。

（二）“四大检察”全面协调充分发展的路径

1. 固强补弱，推动“四大检察”全面协调充分发展

首先，坚持深化改革，做优刑事检察工作。

在检察机关法律监督格局中，刑事检察始终处于十分重要地位，也是检察机关传统上的“看家本领”，必须持之以恒地强化、优化。[1] 当前，随着国家监察体制改革的落实、认罪认罚从宽制度的有效实施、捕诉一体化办案机制的落实推进，以及刑事执行检察工作所暴露出的系列问题，刑事法律监督工作面临着全新的改革要求和契机。因此，必须坚持深化改革，进一步完善各个环节的刑事检察规则，从而规范和强化刑事法律监督工作。

(1) 完善刑事立案法律监督机制，推动刑事立案监督创新发展。刑事立案监督权是检察机关法律监督职能的重要组成部分。从当前实践情况来看，检察机关的立案监督工作在监督方式、监督效果、线索来源等方面仍存在诸多问题，制约了刑事立案监督工作的开展。对此，有必要从如下几个方面推动检察

〔1〕 万春：《“四大检察”协同共进　实现全面协调充分发展》，载《检察日报》2019年10月24日第3版。

机关立案监督工作和制度的创新发展：一是建立健全刑事立案同步监督机制。当前，在强化侦查活动法律监督、发挥检察机关审前程序作用的检察改革背景下，最高人民检察院在一些省市积极开展相关改革试点。其中，刑事立案同步监督机制改革作为检察机关立案监督模式的创新探索，对于实现立案监督由被动监督转变为主动监督，由事后监督转变为事中、同步、实时监督，由结果监督转变为全程监督，具有重要参考价值。二是完善刑事立案监督信息共享机制。“无线索则无监督”，当前，案件线索来源有限、信息获取滞后、渠道不畅，是导致检察机关立案监督不及时、不全面、被动化的重要原因之一。为此，打破检警信息流通壁垒、拓宽案件线索来源，成为完善检察机关立案监督机制的重要内容。例如，有必要依托公安机关警务信息系统，建立检警案件信息共享平台，实现办案信息的流转互通和互利共赢。[1] 与此同时，还要着重建立检察机关内部信息共享平台以及各类新型的信息化便民服务平台，从而拓宽立案监督信息的渠道来源。三是强化检察机关刑事立案监督职能。在当前“捕诉一体化”背景下，检察机关的刑事立案监督职能亟须寻求转型发展。首先，需要巩固和提升监督意识，树立双赢多赢共赢的监督理念，落实在办案中监督、在监督中办案的监督理念要求，把检察机关的刑事立案监督这一法定职责做实做好。其次，要注重提升立案监督能力，加强立案监督队伍的专业化建设，避免立案监督工作因能力不足而导致功能的虚化弱化。[2] 再次，有必要建立立案监督责任制，对不履行

〔1〕 建设检警乃至整个司法系统的政法专线网络，是国家信息化战略的重要部署。党的十八届四中全会审议通过的《中共中央关于全面推进依法治国若干重大问题的决定》，明确提出要“建立行政执法机关、公安机关、检察机关、审判机关信息共享、案情通报、案件移送制度”。

〔2〕 孙谦：《刑事立案与法律监督》，载《中国刑事法杂志》2019 年第 3 期。

或者不正确履行立案监督职能等情形追究相应司法责任。最后，推进立案监督案件化，强化检察机关立案监督的刚性和规范性。尤其是要积极探索建立重大监督事项案件化办理模式，保障立案监督按照法定规则运行。[1]

（2）完善捕诉一体办案机制，强化侦查活动法律监督。所谓捕诉一体办案机制，是指各级人民检察院对本院管辖的同一刑事案件审查逮捕、审查起诉、出庭支持公诉以及追捕追诉、侦查活动监督、刑事审判活动监督等工作，原则上由同一检察官或者检察官办案组办理。[2] 捕诉一体办案机制打通了批捕和公诉之间的壁垒，整合优化了办案资源，既能够实现内设机构和人员的专业化、扁平化管理，同时还提高批捕与公诉的协同性，强化检察机关对侦查活动的法律监督，有利于形成检察引导侦查取证、监督侦查活动的新型检侦关系体系。[3] 在推进以审判为中心的诉讼制度改革背景下，捕诉一体化对于制约和规范侦查机关的侦查活动、扭转我国长期以来的刑事诉讼侦查中心主义、促进庭审实质化等具有重要的功能和价值，值得被认真对待和落实。

基于捕诉一体办案机制所具有的强化侦诉连接和以诉制侦的制度功能，其可以也应当成为当下检察机关加强对侦查活动法律监督的重要突破口和主要着力点。不过，在捕诉一体化的推行过程中，需要注意完善其具体适用方案，以使其在发挥自身制度功效的同时，最大限度减少和控制其固有弊端的产生。

---

〔1〕 孙谦：《刑事立案与法律监督》，载《中国刑事法杂志》2019 年第 3 期。

〔2〕 俞永梅、周耀凤：《捕诉一体助推侦查监督全程有效精准开展》，载《检察日报》2019 年 10 月 10 日第 3 版。

〔3〕 俞永梅、周耀凤：《捕诉一体助推侦查监督全程有效精准开展》，载《检察日报》2019 年 10 月 10 日第 3 版。

具体而言，一是完善逮捕必要性审查机制。考虑到捕诉一体办案机制最有可能导致的现实弊端在于以审查起诉的标准衡量审查批捕，使批捕完全沦为起诉的附庸，从而完全弱化甚至消解审查批捕独立的诉讼程序价值，有必要在推行捕诉一体化办案机制的同时，进一步完善审查逮捕程序，使其实质化。二是完善羁押必要性审查制度。为预防捕诉一体化后可能出现的"一捕到底"现象，在完善逮捕必要性审查的基础上，还有必要强化对羁押的必要性进行审查。三是完善审查逮捕考核评价机制。为了有效避免"捕诉同质化"现象，有必要完善审查逮捕的考核评价机制，切断捕诉之间的利益关联，使审查逮捕不受审查起诉、定罪判刑等后续程序的利益影响，从而强化审查逮捕的独立公正性，发挥其应有的制度功能。四是强化对侦查活动的监督引导。具体包括：强化对侦查机关在提请逮捕前适用拘留、监视居住等刑事强制措施的合法性合理性进行监督；强化对侦查机关执行不批准逮捕与变更强制措施决定的监督，防止其变相羁押犯罪嫌疑人；加强捕诉审查期间的侦查引导，通过听证会、侦查意向书、补充侦查提纲等方式，引导侦查机关强化侦诉证据意识，提升侦查质量。〔1〕

（3）完善刑事执行法律监督机制，推动刑事执行检察转型发展。随着监察体制改革以及人民检察院组织法、刑事诉讼法的修改，刑事执行检察对于检察机关聚焦法律监督、实现转型发展具有不可替代的重要作用。〔2〕不过，与刑事执行法律监督的重要性相比，当前我国刑事执行检察工作的现状不尽如人意。尤其是由于我国尚缺乏统一系统的刑事执行法律监督立法，

〔1〕陈实：《论捕诉一体化的合理适用》，载《法商研究》2019年第5期。

〔2〕谢鹏程、陈磊：《检察学：围绕"四大检察"解新题答难题》，载《检察日报》2020年1月6日第3版。

从而导致刑事执行法律监督工作缺乏必要的法律支撑，规范供给不足的问题严重制约着检察机关有效行使刑事执行法律监督职能。对此，有必要结合最高人民检察院最新发布的《人民检察院刑事诉讼规则》《检察改革规划》等相关文件要求，进一步完善刑事执行法律监督相关工作机制，从而推动刑事执行检察转型发展。一是要制定统一的刑事执行法，明确各项刑事执行工作的主体与职权，以及检察机关的刑事执行法律监督主体地位和具体职责权限。二是健全刑事执行信息互通机制，覆盖自宣判至释放全部环节，并强化对不及时交付执行、违法留所服刑、违法拒绝收监等情形的监督，逐渐从线下监督、滞后监督、事后监督向网上监督、同步监督、事中监督转变。〔1〕三是改进派驻监督制度，建立完善不同监督模式和手段，强化检察机关对监禁刑执行的法律监督，比如建立对监狱、看守所的巡回检察制度，把巡回检察与派驻检察结合起来，强化刑事执行检察力度和效果。四是探索完善社区矫正法律监督机制。一方面进一步明确检察机关对于社区矫正执行活动中违反相关规定的哪些具体情形应当提出检察建议，另一方面充分利用刑事执行信息互通平台及相关机制，加强检察机关与社区矫正机构的案件信息、监控信息联网，构建一体化的现代化社区矫正检察工作数据监督新模式，从而进行及时、有效且有针对性的“数据监督”。五是健全财产刑执行法律监督工作机制。有必要落实最高人民检察院在2019年发布的《检察改革规划》中明确提出的要求，“推动建立与人民法院财产刑执行案件信息、执行信息共享机制”。

〔1〕 徐然：《刑事执行法律监督：法理、现状与路径》，载《山东警察学院学报》2019年第1期。

其次，夯实基础，做精做强民事检察工作。

进入新时代，与人民群众日益增长的民事法律监督需求相比，民事检察工作对深层次违法问题监督还不够。[1] 如何全面、充分履行宪法、民事诉讼法和人民检察院组织法赋予检察机关的民事法律监督职权，实现民事法律监督格局的多元化，增强民事法律监督的精准性和引领性，从而更好地维护民事审判和执行活动的合法性、公正性和权威性，保障人民群众的合法权益，成为检察理论与实务亟须探索解决的重要问题。

（1）拓展民事法律监督对象范围，突出重点领域监督做精民事检察。当前，我国已经初步建立起对生效判决、裁定、调解书等民事诉讼结果的监督、对民事审判程序中审判人员违法行为的监督以及对民事执行活动的监督等多元化民事法律监督格局。不过，从司法实践情况来看，检察机关对民事诉讼活动监督的重点主要还是集中在诉讼结果监督和审判人员违法行为监督上。事实上，特别程序、督促程序、破产程序、公示催告程序、海事诉讼特别程序、涉外民事诉讼程序等涉及的纯粹程序性事项，无疑也应当被纳入监督范围。[2] 当然，拓展民事法律监督的对象范围，主要是为了实现民事检察法律监督的全覆盖，在此前提下，检察机关有必要突出重点领域监督，进一步做精民事检察。民事法律监督在精不在多，亮点突出、要点分明是其关键，要办理一批具有典型性、代表性、引领性的案件。比如，“加强产权保护”和“打击虚假诉讼”正是其中的

〔1〕 本报评论员：《推动“四大检察”全面协调充分发展——学习贯彻习近平总书记中央政法工作会议重要讲话系列评论之二》，载《检察日报》2019年1月23日第1版。

〔2〕 程相鹏：《民事诉讼监督机制的完善》，载《新时代民事检察的理论与实践——第十五届国家高级检察官论坛论文集》，中国检察出版社2019年版，第131页。

典型。[1]

（2）构建一体化民事法律监督工作格局，提升法律监督工作效率。检察一体化是检察机关开展法律监督工作应当遵循的基本原则之一，民事法律监督工作亦不例外。最高人民检察院2019年发布的《检察改革规划》明确提出要健全以“精准化”为导向的民事诉讼监督机制，完善抗诉、再审检察建议、纠正意见、检察建议等多元化监督格局和四级院分工负责、各有侧重的工作格局，努力实现裁判结果监督、审判人员违法行为监督和执行监督全面均衡发展。这实际上就内含了落实检察一体化原则的基本要求。检察一体化工作格局有利于保证各项检察职能发挥更加充分全面、组织体系运转更加顺畅，从而提升检察工作效率与法律监督效果。

（3）完善民事法律监督手段，提升法律监督质效。一是要完善抗诉案件审理期限规定，赋予检察建议效力强度。一直以来，由于检察机关对民事诉讼的法律监督职权属于一种司法建议权，因而实践中法律监督职权的效力强度非常有限，难以保障法律监督的效果和权威。鉴于此，有必要完善抗诉案件审理期限的相关规定，并同时明确履行检察机关提出的检察建议的法定义务及其法律后果，以此强化检察机关法律监督职权的实效性和权威性。二是要用足用好听证程序。目前，在民事法律监督实践中，检察机关启动听证程序的案件微乎其微。听证程序不仅是查明案件事实和准确适用法律的有力途径，而且也是扩大民事检察影响力、做强民事检察的基本途径。因此，在民事法律监督过程中，应当用足用好听证这个法定监督权限。当

〔1〕许慧君：《我国检察职能的结构与逻辑》，载《新时代法律监督理论探索》，中国检察出版社2019年版，第85—86页。

前，全国检察机关已经基本完成了内设机构改革，民事检察办案力量有望逐步加强，在此背景下，民事检察部门应当按照精准监督的要求，将民事法律监督案件办得更加精细化，对于有必要开展听证的尽量举行听证。[1]

再次，破难题强弱项，做实行政检察工作。

随着行政检察部门分设的推进，行政法律监督工作正在开创一个全新的局面。不过，在整个检察工作中，行政检察仍然属于“弱项中的弱项”。[2] 当前，我国已经初步建立起了行政诉讼法律监督、行政公益诉讼以及对特定领域行政违法行为进行监督的多元化行政检察格局，相比于之前单纯的行政诉讼监督的一元行政检察局面，这无疑是具有里程碑式的进步意义。但是，一方面，这与《全面依法治国决定》明确提出的建立多元化全方位行政法律监督制度要求相比，差距依然很大；另一方面，无论是发展相对较为完备的行政诉讼法律监督，还是已经初步建立起的行政公益诉讼以及与之相关的行政违法行为法律监督，在实践中均暴露出了一定的问题，亟须进一步予以发展完善。

（1）加大行政非诉执行法律监督力度。大力加强对行政非诉执行案件的法律监督，是破解检察机关尤其是基层检察机关行政法律监督工作“量少质低”问题的一个重要突破口。一直以来，行政非诉执行案件都是法院承担的一项重要任务，其数量大体是行政诉讼案件的五倍左右。将如此重要的案件类型纳入法律监督范围，可以极大地强化检察机关尤其是基层检察机关的行政法律监督职能。

〔1〕 滕艳军：《民事诉讼精准监督的实现与保障》，载《人民检察》2019 年第 13 期。

〔2〕 本报评论员：《推动“四大检察”全面协调充分发展——学习贯彻习近平总书记中央政法工作会议重要讲话系列评论之二》，载《检察日报》2019 年 1 月 23 日第 1 版。

（2）健全以“精准化”为导向的行政诉讼监督机制。为有效破解行政诉讼法律监督影响力小、效果不佳、权威弱化等问题，有必要践行精准监督理念，健全以“精准化”为导向的行政诉讼监督机制，完善繁简分流办案机制，做到繁案精办、简案快办，提高行政诉讼监督质效，努力在办理引领性和典型性等精品案件上下功夫，做一件成一件，成一件影响一片。对于具体制度的完善，一方面，可以逐步建立重大疑难复杂案件的精细化阅卷审查模式，强化调查核实权的行使，探索建立行政检察专家委员会制度与特定行业专业人员辅助办案机制，提高办案质量和效果。另一方面，考虑到实践中绝大部分行政诉讼监督案件的审查结果均不支持监督申请，因而为了解决当事人诉求，一定要注意做好不支持监督申请案件的释法说理、服判息诉工作。为此，有必要落实执法办案风险评估预警机制，完善行政检察与控告申诉检察衔接机制，完善公开审查、听证机制，探索检察宣告制度，深化律师参与化解和代理工作，有效化解社会稳定风险。[1]

（3）积极构建行政违法行为法律监督制度。对行政违法行为实行法律监督是党的十八届四中全会决定赋予行政法律监督的新内涵。为了贯彻落实中央决策要求，检察机关应当充分总结近两年来有关行政公益诉讼中的行政违法行为法律监督工作经验，以现有的政策文件和法律规范为依据，积极探索行政违法行为法律监督制度的完善路径，实现行政法律监督职能的全面协调发展。具体而言，第一，要以行政公益诉讼制度为依托开展行政违法行为法律监督工作。在我国现行法制框架下，在

〔1〕张相军：《关于做好新时代行政检察工作的思考》，载《中国检察官》2019年第4期。

行政公益诉讼制度框架内开展行政违法行为法律监督工作无疑是最佳选择，也是必然选择。[1] 以行政公益诉讼制度为依托开展行政违法行为法律监督工作，对于发展完善公益诉讼检察制度而言，也同样具有重要意义。第二，要逐步拓展行政违法行为法律监督的范围。现行《行政诉讼法》第 25 条仅明确授权检察机关对四类领域的行政违法行为实行法律监督。不过，“等领域”的立法表述意味着，未来适时逐步拓展行政违法行为法律监督的范围是必然选择。第三，要优化行政违法行为法律监督的方式。一方面，要强化行政违法行为检察建议的效力，努力将对绝大部分行政违法行为的法律监督通过检察建议方式加以落实，避免拖入行政诉累。另一方面，要完善行政违法行为检察建议与提起公益诉讼的衔接机制。第四，完善行政违法行为法律监督的程序。比如，案件受理审查、案件调查（尤其是调查核实权的行使）以及法律监督决定的作出等具体程序的规范化。

（4）探索建立行政强制措施法律监督制度。从现阶段的法律规定和实践来看，检察机关主要是通过对不服行政强制措施的行政诉讼活动的监督，间接地实现规范行政强制措施的目的。这种间接监督的方式因受行政诉讼滞后性以及行政诉讼案件占比小、期限长等因素影响，远不能满足针对行政强制措施特点及时、有效加强监督的客观需要。为此，有必要加快探索建立行政强制措施法律监督的新机制，包括合理确立行政强制措施法律监督应当遵循的原则、合理确定行政强制措施法律监督的范围、明确和规范行政强制措施法律监督的方式、细化和

〔1〕 广东省人民检察院课题组：《公益诉讼制度框架下的行政违法行为法律监督》，载《法治社会》2019 年第 2 期。

规范行政强制措施法律监督的程序等具体内容，从而进一步深入开展和依法推进行政检察工作。[1]

最后，积极稳妥推进，做好公益诉讼检察工作。

近年来，我国公益诉讼检察制度蓬勃发展，其已经成为检察机关法律监督业务的主要增长点和创新点。根据有关公益诉讼检察的法律及司法解释规定，当前我国已经初步建成民事公益诉讼（包括刑事附带民事公益诉讼）与行政公益诉讼并行的公益诉讼检察制度格局，检察机关提起公益诉讼的范围也从最初的环境保护领域，拓展到食品药品安全、国有财产保护、国有土地使用权出让以及英烈保护等领域。不过，由于我国公益诉讼检察工作尚处于起步阶段，实践中还存在不少突出问题有待改善。

（1）进一步拓展检察机关提起公益诉讼的案件范围。我国行政诉讼法和民事诉讼法均明确列举了检察机关提起公益诉讼的案件范围，这直接导致当前实践中检察机关办理的公益诉讼案件存在较大的局限性。为了更好地保护公共利益，全面发挥检察机关法律监督职权，督促行政机关依法行政，无论是理论界还是实务界，抑或社会公众，都希望能够进一步扩大检察机关提起公益诉讼的案件范围。当前，极具代表性的观点认为，应当对立法规定中的“等”字作出进一步解释，稳妥、积极探索办理“等”外领域检察公益诉讼案件。[2] 张军检察长在《公益诉讼检察报告（2019）》中也明确指出，为了积极回应人民群众新期待，有必要通过制发指导性案例和司法解释，探

〔1〕 顾顺生：《行政强制措施法律监督的范围、方式及程序》，载《人民检察》2018年第19期。

〔2〕 参见谢鹏程、陈磊：《检察学：围绕“四大检察”解新题答难题》，载《检察日报》2020年1月6日第3版。

索拓展公益诉讼办案范围。

对此，最高人民检察院提出了“稳妥、积极”的原则，要求首先把法律明确赋权领域的案件办好、办扎实，在此基础上努力尝试办理问题突出的其他领域案件，但立案前需层报省级检察院审核，必要时向最高人民检察院请示。对人民群众反映强烈的安全生产、互联网、妇女儿童权益保护、扶贫以及国防、军事等领域公益损害问题，积极以对党和人民高度负责的态度慎重履职、担当作为。不仅如此，各地检察机关也正在以实际行动积极探索检察公益诉讼案件范围的拓展之路。[1] 今后，在各地检察机关先行探索的基础上，有必要通过出台司法解释等正式规范性文件的方式，明确规定检察机关可以提起公益诉讼的其他案件范围和类型。一方面，在当前立法明确规定的生态环境和资源保护、食品药品安全、国有财产保护、国有土地使用权出让四大领域的基础上，亟须明确检察机关可以对行政行为违法损害重大公共利益且没有适格原告的现实需求较为迫切的领域案件提起公益诉讼。另一方面，在当前立法明确规定的检察公益诉讼案件领域中，还有必要进一步探索扩大对有重大损害危险的行为也及时提起公益诉讼。

（2）进一步拓宽检察公益诉讼案件线索来源渠道。拓宽检察公益诉讼案件线索来源渠道，有助于检察机关更为全面地行使公益诉讼法律监督职权。根据行政诉讼法和民事诉讼法的相关规定，人民检察院对于在履行职责中发现的损害公益行为，可以提起公益诉讼。据此，检察机关在刑事诉讼、行政法律监

〔1〕 2019 年 10 月 23 日最高人民检察院检察长张军在第十三届全国人民代表大会常务委员会第十四次会议上所作的《最高人民检察院关于开展公益诉讼检察工作情况的报告》。

督、民事法律监督以及检举控告等途径发现的案件线索，都应当被纳入“履行职责”的情形之中。循此，可以从如下两个方面扩宽检察公益诉讼案件线索来源渠道：一是在检察机关内部，加强公益检察部门与其他职能部门之间的配合协作，以及上下级检察机关之间的信息联动机制，实现案件线索的内部共享。二是对外加强检察机关与相关行政机关之间的信息共享和线索移送机制建设，加强检察机关与纪检监察机关的衔接配合，建立贯穿行政公益诉讼全过程的协同联动机制，形成保护公益的强大合力。〔1〕同时借助社会公众信息反映平台等渠道，全方位直接发现获取公益诉讼案件线索。

（3）进一步提升公益诉讼检察办案整体质效。首先，为了进一步提升检察建议的规范性、精准性和实效性，有必要研究制定专门的诉前检察建议指导性意见，对检察建议的适用范围、制作和发布主体、内容和形式等问题予以明确规定。尤其是针对实践中存在的滥发诉前检察建议、办凑数案问题，应当明确针对一个公益诉讼案件只能提出一次检察建议，如果检察建议没有被采纳，则应当提起公益诉讼，而不能再次甚至多次提出检察建议。检察建议理应做到对违法事实、证据和法律适用阐述严谨明确、说理充分、可操作性强，如此方能提升检察建议的实效和公信。其次，贯彻“持续跟进监督”理念，对检察机关发出的检察建议、提起的公益诉讼及其判决进行全程跟踪监督，确保其及时、真正得以执行和落实。对此，张军检察长在《公益诉讼检察报告（2019）》中也明确指出，要总结公益诉讼检察“回头看”经验，把针对诉前程序、提起诉讼及判

〔1〕贾永健：《中国检察机关提起行政公益诉讼模式重构论》，载《武汉大学学报（哲学社会科学版）》2018年第5期。

决执行全流程“回头看”作为“规定动作”，找准问题、精准施策、及时纠偏，把公益诉讼检察工作做得更实更规范。最后，为了及时发现、总结并纠正公益诉讼检察工作存在的问题，有必要建立符合公益诉讼检察工作特点和规律的质量评价体系。通过办案质量评价机制，严把立案关、证据关、检察建议关、起诉关和整改落实关，引导和督促检察机关及其办案人员规范办案，提升办案质效。

2. 健全配套机制，推动“四大检察”全面协调充分发展

第一，加强组织队伍建设，提升法律监督能力。

新时代“四大检察”法律监督体系的全面协调发展，离不开正规化、专业化、职业化检察队伍的保障和支撑。一直以来，最高人民检察院非常重视检察队伍的正规化、专业化和职业化建设。最高人民检察院 2016 年 9 月 1 日发布的《“十三五”时期检察工作发展规划纲要》强调，要适应形势发展和改革要求，制定指导意见和示范标准，组织开展创建活动，推进基层检察院司法规范化标准化、队伍专业化职业化、管理科学化信息化、保障现代化实用化建设。2019 年初最高人民检察院发布的《检察改革规划》将完善检察机关法律监督专业能力专业素养提升体系作为当前检察改革工作的主要任务之一。当前，“四大检察”“十大业务”的机构和格局已经形成，在此基础上全国各级检察机关必须以追求极致的精神，下大力气全方位提升自身能力，推进“四大检察”全面协调充分发展，更好地为大局服务、为人民司法。

检察队伍建设主要是三大素质建设，即业务素质建设、职业道德素质建设和政治素质建设。[1] 因此，检察机关法律监

〔1〕 谢鹏程主编：《新时代法律监督理论探索》，中国检察出版社 2019 年版，第 11 页。

督队伍专业能力专业素养的提升，具体需要进一步建立和完善以下三个方面的制度和机制：

一是检察人员职业培训制度。职业培训是检察队伍建设的重要内容。根据相关法律以及政策文件要求，需要从四个方面建立健全检察人员的职业培训制度：第一，对于取得法律职业资格的检察机关新入职人员，要建立新入职培训制度。第二，对于初任检察官和晋升检察官等级的，要完善检察人员任职培训制度。第三，要完善专业培训机制。根据《检察改革规划》的要求，要分层分类开展技能培训、岗位练兵和业务竞赛，着力培育各项专业能力，加强对办理互联网、金融、知识产权等新领域、新类型案件的培训。第四，要健全检察业务专家制度。检察业务专家作为检察机关内部的人才库，既是推动检察理论发展、解决检察实践问题的重要保障，同时也是检察人员职业培训制度的重要支撑，通过完善“检察官教检察官”的培训模式，可以更好地实现“传帮带”式的专业化检察队伍建设。

二是检察职业道德建设机制。检察人员的职业道德水平是决定检察职能体系运行效果的内生因素。因此，最高人民检察院历来重视检察职业道德建设。2016 年最高人民检察院正式出台了《检察官职业道德基本准则》，简而精地提出了检察官履职所应遵循的“忠诚、为民、担当、公正、廉洁”五项检察职业道德要求。[1] 应当说，《检察官职业道德基本准则》的确立，对于推进检察机关全面从严治党、坚持党对检察工作领导、更好地服务和保障法治中国、平安中国建设，具有重大而

〔1〕《检察官职业道德基本准则》共有 5 条。第一条为坚持忠诚品格，永葆政治本色；第二条为坚持为民宗旨，保障人民权益；第三条为坚持担当精神，强化法律监督；第四条为坚持公正理念，维护法制统一；第五条为坚持廉洁操守，自觉接受监督。

深远的意义。当然，检察职业道德基本准则的确立只是检察职业道德建设机制的一个重要方面，更具实际意义的是要真正践行相关道德准则。为了健全检察职业道德建设机制，最高人民检察院颁布的《检察改革规划》明确提出，要弘扬新时代检察职业精神，大力培育践行“忠诚、为民、担当、公正、廉洁”的检察职业道德，完善检察职业道德考核评价机制，把职业道德素质作为检察人员招录、任免的重要标准。加强检察官职业道德建设必须采取综合治理、多管齐下的办法，自律与他律并重，教育、监督与惩戒并举。因此，检察官职业道德的养成与实现有赖于检察官任职培训制度的完善，即在对检察官进行培训的过程中，要重视关于检察职业道德的培训内容，并落实培训的效果，同时，在必要的时候还需要以检察惩戒制度作为保障手段，保证检察职业道德建设的实际落实，从而真正提高检察官的职业道德水平，督促其恪守职责。[1]

三是检察人员思想政治建设机制。一直以来，思想政治建设都是检察队伍建设永恒不变的主题。新时代，检察工作面临新形势新任务新要求。如何更好地以习近平新时代中国特色社会主义思想为指导，做好新时代检察工作，是检察理论与实践需要探索解决的重要问题。当前，在国家监察体制改革和司法体制改革大背景下，检察机关尤其是基层检察机关的思想政治工作面临着新老问题交织的困境，不能完全适应和满足新形势下检察工作的发展需求。对此，有必要结合党中央及最高人民检察院的相关决策部署要求，从如下几个方面健全加强检察人员思想政治建设机制：其一，前移思想政治工作关口，在招录新进、干部选拔任用、检察官遴选、等级晋升等环节加强政治

〔1〕周新：《我国检察制度七十年变迁的概览与期待》，载《政法论坛》2019年第6期。

把关，完善政审工作机制。其二，将思想政治教育融入检察人员职业能力、职业素养和职业道德建设，全方面多维度开展检察思想政治工作。其三，发挥好基层党组织的纽带作用，推动形成党组统领、政工部门专司、各内设机构共同推动、工青妇等群团组织协同的思想政治工作格局，充分调动检察干警参与到思想政治建设中来。其四，建立健全检察思想政治建设主体责任落实考核体系，突出政工部门主体责任，结合基层特点制定系统的教育培训计划，建立因地制宜的学习制度，发挥政工部门和内设机构两个积极性，实施“一岗双责”管理，在节点上抓推进，确保思想政治建设内容落实。[1] 其五，加强检察机关思想政治工作队伍建设，通过培训提升政工人员的政治素养、理论素养和技术能力，使其能够适应新时代新形势检察改革创新发展对思想政治工作的要求。

第二，优化法律监督方式，提升法律监督质效。

一是规范和强化检察机关调查核实权。无调查即无监督，调查核实权的有效行使对于检察机关全面充分履行“四大检察”法律监督职能具有基础性作用和意义。不仅如此，调查核实权作为检察机关法律监督职权体系中的核心权能之一，其对不同的法律监督职能还具有重要的连接作用。调查核实所掌握的情况、收集的证据，在不同类型的法律监督中可以共享共用。[2] 因此，规范和强化检察机关的调查核实权，不仅对于查明监督事实、夯实监督基础、提高监督准度、提升监督效果具有重要作用，而且还有助于将各项法律监督职能串联结合，使之相互融合、相互配合、形成监督合力，从而推动“四大检

〔1〕 孙泽晖：《新时代基层检察队伍思想政治建设》，载《中国检察官》2019 年第 2 期。

〔2〕 龚珊珊等：《论“四大检察”的内在逻辑与实现路径》，载《湖北师范大学学报（哲学社会科学版）》2020 年第 1 期。

察”全面协调充分发展。

当前，尽管调查核实权是检察机关的一项法定权力，但是现行立法却并未赋予检察机关与法律监督调查核实权相配套的结构性权力，尤其是具有强制性的保障性权力。一方面，民事诉讼法和人民检察院组织法对于检察机关调查核实权的规定过于简单笼统，导致其象征性有余而实效性不足；另一方面，《人民检察院民事诉讼监督规则（试行）》等明确规定检察机关调查核实不得采取限制人身自由以及查封、扣押、冻结财产等强制性措施，而且这些规范本身的效力层级较低，其中许多具体的调查核实措施不仅缺乏充分的法律依据，更无违反配合义务的相应法律后果。这使得检察机关在实践中行使调查核实权运行不畅，效果不佳，常遭受当事人或案外人的无理拒绝，有时因法律对被调查人提供虚假证明没有法律规制，还发生被调查人提供虚假证据导致检察机关错误监督的情形。[1] 因此，如何规范、细化、保障、强化检察机关调查核实权的行使，无疑是检察权体系建设的一项重要而迫切的内容。

针对当前检察机关调查核实权存在的缺乏具体的行使规范和保障措施的问题，有必要从如下两个方面予以完善：其一，对行政诉讼法和民事诉讼法进行同步修正，将《人民检察院民事诉讼监督规则（试行）》和《人民检察院提起公益诉讼试点工作实施办法》关于调查核实权的具体措施上升为法律规定，通过提升调查核实权具体措施的规范层级，使检察机关的调查取证措施不仅更具可操作性和实效性，还具有法律上的具体依据，从而促使对方尤其是行政机关积极配合检察机关办理公益

〔1〕 金石：《新修改民事法律监督制度实施现状、问题及完善》，载《甘肃社会科学》2018年第3期。

诉讼案件。其二，明确检察机关行使调查核实权的保障措施，通过立法明确规定不履行配合义务的法律后果。对此，有学者建议，可以参照法院的调查取证措施，赋予检察机关一定权力，对妨碍调查取证或调查核实的单位及个人根据其行为情节轻重处以罚款、司法拘留等制裁措施。同时，还可以利用社会征信体系作用，针对不配合检察机关的被调查者，允许检察机关视情况在合理范围内向有关单位公布其相关信息；若单位及个人面对调查核实存在恶意串通、伪造证据、故意逃避等行为，检察机关应当有权向相关单位公布该单位及个人的不诚信行为。[1] 通过为检察机关行使调查核实权赋予明确的法定保障措施与社会征信反馈机制，将显著减少职权行使的阻力，从而提升检察机关法律监督的质效。

二是规范和强化检察建议等法律监督手段。

检察建议是检察机关履行法律监督职能、参与社会治理的重要手段。2019 年，最高人民检察院在人民检察院组织法等相关法律规定基础上，结合工作实际制定了《人民检察院检察建议工作规定》，为检察建议工作规范有序开展提供了更加明确具体的依据。在全面推进依法治国背景下，切实发挥检察建议的“刚性”作用，形成办案运用检察建议新常态，对于有效履行各项法律监督职能，推动“四大检察”全面协调充分发展，更好地服务大局具有重要意义。[2]

当前，我国三大诉讼法及相关司法解释文件明确规定的检察建议类型包括：再审检察建议、纠正违法检察建议以及作为

〔1〕 曹明德：《检察院提起公益诉讼面临的困境和推进方向》，《法学评论》2020 年第 1 期。

〔2〕 罗欣、汤维建、杨建顺、高景峰、张振忠、常锋：《检察建议做成刚性的内涵及路径》，载《人民检察》2019 年第 7 期。

公益诉讼前置程序的检察建议。除了法律明确规定的检察建议，还存在社会治理检察建议和其他检察建议等类型。在实践中，检察机关根据法律规定提出的检察建议一直存在“刚性”不足这一普遍性问题。主要表现为：其一，在对民事、行政诉讼活动和执行活动中的违法问题提出的纠正违法检察建议中，由于缺乏必要的刚性，容易导致“难监督、乱监督、软监督”的现象，难以保证监督的效果。[1] 其二，在对生效裁判结果监督而提出的再审检察建议中，由于检察机关的法律监督职权属于一种司法建议权，立法并未规定未履行检察建议的法律后果，导致实践中检察机关提出的检察建议经常不被采纳，甚至没有回复，这在一定程度上使检察建议流于形式，严重有损检察机关法律监督职权的行使效果和权威。其三，在公益诉讼检察建议中，正如张军检察长在《公益诉讼检察报告（2019）》中所指出的：“有的检察机关片面追求办案数量，存在滥发诉前检察建议、办凑数案问题。有的检察建议质量不高，对违法事实、证据和法律适用阐述不严谨、不充分，说理性不足、操作性不强。有的检察建议一发了之，或仅看是否回复，不关注实际整改成效。”

针对检察建议普遍存在的刚性问题，张军检察长强调要“把所谓没有硬性要求的检察建议做成刚性、做到刚性”。为此，今后亟须进一步提升检察建议的规范性、专业说理性和程序性，以提升检察建议的质量和效果。

具体而言，首先，应当做好规范层面的工作，使检察建议制度化、规范化、程序化、机制化，向规范化要刚性，这是检

---

〔1〕徐然：《刑事执行法律监督：法理、现状与路径》，载《山东警察学院学报》2019年第1期。

察建议刚性化的必要步骤。检察建议的规范化可以分为内部规范化和外部规范化两个方面：内部规范化指的是检察机关内部在对待检察建议方面，应当使之充分规范化，包括检察建议制作规范化、说理规范化、管理规范化、评估规范化等方面；外部规范化是指检察建议发送规范化、宣告规范化、跟踪规范化、督办规范化、备案规范化等。内部规范化和外部规范化相结合，将检察建议纳入制度化轨道运行，检察建议的权威性由此得到提升和确保，检察建议的质量也将大大提高，接受检察建议的单位和个人方能认真对待检察建议，社会公众也能调动起监督检察建议落实落地的积极性和能动性，检察建议的刚性由此得到体现和保证。[1] 其次，从专业层面提升检察建议的刚性。有必要对各种检察建议进行分类，在类型化的基础上进行规范化建设，提升其内含的专业含量，强化其说理性和可操作性，提升其质量。对于“四大检察”适用检察建议应当分别根据该领域的特点，确立专业支撑的相关制度、机制和措施。最后，应当采取多种措施确保检察建议得到采纳和落实，取得实实在在的效果。为此，有必要完善检察建议的发送程序，建立检察建议抄送和备案制度。检察机关应当贯彻“持续跟进监督”的理念，加强对检察建议的跟踪督促，同时积极帮助和支持被建议单位落实检察建议。

第三，健全激励机制，推动“四大检察”全面协调充分发展。

一是健全检察人员专业化业绩考评机制。

检察人员专业化绩效考评机制对于提升检察队伍的专业能

〔1〕 罗欣、汤维建、杨建顺、高景峰、张振忠、常锋：《检察建议做成刚性的内涵及路径》，载《人民检察》2019 年第 7 期。

力专业素养至关重要，其是推进检察机关法律监督队伍正规化、专业化、职业化的重要环节和必由之路。最高人民检察院2019年发布的《检察改革规划》明确要求完善检察官业绩评价机制，建立以办案数量、质量、效率和效果为基本内容的业绩评价标准体系和考评机制，并将业绩评价结果计入司法业绩档案，作为检察官绩效奖金分配、评先评优、等级晋升、交流任职、惩戒和退出员额的重要依据。

当前，为加强和完善员额检察官绩效考核工作，各地检察机关均结合各自工作实际，出台了相应的检察官考评办法、检察官办案绩效考核量化规则等规定。这些规范性文件对员额检察官绩效考评的主体、内容、标准、量化规则、考核等次、程序、考核结果运用等方面，都有了较为明确的规定。应当说，现行员额检察官的绩效考评机制在一定程度上突破了传统的公务员考评体系，体现了检察官职业化的理念和特点，标志着符合检察权运行体系和规律的检察官专业化业绩考评机制在我国的初步建立。不过，从现行检察官业绩考评机制的实践运行情况来看，仍然存在诸多需要进一步细化和完善之处。主要表现为：检察官业绩考评的主体组成成分单一，影响考评结果的客观性、公正性和权威性；对检察官办案量化考评标准的设置不够科学合理；考核方式年度评定不利于对检察官进行动态管理和激励；检察官业绩考评结果的运用比较片面，从而在很大程度上制约绩效考评机制效果的发挥；尚未真正建立起检察官绩效考评结果申诉机制，员额检察官的申诉权利保障不足。

对此，有必要参考借鉴域外经验做法，从以下几个方面进一步完善我国的检察官绩效考评制度：其一，适当引入外部考核评价。我国检察机关的绩效评价有必要提高社会参与度，建立适当的外部监督考评机制。可以逐步将人民监督员、人大代表、政协委员、特约检察员等吸收作为考评委员会成员，共同参与考评，从而既加强了对员额检察官绩效考核的社会监督，又体现了适度的司法民主性。其二，科学合理设置考评指标。为实现对办案进行科学合理的量化评价，对不同检察职能部门之间办案量的横向比较应全面考核检察官绩效的贡献程度，对同一部门内部检察官绩效比较则应全面考虑办案“量”“质”“效”的因素。此外，还有必要充分利用大数据“云计算”等信息化手段进行检察官绩效考核。其三，建立考评过程控制与结果运用的动态实录机制。过程控制在绩效考核上最直接的体现就是加强案件质量评查，突出办案质量的考核。其四，完善异议救济程序。在检察官考核程序上，德国以立法形式确立了两级鉴定程序，〔1〕法国则在《司法官组织法》第 12 -1 条确立了异议抗辩程序以保证评价的公正性。〔2〕可见，建立完善的考评结果异议救济机制，是考核程序正当化的应有之义。

二是构建科学合理的检察官司法责任认定和追究机制。

检察官司法责任认定和追究机制是检察权运行体系的重要内容，是落实完善人民检察院司法责任制的制度核心与保障，对于“四大检察”全面协调发展具有重要的倒逼和激励作用。目前，《检察官法》《检察人员纪律处分条例》《检察人员执法过错责任追究条例》和最高人民检察院《关于完善人民检察院司法责任制的若干意见》等有关规定，构成了我国检察官司法责任认定与追究的制度依据。尤其是最高人民检察院出台的

---

〔1〕卢乐云：《德国检察官为何受宠备至——德国检察官选任与考核机制见闻》，载《人民检察》2011 年第 1 期。

〔2〕卞宜良、林学华：《法国检察官业绩考评及晋升制度评析》，载《人民检察》2015 年第 23 期。

《关于完善人民检察院司法责任制的若干意见》，对全面落实检察官司法责任制，特别是其中的检察官司法责任认定和追究问题作了诸多实质性的规定，初步建立起了我国员额检察官的司法责任认定与追究机制。

不过，上述法律文件对于检察官司法责任认定与追究机制基本上只作了一般性和原则性的规定，其在实践操作中尚缺乏具体解释，相关机制措施也在不同程度上缺乏具体性和严密性。对此，有必要结合近年来各地检察机关的相关实践探索，进一步对其予以健全和完善。

具体而言，其一，在追责主体上，要打破当前由检察机关纪检监察部门承担举报控告受理、调查核实及提请的内部监督模式，建立检察机关内部监督与检察官惩戒委员会外部监督相互衔接、相互结合、相互制约的新机制。与此同时，由于检察机关纪检监察部门仍然承担着司法责任认定的主要工作，因而有必要进一步加强监察部门的力量配备，使其能够更好地履行办案监督职能。其二，在检察官司法责任问题线索来源上，建立司法责任问题线索发现与统一管理机制，拓宽畅通外部监督渠道，规范内部监督途径。例如，建立当事人举报投诉权利告知制度，进一步完善案件质量评查制度，并对无罪判决、国家赔偿等重点案件实行重点个案评查制度。其三，在司法责任形式方面，进一步完善检察官司法责任体系，使其更具层次性、合理性。其四，细化检察官应承担司法责任的行为及其后果的具体标准，使其更具统一性和可操作性。其五，明确检察官办案终身责任制与法律规定的追诉时效之间的关系，以及二者冲突时的处理方式。办案终身负责制和诉讼时效制是并行不悖的。因超过时效不追究错案责任，仅是不追究其纪律责任、行政责任和法律责任，但不能免除其在良知、道义、声誉等方面的责任。既不能因终身负责制而排斥时效制度的适用，又不能因时效制度而怀疑终身负责制的合理性。[1]

〔1〕 朱孝清：《错案责任追究与豁免》，载《中国法学》2016 年第 2 期。

下篇　法律监督新理念的践行

第五章 刑事法律监督实务问题

为了适应新时代社会主要矛盾的发展变化，我国不断推进司法体制改革，修改完善了多项法律，对检察机关的职能进行了重大调整，形成了“四大检察”的法律监督新格局。刑事检察法律监督作为检察机关的基本职能，随着司法体制改革、国家监察体制改革以及检察机关内设机构改革，在实践中也遇到一些新的问题。贯彻落实双赢多赢共赢的法律监督新理念，就必须认真研究解决刑事法律监督实践中遇到的新问题、新情况。

一、刑事法律监督理念的更新

理念是行动的先导，理念也需要与时俱进、常思常新。我国进入新时代后，要实现国家治理体系和治理能力的现代化，检察机关的刑事法律监督理念要不断更新，也必须现代化。检察机关的刑事法律监督要从“能不能监督”“有没有监督”向“监督好不好”“质量优不优”方向转变。

党的十九大以来，在习近平总书记全面依法治国新理念新思想新战略指引下，检察机关审时度势，努力适应国内外形势变化、社会主要矛盾发展变化，有针对性地创新发展了检察工作新理念。就刑事法律监督来说，除了客观公正、人权保障、“三个效果”相统一等理念外，检察机关提出并逐步形成了主导责任、办案监督一体、精准监督等新理念。这些新理念丰富了刑事法律监督的理论基础，得到了检察系统上下一致的认同，在社会也产生了很好的反响。

（一）主导责任的理念

检察机关和检察官在整个刑事诉讼过程中，都应当树立主导责任意识，并且要在实际工作中承担好主导责任，以保证刑事司法的公正性。我们要正确理解主导责任，就应当了解主导责任提出的背景、内涵以及如何履行好主导责任。

1. 主导责任理念提出的背景

2018 年 7 月，中央政法委召开的全面深化司法体制改革推进会强调，要构建以审判为中心、审判以庭审为中心、庭审以证据为中心的刑事诉讼新格局。这个要求揭示了诉讼的本质、审判的本质、庭审的本质，实际上也提出了检察机关应当在庭审中、在整个刑事诉讼中发挥主导责任的问题。

为什么强调庭审以证据为中心，就必然会提出检察官的主导责任呢？这是因为：负责庭审举证责任和证明责任的是检察机关，而证据则是检察机关实现举证责任和证明责任的依据和根本保障。没有证据，检察机关就无法指控；没有指控，就没有庭审；有什么样的证据，就有什么样的指控；有什么样的指控，就有什么样的庭审。因此，庭审与检察机关的指控、证明犯罪具有密切关系。

根据我国刑事诉讼法的规定，在刑事诉讼过程中，检察机关承担指控和证明犯罪的责任。具体来说，在审查批捕过程中，检察机关要对案件事实及证据进行审查，决定批捕或者不批捕，还要根据指控的要求对案件的走向、证据的收集给侦查机关以指引，侦查机关要按照检察机关的意见去补充侦查、收集证据、完善事实的认定，这就是通常所说的检察引导侦查。在审查起诉过程中，如果检察机关要求补充侦查的内容没有补充或者补充不足的，检察机关还可以退回补充侦查，继续给予指引。在实行捕诉一体后，检察机关对侦查环节的引导可以前后贯通，发挥主导责任作用。在法庭审判过程中，检察官继续承担指控犯罪、证明犯罪的责任，要通过出示有关证据，指控犯罪和证明犯罪，如果检察官不能很好地承担该责任，就要承担败诉的风险。可见，在整个刑事诉讼过程中，检察机关都要承担指控犯罪、证明犯罪的责任，而且承担的是主导责任。

2018 年刑事诉讼法增加了认罪认罚从宽制度，并对该制度的内容作出了明确规定，如第 173 条规定："人民检察院审查案件，应当讯问犯罪嫌疑人……犯罪嫌疑人认罪认罚的，人民检察院应当告知其享有的诉讼权利和认罪认罚的法律规定，听取犯罪嫌疑人、辩护人或者值班律师、被害人及其诉讼代理人对下列事项的意见，并记录在案：（一）涉嫌的犯罪事实、罪名及适用的法律规定；（二）从轻、减轻或者免除处罚等从宽处罚的建议；（三）认罪认罚后案件审理适用的程序；（四）其他需要听取意见的事项。"第 174 条规定："犯罪嫌疑人自愿认罪，同意量刑建议和程序适用的，应当在辩护人或者值班律师在场的情况下签署认罪认罚具结书。"第 176 条第 2 款规定："犯罪嫌疑人认罪认罚的，人民检察院应当就主刑、附加刑、是否适用缓刑等提出量刑建议，并随案移送认罪认罚具结书等材料。"第 201 条规定："对于认罪认罚案件，人民法院依法作出判决时，一般应当采纳人民检察院指控的罪名和量刑建议。"可见，在认罪认罚从宽制度中，检察机关不仅要审查案件，运用证据指控犯罪和证明犯罪，而且要主导犯罪嫌疑人的认罪认罚自愿性审查、从宽的量刑建议确定、认罪认罚具结书签署等诉讼过程。因此，认罪认罚从宽制度要在实践中得到切实有效的贯彻执行，检察机关和检察官就必须承担主导责任。

2. 主导责任理念的内涵

关于主导责任的内涵，目前尚没有明确的界定。有的学者认为，“主导责任是基于检察机关的定位、定性、职责而言的。检察机关在刑事诉讼中起到承前启后的中坚作用，‘前’是侦查终结后要审查起诉，‘后’是指审查起诉后必须要指控犯罪、负证明责任。从这个角度来讲，主导责任应该理解为一种责任、担当，而不是权力的大小、地位的高低”〔1〕。还有的学者认为，检察机关的主导作用体现在法律监督的全过程主导、审查起诉和自侦案件立案侦查的阶段性主导、管辖移送和审查批捕的环节性主导、出庭公诉和认罪认罚从宽的结构性主导等四个方面。〔2〕这些观点从不同的角度，对主导责任及其内涵作出了解释。

我们认为，主导责任是由“主导”和“责任”两层含义构成。其中，所谓“主导”，是指“主要的并且引导事物向某方面发展的”意思，也指“起主导作用的事物”；“责任”，就是“分内应做的事”。〔3〕可见，主导责任就是在事情的处理上应当起到主要或者引导的作用。对检察机关来说，主导责任，就是指检察机关在办理刑事案件特别是认罪认罚案件的过程中，应当积极主动地承担刑事证据审查、犯罪指控和证明责任

〔1〕龚云飞：《检察机关在刑事诉讼中的主导责任》，载《检察日报》2019年10月28日。

〔2〕张建伟：《检察机关主导作用论》，载《中国刑事法杂志》2019年第6期。

〔3〕中国社会科学院语言研究所词典编辑室编：《现代汉语词典》（第5版），商务印书馆2010年版，第1778页、第1702页。

以及人权保障的职责，积极引导刑事诉讼程序的走向，有效发挥对刑事诉讼活动的法律监督作用，以保证刑事法律的正确实施，实现刑事司法公正。由此可见，检察机关在刑事诉讼中的主导责任，主要应当包括以下三个方面的内容：

（1）刑事诉讼程序走向的主导责任，即在刑事诉讼过程中，检察机关或者检察官承担着主导刑事诉讼程序进程和发展方向的责任。

在我国，根据法律规定，检察机关是唯一经历刑事诉讼全过程的机关，并在整个刑事诉讼过程中承担着承上启下、控制程序走向的主要职责。

从侦查程序看，检察机关不仅拥有侦查职能和较完整的侦查职权，而且可以参与公安机关刑事案件的侦查工作。对于诉讼活动实行法律监督中发现的司法工作人员利用职权实施的非法拘禁、刑讯逼供、非法搜查等侵犯公民权利、损害司法公正的犯罪，可以立案侦查。此外，检察机关还拥有机动侦查权，即对于公安机关管辖的国家机关工作人员利用职权实施的重大犯罪案件，需要由人民检察院受理的时候，经省级以上人民检察院决定，可以由人民检察院立案侦查。对于上述案件，从立案到侦查的全过程，都由检察机关全权负责。无疑，对这些案件立案侦查的程序走向，检察机关承担着主导责任。对于公安机关立案侦查的案件，如果是重大犯罪案件，检察机关可以提前介入，对侦查取证工作进行引导；如果是一般犯罪案件，检察机关可以通过审查批捕工作，向公安机关发出侦查取证意见和建议，引导公安机关开展侦查和取证工作。可见，对于公安机关立案侦查的案件，检察机关作为大控方的控诉主体，可以从控诉的角度引导公安机关侦查取证活动，因而对这类案件侦查程序的走向也承担着主导责任。

《刑事诉讼法》第169条规定："凡需要提起公诉的案件，一律由人民检察院审查决定。"根据该规定，除检察机关外，任何组织和个人都没有提起公诉以及作出不起诉决定的权力。审查起诉程序是一种"承上启下"的程序，即承接侦查程序、启动审判程序。审查起诉的内容是审查决定是否起诉，通过对侦查终结或者调查终结的案件进行审查，决定是否对犯罪嫌疑人提起公诉，如果决定起诉，案件即进入审判程序，如果决定不起诉，案件的诉讼程序到此终结。由此可见，审查起诉阶段是检察机关控制案件诉讼程序走向的重要阶段，检察机关在此阶段承担主导责任。

从审判程序来看，根据我国刑事诉讼法规定，刑事诉讼程序包括普通程序、简易程序、速裁程序以及违法所得没收程序、强制医疗程序等特殊程序。这些程序的选择权主要在检察机关，即检察机关在审查起诉时，通过对案件事实、证据的全面审查，根据案件的性质及情节轻重等情况，在起诉时选择适用某种具体程序，因而在审判程序的选择上，检察机关承担着主导责任。而在法庭审理过程中，检察官应当出庭支持公诉，通过向法庭出示证据、证明犯罪等活动，推动法院的庭审活动，保证庭审程序的顺利进行。如果检察机关举证不充分或者证明不力，则可能导致案件延期审理等后果，因而对庭审程序的走向和结果，检察机关承担着主导责任。法院对案件作出判决后，如果检察机关提出抗诉，则案件进入二审程序；二审作出判决后，如果检察机关提起再审抗诉，则案件进入再审程序。由此可见，对审判程序的走向和发展，检察机关也承担着主导责任。

从执行程序来看，人民法院作出判决后，刑罚执行机关负责刑罚的执行工作，刑罚执行的过程和程序，直接涉及刑罚的社会效果和法律效果能否实现。在实践中，刑罚执行机关在执行过程中，往往遇到改变刑罚执行程序的现象，如监外执行、减刑、假释等，在这些活动中有时也存在一些违法问题，需要检察机关进行监督。目前，检察机关采取“派驻+巡回”的监督方式，以保证刑罚执行程序的正常进行。如果检察机关发现不符合监外执行、保外就医、减刑、假释条件的，要按照刑法的规定进行监督，及时提出纠正意见。对于刑罚执行过程中的违法乱纪现象，检察机关也应当进行监督，这也是检察机关本身职责所在。由此可见，对刑罚执行程序的走向和进程，检察机关也承担着主导责任。

（2）刑事诉讼结果的主导责任，即在刑事诉讼过程中，检察机关和检察官对刑事诉讼承担举证责任和证明责任，以维护刑事诉讼结果的公正性。

在我国，检察机关通过参与整个刑事诉讼程序，对刑事诉讼结果承担主导责任。具体来说，在侦查阶段，检察机关对自侦案件的侦查结果负完全的责任；对公安机关侦查的案件，检察机关通过参与和引导侦查，对侦查结果和案件的处理承担主导责任。如果发现公安机关对案件处理结果存在违法行为，可以通过提出纠正意见等方式，以保证刑事诉讼结果的正确性。在审查起诉阶段，通过对案件事实、证据的审查判断，无论是对案件作出提起公诉的决定，还是作出不起诉决定，检察机关对此诉讼结果都承担主导责任。在审判阶段，出庭支持公诉的检察官，负责向法院提供证据，承担举证责任，并且要就案件事实和证据等与律师进行辩论，承担证明犯罪的责任，检察官举证和证明犯罪的情况，直接影响着案件的审理结果。检察官举证充分、证明有力的，法院会作出支持检察官公诉意见的结果；如果检察官举证不充分或者证明不力，则可能导致法院作出不支持或者不完全支持检察官公诉意见的结果，甚至作出无罪判决的结果。在法院对案件作出一审裁判后，如果检察机关发现裁判结果确有错误，可以提起抗诉，要求上一级法院予以纠正；法院作出二审裁判后，如果检察机关认为裁判确有错误，还可以提起再审抗诉，要求上级法院纠正错误裁判，以保证审判结果的正确性。由此可见，对案件的审判结果，检察机关也承担着主导责任。

（3）刑事法律正确实施的主导责任，即检察机关通过参与刑事诉讼全过程，履行法律监督职能，承担着对刑事法律正确实施的主导责任。

在我国，检察机关是国家的法律监督机关，也是司法机关，检察机关通过办案参与刑事诉讼全过程，通过履行法律监督职能保证刑事法律的正确实施。检察机关履行法律监督职能，与监督对象显然构成了监督与被监督的权力关系。在这一权力关系中，检察机关向监督对象单方向行使监督权力（这与“制约”不同，“制约”具有双方面行使权力的特征），这种监督权力具有法律效力，监督对象应当接受监督并采取相应的纠错行为。即检察机关发现监督对象违反刑事诉讼法的行为时，有权发出纠正违法通知书予以纠正，监督对象应当及时予以纠正，以维护刑事诉讼法的正确实施。对于构成犯罪的行为，检察机关可以依照《刑事诉讼法》第 19 条第 2 款的规定，行使立案侦查权，以追究监督对象的刑事责任，维护刑法的正确实施。由此可见，检察机关履行法律监督职能，通过监督与被监督的权力关系，承担着维护刑事法律正确实施的主导责任。

从检察实践来看，检察机关的法律监督贯穿于刑事诉讼全过程，从立案、侦查、起诉、审判到执行，检察机关实行全过程监督，这种全过程监督体现为《刑事诉讼法》第 8 条规定的

“人民检察院依法对刑事诉讼实行法律监督”以及后续条文中关于立案监督、侦查监督、审判监督和执行监督的规定。具体来说，在立案监督方面，检察机关发现公安机关没有按照刑法、刑事诉讼法的规定立案的，存在应当立案而不立案，或者不应当立案而立案的，检察机关有权进行监督，通知公安机关立案或者纠正错误立案。在侦查监督方面，检察机关发现公安机关侦查活动存在违法行为的，有权发出纠正违法通知书予以纠正。在审判监督方面，检察机关发现法院在审判活动中存在违法行为的，有权提出纠正意见或者建议；发现法院的裁判确有错误的，有权提出抗诉，要求上级法院予以纠正。在执行监督方面，检察机关发现刑罚执行机关在刑罚执行过程中存在违法行为的，有权提出纠正意见或者建议。由此可见，检察机关在整个刑事诉讼过程中，都履行法律监督职责，承担着维护刑法、刑事诉讼法等刑事法律正确实施的主导责任。

3. 主导责任的实现

主导责任作为检察机关和检察官的一种新理念，是新时代赋予检察机关和检察官的一种历史使命，也是新时代法律赋予检察机关和检察官的一种责任和义务，各级检察机关和检察官应当充分认识和认真履行好主导责任。为此，最高人民检察院张军检察长明确指出：“要认真思考怎样把检察官的主导责任履行好、履行到位。检察官都要认真思考，努力把新时代赋予的更重责任扛在肩上，切实发挥好在刑事诉讼中的职能作用。”〔1〕从检察实践看，各级检察机关和检察官要履行好主导责任，应当牢固树立主导责任意识，认真履行好法律规定的各项主导责任，建立和完善有关保障履行主导责任的制度和

〔1〕张军：《关于检察工作的若干问题》，载《国家检察官学院学报》2019年第5期。

机制。

（1）牢固树立主导责任意识，即检察机关和检察官应当充分认识到主导责任的重要性，在一切检察业务工作中，将主导责任记在心里、扛在肩上。

各级检察机关和检察官要真正树立主导责任意识，充分认识到以下几点：一是检察机关的主导责任与“以审判为中心”并不矛盾，是在“以审判为中心”前提下的主导责任。强调检察机关的主导责任，就是要求检察机关把证据审查好、起诉工作准备好、法庭上的证明义务履行好，这些都是推进“以审判为中心”的重要内容，因而主导责任与“以审判为中心”并不矛盾，而是实现“以审判为中心”的重要保障。二是主导责任与“分工负责、互相制约、互相配合”原则是一致的，主导责任更加强调责任担当。在刑事诉讼中，在案件处理的流程上，我们应当坚持“分工负责、互相配合、互相制约”，在刑事诉讼程序保障上，检察机关负有法律监督的职责，承担法律监督的主导责任，因而主导责任与“分工负责、互相配合、互相制约”原则具有一致性，主导责任更加强调检察机关在刑事诉讼中的责任担当。

（2）认真履行好法律规定的各项主导责任。在刑事诉讼中，检察机关作为控诉主体和法律监督者，法律为其规定了许多主导责任，如审查批捕责任、审查起诉责任等。检察机关只有认真履行好这些法定职责，才能承担好主导责任。比如在侦查过程中，检察机关负责审查批捕工作，要对批捕或者不批捕承担主导责任，如果检察机关不批捕，还应当向公安机关说明不批捕的理由和根据，以便公安机关理解，避免公安机关提出复议、复核；同时，检察机关根据案件的具体情况，还可以向公安机关提出收集证据的具体要求，并说明收集证据的目的和要证明的事情，以便公安机关顺利开展侦查工作。检察机关只有做好了这些工作，才能算是履行好了审查批捕的主导责任。再如，在审查起诉过程中，检察机关履行控诉职能，如果发现公安机关侦查的案件不符合起诉条件，应当退回公安机关补充侦查。在退回补充侦查中，检察机关也要履行好主导责任，应当在退回补充侦查提纲中写明查什么事、为什么查，要收集什么证据以及收集这些证据的目的，引导侦查人员更好地补充证据，完成补充侦查的任务。在审判过程中，检察机关不仅要向法庭全面出示证明被告人有罪、从轻或者减轻的证据，承担好法庭举证的主导责任，而且还要与辩护律师进行辩论，以证明被告人有罪和应当承担的刑事责任，承担好证明指控犯罪的主导责任。由此可见，在刑事诉讼过程中，检察机关只有履行好各项法定的责任，才能履行好主导责任。

（3）建立和完善有关保障履行主导责任的制度和机制。由于主导责任是一种责任担当、责任意识、责任精神，因而要促使各级检察机关和检察官履行好主导责任，就必须有制度和机制方面的保障措施，否则，这种主导责任将难以实现。从目前检察实践来看，要保证各级检察机关和检察官履行好主导责任，我们认为，应当建立和完善以下制度和机制：一是建立主导责任制度。检察机关应当制定有关主导责任的制度，以明确主导责任的内涵、基本要求及其不履行主导责任应当承担的责任等。具体来说，检察机关的主导责任应当包括刑事诉讼程序走向的主导责任、刑事诉讼结果的主导责任以及刑事法律正确实施的主导责任。检察机关的主导责任应当贯穿整个刑事诉讼过程，具体到各项检察业务工作中。二是完善检察官的考核机制。应当将主导责任的履行情况作为检察官业绩的重要内容进行考核。

（二）办案监督一体的理念

办案监督一体，就是检察机关在刑事诉讼过程中，应当坚持“在办案中监督，在监督中办案”的理念，将刑事办案与刑事法律监督融为一体。

1. 办案监督一体理念提出的背景

有的学者认为，我国法律监督权是一元分立架构下对权力运行和制约的必然选择，法律监督和公诉（办案）是我国检察权的两个组成部分，但法律授予检察机关这两种职权的目的是不同的，应当坚持检察职能二元论，检察机关应该把握好诉讼和法律监督这两种职能，既要坚持法律监督，又要尊重诉讼规律，可以实行公诉（办案）与法律监督在检察机关内部适当分离，设立不同的内设机构负责。〔1〕有的学者认为，我国检察机关的诉讼监督职能与诉讼职能进行适当的分离，是现代诉讼分工日益精细化的要求，也是实现诉讼结构平衡的需要，并且还能够有效地实现诉讼分权。〔2〕还有的学者认为，无论是从加强检察机关内部制约和法律监督工作的需要看，还是从健全和完善科学合理司法程序和模式的需要看，检察机关的诉讼职能和诉讼监督职能都需要分离。〔3〕

在这种观点的影响下，一些地方检察机关在实践中对检察机关的内设机构进行了改革探索。实践证明，办案与监督相分

〔1〕樊崇义：《法律监督职能哲理论纲》，载《人民检察》2010 年第 1 期；《提高理论认识把握监督重点》，载《人民检察》2010 年第 3 期。

〔2〕杨武力：《从内部整合改革看“两个适当分离”的必要性》，载《法制与社会》2010 年第 5 期；王芬余：《检察机关诉讼职能和监督职能适当分离研究》，载《当代法学论坛》2011 年第 4 期。

〔3〕湖北省人民检察院检察发展研究中心：《实行“两个适当分离”优化检察职能配置》，载《人民检察》2010 年第 24 期；宋凯利：《检察机关诉讼职权与监督职权内部配置研究》，载《法制与社会》2013 年第 11 期等。

离，既不符合检察工作的客观实际，也不利于强化法律监督职能，更难以保证司法公正。这是因为：第一，办案与监督工作在实践中难以完全分开。在实践中，职务犯罪侦查、审查批捕和公诉等办案工作与立案监督、侦查监督、审判监督等诉讼监督工作，是难以完全分开的，比如在行使审查批捕和审查起诉职能时，往往会发现公安机关在立案、侦查活动中存在违法行为，需要进行立案监督、侦查监督；在行使公诉职能的过程中，往往会发现法院审判活动中存在违法行为，也需要进行审判监督。离开审查批捕和公诉活动，就难以及时发现违法行为并有效开展诉讼监督。可见，办案工作与诉讼监督工作是密切联系在一起的，人为地把办案与诉讼监督这两种职能分离，是不符合检察工作实际的。第二，把办案与监督分开影响了法律监督的效能。从检察实践来看，将办案与监督相分离，不但不能增强法律监督，反而削弱了法律监督。一方面，监督需要依附于办案，脱离了办案，诉讼中的违法行为就难以被发现，诉讼监督就失去了根基和基础，诉讼监督也就无法做好。另一方面，办案的决定也是一种重要的监督手段，如审查批捕的决定是侦查监督最有力的手段，不起诉的决定也是侦查监督的重要手段，抗诉的决定则是审判监督最重要的手段。离开了办案，诉讼监督就失去了强有力的监督手段，诉讼监督就难以发挥有效的作用。第三，办案与监督分离降低了司法效率。在检察实践中，将办案与监督分开，由不同的检察官或者检察官办案组来承担，那么，在重要的检察环节中，就需要两个检察官或者检察官办案组作为承办人参与诉讼活动，一个负责办案工作，另一个负责诉讼监督工作。这样不仅增加了人力成本，而且这两个检察官或者检察官办案组在审查案卷、讯问犯罪嫌疑人等诉讼活动中，如何参与、如何分配时间等，都存在一定的问题，这必然影响检察机关的办案效率。基于以上理由，最高人民检察院认为，办案与监督不应当分离，而应当“在办案中监督，在监督中办案”，因而提出了办案监督一体的理念。

2. 办案监督一体理念的内涵

我们认为，办案监督一体，就是检察机关的办案与监督是统一的，办案体现法律监督，法律监督寓于办案之中，二者是一个事物的两个方面，是不可分离的统一体。具体来说，办案与监督一体的理念应当包括以下三个方面的内容：

（1）法律监督与办案是辩证统一的关系。正如学者指出的，检察机关的诉讼职能（或者办案）与诉讼监督职能应当是一体的，是一个事物的两个方面，不能相互分离或者人为地割裂。〔1〕从检察实践来看，办案是检察机关行使各项检察职权的诉讼活动，包括审查批捕和审查起诉以及对司法工作人员部分犯罪的立案侦查等刑事办案、民事申诉审查和民事抗诉等民事办案、行政申诉审查和行政抗诉等行政办案、参与或者提起公益诉讼等公益办案，也包括刑事诉讼监督、民事诉讼监督、行政诉讼监督等办案。这些办案活动都是检察机关维护国家法律统一的具体形式，都体现了法律监督职能。法律监督是办案的目的，办案是法律监督的手段，二者是密切联系、辩证统一的。

（2）在办案中进行法律监督。在我国，法律监督是检察机关的本质属性，是检察机关追求的价值目标，也是检察机关的宪法义务，更是检察机关的法律职责，即检察机关通过一切诉讼活动所要完成的根本任务；而办案则是检察机关履行法律监

〔1〕龙宗智：《诉讼职能与监督职能的关系及其配置》，载《人民检察》2011 年第 24 期；张智辉：《法律监督三辨析》，载《中国法学》2003 年第 5 期等。

督职责的基本手段和措施，也是彰显法律监督效用的重要途径。离开了法律监督，办案将会失去正确的方向，离开办案，法律监督将会无法实现。因此，张军检察长指出："要把法律监督落实到每一个办案环节。检察机关的法律监督职能说到底要在办案中实现，案件办不好，监督必然要落空。在办案的每一个环节都要体现法律监督。把案件办好，实现政治效果、社会效果和法律效果的统一，必然落实了法律监督。"〔1〕由此可见，检察机关要履行好法律监督职责，有效维护国家法律的统一正确实施，就离不开办案，就必须把案件办好，通过办案来落实法律监督。

（3）在法律监督中办案。在法律监督中办案是办案监督一体的重要内涵。具体来说，一方面，办案是法律监督的手段，离开办案，法律监督就是"无源之水、无本之木"；离开办案，法律监督就是空中楼阁，无法实现。另一方面，法律监督是办案方向的保障，离开法律监督，办案就会迷失方向。法律监督的目标是维护国家法律的统一正确实施，这一目标可以保证检察机关办案的正确方向，保证检察机关在办案过程中准确认定事实、正确适用法律，对案件作出正确处理决定，即正确行使检察权；同时也可以保证检察机关在办案过程中注重发现违法行为，并能够及时提出纠正意见，从而保证司法公正的实现。可见，在法律监督中办案，才能保证检察机关办好案，全面正确履行办案职责。

3. 办案监督一体的实现

各级检察机关和检察官要在实践中真正落实好办案监督一

〔1〕张军：《新时代检察工作怎么干？在监督中办案，在办案中监督》，载《人民日报》2018年5月8日。

体的理念，就应当牢固树立办案与法律监督相统一的观念，以办案为中心强化法律监督，不断提高办案质量增强法律监督力度。

（1）牢固树立办案与法律监督相统一的观念，即法律监督是目的，办案是手段，法律监督离不开办案，办案也必然体现法律监督，二者是密不可分的统一体。

（2）以办案为中心强化法律监督，即检察机关要强化法律监督，就应当以办案为中心，下大力气抓好办案工作。实践证明，没有办案，检察机关的法律监督就失去了着力点；没有办案力度，检察机关的法律监督就失去了深化点。随着我国监察体制改革和法律的修改完善，检察机关也进行了相应的一系列改革，形成了“四大检察”“十大业务”的新格局。目前，“四大检察”发展还存在不平衡、不协调的问题，民事检察和行政检察仍然是检察工作的短板，公益诉讼检察工作在各地检察机关发展也存在差异；“十大业务”发展不够平衡，存在一些弱项；这些都必然影响到检察机关法律监督的效果。因此，检察机关要强化法律监督，就应当进一步做好刑事检察工作，补齐民事检察、行政检察的短板，保证各地公益诉讼检察能够平衡发展，实现“四大检察”“十大业务”全面充分协调发展。具体来说，在新形势下，各级检察机关强化法律监督职能，应当狠抓办案，要立足办案，以办案为中心，围绕服务大局的着力点、防范风险的关键点、人民群众的关注点，不断加大办案力度，以有效发挥检察机关的法律监督作用，维护国家法律的统一正确实施，为国家经济社会发展营造安全的政治环境、稳定的社会环境、公正的法治环境。

（3）不断提高办案质量，增强法律监督力度。办案与法律监督具有同一性，检察机关进行办案就是履行法律监督职能，不断提高办理案件的质量，就是在增强法律监督的力度。具体来说，对于刑事案件，检察机关应当办得更好，即做优刑事检察；对于民事检察案件，检察机关应当增加办案数量，提高办案质量，即做强民事检察；对于行政检察案件，检察机关应当提高发现违法的能力，准确提出抗诉和检察建议，即做实行政检察；对于公益诉讼案件，检察机关应当扩大办案数量，提高办案的社会效果，即做好公益诉讼检察。总之，各级检察机关要高度重视办案质量，不断提高办案质量，不断增强法律监督的力度，有效保证国家法律的统一正确实施，维护法律的权威和尊严。

（三）精准监督的理念

精准监督，就是为了有效履行法律监督职责，增强法律监督的准确性，检察机关应当及时、准确地发现违反法律的各种行为，依法收集、审查有关证据，根据违法行为的情况，依法作出准确的处理决定。这是最高人民检察院根据新形势提出的新要求和新理念，各级检察机关和检察人员都应当正确理解其内涵，在检察工作中认真落实精准监督的理念，做好各项检察工作。

1. 精准监督理念提出的背景

随着我国社会主要矛盾发生重大变化，人民群众对民主、法治、公平、正义、安全、环境等方面提出了更高的要求。为了适应新形势，满足人民群众的新要求，我国进行了新一轮司法体制改革，修改完善了一些法律，对检察工作提出了更高的要求。为了更好地执行新修订的法律，提高各级检察机关在实践中开展法律监督的准确性，最高人民检察院提出了精准监督的理念。

从法律修改完善方面看，为了适应新时代的要求，我国修改完善了许多法律，如人民检察院组织法、刑事诉讼法、检察官法等，吸收了司法体制改革的成功经验，建立完善了有关法律制度，对检察机关的法律监督提出了更高的要求。就刑事法律制度方面来说，修改后的法律完善了检察机关的职务犯罪侦查制度、建立了认罪认罚从宽制度等。其中，检察机关的职务犯罪侦查制度规定，检察机关只负责立案侦查司法工作人员在诉讼活动中利用职权实施的职务犯罪，包括非法拘禁罪、刑讯逼供罪、非法搜查罪等 14 个罪名，这就要求检察机关在诉讼活动中更应当注重发现司法工作人员的违法行为，提高发现违法行为的能力和水平，即对检察机关的法律监督提出了更高的要求。认罪认罚从宽制度则规定，犯罪嫌疑人、被告人自愿如实供述自己的罪行，承认指控的犯罪事实，愿意接受处罚的，可以依法从宽处理；在认罪认罚过程中，检察机关负责犯罪嫌疑人权利告知、听取意见、认罪认罚自愿性和真实性以及合法性的审查、认罪认罚具结书的签署、量刑建议的提出等工作，而检察机关的量刑建议，法院原则上应当采纳。由此可见，认罪认罚从宽制度要求检察机关应当更加注重庭前程序的审查把关，防止和纠正违反当事人意愿的行为；应当提高量刑建议的精确性。

从检察实践来看，为了有效落实法律规定，更好地履行检察职能，检察机关对检察工作提出了具体要求。2019 年 10 月，“两高三部”出台《关于适用认罪认罚从宽制度的指导意见》，明确要求检察机关应当对认罪认罚全过程进行法律监督，认真审查认罪认罚的自愿性、真实性和合法性，提出确定刑量刑建议等。检察机关要在实践中认真办好认罪认罚案件，就应当更加准确地理解法律规定的精神，提高法律监督的能力和准确性。同时，为了推进检察改革，保证检察权的有效行使，提高办案效率，检察机关进行了内设机构改革，实行捕诉一体的办案机制，加强法律监督能力。

2. 精准监督理念的内涵

关于精准监督理念的内涵，目前法学界和实务部门尚缺乏深入研究，也没有形成明确的界定。但是，从词义上分析，精准监督是由“精准”和“监督”两个词构成。其中，“精准”就是非常准确；“监督”就是指法律监督工作，因而精准监督，就是检察机关在法律监督过程中，应当准确、有效地发现违法行为，及时、准确地收集和审查有关证据，依法准确地提出法律监督意见建议。具体来说，精准监督的理念包含以下三个方面：

（1）准确、有效地发现违法行为。这是检察机关精准监督的前提，也是检察机关精准监督的重要内容。检察机关是参与刑事诉讼全过程的唯一机关，这为检察机关及时、准确地发现侦查、审判、刑罚执行等诉讼活动中是否存在违法行为提供了有利条件，检察机关要采取多种方式，保证及时、准确、有效地发现违法行为。检察机关只有准确、有效地发现违法行为，才能精准监督，形成全面、有效的震慑力，遏制和减少违法行为，达到维护国家法律统一正确实施的目的。

（2）及时、准确地收集和审查证据。这是检察机关精准监督的中间环节，也是精准监督的重要内容。及时、准确地收集和审查证据，是对准确、有效发现违法行为的有力支撑，也是精准监督的有效保障。只有及时、准确地收集和审查有关证据，才能证明违法行为的性质和严重程度，才能据此作出合理的法律监督意见和建议，实现精准监督的目的。

（3）依法准确地提出法律监督意见建议。这是检察机关精准监督的最后环节，也是精准监督的重要内容。依法准确地提出法律监督意见建议，是及时、准确地收集和审查证据的结果，也是精准监督的重要体现。检察机关只有依法对违法行为作出合理的处理决定，提出准确的法律监督意见和建议，才能进行精准的法律监督，并保证及时纠正违法行为，维护法律监督的权威。从检察实践来看，检察机关的监督方式包括口头提出纠正意见、制发纠正违法通知书、提出检察建议、提出再审建议、提起抗诉等方式。检察机关应当根据违法行为的性质和具体情况，依法准确地选择监督方式。

3. 精准监督的实现

（1）牢固树立精准监督的意识。精准监督是新时代对检察机关的新要求，也是强化法律监督的必要措施。首先，精准监督不仅是法律对检察机关提出的更高要求，也是检察实践的客观需要，更是新时代对检察机关法律监督的新要求，各级检察机关和检察官必须充分认识到精准监督的时代必要性和重要性。其次，精准监督是克服实践中不敢监督、不愿监督等问题的重要措施。精准监督要求检察机关不仅要敢于监督，而且要准确的监督。

（2）不断提高精准监督的能力。精准监督的能力包括发现违法行为的能力、收集证据和审查证据的能力、作出判断和提出法律监督意见建议的能力等。这些能力不仅包括法律业务能力，而且包括政治、政策理解方面的能力和水平，各级检察机关和检察官只有提高这些方面的能力和水平，才能不断提高精准监督的水平，保证法律监督实现政治效果、法律效果和社会效果的有机统一。从检察实践看，各级检察机关和检察官要提高精准监督的能力，一方面应当勤学习，即不断学习新文件、政策和法律，及时了解和掌握党的新政策新要求、法律的新规定，不断提高精准监督的政治能力和法律能力。另一方面应当多实践，即在办案中监督，在监督中办案。法律监督是一项实践性极强的业务工作，只有多实践多办案，才能不断积累经验，不断提高精准监督的能力。

（3）建立和完善精准监督的制度和机制。一是建立和完善精准监督的各项业务制度。各项检察业务要做到精准、精细，就应当建立相应的精准业务标准制度。比如量刑建议，要做到精准量刑，就应当建立精准量刑建议规范化制度，包括量刑建议基准刑、量刑建议标准指南、量刑建议说理等内容。二是建立和完善及时、准确发现违法行为的制度和机制。检察机关要做到精准监督，及时、准确地发现违法行为是关键。各级检察机关应当建立和完善及时准确发现违法行为的制度和机制，包括检察机关与系统外各机关之间的信息共享平台、检察机关内部各部门之间的信息和线索交流机制、充分运用人工智能技术的制度等。三是完善检察机关的考核机制。将精准监督作为检察官业绩考核的重要内容。

二、刑事追诉权中的实务问题

在我国，检察机关作为国家的法律监督机关，享有一定的刑事追诉权。这是保证检察机关能够及时发现刑事诉讼活动中违法线索的重要途径，也是保证检察机关有效履行法律监督职责的重要手段。根据法律规定，检察机关的刑事追诉权包括检察侦查权、批准和决定逮捕权、刑事公诉权等三项职权。

（一）检察侦查权

检察侦查权，是指检察机关依法享有对某些犯罪案件的立案侦查或者补充侦查的职权。根据我国法律的规定，检察机关的侦查权包括对部分司法工作人员犯罪的侦查权、机动侦查权、补充侦查权。

1. 检察侦查权的法律要求

在我国，检察侦查权是国家追究犯罪的一种重要权力，也是保障公民合法权利的一项重要措施。为了保证检察机关正确行使检察侦查权，我国法律对检察机关的三项侦查权都作出了明确规定和要求。具体来说，我国法律对检察侦查权提出以下要求：

（1）对司法工作人员的相关职务犯罪可以行使侦查权。我国《刑事诉讼法》第19条第2款规定："人民检察院在对诉讼活动实行法律监督中发现的司法工作人员利用职权实施的非法拘禁、刑讯逼供、非法搜查等侵犯公民权利、损害司法公正的犯罪，可以由人民检察院立案侦查。"根据我国刑法规定，检察机关可以立案侦查的这类犯罪包括非法拘禁罪、刑讯逼供罪、非法搜查罪等14个罪名。法律赋予检察机关对这部分职务犯罪可以行使侦查权，不仅是基于检察机关作为国家法律监督机关的权力配置方面的考虑，更是将检察机关的职务犯罪侦查纳入反腐败总体布局中的考量，符合时代发展的要求。

从检察实践来看，要正确理解检察机关对司法工作人员的职务犯罪可以行使侦查权，应当把握以下几点：

第一，有限授权。我国《监察法》第34条第1款规定："人民法院、人民检察院、公安机关、审计机关等国家机关在工作中发现公职人员涉嫌贪污贿赂、失职渎职等职务违法或者职务犯罪的问题线索，应当移送监察机关，由监察机关依法调查处置。"为了保持与监察法的衔接，刑事诉讼法规定对司法工作人员的相关职务犯罪"可以由人民检察院立案侦查"，这里规定的"可以"，一方面，暗含着条文的政策导向性，即由检察机关侦查更贴近诉讼、更为便捷，这是检察机关不可推卸的职责；另一方面，也意味着并非必然由人民检察院立案侦查，也可以移送监察机关立案调查。因此，刑事诉讼法赋予检察机关的职务犯罪侦查权是有限的，是在国家监察监督全覆盖前提下的部分授权。

第二，必要补充。即检察机关享有部分职务犯罪侦查权是对监察机关全面反腐败的必要补充。从实践来看，司法领域发生的损害司法公正、侵犯公民权利等犯罪，通常发生在诉讼活动进程中，与司法工作人员的履职行为交织在一起。只有参与诉讼活动中，才能及时、有效地查出这些司法不公背后的职务犯罪，才能维护司法活动的正常秩序。因此，检察机关享有部分职务犯罪侦查权是对监察机关反腐败的必要补充。

第三，法律监督的保障。从法律规定来看，“在对诉讼活动实行法律监督中”发现的司法工作人员相关职务犯罪，检察机关可以立案侦查，这本身包含着两层意思：一是检察机关行使部分职务犯罪侦查职权，是为了通过查办侵犯公民权利、损害司法公正的犯罪行为，更好地实现诉讼监督的目的；二是检察机关行使部分职务犯罪侦查权，是检察机关诉讼监督权的组成部分，是保证检察机关有效履行法律监督的重要手段和措施。

（2）经过严格批准程序可以行使机动侦查权。我国《刑事诉讼法》第 19 条第 2 款规定：“对于公安机关管辖的国家机关工作人员利用职权实施的重大犯罪案件，需要由人民检察院直接受理的时候，经省级以上人民检察院决定，可以由人民检察院立案侦查。”根据该规定，检察机关行使机动侦查权应当具备以下三个条件。

一是机动侦查权的启动条件。根据法律规定，检察机关行使机动侦查权的对象只能是“公安机关”管辖的国家机关工作人员利用职权实施的重大犯罪案件。对此，可以从三个方面来理解：第一，对于监察机关管辖的犯罪案件，不在检察机关可以行使机动侦查权的管辖范围。第二，犯罪主体必须是国家机关工作人员。第三，机动侦查权的行使对象必须是国家机关工作人员利用职权实施的重大犯罪。对于国家机关工作人员利用职权实施的一般犯罪案件，以及不是利用职权实施的犯罪案件，都不是机动侦查权的管辖对象。

二是机动侦查权的适用条件。根据有关司法解释的规定，对于具有下列五种情形之一的案件，检察机关可以行使机动侦查权：第一，公安机关对其管辖的国家机关工作人员利用职权实施的重大犯罪案件，有案不立、有罪不究，经检察机关通知立案仍不依法追究的；第二，公安机关对其管辖的国家机关工作人员利用职权实施的重大犯罪案件，以罚代刑，降格处理，经检察机关督促后仍不纠正的；第三，公安机关、检察机关对于国家机关工作人员的行为是否构成犯罪，认识不一致，而检察机关认为应当依法追究刑事责任的；第四，对案件管辖发生争议，而有管辖权的公安机关拒不侦查或者长期拖延不予立案侦查的；第五，因案件具有某种特殊情况，从维护司法公正考虑，由检察机关立案侦查更为适宜的。例如，公安机关工作人员与地方黑恶势力勾结，利用职权作掩护实施走私、贩毒等刑事犯罪的案件。

三是行使机动侦查权的程序条件。根据法律规定，检察机关行使机动侦查权，对有关犯罪案件立案侦查，必须经过特殊的审批程序，即必须经省级以上人民检察院（包括省级人民检察院和最高人民检察院）批准，非经批准，检察机关不得行使机动侦查权。

（3）必要时可以行使补充侦查权。我国《刑事诉讼法》第 170 条规定：“人民检察院对于监察机关移送起诉的案件，依照本法和监察法的有关规定进行审查。人民检察院经审查，认为需要补充核实的，应当退回监察机关补充调查，必要时可以自行补充侦查。”第175条规定：“人民检察院审查案件，对于需要补充侦查的，可以退回公安机关补充侦查，也可以自行侦查。”根据上述法律规定，检察机关行使补充侦查权，应当具备以下三个条件：

一是案件已进入审查起诉阶段。即案件已经过公安机关侦查终结或者监察机关调查终结，并将案件移送到检察机关审查起诉。案件只有进入审查起诉阶段，检察机关才对案件具有管辖权，才存在退回公安机关补充侦查或者监察机关补充调查、或者自行补充侦查的可能性，因此，案件已进入审查起诉阶段是检察机关对案件行使补充侦查权的一个重要程序条件。

二是案件不符合法定起诉条件。即检察机关对公安机关或者监察机关移送审查起诉的案件进行审查后，认为案件事实不清、证据不足或者存在遗漏罪行、遗漏同案犯罪嫌疑人等情形，不符合法定起诉条件但可以并需要补充侦查的，检察机关才有可能行使补充侦查权。由此可见，案件不符合法定起诉条件，是检察机关对案件行使补充侦查权的实体性条件。

三是检察机关补充侦查具有必要性。即对于需要补充侦查的内容，检察机关能够且有必要进行补充侦查。由于案件已经进入审查起诉阶段，案件由审查起诉的检察官负责，因而检察官要对案件进行补充侦查，不仅应当考虑负责审查起诉检察官的补充侦查能力，而且应当考虑审查起诉阶段的诉讼时限要求等因素，只有满足这些条件，检察机关进行补充侦查才具有必要性。

2. 检察侦查权在实践中存在的问题

（1）检察机关行使司法人员相关职务犯罪侦查权的做法不统一。根据我国监察法和刑事诉讼法的规定，对于职务违法或者职务犯罪的问题线索，原则上由国家监察机关负责，实行监察全面覆盖，而对于司法工作人员在诉讼活动中所实施的相关职务犯罪，我国刑事诉讼法只规定检察机关“可以立案侦查”，而非“应当立案侦查”。可见，法律对检察机关的职务犯罪侦查权只是有限的授权，而非完全授权，即对司法工作人员在诉讼活动中实施的相关职务犯罪，检察机关可以立案侦查，监察机关也可以立案调查。但是，在什么情况下，检察机关可以立案侦查，在什么条件下，监察机关应当立案调查，我国刑事诉讼法没有明确，导致实践中各地检察机关的做法不统一。有的检察机关从责任和便利方面考虑，一旦在诉讼活动中发现司法工作人员存在职务犯罪线索的，就进行立案侦查；有的检察机关从有限授权方面考虑，发现职务犯罪线索后，就移送监察机关立案调查；还有的检察机关从与监察机关的关系方面考虑，发现职务犯罪线索后，就告知监察机关，并通过双方协商来决定是由检察机关立案侦查还是由监察机关立案调查。实践中执法的不统一，不仅影响了法律的权威性，而且会影响检察机关的积极性。

（2）检察机关行使机动侦查权的情况较少。根据我国刑事诉讼法的规定，检察机关行使机动侦查权需要具备严格的实体条件和程序条件，但从检察实践来看，各地检察机关行使机动侦查权的情况较少。究其原因，主要体现在以下三个方面：一是公安机关管辖的国家机关工作人员利用职权实施的重大犯罪案件较少且难以发现。即这类案件在实践中较少发生，即使发生了，检察机关也难以及时、有效地发现。二是对于这类案件，如果检察机关不经过立案侦查收集有关的证据材料，往往难以确定是否属于“需要由人民检察院直接受理”的情况。三是这类案件由检察机关立案侦查的审批程序较为烦琐。

（3）检察机关行使补充侦查权的情形不够明确。法律和司法解释对检察机关行使补充侦查权的情形缺乏明确规定或者规定得不统一。我国刑事诉讼法规定，检察机关在对案件进行审查起诉的过程中，认为“需要补充核实”或者“需要补充侦查”的，必要时可以自行补充侦查。但是，对于在什么情况下检察机关可以补充侦查，法律没有明确。为了解决具体适用问题，2019 年修订的《人民检察院刑事诉讼规则》对公安机关移送起诉的案件，检察机关退回公安机关补充侦查的情形，监察机关移送审查起诉的案件，检察机关自行补充侦查的情形，分别作出了明确的规定。[1]

3. 保障检察侦查权的有效行使

（1）明确检察机关行使司法人员相关职务犯罪侦查权的具体情形。我们建议，由全国人大常委会通过立法解释，对在什么情况下应当由检察机关立案侦查、什么情况下应当由监察机关立案调查，作出明确规定，比如涉及贿赂犯罪的，或者贿赂犯罪为主罪的，或者涉及较高职务人员犯罪的，应当由监察机关立案调查，其他情况下则由检察机关立案侦查。由最高人民检察院通过司法解释，对检察机关在诉讼中发现有关职务犯罪线索后，移送监察机关的情形、条件和具体程序等，作出明确规定，以保证检察机关统一正确行使职务犯罪侦查权。

（2）提高机动侦查权的适用率。一是建立和完善与公安机

---

〔1〕《人民检察院刑事诉讼规则》第 342 条规定：“人民检察院认为犯罪事实不清、证据不足或者存在遗漏罪行、遗漏同案犯罪嫌疑人等情形需要补充侦查的，应当制作补充侦查提纲，连同案卷材料一并退回公安机关补充侦查。人民检察院也可以自行侦查，必要时可以要求公安机关提供协助。”第 344 条规定：“对于监察机关移送起诉的案件，具有下列情形之一的，人民检察院可以自行补充侦查：（一）证人证言、犯罪嫌疑人供述和辩解、被害人陈述的内容主要情节一致，个别情节不一致的；（二）物证、书证等证据材料需要补充鉴定的；（三）其他由人民检察院查证更为便利、更有效率、更有利于查清案件事实的情形。自行补充侦查完毕后，应当将相关证据材料入卷，同时抄送监察机关。人民检察院自行补充侦查的，可以商请监察机关提供协助。”

关之间的信息交流平台，以便能够及时发现公安机关对其管辖的国家机关工作人员利用职权实施的重大犯罪案件应当立案侦查而不立案侦查的违法线索，提高检察机关发现案件线索的能力。二是建立与监察机关之间定期信息交流机制，及时了解和掌握当地国家机关工作人员违法犯罪的情况，以便从中发现有关案件线索。三是完善检察机关控告申诉、内部各部门之间信息交流、考核奖励等制度和机制，以便及时发现有关案件线索，并提高检察官行使机动侦查权的积极性和主动性。

（3）保证补充侦查权的规范行使。为了发挥补充侦查权的作用，保证检察机关及时作出审查起诉决定，我们认为，应当通过司法解释明确规定检察机关行使补充侦查权的具体情形，以规范检察机关补充侦查权的行使。例如，对于公安机关或者监察机关移送起诉的案件，具有下列情形之一的，人民检察院应当自行补充侦查：一是证人证言、犯罪嫌疑人供述和辩解、被害人陈述的内容主要情节一致，个别情节不一致而需要进行核实的；二是物证、书证等证据材料需要补充鉴定或者重新鉴定的；三是对被害人的伤情需要复查或者重新检查的；四是对犯罪嫌疑人的存款、汇款、债券、股票、基金份额等财产需要冻结的；五是其他由人民检察院查证更为便利、更有效率、更有利于查清案件事实的情形。人民检察院自行补充侦查的，必要时，可以要求公安机关或者商请监察机关提供协助。

（二）批准和决定逮捕权

批准和决定逮捕权，包括批捕权和决定逮捕权两项权力。其中，批捕权，是指在刑事诉讼过程中，检察机关对公安机关或者国家安全机关在侦查过程中，需要采取逮捕措施而提请批准逮捕犯罪嫌疑人的请求，依法进行审查并决定是否批准逮捕的一项权力。决定逮捕权，是指检察机关对于自行侦查的犯罪案件，在侦查过程中需要对犯罪嫌疑人采取逮捕措施的，或者在审查起诉阶段认为需要逮捕犯罪嫌疑人的，依法决定对其予以逮捕的一项权力。

1. 批准和决定逮捕权的法律要求

（1）正确把握逮捕的实体条件。我国《刑事诉讼法》第81条规定：“对有证据证明有犯罪事实，可能判处徒刑以上刑罚的犯罪嫌疑人、被告人，采取取保候审尚不足以防止发生下列社会危险性的，应当予以逮捕：（一）可能实施新的犯罪的；（二）有危害国家安全、公共安全或者社会秩序的现实危险的；（三）可能毁灭、伪造证据，干扰证人作证或者串供的；（四）可能对被害人、举报人、控告人实施打击报复的；（五）企图自杀或者逃跑的。批准或者决定逮捕，应当将犯罪嫌疑人、被告人涉嫌犯罪的性质、情节，认罪认罚等情况，作为是否可能发生社会危险性的考虑因素。对有证据证明有犯罪事实，可能判处十年有期徒刑以上刑罚的，或者有证据证明有犯罪事实，可能判处徒刑以上刑罚，曾经故意犯罪或者身份不明的，应当予以逮捕。被取保候审、监视居住的犯罪嫌疑人、被告人违反取保候审、监视居住规定，情节严重的，可以予以逮捕。”根据该条规定，逮捕的实体条件分为以下三种：一是一般逮捕条件，即对有证据证明有犯罪事实，可能判处徒刑以上刑罚的犯罪嫌疑人、被告人，采取取保候审尚不足以防止发生法律规定的五类社会危险性的，应当予以逮捕。二是径行逮捕条件，即对有证据证明有犯罪事实，可能判处10年有期徒刑以上刑罚的，或者有证据证明有犯罪事实，可能判处徒刑以上刑罚，曾经故意犯罪或者身份不明的，应当予以逮捕。三是转为逮捕条件，即被取保候审、监视居住的犯罪嫌疑人、被告人违反取保候审、监视居住的规定，情节严重的，可以予以逮捕。

（2）严格遵守逮捕的程序条件。我国《宪法》第37条第2款规定："任何公民，非经人民检察院批准或者决定或者人民法院决定，并由公安机关执行，不受逮捕。"《刑事诉讼法》第80条规定："逮捕犯罪嫌疑人、被告人，必须经过人民检察院批准或者人民法院决定，由公安机关执行。"在侦查阶段，公安机关认为需要逮捕犯罪嫌疑人的，必须报经检察机关审查批准；检察机关对自行侦查的案件，或者审查起诉的案件，认为需要逮捕犯罪嫌疑人的，应当报请检察长或者检察委员会决定；法院在审判阶段认为需要逮捕被告人的，应当报经院长或者审判委员会决定。非经上述程序，任何公民都不受逮捕。

（3）注意逮捕的变更条件。我国《刑事诉讼法》第95条至第99条对逮捕的变更条件作出了规定，对于符合法律规定应当变更情况的，检察机关等应当及时作出变更，即撤销逮捕或者采取取保候审、监视居住等。

2. 批准和决定逮捕权在实践中存在的问题

从目前检察实践来看，检察机关作为国家的法律监督机关和司法机关，行使批准和决定逮捕权具有合理性和必要性，对于有效监督公安机关的侦查活动，保证逮捕措施的正确适用，有效打击犯罪和保障人权，都具有重要作用。实践中，检察机关在行使批准和决定逮捕权的过程中，除了存在对逮捕实体条件的理解有偏差、逮捕把关不严格等问题外，还存在逮捕审查方式司法化程度偏低、逮捕率仍然偏高等问题。

（1）批捕权行使的主体不统一。根据我国法律规定，批捕权由人民检察院行使，但具体是由检察官行使，还是由检察长或者检察委员会行使，法律没有明确规定。在司法实践中，随着检察改革的推进，检察机关实行了员额检察官制度，赋予了员额检察官更大的职权。但是，批捕权是否赋予员额检察官，各地的做法并不一致。有的地方检察机关将一般案件的批捕决定权赋予了员额检察官，重大案件的批捕权仍由检察长或者检察委员会决定，员额检察官可以对公安机关提请批准逮捕的一般案件行使批捕权；有的检察机关没有将批捕权赋予员额检察官，仍由检察长或者检察委员会决定，对于公安机关提请批准逮捕的案件，先由办案部门的员额检察官进行审核后，再报请检察长批准或者决定，重大案件要经检察委员会讨论决定。这就导致了各地检察机关行使批捕权的主体不统一。

（2）逮捕的审查方式司法化程度低。由于逮捕是最严厉的刑事强制措施，是对公民权利的重大干预，涉及犯罪嫌疑人人身自由这一宪法性权利，因而应当通过严格的司法程序进行审查，这不仅是正确适用逮捕的要求，更是人权保障原则的要求。办案程序应当贯彻亲历性原则，由司法者亲身经历案件审查的全过程，直接接触和审查证据，特别是直接听取诉讼双方和其他诉讼参与人的言词陈述，从而对案件作出司法处断。[1]司法亲历性是司法工作的重要原则，但是，从目前司法实践看，检察机关逮捕的审查方式仍然存在“检察官审查、部门负责人审核、检察长或者检察委员会决定”三级审批制的现象，其行政化的特征比较明显。由于侦查阶段律师参与率低，律师的权利有限，难以收集有影响的证据材料，检察机关审查逮捕的主要依据是侦查机关提供的单方卷宗材料，审查逮捕的中立性、公开性有所欠缺。尽管修改后的刑事诉讼法对审查逮捕程序进行了一定程度的诉讼化改造，增强了审查逮捕的中立性、客观性，但仍未完全实现逮捕的诉讼化转型。

〔1〕朱孝清：《司法的亲历性》，载《中外法学》2015年第4期。

（3）逮捕率仍然偏高。检察机关对公安机关提起批准逮捕的犯罪嫌疑人，作出逮捕决定的比例较高。逮捕作为最严厉的刑事强制措施，其适用应当适度，这是人权保障原则的基本要求，也是世界各国通行的做法。例如，欧盟委员会对27个成员国自1999年至2007年9年间的未决羁押率进行统计，统计表明欧盟成员国未决羁押率通常都在10%至30%之间，超过40%的很少，超过50%的屈指可数。[1] 虽然近些年来，我国检察机关依法行使审查逮捕职能，坚持少捕慎捕原则，全国普通刑事案件的批捕率逐年下降，由2005年的91%下降至2016年的77.6%，[2] 2013年至2017年，检察机关的批捕率为63.2%，2018年检察机关的批捕率为62.4%[3]，但总体而言，我国的批捕率仍然偏高。

3. 保障批准和决定逮捕权的有效行使

针对目前批准和决定逮捕权行使存在的问题，要有效保证检察机关依法正确行使批准和决定逮捕权，发挥其控制犯罪和保障人权的法律监督作用，我们认为，应当建立和完善有关制度和机制，确保检察机关行使批捕权主体的统一性，提高逮捕审查方式的司法化程度，适当降低逮捕率等。

（1）统一批捕权行使的主体。根据目前检察机关员额制改革的情况，为了保证员额检察官有效履行职责，真正成为办案的主体，终身承担办案的司法责任，各省检察机关都制定了自己的检察官权力清单，赋予了员额检察官一系列职权。但是，各省检察机关赋予员额检察官的职权大小并不相同，有的省检

---

〔1〕 陈永生：《逮捕的中国问题与制度应对——以2012年刑事诉讼法对逮捕制度的修改为中心》，载《政法论坛》2013年第4期。

〔2〕 孙谦：《司法改革背景下逮捕的若干问题研究》，载《中国法学》2017年第3期。

〔3〕 2018年最高人民检察院工作报告和2019年最高人民检察院工作报告。

察机关将批准权赋予了员额检察官，有的却没有。我们认为，目前有必要对各省检察机关的检察官权力清单进行统一，由最高人民检察院作出统一司法解释，以规范员额检察官的职权范围。这是因为：一方面，员额检察官制度作为一项重要的检察改革，已在全国各级检察机关普遍实施，而作为员额检察官制度重要内容的检察官权力清单尚不统一，不利于检察改革的深入推进。另一方面，经过几年的检察实践，各地检察机关对赋予员额检察官一定的职权都有了充分认识，同时各地也都建立了保障员额检察官正确行使职权的内部监督制约机制，这对于统一规范员额检察官的职权提供了重要保障。由此可见，统一员额检察官的职权范围，制定全国统一的检察官权力清单的条件已经成熟。就批捕权来说，我们建议，在具体制定统一的检察官权力清单时，可以作出如下规定：对于一般案件的批准权、不批捕权可以赋予员额检察官行使，对于重大、社会关注的敏感案件的批捕权、不批捕权仍由检察长或者检察委员会行使。

（2）提高逮捕审查方式的司法化程度。改变目前审查逮捕书面、封闭、行政化审查方式，建立一种由检察官居中裁断，侦查机关、辩护律师等人员参与的逮捕司法审查方式。在我国，关于审查逮捕的审查方式一直存在诸多诟病，如逮捕行政化审批、司法属性不足、信息来源单向、无法兼听则明、缺少司法救济等。在司法体制改革的背景下，不断提高审查逮捕方式的司法化程度，不仅是今后检察改革的重要目标，[1] 而且是

〔1〕 最高人民检察院《“十三五”时期检察工作发展规划纲要》明确提出“围绕审查逮捕向司法审查转型，探索建立诉讼式机制”的改革目标。参见最高人民检察院：《“十三五”时期检察工作发展规划纲要》；戴佳、徐日丹：《“十三五”时期检察工作发展规划纲要发布》，载《检察日报》2016年9月2日。

审查逮捕司法属性的必然要求，符合司法责任制改革的内在要求。近年来，许多地方检察机关开始探索审查逮捕的诉讼化、司法化工作方式。根据各地探索的经验，我们认为，适用逮捕司法审查方式的案件应当逐步扩大范围，即从对社会危险性存有争议的案件，逐步扩大到对罪与非罪存在重大争议、存在重大非法取证嫌疑的案件等；邀请参与人员的范围，因不同类型的案件应当有所区别：对于涉及案件事实证据内容的，参与人员范围应当限定为辩护律师、侦查人员、犯罪嫌疑人，如果犯罪嫌疑人没有聘请辩护律师，可以通过值班律师制度为其提供法律援助；对于案件事实清楚、犯罪嫌疑人认罪、社会危险性有争议的案件，参与人员范围可以扩大到犯罪嫌疑人亲友、第三方评估监管机构等相关人员，以提高逮捕审查方式的公开性，保证检察机关作出逮捕决定的正确性。

（3）适当降低逮捕率。检察机关应当严格审查逮捕的条件，按照比例原则的要求，有效控制逮捕措施的适用，将逮捕率降低到适当合理的范围。我们认为，将我国的逮捕率降低到50%左右比较合理。可以采取两方面的措施：一方面，可以扩大监视居住的适用比率，即对于一部分符合逮捕条件的犯罪嫌疑人，可以通过适用电子手环、电子脚环等现代科技仪器，进行监视居住，以扩大监视居住的适用范围。另一方面，加大对各级检察机关适用逮捕措施的考核力度，通过系统内通报、排名等方式，有效控制逮捕措施的适用。

（三）刑事公诉权

刑事公诉权，是指国家赋予检察机关代表国家提起诉讼，要求法院予以审判，追究犯罪人刑事责任，使国家刑罚权得以实现的一种职权。我国《刑事诉讼法》第169条规定：“凡需要提起公诉的案件，一律由人民检察院审查决定。”

1. 刑事公诉权的法律要求

（1）刑事公诉权的具体内容。根据刑事诉讼法的规定，检察机关的刑事公诉权具体包括以下几种职权，即起诉权、不起诉权、出庭支持公诉权、公诉变更权和抗诉权。其中，不起诉权，是指人民检察院对移送审查起诉的案件进行审查后，认为不构成犯罪或者不具备起诉条件，或者不适宜提起公诉时，依法决定不将案件移送法院进行审判而终止诉讼的一种职权。不起诉权又包括绝对不起诉权（法定不起诉权）、相对不起诉权（酌定不起诉权或裁量不起诉权）、证据不足不起诉权（存疑不起诉权或疑罪不起诉权）、附条件不起诉权、特别不起诉权。公诉变更权，是指人民检察院对于已经提起公诉的案件，在人民法院宣告判决以前，如果发现被告人的真实身份或者案件事实与起诉书中叙述的身份或者指控犯罪事实不符，或者事实、证据没有变化，但罪名、适用法律与起诉书不一致，或者发现遗漏同案犯罪嫌疑人或者罪行，或者不存在犯罪事实、犯罪事实并非被告人所为、证据不足或者证据发生变化不符合起诉条件等不应当追究被告人刑事责任时，可以变更、追加或者补充、撤回起诉的一种职权。公诉变更权又包括公诉内容变更权、追加公诉权和撤回公诉权。抗诉权，是指人民检察院对于认为人民法院的刑事判决或者裁定确有错误的，按照法定程序，要求上级人民法院对案件进行重新审理并作出改判的一种职权。抗诉权又包括二审抗诉权（未生效抗诉权）、再审抗诉权（生效抗诉权）。

（2）刑事公诉权的实体条件。我国法律对检察机关行使各种刑事公诉权的实体条件作出了明确规定。例如，我国《刑事诉讼法》第176条规定，人民检察院认为犯罪嫌疑人的犯罪事实已经查清，证据确实、充分，依法应当追究刑事责任的，应当作出起诉决定。可见，人民检察院行使起诉权，应当具备以下三个条件：一是犯罪嫌疑人的犯罪事实已经查清；二是证据确实、充分；三是依法应当追究刑事责任。又如，我国《刑事诉讼法》第177条第1款规定："犯罪嫌疑人没有犯罪事实，或者有本法第十六条规定的情形之一的，人民检察院应当作出不起诉决定。"可见，人民检察院行使绝对不起诉权，应当具备以下两个条件：一是犯罪嫌疑人的行为不构成犯罪；二是犯罪嫌疑人的行为依法不应追究刑事责任。

（3）刑事公诉权的程序条件。我国法律对检察机关行使各种刑事公诉权的程序作出了明确规定。例如，我国《刑事诉讼法》第176条规定，人民检察院认为犯罪嫌疑人的犯罪事实已经查清，证据确实、充分，依法应当追究刑事责任的，应当作出起诉决定，按照审判管辖的规定，向人民法院提起公诉，并将案卷材料、证据移送人民法院。可见，检察机关行使起诉权的程序如下：一是应当制作起诉书。起诉书是人民检察院依照法律规定，将被告人移送法院审判的法律文书。起诉书是人民检察院指控犯罪的重要法律文书，也是法院对案件获得审判权的重要依据，同时也是被告人和辩护律师进行辩护的对象。二是向有管辖权的人民法院提起公诉，移送案件。即人民检察院向人民法院提起公诉，应当向人民法院移送起诉书、案卷材料、证据和认罪认罚具结书等材料。又如，检察机关行使撤回公诉权时，应当遵循以下程序：第一，在法庭审判过程中，公诉人发现公诉错误需要变更的，可以建议法庭延期审理；第二，需要撤回公诉的，应当报经检察长或者检察委员会审查决定；第三，决定撤回公诉的，应当以书面方式向人民法院提出撤回公诉的要求。

2. 刑事公诉权在实践中存在的问题

实行员额制和捕诉一体改革后，检察机关行使公诉权的质量和效率有了明显的提升，在打击犯罪和保障人权方面都发挥了重要作用。但是，随着员额检察官权力的扩大和责任的加重，检察官在行使公诉权时遇到和出现了一些问题，除了遇到案多人少、考核指标设置不合理[1]外，还存在公诉权行使主体不统一、不敢用不善用不起诉权、抗诉权行使不全面等问题。

（1）公诉权行使主体不统一。根据我国法律规定，公诉权由人民检察院行使，但具体是由检察官行使，还是由检察长或者检察委员会行使，法律没有明确规定。有的检察机关将一般案件的起诉权赋予了员额检察官，一般案件的不起诉权和重大、疑难、社会关注的案件的公诉权仍由检察长行使或者检察委员会决定；有的检察机关将一般案件的起诉权、不起诉权都赋予了员额检察官，重大、疑难、社会关注的敏感案件的公诉权仍由检察长行使或者检察委员会决定；有的检察机关甚至将一部分重大、疑难案件的起诉权也赋予了员额检察官。这样就导致各地检察机关行使公诉权的主体不统一。

（2）不敢用、不善用不起诉权。不起诉权是公诉权的重要组成部分，检察机关正确行使不起诉权，对于贯彻落实宽严相济刑事政策、实现刑事司法惩罚犯罪和保障人权相统一、化解社会矛盾、维护社会和谐稳定等，都具有重要现实意义。但是，从目前检察实践看，检察机关仍然存在不敢用、不愿用、不会用以及不当适用不起诉权的现象，导致不起诉适用率较低。个别检察官缺乏担当精神，怕担责任，担心不起诉会引发

〔1〕 在考核指标设置上，只注重公诉结果指标的考核，而对公诉过程中各个环节的司法活动缺乏应有考核指标，导致公诉考核不全面、不合理等问题。参见陈卫东：《检察机关适用不起诉权的问题与对策研究》，载《中国刑事法杂志》2019 年第 4 期。

舆情风险、影响检法和检警关系，不敢适用不起诉权；个别检察官纠结于不起诉审批程序烦琐，不愿适用不起诉权；个别检察官陷入法条主义、机械司法的窠臼，僵化套用犯罪构成要件，不考虑法律的原则精神和制度要求，不会适用不起诉权；还有极个别检察官夹带私心私利，该起诉的不起诉，或者对明显无罪的情形却按照证据不足或微罪不诉处理，不当适用不起诉权。

（3）刑事抗诉权行使不全面。以2018年为例，全国各级检察机关共提出刑事抗诉8504件，各级法院审结一审刑事案件119.8万件，抗诉率仅为0.7%。〔1〕而且检察机关提出抗诉，还存在主要抗实体性错误，很少抗程序性错误；倾向抗无罪、重罪轻判的案件，很少抗轻罪、重判的案件；主要抗主刑错误的案件，很少抗附加刑错误的案件等情形。究其原因，可以概括为：一是刑事抗诉理念存在偏差。一些检察机关存在重起诉轻抗诉、重配合轻监督、重实体轻程序等观念，影响了刑事抗诉权的正确行使。二是对新的刑事诉讼制度理解不当，影响了抗诉权的行使。修改后的刑事诉讼法增加了刑事和解制度、认罪认罚从宽制度等，通过这些制度达成和解协议或者签署具结书后，即使法院判决确有不妥，有的检察机关也不提出抗诉。三是办案质量不合理的考核指标束缚了抗诉权的行使。在司法实践中，有的检察机关内部考核的标准完全以判决为准，抗诉以法院改判结果为准，很多地方检察机关还规定，如果抗诉不成功，或者上级检察机关认为抗诉的理由不充分而撤回抗诉的，将在年终考核中扣除下级检察机关一定的考核分值。考核分值直接或间接与办案部门和办案人员的年终奖金相

〔1〕2019年最高人民检察院工作报告和2019年最高人民法院工作报告。

挂钩，这种不合理的考核指标必然影响提起抗诉的积极性。

3. 保障刑事公诉权的有效行使

（1）统一刑事公诉权行使的主体。为了保证刑事公诉权行使主体的统一性，我们认为，有必要对各省检察机关的检察官权力清单进行统一，由最高人民检察院作出司法解释，统一规定员额检察官的职权范围。就刑事公诉权来说，可以作出如下规定：一般案件的刑事起诉权、不起诉权可以赋予员额检察官行使；重大、社会关注的敏感案件的刑事起诉权、不起诉权仍由检察长或者检察委员会决定。

（2）保障检察官敢用、善用不起诉权。检察机关应当从理念更新、制度创新和配套措施完善等方面，进一步保障检察官敢于和善于适用不起诉权。一是要充分认识不起诉权在检察职能中的地位和作用。不起诉权是公诉权的组成部分，在检察职能中具有重要的地位，在保障无罪的人不受刑事追究、贯彻宽严相济的刑事政策、及时化解社会矛盾、节约司法资源等方面都发挥着重要作用。二是树立正确的不起诉权适用理念，坚持疑罪从无，坚持可诉可不诉的不诉，注重办案的效果导向等。三是创新和完善不起诉保障制度。充分发挥不起诉制度在案件筛选、审前程序分流、司法人权保障方面的积极作用，创新和完善不起诉保障制度，包括不起诉考量因素及操作标准、不起诉程序的简化、不起诉效果评估机制、不起诉考核机制等。四是建立和完善有效防止不起诉权滥用的监督制约机制，即通过建立和完善外部和内部监督制约机制，以有效防止不起诉权的滥用。从实践来看，除了完善公安机关复议复核机制、被害人和被不起诉人的申诉机制以及被害人的自诉机制外，还应当建立不起诉公开听证制度、不起诉文书说理和论证制度、不起诉文书公开制度、不起诉备案审查制度等。

(3) 依法全面合理地行使抗诉权。一是更新刑事抗诉的理念。各级检察机关应当摈弃重起诉轻抗诉、重配合轻监督、重实体轻程序等旧观念，树立注重抗诉的全面性、强化抗诉监督、实体程序并重等新理念。二是提高对刑事抗诉重要性的认识。各级检察机关应当充分认识到，刑事抗诉作为检察机关的一项公诉职权，也是检察机关法律监督的重要手段和措施，依法全面合理行使刑事抗诉权，对于及时纠正法院错误裁判、保障司法公正、有效保障人权，都具有重要作用。三是建立和完善刑事抗诉的具体操作标准、刑事抗诉的程序简化、刑事抗诉合理的考核机制、刑事抗诉奖励机制等制度和机制，以提高各级检察机关行使刑事抗诉权的积极性，有效保证检察机关依法全面合理地行使刑事抗诉权。

三、刑事诉讼监督中的实务问题

刑事诉讼法律监督，就是人民检察院对公安机关、国家安全机关、人民法院、监狱、看守所等执法机关或者司法机关及其工作人员在刑事诉讼活动中是否存在违法行为所进行的法律监督。我国《刑事诉讼法》第 8 条明确规定："人民检察院依法对刑事诉讼实行法律监督。"人民检察院的法律监督贯穿于刑事诉讼的始终，具体包括刑事立案监督、侦查监督、刑事审判监督、刑罚执行监督等。

(一) 刑事立案监督

刑事立案监督，是指人民检察院对刑事立案主体的立案活动是否合法所进行的法律监督。刑事立案是刑事诉讼的起始，是独立的诉讼阶段，是关系到刑事案件能否依法进入刑事诉讼的关键环节。检察机关开展刑事立案监督，对于解决司法实践中有案不立、有罪不究、以罚代刑或者利用刑事手段非法插手民事、经济纠纷等现象，维护国家法律的尊严，保障当事人的合法权益，都具有重要意义。

1. 刑事立案监督的法律要求

为了保证检察机关有效开展刑事立案监督工作，我国法律对刑事立案监督作出了明确规定。我国《刑事诉讼法》第113条规定："人民检察院认为公安机关对应当立案侦查的案件而不立案侦查的，或者被害人认为公安机关对应当立案侦查的案件而不立案侦查，向人民检察院提出的，人民检察院应当要求公安机关说明不立案的理由。人民检察院认为公安机关不立案理由不能成立的，应当通知公安机关立案，公安机关接到通知后应当立案。"可见，我国法律对检察机关进行刑事立案监督提出以下要求：

（1）刑事立案监督的具体内容。根据刑事诉讼法的规定，刑事立案监督主要包括以下两方面的内容：第一，对公安机关应当立案侦查而不立案侦查的案件进行法律监督（监督立案）。公安机关发现犯罪事实或者犯罪嫌疑人，或者公安机关对于报案、控告、举报和自首的材料，经审查认为有犯罪事实，需要追究刑事责任的，公安机关应当立案侦查而不立案侦查的案件，人民检察院应当进行法律监督。第二，对公安机关不应当立案侦查而立案侦查的案件进行法律监督（监督撤案）。对于公安机关不应当立案侦查而立案侦查的案件，人民检察院应当通知公安机关撤销案件。

（2）刑事立案监督的具体条件。刑事立案监督的条件分为监督立案的条件、监督撤案的条件两种情况。其中，检察机关监督立案，根据法律规定，应当具备以下三个条件：一是发现犯罪事实或者犯罪嫌疑人，需要追究刑事责任，应当立案侦查，即符合立案的条件；二是公安机关对案件不予立案侦查；三是检察机关按照立案的证明标准，查明并证明案件应当立案侦查。检察机关监督撤案，根据法律规定，应当具备以下三个条件：一是存在撤案的法定情形。我国《刑事诉讼法》第16条规定，情节显著轻微、危害不大，不认为是犯罪的；犯罪已过追诉时效期限的；经特赦令免除刑罚的；依照刑法告诉才处理的犯罪，没有告诉或者撤回告诉的；犯罪嫌疑人、被告人死亡的，以及存在其他法律规定免予追究刑事责任的等法律规定情形的，应当撤销案件。这是刑事撤案的法定条件。二是公安机关已经立案侦查。三是检察机关发现了刑事撤案的法定情形，并认为应当撤销案件。

（3）刑事立案监督的具体程序。人民检察院进行刑事立案监督时，应当遵循以下法律程序：一是受理刑事立案监督案件。人民检察院受理刑事立案监督案件，主要通过受理被害人的申诉，受理其他报案人、控告人、举报人的报案、控告和举报，或者人民检察院在履行职权中发现刑事立案监督案件线索。二是对刑事立案监督案件进行审查。人民检察院受理刑事立案监督案件后，应当指定专人进行审查。三是要求公安机关说明不立案理由。人民检察院经审查，认为需要公安机关说明不立案理由的，应当要求公安机关书面说明不立案的理由。四是通知公安机关立案或者撤销案件。公安机关说明不立案或者立案的理由后，人民检察院应当进行审查，认为公安机关不立案或者立案理由不能成立的，经检察长决定，应当通知公安机关立案或者撤销案件。

2. 刑事立案监督中存在的问题

刑事立案监督是检察机关对公安机关刑事案件活动进行法律监督的起点，也是保证司法公正的第一道防线，它对于制约公安机关启动侦查权、有效保障人权，都发挥着重要的作用。但是，从目前检察实践来看，检察机关在刑事立案监督方面，除了存在不敢监督、不愿监督等问题外，还存在监督案件来源渠道狭窄、刑事立案监督数量较少、刑事立案监督成案率较低等普遍性问题。

（1）监督案件来源渠道狭窄。根据法律规定，检察机关刑事立案监督案件来源主要有两个渠道，一个是通过审查批捕、审查起诉活动发现监督案件线索，另一个是被害人等人员向人民检察院举报或者控告。从检察实践来看，检察机关在审查案件过程中，通过犯罪嫌疑人检举、揭发或者审查有关证据，可以发现公安机关应当立案而不立案的案件线索，或者不应当立案而立案的情况。但是，公安机关报请批捕、移送审查起诉的案件只占其受理和处理案件的一小部分，绝大多数治安及其他案件，检察机关都无法进行监督；同时侦查活动的秘密性以及侦检的相互独立性决定了检察机关难以全面掌握刑事立案与侦查情况，对于有案不立、有罪不究、以罚代刑等问题以及插手纠纷等违法立案问题，往往无法及时发现并查明，这是立案监督案件来源渠道狭窄的最主要原因。虽然人民群众来访、被害人控告等外部渠道可以提供立案监督线索，但在实务工作中占比较小。因此，监督案件来源渠道狭窄就成为困扰刑事立案监督工作的一个重要问题。

（2）刑事立案监督数量较少。各级检察机关向公安机关提出刑事立案监督建议的数量较少，这是目前检察机关刑事立案监督中的一个突出问题。从检察实践来看，“捕诉一体”工作机制下，同一检察官或检察官办案组承担同一个案件的审查逮捕、审查起诉、出庭支持公诉、抗诉以及相关立案监督、侦查监督、审判监督及补充侦查等工作。由于捕诉一体后的任务加重和责任增大，有的检察官往往就将主要精力放在审查逮捕、审查起诉等诉讼工作上，而对刑事立案监督等诉讼监督工作的重视不够；有的检察官则因为改革后案件质量更需要公安机关侦查的支持，因而更重视与公安机关的配合，忽视了刑事立案监督工作；这些因素导致刑事立案监督数量较少。

（3）刑事立案监督成案率较低。在检察实践中，检察机关向公安机关提出刑事立案监督建议后，时常遇到公安机关立而不侦、久侦不结等消极侦查行为，以及部分案件经监督立案后长时间“高高挂起”等情况，导致刑事立案监督成案率较低的问题。[1] 究其主要原因，一是法律规定的刑事立案监督建议的刚性不足，对公安机关的约束力不强；二是检察机关的刑事立案监督准确性不够，没有提出有力的证据或者理由，公安机关调查后无法进行刑事立案；三是由于立案证据标准与刑事立案监督的标准不统一，公安机关与检察机关往往对同一事实认识不一致。此外，公安机关对刑事立案监督存在抵触心理，认为这是检察机关在找毛病或者挑刺，不愿意接受检察机关的建议，或者因为警力有限、时过境迁等原因，无法再收集有关证据。这些也是导致刑事立案监督成案率较低的重要原因。

3. 强化刑事立案监督的具体措施

针对刑事立案监督在实践中存在的普遍问题，要有效保证检察机关依法有效开展刑事立案监督工作，发挥其打击犯罪和保障人权的作用，我们认为，应当扩大刑事立案监督的渠道、提高刑事立案监督的准确性、建立和完善刑事立案监督制度等。

（1）扩大刑事立案监督的渠道。针对实践中的问题，要提高刑事立案监督的数量和成案率，必须扩大刑事立案监督的渠道。一是拓展刑事立案监督的范围。通过建立和完善检警案件

[1] 孙谦：《刑事立案与法律监督》，载《中国刑事法杂志》2019 年第 3 期。

信息共享平台，将公安机关所受理的所有案件，包括将发案、受案、立案或不立案的情况，都纳入检察机关的监督范围，从而扩大检察机关刑事立案监督的信息来源。二是改变刑事立案监督的工作方式。依托公安机关的执法办案管理中心“一站式”办案场所，采取派驻检察室的方式，推动刑事立案监督工作方式的转变。检察机关可以通过派驻的检察室，第一时间了解公安机关案件立案、撤案、行政处罚等有关信息，从而提高刑事立案监督工作的及时性和有效性。三是扩大社会公众举报或控告的渠道。检察机关可以通过完善有关信息平台、控告申诉机制、窗口接待机制等方式，进一步方便社会公众举报或控告，从而扩大检察机关获得案件刑事立案监督线索的渠道。

（2）提高刑事立案监督的准确性。通过提高检察官的责任心和业务能力，充分利用现代科技手段等方式，不断提高检察机关刑事立案的质量，可以采取以下两个方面的措施：一方面，提高检察官的责任心和业务能力。在检察机关实行捕诉一体后，有的检察官将审查逮捕和审查起诉作为“硬任务”积极完成，而将刑事立案监督作为“软任务”容易被忽视。要改变这种观念，提高刑事立案监督的准确性，就必须提高检察官对刑事立案监督的认识，牢固树立强化监督、监督办案一体等理念，充分认识到审查逮捕、审查起诉与刑事立案监督等诉讼监督职能均是检察官的法定职责，不存在“硬任务”与“软任务”之分，不断提高责任心和办案能力。另一方面，充分利用现代科技手段提高信息梳理及运用能力。进入大数据时代后，检察机关开展刑事立案监督，应当充分发挥大数据技术的支撑作用，对有关信息平台提供的海量案件信息，借助智能系统进行梳理、分析和甄别，以发现其中有价值的案件线索和有关证据。这是考验检察官刑事立案监督能力的重要方面，也是提高检察官刑事立案监督准确性的重要措施。

（3）建立和完善刑事立案监督制度。为了解决刑事立案监督的实践问题，检察机关还应当建立和完善刑事立案监督方面的保障制度。一是统一证据标准制度。即检察机关与公安机关等要统一刑事犯罪的证据认定标准，这既是刑事诉讼改革的要求，也是提高刑事立案监督准确性和有效性的现实需要。二是建立刑事立案监督责任制。刑事立案监督是检察机关的法定职责，检察机关必须依法履行好该项职责，为此检察机关有必要建立刑事立案监督责任制，即在检察官责任制的内容设计上，不仅应当包括错案责任，也应当包括刑事立案监督责任。检察官故意放弃刑事立案监督职责，或者因重大过失导致刑事立案监督失职，造成严重后果的，应当承担“监督过失责任”。三是建立刑事立案监督案件化办理制度。为了提高检察官开展刑事立案监督的积极性，检察机关应当建立刑事立案监督案件化办理制度，将刑事立案监督线索作为案件来办理，并将刑事立案监督工作计入检察官的办案数量。具体来说，刑事立案监督案件化办理制度，应当包括刑事立案监督线索发现、初查、立案、调查核实、监督纠正、跟踪回复等程序，刑事立案监督案件应当纳入检察机关的统一业务应用系统，并单独建立案卡、案号、业务卷宗、业务档案等案件信息。四是完善检察官考核制度。检察机关可以参考公安机关的考核制度，完善检察官考核制度，以避免考核标准不统一甚至相互冲突而影响检察官开展刑事立案监督的积极性和监督效果。

（二）侦查监督

侦查监督，是指人民检察院依法对公安机关、国家安全机关等的侦查活动及其所采取的强制措施是否合法所进行的法律监督。侦查监督对于及时发现并纠正侦查活动中的违法行为，保护当事人的合法权益，准确及时地追诉犯罪，保证刑事诉讼活动的顺利进行，促进侦查人员严格执法，都具有重要意义。

1. 侦查监督的法律要求

为了保证检察机关及时、有效地进行侦查监督活动，我国法律对侦查监督作出了明确规定。《刑事诉讼法》第100条规定："人民检察院在审查批准逮捕工作中，如果发现公安机关的侦查活动有违法情况，应当通知公安机关予以纠正，公安机关应当将纠正情况通知人民检察院。"第171条规定："人民检察院审查案件的时候，必须查明：……（五）侦查活动是否合法。"

（1）侦查监督的内容，即需要人民检察院通过侦查监督发现和纠正的公安机关在侦查活动中的违法行为。根据刑事诉讼法和《人民检察院刑事诉讼规则》的规定，侦查监督的内容包括采用刑讯逼供以及其他非法方法收集犯罪嫌疑人的供述、讯问犯罪嫌疑人没有依法录音或者录像，或者未在法定羁押场所讯问犯罪嫌疑人、采用暴力或者威胁以及非法限制人身自由等非法方法收集证人证言或被害人陈述，或者以暴力或者威胁等方法阻止证人作证或者指使他人作伪证、违法变更或者撤销强制措施，或者强制措施法定期限届满不予解除或者变更的等16种违法行为。检察机关一旦发现其中任何一种违法行为，都应当及时进行法律监督。

（2）侦查监督的途径，即人民检察院为了履行侦查监督职能，及时、有效地发现侦查机关在侦查活动中违法行为的具体方式。根据法律和司法解释的规定，人民检察院进行侦查监督主要采取以下途径：第一，通过审查批捕和审查起诉进行侦查监督。人民检察院在审查批捕、审查起诉时能够接触犯罪嫌疑人、被告人及相关案卷，可以审查和发现公安机关的侦查活动是否存在违法行为。第二，通过介入公安机关侦查活动进行侦查监督。检察机关通过提前介入侦查活动，能够同步监督公安机关的侦查活动，以发现存在违法行为。第三，通过受理控告、申诉进行侦查监督。检察机关通过受理有关人员的控告、申诉，可以发现侦查活动中是否存在违法行为。

（3）侦查监督的方法，即人民检察院发现公安机关在侦查活动中存在违法情况的，应当采取的纠正和处理方法。根据刑事诉讼法和《人民检察院刑事诉讼规则》的规定，检察机关进行侦查监督，可以采取以下几种方法：一是口头纠正。检察人员发现公安机关侦查活动中存在情节较轻的违法行为，可以采取口头的方式要求侦查人员予以纠正。二是书面纠正。人民检察院发现公安机关侦查活动中存在情节较重的违法行为时，应当采取发出纠正违法通知书的方式进行纠正。三是提出检察建议。人民检察院发现侦查活动中存在带有普遍性的违法现象时，可以采取向侦查机关提出检察建议的方式进行纠正。四是追究法律责任。人民检察院发现侦查活动中的违法行为已涉嫌犯罪，属于人民检察院管辖的，应当依法立案侦查；不属于人民检察院管辖的，应当依照有关规定移送有管辖权的机关，依法追究法律责任。

2. 侦查监督中存在的问题

实行捕诉一体改革后，检察机关办案质量和效率有了明显的提升，但由于检察官办案任务和责任的加重，检察官开展侦查监督也存在一些问题，除了检察官不愿监督、侦查监督程序不规范等问题外，还存在侦查监督滞后情况突出、对强制性侦查措施监督不够、侦查监督手段刚性不足等主要问题。

（1）侦查监督滞后情况突出。检察机关开展侦查监督，向公安机关提出侦查监督意见，往往是在侦查阶段终结后进行的，明显具有滞后性。从司法实践来看，由于公安机关侦查活动具有较强的秘密性和封闭性，检察机关通过审查批捕、审查起诉等活动，才能接触和了解案件的侦查情况，因而难以及时发现公安机关侦查活动中是否存在违法行为，导致侦查监督存在滞后的问题。除此之外，目前检察机关对公安机关侦查的案件，提前介入的范围有限，而且提前介入往往还需要公安机关的邀请或者同意，这也限制了检察机关及时对侦查活动进行监督。检察机关实行捕诉一体改革后，有的检察官将主要精力放在审查批捕、审查起诉工作上，对侦查监督重视不够，也是造成侦查监督滞后的一个重要原因。有的检察机关没有充分利用网络技术等现代科技手段，拓展侦查监督的渠道，这也是造成侦查监督滞后的一个原因。

（2）对强制性侦查措施监督不够。强制性措施是指侦查机关对犯罪嫌疑人的人身自由、财物进行强制性限制的一类侦查措施。它包括限制人身自由的强制措施和对物的强制性侦查措施，前者如拘留、监视居住、取保候审，后者如查封、扣押、冻结、搜查等。由于强制性侦查措施是强制力最高的侦查措施，对公民的人身自由和财物限制最大，也最容易侵犯人权，因而检察机关更应当加强监督。实践中，检察机关对强制性侦查措施的开展监督存在以下问题：一是检察机关无法对强制性措施的决定适用、延长期限等重大事项进行事前审查。二是强制性措施执行过程中封闭运行，检察机关难以进行事中监督。三是相对人申诉救济机制不健全，难以及时有效发现强制侦查措施中的违法行为。

（3）侦查监督手段的刚性不够。检察机关的侦查监督手段主要包括检察建议、纠正违法、纠正非法取证、排除证据、建议更换办案人、移送职务犯罪线索、纠正漏捕、纠正漏诉等。

这些监督手段可分为制裁性监督（刚性监督）手段和建议性监督（柔性监督）手段。比如，排除证据、移送职务犯罪线索就是制裁性监督手段，附有相应的法律后果；检察建议、纠正违法等是建议性监督手段，其刚性较弱。在实践中，由于立法对建议性监督手段缺乏法律后果的规定，检察机关提出后，对侦查机关的制约性不够，导致侦查机关往往不予采纳。同时，有的检察机关在运用侦查监督手段时，没有严格遵守比例原则，或者监督精准性不够，没有准确发现问题，提出的侦查监督意见不合理等；有的地方检察机关则存在为监督而监督，片面追求纠正违法数量，存在轻率、随意监督的问题；这些在一定程度上也损害了侦查监督的权威性。

3. 强化侦查监督的具体措施

（1）拓展侦查监督的途径。在检察实践中，传统的侦查监督途径主要是通过审查逮捕和审查起诉来发现监督线索，开展侦查监督工作，这虽然可以发现侦查活动中的一些违法行为，但路径较为单一，存在侦查监督范围窄、监督滞后等问题。我们认为，应当拓展侦查监督的途径，拓宽知情渠道，前移侦查监督时间，从时间上、空间上和维度上拓展侦查监督途径，提升侦查监督的及时性、全面性、有效性。具体来说，一是扩大提前介入的范围，从时间上拓展侦查监督的途径。检察机关提前介入侦查活动，是对侦查活动进行监督的有效方式，但目前检察机关提前介入公安机关的侦查活动，主要限定在一些重大疑难复杂案件，其目的除了引导侦查取证外，还要对侦查活动是否违反法定程序、是否符合诉讼要求、是否侵犯犯罪嫌疑人合法权利等进行法律监督。为了充分发挥“提前介入”的作用，应当扩大提前介入的范围，除了重大疑难复杂的案件外，社会关注度高的案件、新型犯罪案件、网络舆情案件、被害人等向检察机关反映的案件、检察机关认为应当提前介入的案件等，都应当纳入提前介入的范围。二是加大对公安派出所侦查活动的监督力度，从空间上拓展侦查监督的途径。随着公安侦查体制改革的深入，公安派出所除承担社会治安管理职能外，还承担一些刑事案件的侦查工作。[1] 因此，强化对公安派出所侦查活动的监督，已成为检察机关拓展侦查监督途径的一个重要方面。三是充分利用智慧监督手段，从维度上拓展侦查监督的途径。随着移动互联网、大数据以及人工智能等新技术的迅猛发展，检察机关应当充分利用科技手段，增加侦查监督的技术含量，促使侦查活动监督向科技化智能化转型，提高检察机关发现侦查违法行为的能力，解决侦查监督线索发现难、监督滞后等问题，增强侦查监督工作的质效。

（2）加强对强制性侦查措施的监督力度。通过提高检察机关了解和掌握公安机关采取强制性侦查措施的情况，有效发现其中的违法行为，及时提出侦查监督意见，提高侦查监督的力度，可以采取以下措施：一是扩大检察机关对公安机关采取强制性侦查措施的知情权。知情是监督的前提和保障，应当通过完善有关刑事案件信息共享平台、派出所和看守所派驻检察机制等方式，扩大检察机关对公安机关采取强制性侦查措施的知情权，保证检察机关能够及时发现违法行为，加大对强制性侦查措施的监督力度。二是加大对强制性侦查措施违法线索的监督审查力度。一旦发现公安机关采取强制性侦查措施存在违法行为的线索，应高度予以重视，充分运用调查核实的各种手

〔1〕 近年来，随着公安警力下沉，派出所办理刑事案件的数量不断上升，除了办理盗窃、故意伤害等“轻罪”案件外，有些地方派出所也办理毒品、故意杀人等“重罪”案件。一些地方派出所办理的刑事案件数占当地办案总数的70%以上，有的甚至超过80%。参见元明、张庆彬：《公安派出所刑事执法的法律监督》，载《国家检察官学院学报》2013年第6期。

段，深入细致地进行调查，收集有关证据，保证查清有关情况，及时进行侦查监督。三是健全有关控告申诉救济机制。我国法律赋予了检察机关对强制性措施违法的救济权，并设定了严格的权利告知规则，要求侦查人员在实施查封、扣押、冻结时，明确告知犯罪嫌疑人及其近亲属有向检察机关提出申诉的权利。检察机关应当完善有关控告申诉救济机制，保证及时发现有关违法行为，加强对公安机关采取强制性侦查措施的监督力度。

（3）提升侦查监督的效力。一是完善侦查监督手段。检察机关对于公安机关侦查终结的案件，如果发现侦查活动存在重大违法行为，或者存在多种违反程序的情形，可能导致冤假错案的，检察机关可以作出违法侦查行为无效的决定，建议侦查机关更换办案人、重新开展侦查，并可以建议对违法人员给予处分。二是增强侦查监督手段的刚性。对于检察机关的建议性监督措施，应当增强其程序约束力，比如明确被监督者回复期限、不及时回复的法律后果、抄送的单位范围、向社会公开监督事项和监督反馈情况等。三是提高侦查监督的准确性。对于发现的侦查违法行为，检察机关应当遵循比例原则，选择适当的侦查监督手段，做到侦查监督手段与侦查行为的违法程度相适应。对于严重侵犯当事人合法权利或者严重影响诉讼活动依法公正进行的违法行为，应当适用力度较大的侦查监督手段，比如对于刑讯逼供等侵犯犯罪嫌疑人合法权利的，可以适用排除证据、更换办案人等监督手段；对于构成犯罪的，可以立案侦查；对于轻微的违法行为，应当适用程度较轻的监督手段，以便侦查机关能够接受，从而提升侦查监督的效果。

（三）刑事审判监督

刑事审判监督，是指人民检察院对人民法院的刑事审判活动是否符合法律规定所进行的法律监督。检察机关开展刑事审判监督是维护司法公正的重要手段，也是维护人民法院审判权威的重要保证。根据我国法律规定，检察机关进行刑事审判监督不仅包括对一审、二审、再审和死刑复核活动的监督，而且包括对刑事公诉案件、刑事自诉案件和刑事附带民事诉讼案件的审判监督。

1. 刑事审判监督的法律要求

我国《刑事诉讼法》第 209 条规定，人民检察院发现人民法院审理案件违反法律规定的诉讼程序，有权向人民法院提出纠正意见。具体来说，我国法律对检察机关的刑事审判监督提出了以下要求：

（1）刑事审判监督的内容。人民检察院通过履行刑事审判监督职能，及时、有效地发现和纠正法院在刑事审判活动中的违法行为。根据我国法律规定和检察实践，检察机关刑事审判监督的内容主要包括法院对刑事案件的受理违反管辖规定、法院审理案件违反法定审理和送达期限、法庭组成人员不符合法律规定或者依照规定应当回避而不回避、法庭审理案件违反法定程序、法庭审理时对有关程序问题所作的决定违反法律规定、违反法律规定裁定发回重审、依法应当调查收集相关证据而不收集、徇私枉法，故意违背事实和法律作枉法裁判、收受或者索取当事人及其近亲属或者其委托的律师等人财物或者其他利益等 16 种违法行为。检察机关一旦发现其中任何一种违法行为时，都应当及时进行法律监督。

（2）刑事审判监督的途径。检察机关为了履行刑事审判监督职能，及时、有效地发现法院在刑事审判活动中违法行为的具体方式。根据法律规定和检察实践，检察机关开展刑事审判监督主要采取以下途径：第一，出席法庭，即人民检察院通过派员出席法院的庭审活动，发现是否存在违法行为。第二，调查和审阅案卷，即为了了解和核实人民法院审理刑事案件的情况，人民检察院在法庭审理之外进行调查核实活动或者调阅、查阅审判案卷。第三，受理申诉、控告。检察机关通过受理诉讼参与人及其他相关人员的申诉、控告，处理人民群众来信来访等，发现法院刑事审判活动中是否存在违法行为。第四，列席审判委员会会议。人民检察院检察长或者检察长委托的副检察长，可以通过列席同级人民法院审判委员会会议，发现法院刑事审判中是否存在违法行为。

（3）刑事审判监督的方式。根据我国法律和司法解释的规定，检察机关进行刑事审判监督，可以采取以下几种方式：一是口头纠正。检察机关发现法院审判活动中存在较轻的违法行为时，可以采取口头的形式向法院提出纠正意见。二是发出纠正违法通知书。检察机关发现法院审判活动中存在严重的违法行为时，可以采取书面的形式向法院提出纠正意见。三是提出检察建议。对于法院审判活动中出现的一般不规范行为，可以通过检察建议的方式予以纠正。四是追究刑事责任。对于审判人员在审判活动中存在徇私舞弊、枉法裁判等行为，已构成犯罪的，应当依法立案侦查，以追究其刑事责任。

2. 刑事审判监督中存在的问题

各级检察机关按照“强化刑事审判监督”的要求，依法对法院刑事审判中定罪量刑是否准确、审判程序是否合法等开展法律监督，确保刑事审判依法进行，有效维护了刑事司法公正。但是，检察机关在开展刑事审判监督的过程中也存在一些问题，除了刑事审判监督意识不强、监督手段适用不规范等之外，还突出表现在以下方面。

（1）刑事审判监督范围较窄。根据法律规定，检察机关应当对法院的所有刑事审判活动进行法律监督，但在实践中，更多重视部分刑事审判活动的监督，而忽视了全面监督的法定职责，导致刑事审判监督范围较窄。例如，有的检察机关只重视对刑事案件有罪无罪判决的监督，忽视对法院量刑和刑事审判程序违法行为的监督；有的检察机关只重视对主刑判决的监督，而忽视对附加刑特别是财产刑的监督；〔1〕有的检察机关只重视对刑事公诉案件审判活动的监督，忽视对刑事自诉案件审判活动的监督；有的检察机关只重视对单纯刑事案件审判活动的监督；而忽视对刑事附带民事诉讼案件审判活动的监督；等等。

（2）量刑建议权的行使未能充分发挥对刑事审判的监督作用。从我国法律规定看，提出量刑建议是检察机关的一项重要职责，也是监督法院刑事审判的一种重要手段。但是，从检察实践来看，检察机关行使量刑建议权未能充分发挥其应有的监督作用，主要表现在以下几方面：一是检察机关提出量刑建议的协商程序不完善。根据我国法律规定，所有的刑事案件都可以适用认罪认罚从宽制度，而该制度要求检察机关提出量刑建议应当与被追诉人进行协商，但目前量刑协商程序尚不完善，影响了检察机关提出合理的量刑建议。二是缺乏量刑的基本准则。目前对于各种犯罪的基准刑、被追诉人在各种诉讼阶段认罪认罚的减刑幅度和标准，检察机关和法院尚没有统一明确的规定，导致检察机关难以提出准确的量刑建议。三是对附加刑较少提出量刑建议。

（3）刑事审判监督机制不完善。一是对于刑事自诉、刑事附带民事诉讼、法院指定异地审判等案件，检察机关尚没有建

〔1〕苗生明、周颖：《认罪认罚从宽制度适用的基本问题》，载《中国刑事法杂志》2019年第6期。

立相应的审判监督机制；二是检察机关与审判机关的协调制约机制、通报工作机制还需要进一步完善；三是检察机关对法院的哪些刑事审判需要报请上一级检察机关进行审查或者备案审查，尚缺乏相关的制度和机制；四是对法院的死刑复核程序，检察机关尚缺乏完善的监督机制等。

3. 强化刑事审判监督的具体措施

（1）扩大刑事审判监督范围。检察机关应当依照法律的规定，对法院所有的刑事审判活动进行法律监督，实现刑事审判监督全覆盖。为此，检察机关应当牢固树立法律监督意识，认真研究强化法律监督措施，真正做到敢于监督、善于监督，不断加强刑事审判法律监督工作。检察机关既要突出监督重点，又要坚持全面监督。具体来说，既要重视对刑事案件有罪无罪判决的监督，也要重视对法院量刑和刑事审判程序违法行为的监督；既要重视对主刑判决的监督，也要重视对附加刑特别是财产刑的监督；既要重视对刑事公诉案件审判活动的监督，也要加强对刑事自诉案件审判活动的监督；既要重视对单纯刑事案件审判活动的监督；也要重视对刑事附带民事诉讼案件审判活动的监督等。同时，检察机关在刑事审判监督过程中，应当准确把握宽严相济的刑事政策，依法监督纠正该宽不宽、当严不严、宽严失当的问题，实现法律效果与社会效果的统一。

（2）充分有效利用好量刑建议。检察机关应当依法准确地提出合理的量刑建议，充分发挥量刑建议的监督作用。一是建立和完善检察机关提出量刑建议的协商程序；二是确立量刑建议的基本准则；三是就主刑、附加刑、是否适用缓刑等提出全面的量刑建议。

（3）建立和完善刑事审判监督机制。为了解决刑事审判监督的实践问题，检察机关应当建立和完善以下有关刑事审判监督的制度和机制：一是完善与法院之间的联席会议制度、信息通报等机制，共同研究解决司法实践中遇到的问题，及时了解和掌握刑事审判和刑事审判监督的有关信息。二是建立对刑事自诉、刑事附带民事诉讼、法院指定异地审判等案件的审判监督机制，以保证检察机关能够对法院刑事审判活动进行全面的法律监督。三是建立和完善有关向上一级检察机关报请审查和备案审查机制。检察机关可以建立法院裁判改变起诉指控事实、罪名的案件报上一级检察院备案审查制度，完善职务犯罪案件第一审判决上下两级检察机关同步审查机制等。四是完善死刑复核法律监督制度。检察机关办理死刑复核监督案件时，除了可以对案件核准或者不核准死刑的结论与理由提出意见外，还可以对法院化解矛盾等工作提出意见，以保证死刑适用的公正性和有效性。五是完善刑事审判监督考评机制。检察机关应当将准确量刑建议、对刑事自诉案件的监督等纳入考核范围，以完善刑事审判监督考核机制，保证刑事审判监督全面、有效开展。

（四）刑罚执行监督

刑罚执行监督，是指检察机关对刑罚执行机关执行法院已经发生法律效力的刑事判决、裁定的活动是否合法所进行的法律监督。刑罚执行是刑事诉讼的最后一道程序，也是刑罚实现的重要程序，人民检察院对刑罚执行活动进行法律监督，对于依法惩治犯罪，实现刑事诉讼的任务和国家刑罚权，都具有重要意义。

1. 刑罚执行监督的法律要求

为了保证检察机关有效开展刑罚执行监督，我国法律对刑罚执行监督作出了明确的规定。例如，《人民检察院组织法》第20条第6项、第7项规定，人民检察院对判决、裁定等生效法律文书的执行工作和监狱、看守所的执法活动实行法律监督。《监狱法》第6条规定："人民检察院对监狱执行刑罚的活动是否合法，依法实行监督。"《刑事诉讼法》第276条规定："人民检察院对执行机关执行刑罚的活动是否合法实行监督。如果发现有违法的情况，应当通知执行机关纠正。"具体来说，我国法律对检察机关刑罚执行监督提出了以下要求：

（1）刑罚执行监督的对象。检察机关对负责刑罚执行的所有机关或者场所，都应当依法进行法律监督。根据我国法律规定，法院负责死刑、罚金刑、没收财产刑的执行；公安机关负责管制、拘役、缓刑、假释、监外执行、剥夺政治权利等的执行；监狱负责有期徒刑、无期徒刑、死刑缓期执行的执行；看守所负责1年以下或者余刑1年以下的有期徒刑、拘役的执行；社区矫正机构负责社区矫正人员的管理；强制医疗机构负责强制医疗人员的治疗和管理。因此，检察机关刑罚执行监督的对象包括法院、公安机关、监狱、看守所、拘役所、社区矫正机构和强制医疗机构等所有刑罚执行机关和机构。

（2）刑罚执行监督的种类。即根据刑罚执行的场所和方式，检察机关对几种场所执行刑罚活动进行的法律监督。在我国，根据刑罚执行场所和方式的不同，刑罚执行可分为死刑立即执行、监管场所的刑罚执行、社会上的刑罚执行等三种。其中，死刑立即执行，是指法院在特定场所对死刑立即执行的罪犯执行注射或者枪决的执行活动；监管场所的刑罚执行，是指监狱、未成年犯管教所、看守所、拘役所等监管场所对死刑缓期执行、无期徒刑、有期徒刑、拘役等刑罚的执行活动；社会上的刑罚执行，是指公安机关、社区矫正机构、强制医疗机构等对管制、剥夺政治权利、缓刑、假释、暂予监外执行、社区矫正、强制医疗等的执行活动。根据法律规定，检察机关对这三种刑罚执行活动是否合法，都应当依法进行法律监督。

（3）刑罚执行监督的内容。根据我国法律的规定，对不同的刑罚，检察机关刑罚执行监督的内容也是不同的，例如，对于死刑立即执行，检察机关派员临场监督的内容包括执行死刑立即执行的程序是否合法，手续是否完备；指挥执行的审判人员在交付执行前是否对罪犯验明正身，是否讯问有无遗言、信札等，以防止错杀、误杀；有无应当停止执行死刑的情形；死刑的执行方法、场所是否合法；死刑执行后，是否查明罪犯已经死亡，交付执行的法院是否通知罪犯家属等。对于缓刑、假释，检察机关法律监督的主要内容包括公安机关对被宣告缓刑或裁定假释的罪犯是否依法进行监督考察，当缓刑或假释的考验期满或者出现应当撤销缓刑、假释的法定情形时，是否依法及时作出处理等。对于强制医疗，检察机关法律监督的主要内容包括强制医疗工作人员的配备以及医疗、监管安全设施、设备是否符合有关规定，是否依法对被强制医疗人实施必要的医疗，是否存在殴打、体罚、虐待被强制医疗人的情形，是否依法解除强制医疗等。

（4）刑罚执行监督的途径。根据法律规定和检察实践，检察机关进行刑罚执行监督主要可以采取以下途径：第一，临场监督。对法院执行死刑立即执行的活动，检察机关应当派员进行临场监督。我国《刑事诉讼法》第 263 条规定："人民法院在交付执行死刑前，应当通知同级人民检察院派员临场监督。"第二，驻所监督。对监管场所执行刑罚的活动，检察机关可以向监管场所派驻检察人员或者设立检察室进行法律监督。第三，巡回监督。对刑罚执行机关执行刑罚的活动，检察机关可以组织检察人员，定期或者不定期地对执行刑罚的场所进行巡回监督。我国《人民检察院组织法》第 17 条规定："人民检察院根据检察工作需要，可以在监狱、看守所等场所设立检察室，行使派出它的人民检察院的部分职权，也可以对上述场所进行巡回检察。”

2. 刑罚执行监督中存在的问题

（1）刑罚交付执行监督具有滞后性。我国刑事诉讼法规定，刑罚交付执行的人民法院应当在判决生效后 10 日以内将有关法律文书送达公安机关、监狱或者其他执行机关，由这些机关负责刑罚的执行。在实践中，根据法律规定，法院在判决生效后一般将法律文书送达看守所，由看守所进行审查，然后根据刑罚的种类、长短等情况，将罪犯送交监狱、未成年犯管教所执行刑罚，或者留所执行刑罚。法律并没有规定法院应将有关刑罚执行的法律文书送达检察机关，检察机关无法及时、全面掌握罪犯交付执行的具体情况。在实践中，检察机关通常由驻所检察室的干警通过查阅在押人员档案、向看守所管教干警了解情况或者接受在押人员控告、举报和申诉等渠道获取有关信息，因而对刑罚交付执行的监督具有滞后性。同时，对于审前未羁押而被判处实刑罪犯的交付执行情况，检察机关更无法及时掌握，因而存在刑罚交付执行监督的盲区。

（2）刑罚变更执行监督仍需加强。刑罚变更执行包括减刑、假释、暂予监外执行。虽然检察机关一向十分重视对刑罚变更执行的监督工作，也建立了有关的监督机制，不断加强对刑罚变更执行的监督力度，但是，由于刑罚变更执行涉及罪犯的切身利益，也是刑罚执行中最容易滋生腐败、产生刑罚执法不公问题的重点环节。这说明刑罚变更执行监督仍有待进一步加强。

（3）社区矫正监督不到位。我国法律规定，对于被判处管制、宣告缓刑、假释或者暂予监外执行的罪犯，依法实行社区矫正，由社区矫正机构负责执行。在实践中，社区矫正工作具体由司法行政机关组织实施，公安机关是社区矫正的执法单位，街道居委会、乡镇司法所具体承担社区矫正的日常管理工作。但是，由于街道居委会和乡镇司法所的工作人员不足，又缺乏相应的法律知识，对社区矫正工作不熟悉等原因，存在监管不严，甚至出现脱管、漏管等现象。而检察机关在街道、乡镇没有派出机构，无法对社区矫正工作进行及时有效的法律监督。

3. 强化刑罚执行监督的具体措施

（1）建立刑罚交付执行同步监督机制。一是建立信息共享平台。建立法院、检察院和监狱、看守所之间网络文书流转的现代化信息智能平台，实现刑罚交付执行信息共享，打破不同机关之间的信息壁垒，实现信息互通，保证检察机关及时掌握罪犯交付执行情况，发现问题并及时进行法律监督。二是建立法律文书同步抄送机制。人民法院在向看守所送达法律文书时，应当同时抄送驻所检察室，以便驻所检察干警及时全面掌握被交付执行人员的基本情况，对有瑕疵的文书能及时通知法院更正，有效减少监狱拒绝收监的情况。三是建立联系会议机制。建立监狱、看守所、检察院与法院之间的联席会议机制，定期对刑罚交付执行中遇到的问题进行交流探讨，以畅通刑罚交付执行监督工作。

（2）加强刑罚变更执行的监督力度。一是建立协调办案平台，即建立减刑、假释、暂予监外执行网上协同办案平台，以保证刑罚变更执行的所有信息各机关共享，全程留痕，同步监督。二是严格执行刑罚变更执行备案审查制度。2014 年，最高人民检察院制定了对职务犯罪罪犯减刑、假释、暂予监外执行案件的备案审查制度，规定对原县处级职务犯罪罪犯刑罚变更执行案件，必须层报省级检察院备案审查；对原厅局级以上职务犯罪罪犯刑罚变更执行案件，必须层报最高人民检察院备案审查等，各级检察机关应当严格执行该制度。三是充分发挥控告申诉机制的作用。检察机关应当充分利用控告申诉机制，及时收集和分析有关控告申诉材料，有效发现刑罚变更执行中存在的违法行为，以保证及时进行监督，加强刑罚变更执行监督力度。

（3）加强社区矫正监督工作。为了对被判处管制、宣告缓刑、假释或者暂予监外执行的罪犯进行有效的社区矫正，保证社区矫正工作健康发展，检察机关应当加强对社区矫正机构的社区矫正工作进行法律监督。一是重视对社区矫正机构人员进行法律培训，提高社区矫正人员的法律知识，以有效预防社区矫正中出现违法行为。二是在重要的街道或者乡镇设立检察室，派驻专门的检察人员负责社区矫正的监督工作，有效防止和纠正社区矫正中的违法行为，防止社区矫正出现脱管、漏管等现象。三是建立与街道居委会、乡镇司法所之间的联系交流机制，及时交流、沟通有关信息，一旦发现社区矫正中出现问题，能够及时进行监督纠正，保证社区矫正工作依法开展。

第六章　民事诉讼法律监督实务问题

一、民事诉讼法律监督的制度构建

民事诉讼是通过司法手段调整平等民事主体之间财产关系和人身关系的一项重要司法工作。人民检察院依法对民事诉讼活动实行法律监督，是中国特色社会主义检察制度的重要内容，也是我国民事诉讼制度的重要组成部分，具有鲜明的中国特色，它与刑事检察、行政检察、公益诉讼检察共同构成了我国的法律监督体系。

1982 年《民事诉讼法（试行）》第 12 条规定人民检察院有权对人民法院的民事审判活动实行法律监督。1991 年民事诉讼法正式颁行时，第 14 条继续保留了这个基本原则，还规定了抗诉制度。1992 年最高人民检察院制定颁布了《关于民事审判监督程序抗诉工作暂行规定》，具体规定了抗诉的案件来源、审查受理、调阅案卷、提出抗诉、出席再审法庭、查办审判人员犯罪等具体事项，民事法律监督开始在实践中发挥重要作用。2001 年最高人民检察院《人民检察院民事行政抗诉案件办案规则》进一步明确和细化了抗诉的办案规程。2007 年民事诉讼法修改，细化了法律监督的抗诉事由。2012 年民事诉讼法修改，进一步完善了检察机关民事诉讼法律监督内容，将审判人员违法行为、执行活动和调解书等纳入法律监督范围，并新增检察建议、调查核实等监督方式和措施，规范了当事人申请监督的条件，法律监督的范围得到极大拓展，局部监督的单一性制度为全面监督的复合性制度取而代之。2013 年最高人民检察院制定《民事诉讼监督规则（试行）》，全面总结民事法律监督的实践经验，为民事法律监督提供了操作依据。2017 年，民事诉讼法再次修改，在法律监督中增设检察机关提起民事公益诉讼，民事领域的“四大监督”格局开始形成，抗诉监督、程序违法监督、调解公益性监督以及执行违法监督并驾齐驱，民事法律监督的触角伸展到了民事诉讼的每一个领域，民事检察的理念得以更新，民事检察的效能获得强化，公益诉讼制度确立，检察机关在社会治理体系现代化和治理能力现代化中的作用日益凸显。

二、民事法律监督的现状与问题

民事诉讼和执行活动事关人民群众切身利益，案件量大、涉及面广。民事法律监督工作在化解矛盾纠纷、维护社会稳定、促进经济发展等方面具有不可替代的作用。中国特色社会主义进入新时代，我国社会主要矛盾转化，人民群众对民主、法治、公平、正义、安全、环境等方面的更高需求，不仅体现在刑事案件中，而且更多体现在民事案件里。

（一）民事法律监督的现状

近年来，检察机关受理的民事申诉信访案件持续高位运行，超过刑事申诉信访案件量，在信访案件总量中的占比上升趋势明显。2013 年 1 月至 2017 年 12 月，全国检察机关共受理涉法涉诉信访 172 万件次，其中民事申诉信访 65 万件次，占 37.8%；刑事申诉信访 59.7 万件次，占 34.7%。2018 年 1 月至 9 月，受理民事申诉信访 9.5 万件次，占各类涉法涉诉信访总数的40.4%，比2012年高出18.6个百分点。

各级检察机关牢记宪法法律赋予的职责，顺应人民群众新期待，坚持以办案为中心，全面加强对生效民事裁判、调解书和审判、执行活动的法律监督，构建起多元化民事法律监督格局。2013年1月至2018年9月，共办结各类民事申请监督案件57.9万件，其中通过抗诉、检察建议等方式提出监督意见27.1万件。

1. 主动服务发展，保障民生

最高人民检察院先后制定实施服务经济发展新常态、保障健康中国建设、服务打好“三大攻坚战”等办案指导意见，召开长江经济带检察工作座谈会，引导全国检察机关发挥民事检察等职能服务经济社会发展大局。针对司法实践中有的刑事案件审结后，对侵犯涉案产权的民事责任追究、执行不到位，相关民事错误生效裁判难以纠正等问题，2018年6月专门发出《关于充分发挥民事行政诉讼监督职能推动解决刑事案件牵连产权保护问题的通知》，重点审查办理刑事案件被告人、被告单位所涉股权转让、民间借贷、担保物权、买卖合同等民事申诉案件。强化对知识产权类民事案件的法律监督，探索建立专业化办案机制，保障科技创新主体合法权益。加强弱势群体权益保护，共支持农民工、残疾人等提起民事诉讼68911件。2018年春节前，部署开展为期两个月的协助解决农民工讨薪问题专项监督，支持5566名农民工提起民事诉讼，帮助追回劳动报酬4605万余元。

2. 着力加大对生效裁判、调解书的监督力度

检察机关充分发挥抗诉直接启动再审程序的功能，对认为确有错误的民事判决、裁定、调解书提出抗诉21795件，法院已审结15922件，其中改判、调解、撤销原判发回重审、和解

撤诉12113件，再审改变率为76.1%。为促进把矛盾纠纷及时化解在基层、节约司法资源、提高司法效率，各级检察机关重视用好更加高效便捷的检察建议，对一些符合抗诉条件的民事申请监督案件，建议同级法院依法启动再审程序重新审理，共提出再审检察建议25958件，法院采纳16742件，采纳率为64.5%。

3. 扎实开展对虚假诉讼的监督

针对民间借贷、以物抵债、企业破产等领域为获取非法利益而虚构事实打“假官司”的问题，全国检察机关2015年起部署开展民事虚假诉讼专项监督活动，重点监督涉案人员众多的“规模性造假”和中介服务机构“居间造假”，共对5178件虚假诉讼向法院提出抗诉或检察建议，着力维护诉讼秩序和司法权威。对涉嫌虚假诉讼犯罪的，及时督促公安机关立案侦查，起诉799人。黑龙江省林口县检察院办理128件虚构债务、套取620万余元公积金的系列案，将涉嫌犯罪线索移送公安机关，并向法院提出再审检察建议。湖北省宜昌市检察机关在办理“以房抵债”系列虚假诉讼案中发现，3名审判人员套用其他案件案号或虚设案号，制作民事调解书78份、民事判决书13份、执行裁定书13份，帮助他人规避限购政策、办理房屋登记，事后收受贿赂，检察机关依法立案侦查，追究刑事责任。2018年9月“两高”发布《关于办理虚假诉讼刑事案件适用法律若干问题的解释》，进一步明确虚假诉讼犯罪行为的定罪量刑标准，加大惩治力度。

4. 切实加强民事执行活动监督

检察机关对明显超标的执行、消极执行、选择性执行、违法处置被执行财产等违法情形提出检察建议135145件，法院采纳123914件，采纳率为91.7%。四川一基层法院将案外人的房产违法查封变卖，省、市、县三级检察院接力监督，先后发出检察建议，最终上级法院认定执行活动违法，给予国家赔偿。2016 年 4 月起，针对一些地方执行案款滞留、执行款物管理混乱等问题，“两高”联合部署集中清理，促进一大批滞留在法院账户上的执行案款发放给申请执行人。吉林、陕西、湖南等地法检“两院”联合开展专项活动，共同解决“小标的大查封大扣押”“高值低估贱卖”等问题。2018 年 3 月，最高人民检察院又部署开展民事非诉执行监督专项活动，重点监督民事非诉法律文书执行中的违法情形，并以此为切入点，从源头上促进仲裁和公证严格依法规范进行。

5. 坚决支持法院依法执行

对被执行人确无财产可供执行、法院穷尽执行措施仍不能执行到位的，检察机关配合法院做好释法说理工作，并对生活陷入困境、符合救助条件的申请执行人开展司法救助。对拒不执行判决、裁定构成犯罪的，批准逮捕 6594 人，呈逐年上升趋势。广东省广州市花都区检察院在办理一起执行监督案件中，发现被执行人有转移财产、逃避履行生效判决确定义务的行为，涉嫌拒不执行判决、裁定罪，向公安机关移送涉嫌犯罪线索，公安机关侦查终结后将该案移送检察机关审查起诉。

6. 不断强化审判人员违法行为监督

检察机关坚持从裁判结果监督向诉讼过程监督延伸，从实体违法监督向程序违法监督拓展，对民事审判中违法送达、违法采取保全措施、适用审判程序错误等违法行为，提出检察建议 86104 件，法院采纳 77662 件，采纳率为 90.2%。2017 年以来，对在民事行政审判活动中故意违背事实和法律枉法裁判涉嫌犯罪的，检察机关直接立案侦查 191 人。湖南省常德市武陵区检察院在办理一起民间借贷纠纷申诉案时，从主审法官在调解中违反回避相关规定、篡改法律文书入手调查，发现此案系其父亲（该法院原副院长）为兑现办理其他案件所获“好处费”，以其母亲名义提起的虚假诉讼。检察机关依法提出撤销虚假调解的检察建议，并对相关职务犯罪立案侦查，追究刑事责任。在深入调查该“案中案”过程中，又发现其他5名审判人员违法审判问题，移送相关部门追究党政纪责任。

7. 强化民事检察环节矛盾化解工作

检察机关受理的民事申诉案件中，确有错误、依法须以监督程序纠正的是少数，裁判正确或没有突出问题、需要做好息诉工作的占多数。各级检察机关把化解矛盾纠纷落实到办理民事法律监督案件全过程，促进案结事了人和，既维护司法权威又减轻当事人讼累。2013年以来，各级检察机关对不符合受理条件终结审查、审查后不支持监督的15.3万件案件，充分说明理由和依据，耐心释疑解惑，加强心理疏导，切实做好检察普法工作，促使当事人服判息诉。云南省检察院在办理一起建设用地使用权转让合同纠纷申诉案时，认为案件不符合监督条件，但双方当事人发生纠纷已长达7年，遂结合案情制定引导和解的方案，并充分了解案件执行进展和存在的困难，与法院共同做当事人的工作，促使双方当事人达成执行和解协议并当场履行，妥善化解了矛盾。

8. 持续推进司法规范化建设

最高人民检察院制定深入推进民事行政检察工作科学发展的意见，颁布实施民事诉讼监督规则，组织开展基层民事行政检察工作推进年活动，细化实化民事法律监督措施。完善办案配套制度，统一规范办案文书格式。案件办理全部纳入统一业务应用系统，实现网上录入、网上审批、网上管理、网上监督。全面实行检察官办案责任制，针对民事法律监督案件特点细化案件承办、集体讨论、审批权限等规定，做实对监督者的监督。专门制定民事行政检察人员廉洁规范司法行为准则，加强廉政教育和风险防控机制建设，严明办案纪律，严格规范检察人员与代理律师、案件当事人和中介机构的关系，严肃查处利用民事行政检察权违纪违法的检察人员 11 人。

各级法院积极支持、自觉接受检察机关法律监督，依法审理检察机关提出抗诉的民事案件，充分重视检察建议。“两高”会签《关于民事执行活动法律监督若干问题的规定》，共同促进依法执行和规范监督；“两高”有关部门会签关于办理民事诉讼法律监督案件若干问题的会议纪要，明确再审检察建议、出席再审法庭、对裁定的监督方式等问题，建立灵活有效的沟通机制。最高人民法院有关部门专门下发通知，要求配合检察机关开展民事非诉执行监督专项活动。

（二）民事法律监督中存在的问题

近年来，民事检察工作扎实开展，但与宪法法律赋予的职责和新时代人民群众对民主、法治、公平、正义等更高的期待相比，仍有较大差距。

1. 民事法律监督力度与人民群众司法需求不相适应

中国特色社会主义事业进入新的时代以后，社会的主要矛盾转变为人民对美好生活的需要与社会发展不平衡、不充分的矛盾。这也表现在民事检察与人民群众对公正正义的需求不相适应上。近年来，随着我国改革开放和经济社会的快速发展，民事审判工作呈现许多新特点：一是涉及范围广，包括婚姻家庭、权属纠纷、债权债务、损害赔偿等传统民事审判，公司、金融、证券、房地产等商事审判，专利、商标、著作权等知识产权审判，以及涉外商事、海事海商审判，涉及经济社会发展的诸多方面。二是案件数量大。2000 年至 2010 年上半年，全国法院共审结各类民事案件 1493.95 万件，占人民法院全部诉讼案件的 85.77%，结案标的额 20528.51 亿元。三是增长速度快。2008 年至 2010 年上半年，全国法院年均审结各类民事案件 597.58 万件，比前五年年均结案数增长了 22.82%。四是新型案件多。随着我国经济社会深刻变革，科学技术日新月异，公民权利意识日益增强，新类型案件大量出现，涉及劳动争议、知识产权、不正当竞争等多个方面。五是审理难度大。民事审判关乎群众切身利益，涉及诸多利益冲突，实现利益平衡和案结事了的难度很大。2018 年地方各级人民法院受理案件 2800 万件，审结、执结 2516.8 万件，结案标的额 5.5 万亿元，同比分别上升 8.8%、10.6% 和 7.6%，其中民事案件超过 90%。但 2013 年 1 月至 2018 年 9 月，全国检察机关共办结各类民事申请监督案件 57.9 万件，其中通过抗诉、检察建议等方式提出监督意见 27.1 万件。在民事检察中，个别检察机关和检察人员缺乏攻坚克难的勇气，担心影响法检“两院”关系，畏难监督。对人民群众反映的热点、难点问题监督不够，执行活动监督总体上比较薄弱，不善监督。有的抗诉案件质量不高、效果不好，或者超过法定办理期限。有的检察建议停留于纠正表面问题和工作瑕疵，发现和纠正深层次违法问题不够。多数案件限于个案办理、就事说事，跟进监督、类案监督不够。有的办案中不注重耐心倾听群众意见、满足于程序正确，“按下葫芦浮起瓢”。

2. 民事检察工作与刑事检察工作相比发展不平衡

在检察机关整体法律监督格局中，无论从办案数量、监督效果还是社会影响看，民事检察工作都还有很大潜力。一些同志片面地认为民事诉讼法涉及检察机关法律监督的规定比较原则，对民事检察工作认识不足、重视不够，“重刑轻民”观念仍然存在，机构设置、人员配备上存在“短板”。以最高人民检察院为例，原来的刑事检察机构设有 5 个厅，编制 142 人；

而民事检察、行政检察、公益诉讼检察三项重大职责并合一起，仅设一个厅，编制32人。一些检察院检察委员会很少研究民事监督案件，有的基层民事行政检察部门只有一两个人，甚至无专人负责民事检察工作。

3. 民事检察队伍素质能力亟待加强

民事诉讼和执行活动监督需要很强的民事法律素养、专业知识和实践能力，但现有民事检察队伍的知识结构不够合理，民商法专业的人员比例不高，有的对民事审判和民事法律不熟悉，把握法律政策、办理新型案件、释法说理、群众工作等能力不强，高层次、专家型人才匮乏。

4. 上级检察院对下指导不够有力，基层民事检察工作总体薄弱

市级以上检察院民事行政检察部门主要精力用在自身办案上，对案件质量监督管理、政策把握及对下指导虚化、弱化。有的基层检察院认为不能提出抗诉就无案可办，对民事检察多元化监督缺乏认识和践行。

三、民事诉讼法律监督的理念更新

（一）树立全面平衡充分发展的理念

宪法赋予检察机关的法律监督职能是对整个诉讼领域以及与诉讼相关领域全方位的法律监督。刑事、民事、行政以及公益诉讼检察职能要全面、平衡、充分履行。最高人民检察院在深入研究论证、反复征求意见基础上，从检察机关受理的民事行政申诉案件持续上升等实际出发，提出以内设机构改革为突破口，突出专业化建设，将最高人民检察院民事行政检察厅分设为民事检察厅（第六检察厅）、行政检察厅（第七检察厅），增设了公益诉讼检察厅（第八检察厅）。省、市两级检察院则要视情单独设立民事检察部门或办案组，基层检察院确定专门

办案组或专人负责民事检察工作，切实解决“重刑轻民”问题。

（二）树立双赢多赢共赢的理念

检察机关对民事诉讼和执行活动的法律监督，实质上是启动纠错程序，促进法院重新审视并自我纠错。监督不是你错我对的零和博弈，也不是高人一等。监督机关与被监督机关责任是共同的，目标是一致的，赢则共赢，损则同损。检察机关要与法院形成良性、互动、积极的工作关系，使法律监督在出发点和落脚点上、在主观和客观方面都发挥促进法院更全面依法规范司法的作用，共同维护司法公正、提高司法公信力。例如，以会签文件、召开联席会议、组织案例研讨等方式，与法院建立常态化沟通协调机制，不断增进互信。落实检察长列席审判委员会会议制度。

（三）树立精准监督的理念

监督必须考虑政治效果、法律效果、社会效果的有机统一，通过个案的公平正义来引领司法进步、促进社会进步。要在精准监督上下功夫，通过优化监督实现强化监督，不搞粗放式办案，防止片面追求监督数量。民事抗诉不是越多越好，要优先选择在司法理念方面有纠偏、创新、进步、引领价值的典型案件，抗诉一件促进解决一个领域、一个地方、一个时期司法理念、政策、导向的问题，发挥对类案的案例指导作用。尤其是最高人民检察院要着重对适用法律错误的特别重大典型案件提出抗诉，促进最高人民法院发挥对各级法院的裁判引领作用。同时，对那些不具有典型性的、确有错误的个案也不放任，以再审检察建议方式促请法院纠正。对类案背后反映的审判管理等问题，建议法院从源头上进一步规范司法。

（四）树立智慧借助的理念

智慧借助既是工作方法，也是工作理念。各级检察院要充分发挥社会力量特别是专家学者、律师、退休法官，有法律背景的人大代表、政协委员等的作用，借助他们的实践经验、法律和政治智慧，帮助我们提升民事法律监督能力。制定民事行政诉讼监督案件专家委员会工作办法，邀请民事法律专家对民事申请监督案件涉及的法律理论问题、监督的社会效果、案件对司法价值判断的引领作用等进行深入论证，作为法律监督审查案件的重要参考依据。

（五）树立统筹发展的理念

按照民事诉讼监督规律，不同层级检察院民事法律监督侧重点应有所不同，应引导省级和市级检察院以裁判结果监督为重点、基层检察院以审判人员违法行为监督和执行监督为重点，构建各级检察院各有侧重、密切配合、全面履职的民事法律监督格局。修改人民检察院民事诉讼监督规则，对当事人一审后未上诉，法院驳回再审申请或逾期未对再审申请作出裁定提出申诉的，依法予以受理，构建符合基层实际的民事法律监督案件受理、办案规范、内外协调等工作机制。上级检察院依据本院受理的申诉案件、了解的全局性情况和办理个案反映出的倾向性问题，加大对下指导力度。落实领导干部办案制度，要求领导干部带头办理重大疑难复杂案件，为一线检察官办案提供范例。

四、民事检察工作的创新发展

在中国特色社会主义新时代，面对人民群众日益增长的民事法律监督需求，民事检察工作迎来新的发展契机，也面临新的更大挑战。各级检察机关要坚持以习近平新时代中国特色社会主义思想为指导，深入学习贯彻党的十九大精神，对标对表人民群众新期待，从组织领导、理念更新、工作部署、机构建设、力量配备等方面，将民事法律监督做得更实、富有成效，支持、监督法院民事审判和执行工作，努力为人民群众、为社会提供更好、更优、更实在的民事检察产品。

（一）认真学习民法典，切实提高民事法律监督能力

民法是最重要的基本法律，是民事领域的基础性、综合性法律，被称为社会生活的百科全书，通过调整平等主体之间的人身关系、财产关系，保障公民、法人和其他组织的基本权利，规范经济社会的正常运转，为社会稳定、市场繁荣、经济发展注入活力。民法与国家其他领域的法律规范一起，支撑着国家治理体系。2018 年 5 月 28 日由十三届全国人大三次会议审议通过的民法典，不仅是中国民法史上的重要里程碑，为检察机关开展民事法律监督提供了最重要的法律依据。检察机关要抓住这个重要契机，认真学习民法典，切实提高监督能力，补强短板和不足，为依法监督、规范监督奠定坚实的基础。

（二）主动服务经济社会持续健康发展

贯彻新发展理念，找准民事检察工作与经济社会发展的结合点，重点围绕党中央关于打好防范化解重大风险、精准脱贫、污染防治攻坚战的重大部署履职尽责，以保障打好“三大攻坚战”为重点，为经济社会持续健康发展提供法治保障。积极投入重大社会稳定风险防范化解专项行动，贯彻新时期“枫桥经验”，畅通群众申诉渠道，依法公正处理民事法律监督案件，维护好当事人合法权益，促进社会稳定。深入贯彻全国人大常委会关于全面加强生态环境保护、依法推动打好污染防治攻坚战的决议，立足民事诉讼监督，促进用最严密的法治保护生态环境。密切关注社会反映强烈的企业融资互联互保案件和产权纠纷案件，加大监督力度，防范和化解金融风险，支持民营企业规范发展，营造诚信有序的市场环境。在参与扫黑除恶专项斗争中，对黑恶势力强迫交易、高利放贷、“套路贷”、恶

意逃债、虚假诉讼等非法活动，综合运用刑事、民事等手段加强法律监督。结合办理民事法律监督案件，依法惩治恶意欠薪，把司法救助、农民工权益保障等与精准扶贫结合起来。针对互联网领域微信、支付宝交易纠纷多发，一些当事人因被告身份信息不明等无法通过诉讼进行救济的问题，监督和支持法院依法规范立案、审判、执行等诉讼活动，促进解决互联网金融纠纷诉讼难问题。落实“谁执法谁普法”普法责任制，强化以案释法和法律文书说理，引导群众依法解决纠纷、理性表达诉求。重视发挥律师等“社会第三方”作用，促进矛盾纠纷化解。

（三）充分运用多种监督方式加大民事审判监督力度

检察机关的民事诉讼监督方式是多元的。要以当事人、社会公众实实在在的获得感为目标，充分运用政治智慧、法律智慧、监督智慧，办好不同类型的民事法律监督案件。探索与违法审判责任追究相衔接的审判人员违法行为监督机制，与法院共同防范和制裁审判人员侵犯公民权利、损害司法公正的诉讼违法行为。修改完善人民检察院检察建议工作规定，提高检察建议质量，规范提出程序。建立向人大常委会报告检察建议落实情况制度，完善检察建议向上一级检察院、法院备案机制。落实检察建议跟进监督制度，及时掌握采纳、落实情况以及未被采纳的原因，对该采纳不采纳的，上级检察院接力监督，努力把检察建议做成刚性、做到刚性。建议最高人民检察院会同最高人民法院出台司法解释，完善法院对检察建议的办理程序：法院收到检察建议后，应更换原合议庭组成人员或承办人办理；经检察委员会决定提出的检察建议，法院不予采纳的，应当经审判委员会决定。同时建议“两高”对“调解书损害国家利益、社会公共利益”作出具体的司法解释。

（四）坚持不懈强化民事执行监督

执行难是我国现阶段带有综合性的司法与社会治理问题。检察机关履行监督职责促进解决执行难，不能仅仅将注意力放在单纯执行阶段的方法和力度上，必须把民事审判和执行作为一个系统工程，支持、促进法院从执行活动违法情形反向审视审判活动中的源头问题，使法官裁判的时候就要适当考虑促进执行、执行的效果等因素，取得综合的、更好的司法效果。同时，解决执行难也不单纯是法院的责任。各级法院为解决执行难问题做了大量工作，付出了艰苦并富有成效的努力。但要从根本上解决这个问题，需要在党中央和地方各级党委统一领导下，相关职能部门共同发力、形成合力。检察机关要立足职能、积极参与，进一步加大监督、支持法院依法执行的力度。推动建立全国执行与监督信息法检共享平台，加强动态支持与监督。重点监督纠正违法拍卖、超标的查封、错误分配财产、变相变更裁判结果等突出问题，推动执行规范化。加大对“终结本次执行”案件的监督力度，促进依法穷尽执行手段，防止滥用“程序结案”、实体久拖不决。深入推进民事非诉执行监督专项活动。加大对执行工作的支持力度，依法强化办理拒不执行法院判决、裁定犯罪案件，并注意工作方法，促进有效执行。

（五）着力提升民事诉讼和执行活动监督质效

适应司法责任制改革和形势发展需要，进一步完善人民检察院民事诉讼监督规则。严格遵守法定时限，提高办案效率，让司法正义尽早到达。完善民事诉讼监督案件专家咨询制度，借助“外脑”加强专业化审查，增强民事法律监督对司法理念的引领性和塑造力。最高人民检察院及时选编、发布民事法律监督指导性案例，突出检察特色，统一司法标准，发挥典型案例示范指导作用。推行一体化办案机制，以线索集中管理、力量统一调配为基础，通过指定管辖、协同办案、异地交办等多种形式，充分发挥基层检察院在民事检察工作中的基础作用，切实解决民事检察“倒三角”的制约。强化检察权运行制约和监督，进一步完善案件流程监控、案件质量评查、办案绩效考评等机制，不断提高监督公信力。主动向党委、人大汇报监督情况，客观反映工作中的突出问题和实际困难。加强与法院沟通联系，共同把公正司法、为民司法落到实处。加强理论研究和实践探索，实现对巡回法庭、海事法院等专门法院民事诉讼和执行活动监督全覆盖。

（六）加强民事检察队伍建设

坚持把政治建设摆在首位，牢固树立“四个意识”，切实增强“四个自信”，在民事检察工作中贯彻落实党中央决策部署。进一步优化民事检察机构和办案组织建设，改革创新司法人才引进、使用机制，通过招录、选调、遴选等途径充实民事检察办案力量，优化队伍专业结构。完善全国和省级民事检察人才库，加强高层次人才培养。针对不足和短板，力求实效开展好分类培训和岗位练兵，培养综合型办案能手。研发虚假诉讼案件、刑事案件牵连产权保护民事案件线索智能发现技术，拓展案件线索来源。应用好检答网，加强检察业务咨询交流，拓宽新型、疑难、复杂案件研讨渠道，促进办案能力的提升。继续深化司法公开，加大宣传力度，进一步提高民事检察工作的社会认知度和影响力。民事法律监督案件大多存在各方当事人“利益博弈”，办案人员面临被腐蚀利诱的风险。要落实全面从严治党要求，坚持从严治检，扎实开展党风廉政建设和反腐败斗争，坚决清除害群之马。自觉接受人大监督和政协民主监督，确保民事检察权依法正确行使。

第七章 行政诉讼法律监督实务问题

《行政诉讼法》第11条规定："人民检察院有权对行政诉讼实行法律监督。"从这一基本职能出发，新时代行政检察要"立足行政诉讼监督的法定职能，把行政诉讼的制度性问题作为行政检察的改革出路，把行政诉讼在法治建设中的疲弱、缺位、滞后问题的解决作为行政检察发展的广阔舞台，把人民群众对依法维权之路的信赖作为行政检察健康发展的重要动力"，"把握行政检察工作新格局，做到以行政诉讼监督为基石，以化解行政争议为'牛鼻子'，以非诉执行监督为延伸"。[1] 行政检察工作既要从检察权与行政权之间监督与被监督关系的角度去思考和谋划，又要立足于行政诉讼监督这一基本职能充分履行职责。

一、检察权对行政权的监督

随着信息技术的普及应用，公权力接受公众监督正在成为一种常态。为了回应人民群众对民主法治、公平正义的新期待，党的十八大以来我国着力完善以公权力监督公权力的权力监督体系。党的十八届四中全会提出，完善对涉及公民人身、

〔1〕 张雪樵：《坚持司法为民做实行政检察》，载《检察日报》2019年10月9日第3版。

财产权益的行政强制措施实行司法监督制度，检察机关在履行职责中发现行政机关违法行使职权或者不行使职权的行为，应该督促其纠正，探索建立检察机关提起公益诉讼制度，完善检察机关行使监督权的法律制度，加强对行政诉讼的法律监督，都体现了党和人民对检察权监督行政权的新要求和新期待。近年来，行政检察也一直在深化改革中探寻其在国家权力监督体系中的自身定位。

在我国，以公权力监督公权力的制度安排种类齐全：执政党内部，有专门监督共产党员的纪律检查制度；各种国家权力之间，有各级人大及其常委会对同级行政、审判、检察机关的监督，有审判机关通过行政诉讼对行政行为的监督，有检察机关对所有国家公职人员的法律监督；行政系统内部，有专司监督对国家行政机关及其公务员和国家行政机关任命的其他人员的行政监察制度，旨在监督各级行政机关和国有企事业单位的审计制度。近年来，国家又专门设置了国家监察委员会，对所有公职人员的职务行为进行监督。监督主体的多样化有利于防止个别机关垄断监督权而无所作为。这些监督制度，体现了公权力之间相互制约的观念，也有一些局限：专门监督机构的运转完全依赖公共财政，国家不可能无限制地投入；监督程序相对封闭，监督结果更像是公权力体系内部的事情；专司监督的官员与其他官员一样，都属于国家公职人员，处于同一社会阶层，有着共同的利益和立场，因而存在缺乏监督动机的问题。为此，有些国家机关采用考核评价等方法来刺激专司监督的官员的积极性，却导致一些单位和个人过分看重考评结果，影响了监督和执法的统一性，一定程度上弱化监督制度保障社会整体正义的功能。因此，国家在设计监督制度时，应当首先着眼于加强对行政权的程序控制、社会监督。正因为如此，党的十九届四中全会提出，国家行政管理承担着按照党和国家决策部署推动经济社会发展、管理社会事务、服务人民群众的重大职责。必须坚持一切行政机关为人民服务、对人民负责、受人民监督，创新行政方式，提高行政效能，建设人民满意的服务型政府。人民对公权力的监督要通过公权力机关的活动来实现。这是研究确定行政检察功能定位的一个基本前提。

无论从广义上，还是从狭义上考察行政检察，都有必要把检察权与行政权的关系作为一个重要内容来考察。

（一）新时代行政检察的新方位

十八大以来党中央的决策部署、“四大检察”新格局，都传递出一个重要信号：行政检察正处于一个重要的战略机遇期。

第一，新时代行政检察需要在国家权力监督体系中寻找定位。强化检察权对行政权的监督，是党的十八大构建国家权力监督体系的一个重要方面。党的十八届四中全会决定赋予检察机关包括行政公益诉讼等多项旨在监督行政权的新职能。国家监察体制改革客观上要求进行国家公权力监督体系内部的局部再优化。这都为行政检察在现行公权力监督体系的新格局之下寻找新定位提供了重要契机。同时，在公权力监督体系不断完善的今天，对公职人员进行监督已由监察机关包揽，对行政行为进行监督方面，行政复议、行政审判、审计监督等制度早已完成了前期的理论证成、规范设计和实践积累。研究检察权监督行政权的制度，也必须尊重这一前提。同时，检察权能在多大程度上、多大范围内监督行政权，还受检察职权法定原则、行政权接受普遍监督原则的约束。我国检察机关与行政机关平行设置，这也决定了检察权必须恪守与行政权的应有边界。体制和理论上的优势要成为现实的优势，还需要检察机关不断提升自身判断能力，即“重自强”。

第二，行政检察具有与刑事、民事、公益诉讼检察融合的强烈需求。按照推进国家治理体系和治理能力现代化的要求，为满足国家和社会多样化的司法需求，“四大检察”应当相互支撑、融为一体。行政检察对于“四大检察”相互融合具有强烈的需求。

一是以行政检察、刑事检察融合推动刑事责任、行政责任无缝对接。在我国，公法上的违法行为根据社会危害性程度可分为行政违法与刑事犯罪。一方面，行政诉讼监督中发现相关行为可能构成犯罪需要追究刑事责任的，应当从刑事检察的角度作专业判断。另一方面，刑事检察案件凡涉及需要行政机关同时对行为人处以行政处罚的，或者涉及行政行为违法需要行政机关依法纠正的，也需要从行政检察的角度作专业判断。

二是以行政检察、民事检察局部融合促进行政争议与民事纠纷协同化解。实践中，相当一部分当事人反复申诉的案件，是民事与行政交叉案件，法院审理民事案件涉及对行政行为合法性的判断，审理行政案件又涉及相对人的基础民事权利。作为民事检察与行政检察相互融合的一个切入点，可以考虑由民事检察官和行政检察官共同组成办案组审查民事行政交叉案件。

三是以行政检察、公益诉讼检察有机融合形成检察权监督行政权的协同作用。行政检察、行政公益诉讼检察都是检察权监督行政权的重要职能。检察机关内设机构改革后，为优化配置有限的专业资源，基层院、分州市院的行政检察与公益诉讼两种职能由同一机构承担，不存在互移线索问题；最高人民检察院和绝大多数省级检察院实行行政检察、公益诉讼检察部门分设。这样的架构，一方面，需要明晰行政检察与行政公益诉讼的边界，以便准确统计分析、精准指导各项具体工作；另一方面，最高人民检察院和省级检察院层面，两个机构之间需要加强专业合作，比如，充分利用两种案件资源，共同研究合法性与合公益性之间的关系。

第三，“四大检察”融合背景下行政检察的新方向。行政检察补齐自身短板，进而在国家和社会生活中更好地、实质性地发挥重要作用，就是为“四大检察”新格局作出贡献。行政检察需要按照“讲政治、顾大局、谋发展、重自强”的新时代检察工作总要求，练内功、图“自强”，力争在较短的时间，以较快的速度提升专业判断和价值判断能力。

“四大检察”都要牢固树立以人民为中心的监督理念。行政检察以为民为中心，具有特殊的使命与要求。它与法律赋予检察机关行政诉讼监督职能的立法目的高度契合。1989 年起草制定行政诉讼法时，赋予检察机关诉讼监督职能，就是为了以法律监督权、法院审判权的合力抗衡强大的行政权。检察机关在行政诉讼监督中，要着力保障公民、组织诉权，维护公民、组织合法权益，认真对待每一个公民、组织的监督申请；审查办理行政机关申请监督案件，认真听取相对人的意见。同时，作为行政诉讼监督沿袭行政审判“合法性审查”思路的一个转向，检察机关在尊重行政权、审判权边界的前提下，以高超的判断力，采用各方均可接受的方式，立足检察职能，按照符合法律、公益、平等保护原则的要求，促进行政争议实质性化解。

第四，以行政诉讼监督为切入点承担起监督行政权与审判权的双重使命。中国的检察制度在现代国家司法制度中别具特色。其特色之一就在于检察机关具有对公共行政进行监督的职能。对行政法律监督职能的认识，不应当局限于诉讼，因为行政机关作为公法主体只有在极个别情况下才参加诉讼。对于检察机关监督行政权的职能，应当从国家与社会的关系出发，放置到整个权力体系中去考量，从各项检察措施承载的法律功能和社会功能去认识，客观地看待中西差异，理性地看待中国社会对法律监督的特殊需求，科学界定检察权与行政权之间监督与被监督的关系。按照行政诉讼法的规定，人民检察院对行政诉讼实行法律监督。行政诉讼是以法院为主导解决行政争议的过程，被诉行政机关在行政诉讼中是参加诉讼的一方当事人，为恒定被告或者第三人，同时，基于民事诉讼监督的思维定势，人们很容易把行政诉讼监督理解为仅仅是对法院行政审判权的监督。实践证明，将行政检察理解为对法院行政审判活动的监督是不可取的，无法实现行政诉讼监督的制度目的。行政诉讼法律监督不仅包含检察权与审判权在行政诉讼中的关系，而且包含检察权与行政权之间在行政诉讼中监督与被监督的关系。表现在：检察机关可以对行政诉讼被告是否履行法定诉讼义务进行监督；检察机关通过监督人民法院生效的行政裁判，对行政行为合法性与有效性进行间接的监督。〔1〕

（二）新时代行政检察变革的现实意义

党的十九届四中全会在“健全党的全面领导制度”部分提出，完善党领导包括检察机关在内的国家机关和武装力量、人民团体、企事业单位、基层群众自治组织、社会组织等制度；在“加强对法律实施的监督”部分提出，保证行政权、监察权、审判权、检察权得到依法正确行使，保证公民、法人和其他组织合法权益得到切实保障，坚决排除对执法司法活动的干预；在“健全社会公平正义法治保障制度”部分提出，深化司法体制综合配套改革，完善审判制度、检察制度，全面落实司

〔1〕张步洪：《行政检察制度论》，中国检察出版社2013年版，第4、5页。

法责任制，加强对司法活动的监督，确保司法公正高效权威，努力让人民群众在每一个司法案件中感受到公平正义。新时代行政检察的变革，不仅是为了实现检察权、检察理论、检察体系内在的自洽，更重要的是为了更好地发挥检察权在国家治理和社会治理中的功能作用。因此，新时代行政检察的变革，具有理论和实践层面的多重意义。在理论上，需要探寻检察权监督行政权的新内涵。在法治环境下，国家、社会、公民扮演着不同角色。检察机关对行政权的监督，不仅涉及检察机关在国家权力体系中的职能定位，而且涉及检察机关的社会角色。检察机关在推进国家和社会文明进步方面究竟应当发挥什么样的作用，是检察理论必须回答的问题。在实践中，探寻行政检察职权配置与行使的新方式。

其一，有利于顺应时代发展和法律制度迭代更新，更好地保障法律统一正确实施。社会公平正义需要依靠法律规范的统一正确实施来推动，这就需要相应的制度作保证。我国《宪法》第5条规定："国家维护社会主义法制的统一和尊严。一切法律、行政法规和地方性法规都不得同宪法相抵触。一切国家机关和武装力量、各政党和各社会团体、各企业事业组织都必须遵守宪法和法律。一切违反宪法和法律的行为，必须予以追究。任何组织或者个人都不得有超越宪法和法律的特权。"为实现这些目标，国家创设了一系列制度。我国的法律监督就是为保障法律正确统一实施专门设计的制度。"宪法明确规定人民检察院是国家的法律监督机关。这就说明检察机关的性质是专门监督法律在全国的统一和正确的实施、与犯罪行为作斗争的机关。"[1]

---

〔1〕 肖蔚云：《论宪法》，北京大学出版社2004年版，第270页。

其二，有利于顺应经济社会发展满足人民群众日益多样化的法律平等保护与社会公平正义需求。法律面前人人平等的观念在现代国家早已深入人心。社会公平与正义，更是法治永恒的话题。随着经济社会与文化发展，特别是伴随着技术不断进步和新技术的迭代更新，社会关系日趋复杂，个体行为的边际传递效应明显增强。国家应当为个体利益和社会公益提供平等法律保护。在我国，公共利益保护的重要性主要是由三方面的因素决定的：一是行政领域和行政职能的特点。在行政领域，行政机关就是行政领域的公共利益代表。几乎所有的行政行为与行政不作为都涉及国家和社会公益。监督和保障行政主体按照法律预设目的进行活动，就是保障公益。二是我国的基本国情。在我国，保障和维护公益具有更为特殊的意义。新中国成立以后，全国人民在战争的废墟上重建家园，凭借辛勤劳动和无私奉献积累了大量的国有财产和集体财产，这是我们国家建设社会主义市场经济的基础。基于这样的传统，人民群众对党和政府寄予很高的期待。三是我国社会主义市场经济的特点。经过四十多年的改革开放，我国形成了社会主义市场经济体制，世界上多数国家也承认我国为市场经济国家。我国的绝大多数重要公共资源和社会资源由政府掌控，由政府通过许可、审批等方式进行配置，政府的经济管理活动实际上是一种分配社会利益的活动，行政活动中的公平正义是社会公平正义的核心内容。我国自改革开放以后，从逐渐重视法制到推行依法治国，体现了治国理政方式的巨大进步。在推进法治过程中，国家对个体利益的保障力度也越来越大，有关私权保护的法律不断完善。但是，法律从文本到现实总有或长或短的一段距离。法律的宣示作用固然有其积极意义。但仅仅具有宣示作用的法律并不是真正意义上的法律。当然，检察权只能为正当权利和利益提供司法保护。现实生活中，有些行政机关以公益的名义侵蚀私益，也有一些自然人或者企业通过收买官员侵蚀公益。国家一直强调保护民营经济和民营企业家。但如果简单地将保护民营企业理解为对贿赂行政官员的民营企业从轻发落，那就是对守法合规经营的企业最大的不公。例如，行政官员在收受贿赂后以行政机关名义作出的行政许可，公民、组织向行政机关提供虚假申报材料获取的行政许可，由于缺乏目的正当性或者缺乏客观事实基础，在法律监督环节不可以保护民营企业、维护民营企业权益的名义予以合法化。

其三，有利于适应行政权、审判权的发展变化适时调整法律监督行政权、审判权的目标与方式。依法治国的核心和重心是依法行政。依法行政的前提是在建立科学的决策体系的基础上实现有效的权力制约，加强对行政活动的监督。其中，来自行政系统外部的监督和制约具有不可替代的作用。我国检察机关是专司法律监督的国家机关，理应在推动行政法治的过程中发挥重要的积极作用，同时也应当严格遵守检察权与行政权的应有边界。科学设计行政检察制度，按照职权法定原则的要求完善检察机关监督公共行政的职能配置，是行政法保障体系建设的重要组成部分。同时，检察机关只有在充分认识自身承担的监督行政职责的基础上，才能在保障和监督依法行政方面发挥更大的作用。

随着社会经济的发展，特别是新技术的运用，行政权与社会、市场的关系也处于不断的调试与发展变化之中。比如从高权行政到民众参与、协商行政的兴起，使得行政行为的单方性明显减弱。审判权也在监督行政权的实践中不断更新判断和评价行政行为合法有效的标准。行政检察权的运行方式也需要相应地作出变革。这样的发展变化，也为行政检察环节推动行政争议实质性化解提供了重要的理论支持。

（三）新时代行政检察的功能定位

回望行政诉讼监督实践和历程，结合当前的法治实践，行政诉讼法律监督的基本功能可以归纳为以下几个方面：

其一，补强司法审判的公信力。这是1989年行政诉讼法为行政诉讼监督制度设置的一个基本的初始功能。行政审判刚刚起步时，以审判权监督行政权面临诸多法外因素的影响。三十多年过去了，行政权接受司法权监督的观念日益深入人心，同时，行政权对司法权产生法外影响的因素也发生了不少变化。在市场实现充分竞争、社会资源完成初始配置之后，行政活动目标常常需要以重新配置资源和利益的方式实现，而公民、组织的权利意识空前增强。如果追根溯源，在我国两千多年的封建社会里，审判权长期附属于行政权。研究制定1989年行政诉讼法时，一些党政领导干部对于建立以审判权监督行政权的行政诉讼制度一时难以接受，因而并不存在施行行政诉讼制度的良好环境。行政诉讼制度得以存在并发挥监督行政的功能的前提是国家拥有一套能够与行政机关相抗衡的法院系统。可以说，行政诉讼制度创设之初，法院从事行政审判既没有经验，又没有相应的体制保障。人们对于法院能否承担起监督行政的重任存在担心，立法者寄望于通过创设行政诉讼监督制度，以审判权、检察权的共同作用实现监督公共行政的目标，而不是被诉行政机关自己确定的目标。

随着依法行政的推进，行政活动的法治化程度逐步提高。通过对比三大诉讼一审、二审、再审案件所占比例，仍不难得出行政诉讼解决争议功能不足的结论，影响和制约法院依法独立公正行使行政审判权的体制性障碍仍然存在。当事人申请法律监督的案件中，相当一部分司法裁判过度考虑被诉行政机关的意图，忽视公民、组织的正当诉求。无论是法院还是公民、组织，都没有获得在行政诉讼程序中与政府平等抗衡的能力。在这种情况下，仍然需要一系列的制度保障为行政审判排除干扰，补强行政裁判的公信力，通过法定救济程序纠正不公正的行政判决。

其二，增强公民、组织行使行政诉权的制度保障。行政诉讼虽然形式上是以公权力监督公权力的制度安排，但从行政诉讼由公民、组织发动的特点来看，它本质上是社会力量约束行政权的制度，或者说是私权制约公权的制度，只是社会力量和私权对行政权的制约必须通过审判权来实现。当前，中国特色社会主义市场经济体制已经基本形式，市场在资源配置中的作用得以彰显，但行政机关仍然掌控着大量的资源配置权能，且拥有很少受到限制的裁量权，不仅公民、组织面对行政机关会担心赢了官司、输了关系，就连有的审判人员也担心秉公审理可能导致行政机关为其配置资源时“公事公办”。立法者希望通过行政诉讼法律监督保障公民、组织更好地行使诉讼权利，约束行政机关更好地接受审判权的监督。

行政诉讼的实践表明，公民、组织提起的诉讼，涉及敏感问题或者处于边缘地带的，往往被以各种各样的理由予以驳回或者不予受理。为此，党和国家在深化司法体制改革中推行了立案登记制。2014 年修改的行政诉讼法将立案登记制以法律的形式固定下来。实行立案登记制之初，法院受理行政诉讼案件的数量有明显提升。然而，公民、组织提起行政诉讼的权利在现实中并没有得到充分有效的保护。有些法院迫于行政压力或出于自身考虑，对于公民、组织提起的一些行政诉讼案件不接收材料，或者接收材料之后不出具收据、不予立案的情况仍然不同程度地存在。因此，保障原告能够将行政争议顺利地提交到法院，仍然是新时代检察机关应当承担的重要职责。对此，姜明安教授认为，检察机关对行政诉讼活动的法律监督是全过程、全方位的，起诉、受理是行政诉讼活动的第一个环节，“行政诉讼法律监督的第一项监督即是对行政诉讼起诉、受理环节的监督”。[1]

其三，维持行政诉讼结构平衡。行政诉讼法律监督制度随着行政诉讼法的制定而产生，当初是为了有效排除对行政审判的非法干预。三十多年来，政府依法行政水平有了很大程度的提高，法院的行政审判能力、行政裁判的公信力都有空前的提升。同时，公民、组织维护自身诉权的能力也有显著提高。例如，有的公民、组织为了敦促法院依法立案，在向法院提交起诉状时进行同步录音录像作为将来申请上一级法院监督下级法院立案的证据。可以说，行政诉讼法律监督补强行政审判公信力的重要性已经不如《行政诉讼法》制定之初显得那么迫切。但这并不意味着行政诉讼监督制度可以退出历史舞台。

由行政诉讼的特点所决定，检察机关在行政诉讼中应当承担起维护诉讼结构平衡的使命。行政诉讼法律监督是对行政审判活动、行政诉讼被告履行义务、行政裁判合法性的全面监督，而不是单纯针对行政审判活动的监督。行政审判的公正性仍然需要一定的监督制度作为保障。随着民主政治的发展和社会观念的进步，法院独立审判的理念日渐深入人心，行政审判的地位正在逐渐提高，行政机关对于行政审判也开始逐步从对抗走向沟通，防止行政审判不公也就越来越显现出其重要性。新的形势下，法官受到的压力小了，诱惑多了。我国目前公众和舆论对公共机构监督的能力虽较以前有显著提高，但仍然有

〔1〕 姜明安：《行政诉讼法律监督的范围》，载《检察日报》2019年9月9日第3版。

限。中国社会经济的发展培育了一批强势群体，他们已经具有了影响行政权乃至审判权的力量。可以说，在行政诉讼中，尤其是涉及国家利益或者公众利益的行政诉讼中，公民、组织并不总是弱势群体。行政机关具有随时干预行政审判权的诸多条件。法律监督有利于规制各方正当行使公权力和私权利，善意行使诉讼权利。简言之，检察机关在行政诉讼中平衡诉讼结构的监督职能表现为：确保各方的正当诉求得到表达，确保各方的正当权利和利益得到维护。

二、行政诉讼法律监督的对象

行政诉讼法律监督对象与其监督范围密切相关，二者可以说互为因果。《行政诉讼法》规定的作为法律监督对象的“行政诉讼”，不仅包括法院的行政审判行为、行政裁判，还包括当事人和其他诉讼参与人的诉讼行为。但是，检察机关对行政诉讼当事人的诉讼行为进行监督，应当恪守人民法院依法独立公正行使审判权这一基本诉讼原则。为此，可以从检察权与审判权之间监督与被监督关系的角度来划分行政诉讼监督对象，将检察权对行政权的监督，蕴含于检察权对审判权的监督之中。行政检察的核心是行政诉讼监督，主要包括生效裁判结果监督、审判人员违法行为监督、执行活动监督。2019 年以来，行政检察的一个目标变化是：“推动行政诉讼监督从只注重裁判结果监督、实体违法监督向裁判过程与裁判结果监督并重、程序违法监督与实体违法监督并重、对人监督与对事监督并重转变。”〔1〕考虑到行政执行监督包括行政诉讼执行监督与行政非诉执行监督具有不同特点，我们在此将行政诉讼监督的对象

〔1〕张相军：《以“五化”为方向担当使命做实行政检察》，载《检察日报》2019 年 9 月 9 日第 3 版。

分为四个方面：

（一）对行政裁判合法性的监督

2014 年修改行政诉讼法时，调整了检察机关行政抗诉事由。该法第 93 条第 1 款、第 2 款规定，最高人民检察院对各级人民法院已经发生法律效力的判决、裁定，上级人民检察院对下级人民法院已经发生法律效力的判决、裁定，发现有第 91 条规定情形之一，或者发现调解书损害国家利益、社会公共利益的，应当提出抗诉；地方各级人民检察院对同级人民法院已经发生法律效力的判决、裁定，发现有第 91 条规定情形之一，或者发现调解书损害国家利益、社会公共利益的，可以向同级人民法院提出检察建议，并报上级人民检察院备案；也可以提请上级人民检察院向同级人民法院提出抗诉。而该法第 91 条是关于法院依当事人申请应当启动再审的情形和事由的规定："当事人的申请符合下列情形之一的，人民法院应当再审：（一）不予立案或者驳回起诉确有错误的；（二）有新的证据，足以推翻原判决、裁定的；（三）原判决、裁定认定事实的主要证据不足、未经质证或者系伪造的；（四）原判决、裁定适用法律、法规确有错误的；（五）违反法律规定的诉讼程序，可能影响公正审判的；（六）原判决、裁定遗漏诉讼请求的；（七）据以作出原判决、裁定的法律文书被撤销或者变更的；（八）审判人员在审理该案件时有贪污受贿、徇私舞弊、枉法裁判行为的。"将检察机关行政抗诉事由与法院依申请启动再审事由作同一化规定，是贯彻司法体制改革精神，借鉴 2007 年修改民事诉讼法优化检察机关抗诉事由的做法的体现。1989 年《行政诉讼法》第 64 条曾经规定："人民检察院对人民法院已经发生法律效力的判决、裁定，发现违反法律、法规规定的，有权按照审判监督程序提出抗诉。"2014 年行政抗诉事由的这一变化，着眼点不在于抗诉范围的扩大，而是通过强化检察抗诉的救济功能，为公民、组织通过司法程序维护自身权益提供保障，避免受到不公正裁判影响的公民、组织因个别法院过分看重司法裁判的既判力而告状无门。

长期以来，行政裁判是检察机关监督的主要对象，抗诉也是检察机关对行政诉讼行使监督权的主要方式，根据法律规定，检察机关仅对生效行政裁判行使抗诉权，未生效行政裁判不属于行政抗诉对象。

尽管从理论上讲，基于行政裁判、行政行为与公益的高度相关性，检察机关可以依职权启动抗诉审查程序，但在实践中，绝大多数抗诉审查案件是基于当事人申请启动的。如前所述，行政抗诉具有监督与救济双重功能。相应的，检察机关在审查当事人申请抗诉的行政裁判时，不受当事人申请范围的限制。

从理论上讲，检察机关审查行政诉讼监督案件，应当对生效行政裁判的合法性进行全面审查。但从贯彻诉讼经济原则、保障当事人权益的双重需要出发，检察机关审查生效行政裁判时应当突出重点。只要生效行政裁判不损害国家和社会公益，检察机关宜重点围绕监督申请人的诉求进行审查。回应监督申请人的实体诉求，既是践行以人民为中心司法理念的体现，也是新时代行政诉讼监督的一个重要转向。

（二）对行政审判活动合法性进行监督

按照职能分工，法院依法独立公正行使审判权，检察机关依法独立公正行使检察权。法院在诉讼中的主导地位，决定了审判活动对于诉讼顺利进行，对于解决争议、确定权利归属和义务承担、责任追究常常具有决定性的作用。因此，对行政审判活动进行监督是行政诉讼法律监督的应有之义。检察权对行政权的监督，包括对行政审判过程（活动）进行监督和对行政审判结果进行监督两个方面。对行政审判活动实行法律监督，也是法院依法行使行政审判权原则的要求。检察机关对行政审判的监督是整个行政诉讼法律监督的最重要环节。《人民检察院组织法》第47条第2款要求，对于领导干部等干预司法活动、插手具体案件处理，或者人民检察院内部人员过问案件情况的，办案人员应当全面如实记录并报告；有违法违纪情形的，由有关机关根据情节轻重追究行为人的责任。这一条款适用于所有审判活动，尤其适用于行政审判活动。[1]《行政诉讼法》于第4条第1款规定法院依法对行政案件独立行使审判权，不受行政机关、社会团体和个人的干涉的原则的同时，于第93条第3款规定，各级人民检察院对审判监督程序以外的其他审判程序中审判人员的违法行为，有权向同级人民法院提出检察建议。审判人员的违法行为，与审判中的违法行为虽有交叉但并不是完全等同的两个概念。审判人员的违法行为，其行为主体和违法主体、责任主体都应当是审判人员。审判中的违法行为，或者违法审判行为，虽然与审判人员的行为有关，其违法主体和违法责任未必就是具体的审判人员。检察机关对行政审判行为进行监督，其着眼点并不是追究审判人员个人的责任，而是发现法院在审理行政案件过程中存在与行政诉讼法及相关规范不符的行为，即对审判程序是否合法进行监督。不仅如此，《行政诉讼法》第91条、第93条还将生效行政判决、裁定“违反法律规定的诉讼程序，可能影响公正审判”作为行政抗诉的事由和法院依申请启动再审的一个事由。从规范层面说，对行政审判行为进行监督既是检察机关的职权，也是检察

---

〔1〕 姜明安：《行政诉讼法律监督的范围》，载《检察日报》2019年9月9日第3版。

机关依法承担的职责。从理论上说，对于审判中的程序违法，应当还当事人以程序公正。但是，从实践角度，对于审判行为违法进行监督，却存在一定的现实困难。如果行政裁判实体法上没有问题，只是违反法定程序，也要无一例外地重新启动程序，不仅不经济，也容易被生效行政裁判确定的义务人恶意利用作为拖延履行诉讼义务的工具。

对照法律规定，检察机关既应当对审判人员在审判程序中的违法行为依法履行监督职责，又应当对违法审判行为进行监督。

从审查抗诉的角度看，检察机关无须对所有违反程序作出的判决、裁定提出抗诉。但这并不意味着检察机关可以无视部分不具有抗诉意义的程序违法。遵守诉讼规则是每个法官和每个法院的法定义务，违反诉讼程序就应承担相应的法律责任。2010 年 7 月 26 日，作为司法体制改革的一项成果，最高人民法院、最高人民检察院、公安部、国家安全部、司法部会签《关于对司法工作人员在诉讼活动中的渎职行为加强法律监督的若干规定（试行）》，明确检察机关对司法人员在诉讼中的违法行为进行调查，并根据干部管理权限提出检察建议。《监察法》第 34 条规定，检察机关对在监督中发现行政审判人员涉嫌贪污贿赂、失职渎职等职务违法或者职务犯罪的问题线索，应移送监察机关，由监察机关依法调查处置。在对公职人员的监督统一由监察机关负责的背景下，检察机关对“审判人员的违法行为”的监督需要与监察监督有效对接。

（三）行政非诉执行监督

在行政检察各项职能中，行政非诉执行监督具有一定的特殊性。行政非诉执行，从理论上讲，它被称为“非诉”，正是因为它不属于“诉讼”行为。但它又被规定在行政诉讼法之中。2014 年修改行政诉讼法时，在第 101 条规定："人民法院审理行政案件，关于期间、送达、财产保全、开庭审理、调解、中止诉讼、终结诉讼、简易程序、执行等，以及人民检察院对行政案件受理、审理、裁判、执行的监督，本法没有规定的，适用《中华人民共和国民事诉讼法》的相关规定。"法律如此规定，很大程度上是为了借鉴司法体制改革中民事司法制度改革特别是民事检察制度相关变革的成果。在刑事、民事、行政三大诉讼中，民事案件不仅案件绝对数量最大，而且是过去几十年来人民群众对司法不公、司法不廉反映最强烈的领域，因而成为改革的重点领域。改革的一大成果就是强化检察机关对民事诉讼的法律监督。行政诉讼法新增检察机关对行政案件受理、审理、审判、执行的监督可以适用民事诉讼法的相关规定，具有强化检察机关对行政案件从受理到执行全过程监督的要求。在学术界，应松年教授认为："从行政检察的内容看，行政诉讼活动涉及的内容显然并不限于裁判，如非诉强制执行等也都是行政检察的重要领域，需要作出全面、系统的梳理。"[1] 2018 年最高人民检察院内设机构改革以来，强化了对行政非诉执行活动的监督。

《行政诉讼法》第 97 条规定："公民、法人或者其他组织对行政行为在法定期限内不提起诉讼又不履行的，行政机关可以申请人民法院强制执行，或者依法强制执行。"此即关于行政非诉执行的法律规定。相较于行政诉讼判决、裁定、调解书的执行（行政诉讼执行），行政非诉执行的依据是行政机关所作的生效行政决定（行为）。行政非诉执行是行政行为确定的

〔1〕应松年：《新时代行政检察未来发展六点思考》，载《检察日报》2019 年 9 月 9 日第 3 版。

法律关系得以实现的关键环节。如果说行政决定为公民、组织设定了权利、义务和责任，行政非诉执行将会使得行政法律文书上的权利义务和责任成为现实。与行政诉讼、行政诉讼案件不同，作为非诉执行依据的行政决定，并没有经过行政诉讼程序，即在双方充分辩论的基础上由法院审查确定其合法性，一旦违法行政行为经过行政非诉执行，违法行政行为造成的后果就会既成事实，行政机关将因此承担行政赔偿责任。张雪樵副检察长称之为“遗落之诉”。“行政非诉执行监督，是对诉讼裁判执行监督的延伸。”〔1〕

实践中，法院对行政非诉执行案件主要采取书面审查、形式审查，重点审查行政非诉执行申请是否符合条件，是否在法定期限内提出，材料是否齐全等，虽然也审查作为执行依据的行政行为的合法性，但通常不安排利益对立、目标对立双方进行辩论。从实践来看，法院在行政非诉执行程序中对行政行为的审查强度，远远低于对被诉行政行为的审查强度，加之行政非诉执行案件数量远远大于行政诉讼案件，法院通过行政非诉执行审查并不能完全过滤掉不具有执行力的行政决定。因此，“行政非诉执行监督对于促进人民法院依法、公正、高效履行行政非诉执行职能，促进行政机关依法履行职责，维护公共利益和社会秩序，保护公民、法人和其他组织的合法权益，具有重要作用。人民检察院对人民法院行政非诉执行的受理、审查和实施等各个环节开展监督，针对存在的违法情形提出检察建议，有利于促进人民法院依法审查行政决定、正确作出裁定并实施，防止对违法的行政决定予以强制执行，保护行政相对人

〔1〕 张雪樵：《坚持司法为民　做实行政检察》，载《检察日报》2019年10月9日第3版。

的合法权益”。[1]

检察机关对行政非诉执行进行监督，既可以依职权启动，也可以依申请启动。公民、组织不服人民法院行政非诉执行裁定，申请法律监督符合条件的，检察机关应当依法受理、审查并及时作出判断和决定。同样，行政机关如果对公民、组织的无理要求做无原则地让步，损害国家和社会公益，或者导致行政相对人从国家和政府那里得到了依法本不应该得到的利益，检察机关也应当依职权予以监督。

第三，行政非诉执行监督切入节点的特殊性。根据法律规定，检察机关对行政判决、裁定、调解书进行监督，无论是依职权还是依申请，都只能在其生效之后。当事人不服行政判决、调解书以及审判环节形成的裁定书，也必须待其生效之后才能向检察机关申请监督。执行不同于审判的特殊性在于，它是行政行为确定的法律关系得以实现的最后环节。实践中，法院作出执行裁定后通常依法给予被执行人一个自动履行的期限，但这个期限往往非常短，并没有给被执行人预留寻求法律监督的时间。行政行为执行以后，就不再是一个单纯的执行监督与执行异议问题，如不能执行回转，就转化为一个国家赔偿争议。从法院的角度看，需要给予被执行人寻求法律监督的时间；从检察机关的角度看，审查行政非诉执行监督案件需要提高效率，确保审查判断及时准确。

行政非诉执行监督的范围，“主要是人民法院对行政非诉执行申请的受理、审查、裁决和实施行为，所以也称之为是对行政诉讼裁判执行监督的延伸。监督重点主要为：一是人民法

〔1〕 最高人民检察院“检例第58号”指导性案例“浙江省某市国土资源局申请强制执行杜某非法占地处罚决定监督案”。

院对行政非诉执行申请是否依照行政诉讼法及其他相关行政法律法规进行立案审查；二是人民法院对行政非诉法律文书的执行中是否存在违法情形。一言概之，行政非诉执行监督的边界还是人民法院的执行活动。当然，在监督过程中，发现行政机关的行政行为违法，则可以监督。不构成违法，属于不规范或者制度漏洞等，也可以向其提出改进工作的检察建议，那当归之于治理类检察建议的广义监督范畴。"〔1〕在最高人民检察院发布的行政检察一起典型案例中，检察机关认为，“行政机关申请强制执行，人民法院作出裁定后，无论是交由本院执行机构执行，还是采取‘裁执分离’模式交由行政机关组织实施，或部分交由本院执行机构执行、部分交由行政机关组织实施，都属于行政非诉执行监督范围。人民法院、行政机关违法实施执行行为，或怠于履行职责的，检察机关有权予以监督。"〔2〕

检察机关进行行政非诉执行监督，应当审查作为执行依据的行政行为的合法性，包括行为主体是否具备行政主体资格以及行政行为是否明显缺乏事实根据、是否明显缺乏法律法规依据、是否损害被执行人合法权益等。对于行政行为明显违法，人民法院仍裁定准予执行的，应当向人民法院和行政机关提出检察建议予以纠正，防止被执行人合法权益受损。对于行政行为符合法律规定的，应当引导行政相对人依法履行法定义务，支持行政机关依法行政。根据《行政强制法》第57条和第58条的规定，人民法院对行政非诉执行申请裁定遗漏请求事项的，人民检察院应当依法提出检察建议予以监督。同时，要注重以个案为突破口，积极开展专项活动，促进一个区域内一类

〔1〕张雪樵：《坚持司法为民做实行政检察》，载《检察日报》2019年10月9日第3版。

〔2〕《行政检察典型案例》（案例四“浙江省徐某违法占地非诉执行监督案”），载《检察日报》2019年9月26日第3版。

问题的解决。[1] 在最高人民检察院“检例第59号”指导性案例“湖北省某县水利局申请强制执行肖某河道违法建设处罚决定监督案”中，检察机关认为，如果行政机关有直接强制执行权，又向人民法院申请执行，不但浪费司法资源，而且容易引起相互推诿，降低行政效率；人民检察院办理行政非诉执行监督案件，应当查明行政机关是否具有直接强制执行权，对具有直接强制执行权的行政机关向人民法院申请强制执行，人民法院不应当受理而受理的，应当依法进行监督。

（四）行政诉讼执行监督

《人民检察院组织法》第20条规定的检察职权包括对判决、裁定等生效法律文书的执行实行法律监督。理论界认为，其中的执行监督自然包括对行政判决、裁定等生效法律文书执行的监督，尽管目前行政诉讼法及其司法解释尚没有专门规定对行政判决、裁定等生效法律文书执行的法律监督，但是根据行政法理论及实践，最高人民法院、最高人民检察院《关于民事执行活动法律监督若干问题的规定》可以参照适用于对行政判决、裁定等生效法律文书执行的法律监督。[2]

行政诉讼执行监督准用民事执行监督相关规定，基本上能够解决法律监督中的程序规范不足难题，但是考虑到行政诉讼执行与民事诉讼执行的差异，最高人民检察院还是应当在行政诉讼监督规则中就行政诉讼执行监督作相应规定。

与行政非诉执行监督立足于监督法院依法履行非诉执行职责，着眼于审查作为执行依据的行政行为的合法性与执行力不同，检察机关对行政诉讼执行进行监督，应当着眼于对法院依

〔1〕最高人民检察院“检例第58号”指导性案例“浙江省某市国土资源局申请强制执行杜某非法占地处罚决定监督案”指导意义部分。

〔2〕姜明安：《行政诉讼法律监督的范围》，载《检察日报》2019年9月9日第3版。

法公正行使诉讼执行职权进行监督。因为法律已经赋予法院相应的强制执行措施，恰当运用，足以约束双方当事人依法履行生效行政裁判确定的义务。《行政诉讼法》第 94 条明确规定了当事人履行生效行政判决裁定和调解书的义务。该法还分别规定了对行政机关和对公民、组织的强制执行制度。第 95 条规定："公民、法人或者其他组织拒绝履行判决、裁定、调解书的，行政机关或者第三人可以向第一审人民法院申请强制执行，或者由行政机关依法强制执行。"第 96 条规定："行政机关拒绝履行判决、裁定、调解书的，第一审人民法院可以采取下列措施：（一）对应当归还的罚款或者应当给付的款额，通知银行从该行政机关的账户内划拨；（二）在规定期限内不履行的，从期满之日起，对该行政机关负责人按日处五十元至一百元的罚款；（三）将行政机关拒绝履行的情况予以公告；（四）向监察机关或者该行政机关的上一级行政机关提出司法建议。接受司法建议的机关，根据有关规定进行处理，并将处理情况告知人民法院；（五）拒不履行判决、裁定、调解书，社会影响恶劣的，可以对该行政机关直接负责的主管人员和其他直接责任人员予以拘留；情节严重，构成犯罪的，依法追究刑事责任。"这些规定，既是法院执行行政裁判的依据，也是检察机关对行政诉讼进行监督的法律依据。

既然法律已经赋予法院较为全面的行政诉讼执行措施，检察机关的行政诉讼监督在定位上宜作为一种保证行政裁判依法执行的有效补充。从救济权利、维护公益的角度，检察机关进行行政诉讼执行监督主要体现在具体案件执行中的四种情形：法院应当付诸执行而未付诸执行的；应当穷尽执行手段而未穷尽执行手段实现执行的；法院穷尽法定手段，生效行政判决、裁定、调解书仍未得到执行的；法院执行行为违法的。姜明安教授对行政诉讼执行监督内容的概括包含了其监督和救济两重功能：（1）损害国家利益或者社会公共利益的；（2）执行人员在执行时有贪污受贿、徇私舞弊、枉法执行等违法行为，司法机关已经立案的；（3）造成重大社会影响的；（4）需要跟进监督的。此外，人民检察院认为人民法院在执行活动中可能存在怠于履行职责情形的，亦属于法律监督的范围。[1] 履行好行政诉讼监督职责，需要有效充分利用检察一体的优势。

三、行政诉讼监督方式的变革

"行政诉讼明显不同于民事诉讼：对被诉行政行为的违法性质，当事人没有处分权。即使行政相对人不申诉或者放弃诉求，也不能改变已经发生的行政违法事实，因为行政违法不可逆。"[2] 从这一逻辑出发，检察机关从行政诉讼监督程序启动、审查，都有必要显示出更多的能动性。新一届最高人民检察院党组以习近平中国特色社会主义法治思想为指引，践行以人民为中心思想，以理念变革为引领，推动了行政诉讼监督方式变革。检察机关在依法监督错误裁判和违法行政的同时，对事实认定正确、法律适用准确、程序合法的案件，依法作出不支持监督申请决定，同时加强办案中的释法说理、公开听证、促进和解、息诉服判等工作，以维护司法权威和政府公信力，维护人民群众的合法权益。

（一）践行精准监督理念，运用调查核实手段查明事实

人民检察院组织法规定，人民检察院行使法律监督权，可以进行调查核实。最高人民检察院于 2019 年 9 月 9 日发布的"检例第 57 号"指导性案例"某实业公司诉某市住房和城乡建

〔1〕姜明安：《行政诉讼法律监督的范围》，载《检察日报》2019 年 9 月 9 日第 3 版。
〔2〕张雪樵：《坚持司法为民做实行政检察》，载《检察日报》2019 年 10 月 9 日第 3 版。

设局征收补偿认定纠纷抗诉案”指导意义部分提出，人民检察院进行行政诉讼监督，通过书面审查卷宗、当事人提供的材料等对有关案件事实难以认定的，应当进行调查核实。据此，检察机关办理行政诉讼监督案件，通过对卷宗、当事人提供的材料等进行书面审查后，对有关事实仍然难以认定的，为查清案件事实，确保精准监督，应当进行调查核实。突出强调运用调查核实手段，是2018年以来行政检察工作的一个新变化。

检察机关在作出是否监督、以何种方式监督的决定之前，需要作出准确的事实判断，这也是正确适用法律的前提和基础。检察机关只有经过一定的调查了解，才能保证事实判断、适用法律的准确性。为此，检察机关在启动、推动严格的法律程序之前，需要进行一定的调查核实。

1. 充分认识行政诉讼监督中调查核实的重要性

行政诉讼监督中的调查核实，与民事诉讼监督中的调查核实略有不同。绝大多数民事诉讼解决的是私法上的纠纷，民事诉讼监督案件往往不涉及公益。因此在观念上，历来有主张对民事诉讼监督中的调查核实权进行限制的观点。行政诉讼中的调查核实遵循不同的逻辑，尽管行政诉讼法规定被告对作出的行政行为负举证责任，使得行政诉讼举证责任规则与民事诉讼中“谁主张谁举证”的举证证明责任规则大致相同，但是行政诉讼解决的是公法上的争议，无论行政审判还是行政诉讼监督，不仅要考虑行政权行使的合法性，还要审查行政行为认定事实的客观公正性。比如，行政机关无论采用多严格、多正当的法定程序，无论其获取的证据材料在形式上多充分，也不能对客观上确实没有违法行为的公民、组织处以行政处罚。

最高人民检察院历来认为行政诉讼监督中进行调查核实是必要的，在2012年民事诉讼法明确赋予调查核实权之前，

2001 年最高人民检察院《人民检察院民事行政抗诉案件办案规则》就规定了检察机关进行调查的几种情形。2011 年最高人民法院、最高人民检察院《关于对民事审判活动与行政诉讼实行法律监督的若干意见（试行）》明确将调查核实定位于“核实”与案件有关的情况，同时承认检察机关可以调取证据并在抗诉再审程序中使用。随着 2012 年民事诉讼法修改、2014 年行政诉讼法修改，检察机关在行政诉讼中有权进行调查核实在法律层面得以确定下来。2016 年《人民检察院行政诉讼监督规则（试行）》第 13 条规定：“人民检察院因履行法律监督职责提出检察建议或者抗诉的需要，有下列情形之一的，可以向当事人或者案外人调查核实有关情况：（1）判决、裁定、调解书可能存在法律规定需要监督的情形，仅通过阅卷及审查现有材料难以认定的；（2）审判人员可能存在违法行为的；（3）人民法院执行活动可能存在违法情形的；（4）其他需要调查核实的情形。人民检察院不得为证明行政行为的合法性调取行政机关作出行政行为时未收集的证据。人民检察院通过阅卷以及调查核实难以认定有关事实的，可以向相关审判、执行人员了解有关情况，听取意见。”

但在实践中，由于受“谁主张谁举证”“行政机关对行政行为合法性承担举证责任”等观念影响，行政诉讼监督中的调查核实对于解决争议的重要性并没有引起足够重视。基于法律规定调查核实权的目的，结合实践做法，我们认为，调查核实在行政诉讼监督中的作用可以概括为“核实”和“取证”两个方面。

一是检察机关调查核实案情。核实主要是一种了解行为，而取证包括了解情况和获取证据。通过调查，了解行政诉讼活动的真实情况，包括引起争议的行政行为背后的法律事实，是检察机关办理行政诉讼监督案件作出准确判断、得出结论的前提和基础。调查核实在大多数行政诉讼监督案件中是必要的。当事人对事实认定有异议的案件，检察机关有必要进行调查核实。

办案实践中，诸如生效裁判是否建立在充分的证据基础之上，行政审判活动是否违反法定程序，审判人员在审理该案件时是否有贪污受贿、徇私舞弊、枉法裁判行为，当事人是否存在伪造证据等事实，关系到对生效裁判合法性的审查判断，在很大程度上依赖于检察机关对相关事实的调查了解。只有通过对有关问题的调查核实，检察机关才能判定裁判是否存在法定抗诉事由。因此，检察机关在行政诉讼监督中进行调查是依法履行法定职责的要求，是法律监督的必要手段，是保障检察机关依法公正行使职权的必然要求。检察机关调查核实案情，有关公民、组织负有配合义务。但是，检察机关无权要求公民、组织提供与该行政诉讼案件无关的情况。

二是检察机关调查取证。检察机关是否应当以自行调查取得的证据作为将来的诉讼证据，曾经是一个存在争议的问题。传统观点认为，检察机关在行政诉讼监督中的调查核实应当区分不同监督对象而有所区别。对行政裁判的监督，由于检察机关不是行政诉讼主体，它行使调查权容易打破诉讼平衡。法律规定了法院审理行政案件的举证责任，法院只要遵循法定举证责任规则来判断和认定事实，即使出现了法定事实与客观事实存在出入的情况，也不属于认定事实错误，检察机关不应当提出抗诉，没有必要进行调查取证。然而，按照现行法律，发现新的证据，属于法院依申请启动再审、检察机关依法抗诉的事由。

调查取证在行政诉讼监督中获得正当性，进而成为审查行政诉讼监督案件的重要手段，有其客观原因。随着审判人员运用法律能力的提高，单纯通过适用法律偏袒一方当事人的裁判或者调解书越来越少，绝大部分监督申请人从案件事实认定的角度对原审裁判提出质疑。对此，检察机关需要通过调查以决定是否支持当事人的监督申请。同时，检察机关受理的行政诉讼监督案件，绝大多数经过了法院一审、二审甚至再审，申请人之所以不依不饶，往往关涉其重大核心利益。个别起诉人为了达到胜诉目的在行政诉讼环节向法庭提供伪证，个别行政机关为了避免败诉拒不向法庭提交其掌握的对公民、组织有利的证据材料。对于诸如此类的情况，检察机关需要通过调查来获取证据，为解决行政争议提供基础事实。

2. 明确检察机关在行政诉讼监督中的调查范围

第一，检察机关应当围绕履行诉讼监督职能开展调查核实。检察机关调查取证与法院调查取证具有类似之处，但二者调取证据的目的、证明对象又不尽相同。法院依职权或者依申请调查取证是出于公正裁判的需要，检察机关调查取证是为了查明审判程序是否合法，生效行政裁判或者调解书是否存在错误、违法或者损害公益。检察机关的调查活动应当围绕生效裁判是否公正、合法来展开。行政抗诉旨在通过法院再审矫正错误或违法裁判与调解书所扭曲的法律关系，检察机关调查取证，应当围绕与生效行政裁判是否确有错误、是否符合法定抗诉情形有关的事实来进行，包括法院在审理案件过程中是否存在程序违法行为，法庭是否忽视了当事人提交的主要证据，审判人员在审理该案件时是否有贪污受贿、徇私舞弊、枉法裁判等行为，审判人员是否应当调查取证而未调查取证，审判人员是否口头拒绝了起诉人的起诉等事实。法院应当调取而没有调取的证据，也属于检察机关调查取证的范围。

第二，检察机关调查取证的范围受行政诉讼证据规则约束。法院依据事实适用法律，其据以认定案件事实的主要证据材料是诉讼中当事人向法庭提交的，极个别情况下法院才依法获取证据材料。这些证据材料，只要当事人没有对其客观性、真实性提出质疑，检察机关通常无须重新调查获取。当事人对法院据以认定事实的证据材料有疑问的，无论该证据材料来自哪一方当事人，检察机关都有必要予以调查核实。当然，检察机关在行政诉讼监督中不能以自己的取证代替行政机关举证，也不能以自行调查取证代替原告一方承担初步证明责任。《行政诉讼法》第35条规定："在诉讼过程中，被告及其诉讼代理人不得自行向原告、第三人和证人收集证据。"同理，行政诉讼监督过程中，检察机关不能为证明被诉行政行为"实质上合法"而调查核实予以证明，也不能用自行获取的能够证明行政行为符合"实体公正"的证据材料主张推翻认定行政行为程序违法的行政裁判。忽视行政诉讼的举证证明规则，可能会导致对行政裁判合法性的判断错误。同时，当事人在诉讼中无正当理由未向法庭提交的证据材料通常也不能作为检察机关抗诉的依据。

第三，检察机关针对法定抗诉情形可以为救济公民、组织的权利而取证。关于诉讼当事人之间的权利义务关系事实，一般不属于检察机关调查取证的范围，但有例外。作为监督申请人的公民、组织主张，法院在诉讼中拒绝了其请求法院调取证据的合理诉求，或者行政诉讼被告拒不提供其掌握的对原告一方有利的证据的，检察机关可以进行调查；检察机关认为原审行政裁判符合法定情形提出抗诉的，应当将调取的证据移送给接受抗诉的法院，作为再审阶段的诉讼证据。基于行政抗诉的救济功能，检察机关需要在审查抗诉中调查取证的情况主要包括：行政诉讼原告一方及其诉讼代理人因客观原因不能自行收集、法院也未依法调查收集的证据材料；公民、组织一方认为需要鉴定、勘验，向法院申请鉴定、勘验未获允许的；当事人各方提供的证据互相矛盾导致对案件事实难以作出认定，法院未调查收集证据予以核实的；应当由法院调查收集的其他证据，法院未进行调查收集影响公正裁判的。当然，基于当事人取证能力不足、法院不作为的调查核实，应当依申请进行。

行政抗诉制度兼具监督公权与救济权利的双重功能，检察机关基于审查行政抗诉案件的调查也不完全局限于行政裁判违反法定证据规则这种情形。例如，检察机关为调查核实审判人员在审理该案件时是否有徇私舞弊、枉法裁判、贪污受贿等违背职责的行为，不受行政诉讼法规定的举证证明责任分配规则的限制。

3. 调查措施与承担的诉讼监督职能相适应

《人民检察院行政诉讼监督规则（试行）》没有规定检察机关进行调查核实可以采取的措施。基于行政诉讼法中关于可参照适用民事诉讼法的规定，行政诉讼监督中的调查措施，可以适用《人民检察院民事诉讼监督规则（试行）》的相关规定。根据《立法法》第8条的规定，检察机关基于审查行政诉讼监督案件需要，不得采取损害公民人身自由和健康的措施，也不得采取财产保全等限制公民、组织财产权的措施，保全证据也应当使这种行为对当事人权益的影响降低到最低限度。

根据比例原则，结合民事诉讼法关于法院调取证据的规定和检察工作实践，检察机关审查行政诉讼监督案件时，除听取当事人意见、调取审判卷宗之外，还可以采取以下措施获取证据材料：其一，向有关单位和组织调取证据。其二，询问证人。其三，要求审判人员就判决、裁定或者调解书中的具体问题与审理思路作出说明。其四，在特定情况下委托鉴定。

除原审裁判或者调解书违反证据规则、采信虚假证据导致认定事实错误的情形之外，检察机关调查核实获得的材料通常主要是作为检察机关权衡是否抗诉时的参考，不向法院提交作为抗诉再审的证据。

（二）增强法律监督的回应性，运用释法说理增强当事人对司法活动的认同

为增强当事人对司法活动与司法决定的认同，最高人民检察院近年来高度重视法律文书的释法说理工作。2017 年 7 月 14 日，最高人民检察院检察委员会通过《关于加强检察法律文书说理工作的意见》（以下简称《意见》），要求检察机关在制作检察法律文书时，或者应有关人员请求，对文书所载的处理决定依据的事实、证据、法律、政策等进行分析阐述、解释说明。《意见》强调，开展检察法律文书说理，有利于贯彻落实司法责任制，强化对检察权行使的监督；有利于增强检察工作透明度，提升司法公信力，让人民群众在每一个案件中都感受到公平正义；有利于促进诉讼参与人和社会各界准确理解人民检察院的司法办案行为依据，从源头上化解矛盾、促进社会和谐稳定。《意见》还明确了检察法律文书说理的原则、重点、主体、时机、方式和基本要求。

新一届最高人民检察院党组在注重法律文书释法说理的基础上，强调践行以人民为中心的司法理念，积极回应人民群众核心诉求，当面释法说理。2019 年 12 月 4 日，张军检察长在重庆市检察院一分院调研期间，与该院副检察长李荣辰组成临时办案组，接访一起申请监督行政案件的当事人。申诉企业的一名员工在安装调试相关工程项目中，因项目各方均未严格落实安全生产责任造成工伤事故死亡。司法认定该企业承担主要

责任，申请人在近三年间经过行政复议、三次结果一致的诉讼，仍然不服，申请检察机关监督。

张军检察长详细询问案情，并从以下几个角度进行了释法说理：事故中三方都有责任，行政处罚总体没有明显失衡；法院裁判程序公正；实体处罚，行政机关和法院都有一定的裁量空间，认为处罚不当又拿不出相关证据，对方不承认，推翻原判几无可能；法院裁判能维护的，检察机关依法都会尽量维护，这是检察机关办理诉讼监督案件的重要原则；事故发生后，申请人已妥善处置善后工作，安全生产措施明显改善，企业也有了更好发展；申请人提到的案件“处理不公”问题，有可能存在，主要是执法办案能力建设问题，检察机关调研后可以向行政执法部门提出检察建议，要求在行政执法中更注意严谨科学的办案程序，争取更好的办案效果。张军耐心倾听申请人诉求，站在民营企业长远发展的立场，真正为申请人的利益说法理、谈情理、讲道理，促使申诉人转换了思路，引发良多感慨，当场表示“案件到此为止”。[1] 张军检察长首次接访，就办理行政申诉案件，不仅体现了对“四大检察”中一直是明显短板和弱项的行政检察工作的高度重视，而且为检察官在行政诉讼监督释法说理作了很好的示范。

（三）有效运用公开听证，在各方参与下面对面地分清是非

有些行政争议经过一审、二审、复议、再审，当事人仍然不服生效的行政裁判，或者对认定事实有不同认识，或者对法律适用、行为定性存在认识分歧。对于这类案件，检察机关凭借书面审查甚至调查核实有时仍然难以作出准确判断。公开听

〔1〕 姜洪：《正在重庆调研的张军接访行政申诉案件后，申诉人表示——“我向您表态，案件到此为止”》，载《检察日报》2019年12月5日第1版。

证围绕双方争议焦点，经过当场示证、质证、辩论，有利于更好地查清事实、分清是非。根据最高人民检察院的部署，2019年以来，全国检察机关在审查办理行政诉讼监督案件中加强了公开听证工作。

行政诉讼监督案件中的听证不同于法院的庭审。一是目的不同。庭审的目的是在示证、质证和辩论的基础上确定双方当事人争议的法律关系，从而解决行政争议。行政申诉案件的检察听证，目的是围绕双方争议的关键事实认定和行为定性、法律适用，在双方充分表达意见的基础上，为检察机关作出准确的判断提供支撑。二是适用范围不同。根据法律规定，法院对行政诉讼案件必须开庭审理。尽管行政诉讼监督案件总体上比普通行政诉讼案件复杂，但是考虑到经过前期的一审、二审甚至复议、再审，双方围绕争点和焦点问题已经充分表达了主张和依据，检察机关审查行政诉讼监督案件并不是要对所有案件都举行听证。

行政诉讼监督案件的听证也不同于其他检察案件的听证。行政诉讼监督案件的一方当事人恒定为行使行政权的行政主体，行政诉讼监督环节的首要任务是解决监督申请人不服的行政裁判的公正性、合法性问题。法律面前人人平等在行政法上有一种更具象的表述：同等情况相同对待，不同情况区别对待。一个行政诉讼监督案件，表面上是行政机关和特定公民、组织之间的争议，背后常常有众多与行政诉讼原告“同等情况”的公民、组织。正因为如此，行政诉讼监督案件的审查与处理往往不仅仅是双方或者三方当事人之间的问题，这就是行政诉讼监督案件的政策性、政治性与法律专业性相互融合的一个特点。基于此，行政诉讼监督案件公开听证在程序设计上，主要是围绕关键争点安排双方当事人及其代理人充分表达意见，检察机关邀请的听证员不当场独立发表意见，而是就有关问题向当事人提问，在听证会结束后进行闭门评议。

第一，以听证凝聚共识。2019年《人民检察院办案活动接受人民监督员监督的规定》第9条规定："人民检察院……对有重大影响的……行政诉讼监督案件等进行公开听证的，应当邀请人民监督员参加，听取人民监督员对案件事实、证据的认定和案件处理的意见。""检察机关组织公开听证，邀请人大代表、政协委员、专家律师、人民监督员参加评议，既给申请人一个阐述自身意见的透明、公正、平等的平台，也能集思广益帮助申请人实现权利救济，促进行政机关依法行政，即使其申请最终没有得到支持，息诉罢访的效果也会有很大的提升。"〔1〕

第二，以听证促进公开。"办理行政诉讼监督案件时进行听证，将案件事实公开，充分听取相关人士的意见，有利于提高案件审查透明度、提升司法公信力。"〔2〕以公开听证的方式，将双方分歧置于社会关注之下，无论对于行政机关一方还是对于公民、组织而言，都是一种约束。从这个角度说，听证也是以公开促公正的一项有效措施。2019年9月，最高人民检察院表示，"检察机关将进一步加大检务公开和公开审查力度，积极推行行政诉讼监督案件公开听证制度，探索不支持监督申请案件检察宣告制度，以公开促公正赢公信"。〔3〕

第三，以公开听证约束当事人信守并履行承诺。例如，

〔1〕梁春程：《提升行政法律监督质效》，载《检察日报》2019年9月17日第3版。

〔2〕《行政检察典型案例》（案例六"姬某诉某乡政府确认行政行为违法监督案"），载《检察日报》2019年9月26日第3版。

〔3〕闫晶晶：《以人民为中心做实行政检察——最高检举行新闻发布会就行政检察工作回应社会关切》，载《检察日报》2019年9月26日第4版。

2020年4月8日，江苏省检察院在镇江市检察院举行首次实质性化解听证会，使一个三年多来引起51件行政诉讼、行政复议的行政纠纷得到了实质性化解。此系列案件起因于2013年3月赵某所居住的镇江市润州区某村实行旧城改造拆迁，2017年8月赵某居住的房屋被拆除，赵某对区政府的拆迁登记、补偿均有异议，不断提起行政复议和行政诉讼，屡诉屡败。2019年12月，赵某向江苏省检察院申请监督。检察机关审查发现，与此案相关的行政复议、行政诉讼案件有51件。截至2019年12月，有34件或不予立案或被驳回起诉，还有17件尚未审结。这17件案件涉及省、市、区三级法院，三级司法行政复议机关，以及镇江市、润州区政府多个职能部门。检察官经过反复做申请人的思想工作，与区政府沟通，2020年3月底双方达成和解协议。赵某答应在政府给予生活困难补助后一次性撤回17件行政复议和诉讼，对于其他已经生效的裁判书面承诺不再提出申诉。为了履行和解协议的内容，增强行政案件办理透明度，广泛接受社会监督，江苏省检察机关举办了一场听证会。听证会上，承办检察官宣读了协议内容，听取了听证员的意见后，双方正式签署协议，并当场履行了协议内容。参会的法官、区政府代表均对此给予高度评价。[1]

（四）以化解行政争议为目标，促成当事人和解

检察机关在行政诉讼监督中化解行政争议，需要从以下几个方面做好工作：一是遵循规律，回应当事人诉求。凡是成功化解的行政争议案件，无一不是直面争议和分歧，对正当诉求促成其实现，对不合法诉求充分释法说理。二是精准判断，精

〔1〕 卢志坚、王永虎：《将心比心，一揽子化解51件行政纠纷江苏：实质性化解行政争议实现案结事了》，载《检察日报》2020年4月12日第1版。

准施策。化解行政争议，要在查清事实、分清是非的同时，清理错综复杂的因果关系和法律关系，进而实现监督、救济、引领社会价值。三是智慧借助，以社会共识促成争议解决。实践表明，司法可以引领但不能背离社会核心价值；司法判断，只有与社会一般判断相协调，才能赢得公众的尊重与认同。四是平衡公益与私益，实现案件事了政通人和。检察机关既要维护个体利益，又要监督和制止以损害公益的方式解决争议。争议解决通常表现为一方实现权利、一方承担责任，但争议解决本身使双方当事人都卸下了一个“包袱”，这就是双赢。

第八章　公益诉讼法律监督实务问题

公益诉讼与私益诉讼相对，不是一种单独的诉讼形式，而是以维护国家利益和社会公共利益为诉讼目的一种特殊诉讼。在我国，现阶段的公益诉讼主要是指对损害国家利益和社会公共利益的违法行为，由法律规定的国家机关或者组织向人民法院提起诉讼的活动。

公益诉讼作为一种法律制度，起源于古罗马时代，在近现代西方国家得到完善发展。综观世界各国公益诉讼制度，检察机关作为公益诉讼的提起者，已经形成共识。在我国，公益诉讼制度的研究和实践起步均较晚，直到2017年才正式以立法的形式确立了以检察机关为代表提起公益诉讼的制度[1]。由此，公益诉讼检察成为我国检察工作的一部分，与刑事检察、民事检察、行政检察共同成为新时代检察机关法律监督职能的“四驾马车”。

一、公益诉讼法律监督制度的建立

任何一项法律制度从设计到实践落地，总要经历较长的甚

〔1〕 2017年6月27日，第十二届全国人大常委会第二十八次会议作出《全国人民代表大会常务委员会关于修改〈中华人民共和国民事诉讼法〉和〈中华人民共和国行政诉讼法〉的决定》，正式确立检察机关提起公益诉讼制度。

至艰难的探索历程。从历史发展的脉络上来看，我国公益诉讼检察制度即公益诉讼法律监督制度的探索经历了三个阶段，分别是以原告身份代表国家提起民事诉讼、督促责任主体提起诉讼以及检察机关提起公益诉讼。[1]

1996 年的“方城案件”[2] 被认为是开创了中国当代公益诉讼的先河，“方城经验”也因此在全国检察系统迅速推广。不过由于现实困难，公益诉讼的推广一直不温不火。2005 年 2 月，最高人民法院对检察机关作为原告提起的国有资产流失案件的批复中明确指出：“人民法院对于人民检察院对涉及国有资产流失案件提起的民事诉讼不予受理。”可以说，此案件是检察机关在公益诉讼领域探索的一次严重受挫。为了解决这一问题，检察机关在实践探索中通过督促责任主体提起诉讼的方式来防止国有资产的流失，达到维护国家利益和公共利益的目的，继续在公益维护上发出检察声音。

党的十八届四中全会通过《中共中央关于全面推进依法治国若干重大问题的决定》，确定积极探索建立检察机关提起公益诉讼制度。至此，公益诉讼检察制度探索与实践进入了一个全新的快速发展时期。2015 年 5 月 5 日，中央全面深化改革领导小组第十二次会议审议通过了《检察机关提起公益诉讼改革试点方案》；2015 年 7 月 1 日，第十二届全国人民代表大会常务委员会第十五次会议通过了《全国人民代表大会常务委员会关于授权最高人民检察院在部分地区开展公益诉讼试点工作的

〔1〕 刘艺：《检察公益诉讼的司法实践与理论探索》，载《国家检察官学院学报》2017 年第 2 期。

〔2〕 1997 年 12 月 3 日，河南省方城县检察院提起的一起民事公益诉讼案件，得到了方城县法院的支持。此案被媒体称为改革开放以来检察机关作为原告提起的首例民事公益诉讼案件。

决定》，正式授予北京、山东、吉林等13个省、自治区、直辖市检察机关提起公益诉讼试点工作，为检察机关提起公益诉讼提供了明确的授权依据。2015年12月16日，最高人民检察院检察委员会通过的《人民检察院提起公益诉讼试点工作实施办法》，对检察机关提起公益诉讼的举证责任、诉前程序等内容进行了细化和规定。紧接着，最高人民法院发布的《人民法院审理人民检察院提起公益诉讼案件试点工作实施办法》，对检察机关提起公益诉讼的案件受理、审理等内容作出了明确的规定。2017年6月27日，全国人大常委会作出修改民事诉讼法和行政诉讼法的决定，明确将检察机关提起公益诉讼写入法律，这标志着检察机关提起公益诉讼制度正式确立，公益诉讼工作在全国检察机关全面推开。

公益诉讼法律监督制度的确立，对我国社会主义检察和检察机关法律监督职能的完善发展具有重要的意义。检察机关提起公益诉讼制度的正式建立和全面推广，是进一步加强国家利益和社会公共利益保护、促进依法行政的重要举措，是健全完善检察机关法律监督职能的重要内容。实践充分证明，党的十八届四中全会部署“探索建立检察机关提起公益诉讼制度”是完全正确的，这一制度也是切实可行的，对于全面依法治国特别是推进法治政府建设、完善中国特色社会主义司法制度具有重大意义。[1] 因此，作为维护国家利益和社会公共利益的代表者，检察机关在公益诉讼制度中承载着重要的历史使命，在公益司法保护的“中国方案”版图上发挥着重要作用。

但是，公益诉讼作为新的诉讼，由于其在我国起步晚、时

〔1〕 2017年6月22日，时任最高人民检察院检察长曹建明在第十二届全国人民代表大会常务委员会第二十八次会议上做的关于《中华人民共和国行政诉讼法修正案（草案）》和《中华人民共和国民事诉讼法修正案（草案）》的说明。

间短、法律规定单一、理论研究滞后、实践经验不足等原因，使得检察机关在开展公益诉讼工作时面临各种各样的问题。同时，由于传统机制的束缚，检察机关在提起公益诉讼时面临诸多理论障碍，主要体现在坚持传统的诉权理论会使得大多公益诉讼无法寻求司法救济。当前，公民的利益在增多，权利的范围在不断扩展，诉的利益范围呈现出扩大化的趋势，因此，设立公益诉讼是对时代发展要求的积极回应。在常态化运行中，需明确检察机关在公益诉讼中定位以及理念，提出制度完善建议，以促进公益诉讼工作的长效稳定运行。为促进公益诉讼检察工作的健康良性发展，有必要对我国公益诉讼检察的相关理论和实践中存在的问题进行审视，从而为统一思想认识、促进公益诉讼工作提供参考作用。以此为目的，本章从公益诉讼应当遵从的基本理念出发，并结合公益诉讼工作的实际情况，有针对性地进行检视、思考，以完善公益诉讼法律监督工作。

二、公益诉讼的理念

理念问题体现了我们对相关事务和问题的价值观点和认识、实践的导向。树立正确的理念对于我们的工作及实践有着重要的指导意义。对于一项具体工作来说，理念引导可以有效地指导实践，理念依托是一个制度完善与发展的根本。

公益诉讼检察工作是检察机关行使法律监督权的重要组成部分，其具有公权力介入并同时监督公权力的属性。自公益诉讼检察制度正式确立以来，各地检察机关开展公益诉讼检察工作的情况很不相同，公益诉讼检察工作中树立和具备什么样的理念，对于怎样开展公益诉讼检察工作和如何引领公益诉讼检察工作发展方向，具有决定性的意义。本部分将结合公益诉讼检察工作的特点、检察机关的办案实践和典型案例，着重分析在公益诉讼检察工作中应当坚持和把握的特有理念，厘清制约公益诉讼检察工作有效开展的思想认识问题，达到解惑释疑的目的。

（一）坚持公益为核心的理念

公益是公共利益的简称，指有关社会公众的福祉和利益。在我国，一般是指社会公共利益或对公众有益的事。而“公益诉讼不是一般的诉讼，而是仅仅涉及‘公益’，或者虽然也涉及‘私益’，但主要是涉及‘公益’的诉讼。正是公益诉讼的‘公益性’，为建立检察机关提起公益诉讼制度提供了事实前提”[1]。由此引申而来，公益诉讼检察，就是与“公益”相关的检察工作，也是检察机关法律监督职能实现形式中唯一以其名字和相关业务职能而命名的一项检察业务工作。习近平总书记指出“检察官是公共利益的代表，肩负着重要的职责”[2]。这个论断，充分表明检察官在公益诉讼中代表公共利益的重要性，表明公益性在公益诉讼检察工作中处于基础性的核心地位。最高人民检察院副检察长张雪樵认为：“检察机关具有保护公共利益的职责，公共利益是否保护得当，行政机关依法负有监督管理的职责。检察官作为公共利益的代表，当行政机关监管力度不够，出现问题时，检察官则需站出来发声。”[3]

1. 以公益为核心理念的必要性

法律的目的是维护社会秩序，保障社会民众的安全与利益，也是为了平衡个人利益与社会公共利益。一个国家、一个社会甚至一个阶层、集团，由于管理或者治理的需要，公共事务变成必不可少的，公共产品和公共权力也就客观存在了，因

〔1〕 最高人民检察院民事行政检察厅编：《检察机关提起公益诉讼实践与探索》，中国检察出版社2017年版，第16页。

〔2〕 习近平2018年9月11日在北京召开的世界检察官联合大会年会贺信。

〔3〕 张雪樵：《检察公益诉讼比较法研究》，载《国家检察官学院学报》2019年第1期。

此公共利益也是客观存在的。公益诉讼制度设立的目的是保护公共利益，公共利益是公益诉讼制度存在的前提和基础，是公益诉讼制度确立的价值体现。

坚持以公益为核心的理念是公益诉讼检察工作的题中应有之义。公益诉讼检察与公共利益保护具有天然的契合性，公益诉讼从建立之初就将维护公共利益作为基本价值追求，而公共利益的形态也决定了由检察机关提起公益诉讼最为合适。首先，公共利益具有公共性，由社会个体代表公共利益的正当性和适当性容易受到质疑，相比之下，以相关机关和其他社会公益组织作为提起公益诉讼的代表更为适宜。其次，代表人民行使国家权力的机关中，行政机关对社会公共利益的影响最大，但行政机关在具体行政活动中也难以避免因个别人员追求政绩或者其他利益而导致行政行为与维护公共利益发生冲突，因此不一定能保证行政机关真正代表社会公共利益。[1] 由此，检察机关脱颖而出。检察机关具有法律监督职能，其提起公益诉讼维护公共利益就是实现法律监督职责的方式之一。在民事公益诉讼层面，“当个人利益侵害到公共利益，经过督促公共利益保护主体仍然缺位的情况下，由检察机关通过提起公益诉讼对侵权人的违法行为进行干预以达到保护公共利益的目的”[2]。在行政公益诉讼中，行政诉讼法将案件范围限定在生态环境和资源保护、国有资产保护、国有土地使用权转让领域，是利用现有体制中检察机关的法律监督职能保护公共利益，防止在此类案件中因行政机关的不作为或滥用职权使公共利益乃至国家

〔1〕 段华洽、王辉：《政府成为社会公共利益代表的条件与机制分析》，载《中国行政管理》2005 年第 12 期。

〔2〕 徐全兵：《检察机关提起公益诉讼有关问题》，载《国家检察官学院学报》2016 年第 3 期。

利益受损。

综上，在公益诉讼检察工作中，检察机关既可以督促行政机关依法履行保护公益职责，也可以督促适格主体积极行使公益诉权，在行政机关不纠正违法或履行职责、没有适格主体或适格主体不提起诉讼的情况下，检察机关则应提起行政公益诉讼或者民事公益诉讼，并通过对公益诉讼的审理、裁判、执行进行监督，确保国家利益和社会公共利益得到有效的司法保护。因此，由检察机关提起公益诉讼，不仅不影响其他社会主体维护公共利益的权利，还可以督促行政机关依法行政，这与现代法治精神契合。

2. 以公益为核心理念的具体贯彻

（1）正确把握和理解公共利益的内涵

检察机关在办理公益诉讼案件时，涉案事实或者事项是否存在对公共利益的损害或存在损害的危险，就成为衡量和判断是否行使法律监督权的前提和基础。因此，可以说，认定案件是否有公共利益保护价值是检察机关办理公益诉讼案件的最低标准，对公益诉讼的发展方向有着指引的作用。公共利益概念和内涵的不明确化会使得法条含义更加狭窄，而主观因素的掺入将会导致公共利益权限不明和公益诉讼权的滥用，因此，认定何为公共利益成为了理解和界定公益诉讼的重要问题。

然而，对于公共利益的理解，理论界和实务界存在不同的认识。现阶段，对公共利益的认定主要有以下几种观点：公共利益是私人利益的总和（即代表的是群体性的利益）、全体公民共有的利益（既不是针对与某个人的利益也不是针对某个集体的利益而是社会中存在的全体公开的整体的普通性的利益）、是不特定多数人的利益。公共利益有以下三个特性：受益的整体性、受益的不特定性、受益的公共性。但是此种界定仍过于宽泛，进而使得实践中对公共利益难以把握。“公共利益具有模糊性和不确定性，理论界和实务界并未对其概念进行精准解释，我们认为，公共利益应该包含两层含义：第一层为社会公共利益，即为社会全部或者部分成员所享有的利益，第二层是国家享有的利益。公共利益概念最特别之处，在于其‘利益内容’的不确定性及‘受益对象’的不确定性两个方面。”〔1〕

在把握公共利益的内涵时要注意把握以下三点：首先，在民事公益诉讼领域，其维护的仅是公共利益，即客观存在的，由非特定的大多数人所享有的共同的利益，而不包括国家利益。公共利益的主体是社会上不特定多数人或由这些人组成的社会团体，而国家利益的直接主体是政府，此外，“如将国家利益和公共利益等同看待，会出现诉讼程序适用的混淆，如在刑事案件中公共利益遭受损失的案件可以通过刑事附带民事诉讼程序进行保护”〔2〕。其次，“在行政公益诉讼领域，其维护的公共利益应当是既涉及对被诉行政行为的合法性审查，又直接涉及国家法律监督职能的履行，并且具有宪法上的意义和价值的重要国家利益”〔3〕，对于一些涉及外交、国防等方面的公共利益，就不宜通过公益诉讼程序进行保护。最后，环境保护领域中，公共利益和私人利益的标的可能存在一定的交叉，极易发生混淆，应该明确公益诉讼的目的不是在于私人利益的保护，也非个案的救济，而是在于维护和救济环境公共利益，即“与国家环境利益、集体环境利益以及私人环境利益相对的，

〔1〕颜运秋：《公益诉讼理念研究》，中国检察出版社 2002 年版，第 1 页。

〔2〕徐全兵：《检察机关提起公益诉讼有关问题》，载《国家检察官学院学报》2016 年第 3 期。

〔3〕高家伟：《检察行政公益诉讼的理论基础》，载《国家检察官学院学报》2017 年第 2 期。

各种天然的和经过人工改造的自然因素能够满足人类生存和发展需要的生态利益”[1]。

由于我国公益诉讼检察制度的设立及开展公益诉讼工作的时间较短，检察机关如何在实践中把握公益诉讼案件的界限（主要表现为范围模糊）仍存在争议，各地标准不一。因此，需要对公共利益的概念、内涵及外延等有明确的认识，加强理论研究和实践创新，才能真正实现精准监督和体现检察机关法律监督的权威性。总之，“检察机关最核心的公益诉讼目的是保护公益，最基本的出发点还是能够回应社会各界，特别是人民群众对侵害公共利益的一些行为的关切，围绕着大家所关切的热点问题和领域进一步有序、有条件地拓展公益诉讼的范围，更好地保护社会公众的利益”[2]。

（2）构建与以公益为核心理念相适应的工作机制

坚持和贯彻公益为核心的理念，在检察实践中，应当从如下方面入手：

第一，构建公益诉讼工作长效机制。张军检察长强调检察公益诉讼是新时代检察工作创新发展的重要方面，维护公益，不仅要发挥检察机关的监督职责，还要重视各机关的交流协作，共同构建公益诉讼工作长效机制。一是确定各机关的专门联络人，负责与检察院、监察委、行政机关等进行日常工作对接。二是建立联席会议制度，由行政机关通报执法工作情况，检察机关通报公益诉讼开展情况及相关反馈，并就公益诉讼中遇到的重点、难点展开讨论，做到发现问题、提出问题和解决问题，加强沟通，为检察公益诉讼开辟“绿色通道”。

---

〔1〕 朱谦：《环境公共利益的法律属性》，载《学习与探索》2016 年第 2 期。

〔2〕 2017 年 6 月 27 日下午，时任最高人民检察院民事行政检察厅厅长胡卫列《关于修改民诉法和行诉法的决定答记者问》上发言。

第二，加大公益诉讼的宣传力度。首先，公共利益与社会公众息息相关，应当引导公众积极参与，检察机关可以采取发布典型案例、以案说法等方式给公众科普，讲解公益诉讼知识，并利用传统媒介（如报刊）和“两微一端”等新媒体，加强对公益诉讼的推广，如开设“检察公益诉讼专题”。其次，公益诉讼事关公众利益，对于社会影响重大、人民群众广泛关注的案件，检察机关应积极回应，可以采取组织听证、旁听庭审的方式邀请公众参与其中。再次，可以推动公益诉讼走进校园，与各大高校开展检察公益诉讼交流合作。积极引导社会公众参与到公益诉讼工作中来，在形成全社会保护公益的良好氛围的同时，也能推动公益诉讼检察工作朝更好的方向发展。最后，建立执法信息共享和案件线索移送制度，相互配合，相互监督，提高办案效率，履行好保护国家利益和社会公共利益的任务。

第三，加强检察机关的内部合作。检察机关内设的公益诉讼检察部门，应当主动与刑事检察、民事检察、行政诉讼检察、控告申诉、案件管理等部门积极沟通，协作办案，发挥各部门优势，形成工作合力，推动检察公益诉讼工作再上新台阶。

3. 贯彻以公益为核心理念的具体实践

案例 1：湖北省利川市人民检察院诉吴某安等刑事附带民事公益诉讼案

基本案情：2017 年 3 月 25 日，吴某安、赵某国将湖北省利川市元堡乡朝阳村村民刘某家的一头死因不明并经深埋处理的成年母牛偷偷挖出，分割后将四个牛腿（共计 150 斤）和牛头以 2300 元的价格销售给在毛坝集市专门从事牛肉销售生意的黄某宽，该批牛肉经黄某宽以每斤 18 元至 20 元不等的价格销售给附近村民及毛坝集市上的不特定消费者，销售获款 2890 元。此后吴某安等人又以相同手段获款 2000 元。同年 8 月 1 日，利川市人民检察院发现吴某安等三人生产销售不符合安全标准的食品可能损害社会公共利益，决定立案审查。

利川市人民检察院通过在《检察日报》发布公告的形式督促适格主体提起民事公益诉讼，在公告期满后没有其他适格主体对该案提起诉讼的情况下，利川市人民检察院依照法律规定提起刑事附带民事公益诉讼，诉请判令吴某安、赵某国、黄某宽共同支付牛肉销售价款十倍的赔偿金 48900 元，并在利川市市级公开媒体上赔礼道歉，最终法院支持了检察机关的全部诉讼请求。

本案中，检察机关始终以守护公益为核心，在社会公共利益处于受侵害的状态时，依照法律规定进行诉前公告，充分保障法律规定的机关或符合条件的社会组织提起民事公益诉讼的权利，在无其他机关和适格社会公益组织提起诉讼的情况下，综合发挥刑事和民事公益诉讼多元职能的作用，既严惩食品安全领域危害公共安全的犯罪行为，又履行了公益诉讼职能，对行为人刑事责任、民事责任的一并追究，最大限度地维护了社会公共利益。

案例 2：浙江省宁波市“骚扰电话”整治公益诉讼案

基本案情：2018 年上半年，宁波市发生 120 热线被骚扰事件。截至 5 月下旬，120 急救电话累计接到楼盘推销电话 1600 余个，其中最多的一天接到 90 多个，均为“0574—2”开头的联通电话号码，严重影响宁波市急救中心的正常工作秩序。根据《电信条例》相关规定，宁波市通信管理局依法应当对宁波市电信和互联网等信息通信服务实行监管，对本区域内的广告推销电话扰民行为加以约束。但通信管理局认为“骚扰电话”

定义不明，缺乏法律处罚依据，没有积极履职。海曙区检察院成立专案组，进行了调查，收集了逾 2000 个骚扰电话号码，查清了通信运营商—营销公司—群呼平台三者之间的利益链，并在 2018 年 7 月向宁波市通信管理局发出检察建议。

检察机关以维护公益为出发点，探讨“骚扰电话”是否属于侵害公共利益的行为，是否属于公益诉讼的范围，并通过委托第三方进行社会调查、邀请多位法学家进行专家讨论等方式进行论证，最终得出“骚扰电话”具有侵害社会公共利益的结论，并向宁波市通信管理局发出检察建议，督促其积极履职，使宁波“骚扰电话”治理取得较好成效，既贯彻了以公益为核心这一重要理念，实现了社会效果与法律效果的统一，维护了公共利益，又体现了检察机关提起行政公益诉讼的价值和意义，即在法律没有对“骚扰电话”作出规定的情况下，积极探索公益诉讼未知领域，切实履行自身职责，具有良好的社会导向作用。

（二）坚持双赢多赢共赢理念

1. 双赢多赢共赢理念在公益诉讼中的体现

国家利益和社会公共利益的保护是一个系统工程，不仅需要行政机关、审判机关、检察机关通过行使各自的职权进行保护，也需要公民、法人、社会组织等社会主体的积极参与，才能达到最佳的保护效果。

习近平总书记说道：“合则强，孤则弱。”合作共赢方式应该成为各国处理国际事务的基本政策取向。合作共赢是普遍适用的原则，不仅适用于经济领域，而且适用于政治、安全、文化等其他领域。尤其是热门话题公益诉讼，更需要与这一理念贴近贯彻与融合。实践中，理念决定检察公益诉讼的方向，理念一旦转变到位，“法律监督就会有新思路、新方法、新局面，就能更好地保障整体工作与法律统一正确实施。全国各级检察机关要认真落实全国人大常委会要求，把双赢多赢共赢的理念落实到民事检察工作中，建立监督者与被监督者良性、互动、积极的工作关系，共同维护司法公正、提高司法公信力"〔1〕。

"双赢多赢共赢理念体现公益诉讼的内在价值追求。"〔2〕强调监督者与被监督者的良性、积极关系，公正司法共同维护社会公共利益。"双"的内在含义是指检察机关和行政机关的协同合作，"多、共"指的是最大化的实现公共利益，"赢"指的是检察机关不仅实现自身的监督价值，而且有效地减少司法资源的浪费。检察机关是我国的法律监督机关，公益诉讼的实质是通过法律监督维护国家利益和社会公共利益。检察机关开展公益诉讼工作尤其是行政公益诉讼须认识到保护好国家利益和社会公共利益，不仅是行政机关的职责也是公益检察诉讼制度的价值追求。行政机关、检察机关双方目标是一致的。各级检察机关和检察人员牢记双赢多赢共赢的监督理念，在推进解决损害国家利益和社会公共利益的问题上共同努力。行政公益诉讼应坚持共治共赢原则，这一原则是双赢多赢共赢理念的外在体现。共治共赢原则是中国检察制度的重要创新，在运用法治思维开展行政公益诉讼工作中也要运用政治思维，加强政府相关职能部门的配合沟通，让政府相关职能部门充分认识到检察机关在开展行政公益诉讼工作时，与政府相关职能部门是一种监督与被监督的关系，目标是共同的，价值是一致的，最

〔1〕《检察日报》评论员：《积极践行双赢多赢共赢理念》，载《检察日报》2018 年 11 月16 日。

〔2〕雷爱民：《以新理念推动公益诉讼发展》，载正义网，http：//news. jcrb. com/jxsw/201810/t20181026_ 1919234. html，2020 年 1 月 7 日最后访问。

终将“督促之诉、协同之诉、补充之诉”的价值理念落实。[1]

首先，坚持双赢多赢共赢理念贯穿公益诉讼的全过程，需用实实在在的办案效果将价值理念向现实结果转化。“公益诉讼工作是检察工作、司法工作，更是民生工作、社会治理工作。公益诉讼工作关系到经济、政治、社会、文化、环境、英烈保护等方方面面。”[2] 坚持双赢多赢共赢理念能够督促行政机关依法行政，帮助政府解决棘手问题。最高人民检察院检察长张军在十三届全国人大常委会第十四次会议上作《最高人民检察院关于开展公益诉讼检察工作情况》的报告中谈道：“树立双赢理念充分运用政治智慧、法律智慧、监督智慧开展公益诉讼检察，当好党委的法治参谋。”诉前程序的实现是保护公益目的的最佳司法状态。如在诉前程序中，检察机关发出检察建议督促行政机关积极作为，弥补公共利益的损害，提起诉讼成为了后盾和最后的保障手段。

其次，只有坚持双赢多赢共赢理念才能公正高效地正确处理监督者与被监督者的关系，有效结合司法手段与行政手段，以便降低公共利益的损害。因为检察机关提起行政公益诉讼的目的是督促纠正行政机关违法行使职权的行为或不作为，双赢多赢共赢理念能够抑制实践中存在的为诉讼而诉讼的倾向。

最后，双赢多赢共赢理念将公共利益的实现最大化，行政职能部门履行日常的行政工作较其他国家机关更具专业性，检察机关在发现公共利益受损时，监督推进行政机关积极工作。检察机关在行政公益诉讼问题上处于第二顺位，检察机关起着推动者的角色。第一顺位中检察机关用检察建议督促行政机关

〔1〕 过孟超：《行政公益诉讼应坚持四项原则》，载《检察日报》2018 年 6 月 29 日。

〔2〕 李自民：《以新理念为引领推动公益诉讼深入发展》，载《检察日报》2018 年 10 月 29 日。

及时处理公共损害。双赢多赢共赢理念的目的是使得行政机关与检察机关协同合作目标一致，才能更准更快地止损，在已有的损害之下最小化损害，最大化公共利益和国家利益。

2. 在公益诉讼中贯彻双赢多赢共赢理念

检察工作践行双赢多赢共赢理念，首先应当将思想转变成观念，正确认识监督的意义，找准自己的角色定位。检察机关作为国家的法律监督机关与被监督者的地位是平等的，不能过分拔高自己的监督者地位也不能以此来逃避自己公益诉讼的责任，要深刻认识公益诉讼法律监督制度的内涵在于互相制约，公益诉讼检察的价值追求就是维护国家利益与公共利益从而实现双赢多赢共赢。检察机关的监督是为了提醒、促进监督对象重新审视并自我纠错推进全面规范司法，主动换位思考，从被监督者的角度去处理公益诉讼案件。只有监督者与被监督者良好沟通协调，才能实现双赢多赢共赢这一理念的价值最大化。

检察公益诉讼工作要践行双赢多赢共赢理念，首先，必须建立相互尊重的信任关系。要在依法办案中实现双赢多赢共赢，就必须通过高质量的办案活动赢得对方的尊重和信任，为实现良好的监督效果营造有利的条件与支撑。

其次，必须建立良性互动的工作关系。多赢理念的实践贯彻要建立与执法部门和司法部门更紧密的良性互动工作关系，第一，检察机关与政府执法部门共同研究解决对策，合力破解社会治理难题。有效促进法治政府的建设，为行政职能部门处理公益诉讼提供更加有力的支持和保障。第二，检察机关与法院加强沟通，共同完善案件受理、庭审等程序，达成共识，统一标准，推进公益诉讼案件质效，从而形成保护国家利益和社会公共利益的双重保障。第三，以双赢多赢共赢理念变革引领新时代检察公益诉讼工作，加强组织领导，创新机制，推进公益诉讼有序开展。检察机关和行政机关相关部门加强对双赢多赢共赢理论的研究，从司法与执法的经验中深化理论，把理念研究与解决实际问题紧密结合是公益诉讼工作高质量推进的主要途径。

再次，必须发挥好检察建议的作用。检察建议是检察机关行使监督权的重要手段，它有利于督促行政机关行使行政职能以便保护公共利益。检察建议较强制性的诉讼活动更柔和，检察机关向作出具体行政行为的行政机关发出建议，不是强制性命令行政机关怎么做，这一诉前手段让检察机关与行政机关能更好地对接公益诉讼的问题，且检察机关与行政机关互不干扰和侵犯各自的工作领域。这不仅能分担检察机关在公益诉讼中的压力，而且使检察机关的监督权也能得到更好的实践。行政机关的工作也能在检察机关的监督下更好的完成，两机关的相辅相成能够更好地达到保护公益的目的。

最后，必须作好公益诉讼的宣传工作。不仅是让相关部门积极配合检察机关，更是让人民群众参与其中，以求更好地满足人民群众在环境安全、食品安全、民主、法治等方面产生的需求，引导社会各界和人民群众正确认识公益诉讼，增强法治观念和公益保护意识，积极参与、主动配合检察机关提起公益诉讼工作，实现办理一案、警示一片、教育一方的良好社会效果。

3. 贯彻双赢多赢共赢理念的具体实践

案例1：湖北省黄石市磁湖风景区生态环境保护公益诉讼案[1]

基本案情：1997 年，磁湖风景区经省政府批准界定为省级

〔1〕 详见《检察公益诉讼十大典型案例》，载正义网，http://news.jcrb.com/jxsw/201812/t20181226_1946837.html，2020 年 1 月 8 日最后访问。

风景名胜区。2004 年，为改善和美化磁湖风景区建设，黄石市政府依法征收了位于磁湖西岸团城山公园教堂附近的 15.5 亩鱼塘和 1.6 亩菜地，并对相关人员作出了征地补偿。杭州东路社区居民张某，在未取得规划审批和用地手续的情况下，仍持续在已被征收的土地上擅自搭建建筑物，并在鱼塘中围栏投肥养殖。该违法行为一直持续到 2018 年仍未被有效制止，严重破坏了磁湖风景区的整体规划，对磁湖的水质造成了污染，破坏了磁湖水域的生态环境。2018 年 5 月，黄石市检察院发现该线索后，指定西塞山区检察院管辖。经调查，要拆除违法建筑和收回被占用的鱼塘涉及的行政机关众多，包括黄石市园林局、规划局、国土局、水利水产局、下陆区城管局等，而且各部门之间存在着管理权限不清、多头难管的问题。

2018 年 5 月，黄石市国土局和下陆区城管局主动与市检察院对接，请求检察机关通过行政公益诉讼介入，促成行政机关形成执法合力，彻底破解这一困扰多年的执法难题。5 月中下旬，西塞山区检察院向市园林局等五家行政单位分别发出检察建议，督促其依法履职，对张某的违法行为进行处理，采取治理措施消除对磁湖风景区的不利影响。收到检察建议后，五家行政机关召开行政执法联席会议，制定联合执法行动。7 月 26 日，下陆区城管局联合黄石市国土局、规划局、园林局以及水利水产局开展联合执法，经过 150 余名执法人员连续 5 个多小时的作业，存续 14 年之久的违法建筑和投肥养鱼用的渔网全部被依法拆除。

本案中，行政机关主动与检察机关对接正是把双赢多赢共赢的理念价值融入实践中的体现，检察机关在发现案件线索并调查后，给相应行政机关发出检察建议督促行政机关依法履职，引起相关行政机关的高度重视，并主动对接形成执法合力，检察机关通过公益诉讼工作，不仅消除了磁湖生态环境问题的沉疴顽疾，而且让行政机关深刻地体会到，检察公益诉讼与行政执法行为在目标上是一致的，行政机关与检察机关之间的相互配合，使得双赢多赢共赢这一理念成为公益诉讼的亮点。

（三）坚持协同一致理念

1. 协同一致理念的基本含义

我国人民代表大会制度之下的立法权、行政权、检察权与审判权之间存在制衡关系，检察权配置的价值预设是协调、统一的监督。检察机关作为专门的法律监督机关独立行使检察权，依法对行政机关进行监督是对检察权价值预设的实现。"检察院的检察权不仅包括对法院的诉讼活动进行监督，还包括对行政机关的行政活动依法进行监督，以督促行政权的行使，这是对检察院法律监督机关的宪法定位与职能的回归。具体到行政公益诉讼来说，公益诉讼不仅意味着对权利的救济，而且涉及检察权对行政权的监督，具体的对象是行政主体所实施的行为。这是对宪法法律监督内涵的具体化，是对中国司法改革、检察实践探索成果的法制化。"〔1〕

检察公益诉讼是督促之诉，协同之诉，而非追责之诉。现在大部分行政机关认为检察机关行使检察权是在对其追责，其他社会团体以及个人也认为检察机关行使检察权是在对行政机关行使监督权。为准确把握检察机关在行政公益诉讼中的作用，我们可以从以下几个方面去理解：（1）行政公益诉讼是督促之诉，非追责之诉。一般的民事诉讼、行政诉讼的诉讼请求

〔1〕张培：《检察院提起环境行政公益诉讼的五个法理问题——以检例第32号指导性案例为样本》，载《法律适用》2018年第6期。

较为具体明确，如请求被告对某一物品责令一定期限内恢复原状或者赔偿具体的数额，而行政公益诉讼主要是在行政机关履职懈怠或者违法时，督促其回到正轨，依法履行行政机关的监管职责。在行政机关依法履职时，其就所监管的事务可以采取具体的措施，这是检察机关所不能做到，故此对行政机关是督促之诉，非追责之诉。（2）行政公益诉讼是督促之诉，也是协同之诉。行政公益诉讼主要涉及生态环境和资源保护、食品药品安全、国有财产保护、国有土地使用权出让、英烈名誉保护等各领域的违法行使职权行为或者不作为，涉及面广，检察机关办理公益诉讼案件主要是对这些领域的一些突出问题进行解决，大部分的问题还是得需要同行政机关、监察委、人民群众相互协作来解决。故行政公益诉讼是协同之诉。[1]

检察机关提起公益诉讼对保护公共利益具有双重保障功能，首先，应明确的是检察机关提起行政公益诉讼本身是法律监督的具体化，其次，应该明确检察机关提起公益诉讼是起到一定保障作用的。当行政机关履行不到位、不称职、过于懈怠时，则由检察机关出面，提起公益诉讼，保护社会公共利益。这样有利于减少不必要的讼累，积极发挥督促社会各界，特别是行政机关履行职责。

另外，我们还应看到，行政机关和检察机关国家机关，行政机关作为国家权力运行分配下的实行者，应当在国家分配的权力内尽职尽责，作好法律运行的实施者；检察机关作为国家权力运行分配下的监督者，应当按照国家分配的权力作好监督职责，协同行政机关作好分内之职。二者在本质上来讲都是为了维护国家公权力，以人民为中心，促进社会和谐稳定。

〔1〕张雪樵：《检察公益诉讼比较法研究》，载《国家检察官学院学报》2019年第1期。

总的来看，检察机关提起行政公益诉讼所保护的利益在本质上和行政机关所保护的利益是一致的，二者都是为了保护公共利益，维护公平正义。检察机关提起公益诉讼的前提，主要是因为行政机关履职出现问题才提出的，故二者所维护的利益及所秉持的理念是一致的。

2. 协同一致理念的具体贯彻

检察机关要贯彻协同一致理念，应注意如下几点：

第一，明确检察机关的主体地位，厘清检察机关的价值追求。检察机关在公益诉讼案件中不同于普通民事诉讼案件的原告，与其他公益诉讼原告一样，都是与案件没有直接利害关系、基于法律的授权提起公益诉讼的“当事人”。全国人大常委会对检察机关提起公益诉讼进行专门授权，使得检察机关以公益诉讼人的身份提起民事（行政）公益诉讼。故此“人民检察院以公益诉讼人身份提起民事（行政）公益诉讼，诉讼权利义务适用民事（行政）诉讼法关于原告诉讼权利义务的规定”〔1〕。

第二，强化对执行的法律监督。一是建立检察机关与相关职能部门工作联动机制。加强与行政机关的沟通和联系，形成公益诉讼是“督促之诉”“协同之诉”不是“追责之诉”的共识，行政公益诉讼的诉讼请求无一例外都是督促行政机关依法“履职”，即推动行政机关自我纠错，促使行政机关真正担当起维护公益的责任，公益诉讼不是为了追求胜诉而诉讼，也不是为了追究问责而诉讼。二是检察机关可以向行政机关所属政府上一级行政机关提建议，督促行政机关及时整改，履行义务，将未及时整改的行政机关公告出来，对直接负责的领导人员处

〔1〕 范明志、韩建英、黄斌：《〈人民法院审理人民检察院提起公益诉讼案件试点工作实施办法〉的理解与适用》，载《法律适用》2016年第5期。

以罚款、降职等处罚。三是强化跟踪效果，促进检察建议落实落地。检察建议不能一发了之，而是要通过查阅行政执法卷宗、现场查看、询问证人、征求行政机关意见等方式，持续跟踪问效、督促落实。要通过公开听证、圆桌会议、法律文书公开送达、检察约谈、诉前会议等形式，加强与行政机关沟通协调，邀请人大代表、政协委员等参与整改落实，促进行政机关自查自纠、依法履职，推动公益侵害问题在诉前得到妥善解决。对落实不到位，虚假整改、应付式整改的案件，要及时研判，与行政机关沟通到位，以诉讼方式促进问题整改。四是检察机关提起公益诉讼应更加谨慎。这一方面是因为检察机关所拥有的监督权比较强大，检察机关可以用手中的权力来保护公共利益，还可以用手中的权力惩处对所维护的公共利益造成损害的相对人；另一方面还因为检察机关提起诉讼或建议与行政机关的行政违法或行政懈怠相关联，应明确自身定位，以与行政机关协同为中心，促使行政机关更好地履职。

3. 贯彻协同一致理念的具体实践

案例1：湖南省湘阴县虚假医药广告整治公益诉讼案

基本案情：湘阴县电视台自2017年以来持续播放“鼻清堂”“九千堂五色灵芝胶囊”等系列药品广告。该系列药品广告时长过长，在广告中变相使用国家领导人名义推荐产品，称能有效应对心脑血管疾病、糖尿病等多种疾病，聘请了本地患各种疾病患者做代言人推荐上述药品。

湘阴县检察院在履职中发现，该系列药品广告的播放违反了我国法律法规的禁止性规定，存在严重损害公共利益的问题。湘阴县检察院立案审查后分别向县食品药品工商质量监督管理局、县文体广电新闻出版局发出诉前检察建议。收到检察建议后，县食品药品工商质量监督管理局、县文体广电新闻出版局立即责令湘阴县电视台停播违法广告。县食品药品工商质量监督管理局对湘阴县电视台作出行政处罚，对广告主的行政违法行为立案查处。

本案中，检察机关通过发挥公益诉讼监督职能，督促负有监督管理职责的行政机关依法履职，有力整治了医药用品虚假宣传，有利于防止行政部门监管缺位现象的发生，维护了人民群众尤其是农村居民和老年人的生命健康和财产安全。

（四）坚持最后救济理念

1. 最后救济理念的基本含义

检察起诉的“最后救济理念”是检察机关提起公益诉讼所遵循的一项基本原则，也是检察机关办理公益诉讼案件所依据的一项基本理念。检察起诉最后救济理念是指检察机关在提起公益诉讼之前，尽可能地发挥各界力量，以达到节约司法资源，提高办案效率的目的，切实保障人民生活以及提高行政机关工作效率。

检察起诉最后救济理念在行政公益诉讼以及民事公益诉讼上的体现是不同的。在行政公益诉讼方面，检察起诉最后救济理念主要体现在诉前程序方面。从公益诉讼检察工作开展情况来看，诉前程序发挥巨大作用，是有效结案的主要程序。公益诉讼试点结束之前，整个试点期间数千件行政公益诉讼，75.4%的行政机关通过诉前程序纠正了自己的行政违法行为。检察机关在诉前程序中可以直接要求行政机关纠正违法行为或者要求怠于履行职责的行政机关依法履行职责。检察机关在行政诉讼中检察建议的对象是违法的行政机关或者法律、法规、规章授权的社会组织，同时检察机关判断行政违法的标准除了依据法律规范还要考量公益受损的后果。“检察建议内容通常是要求行政机关在一定期限内纠正违法行为或者履行法定职责。"[1] "诉前程序体现了司法权对行政权的尊重以及自身的谦抑，有助于发挥行政机关自我纠错、主动履职的能动性，节约司法资源。"[2] 在行政公益诉讼中，如果相关的行政机关在接到检察机关关于纠正违法行政行为或者履行职责检察建议后，能够积极作为，主动自我纠错，那么诉前程序就能实质性地达到公益诉讼的目的。当诉前程序无法督促行政机关履行职责或者纠正违法行为，那么就需要检察机关向法院提起诉讼，此即在行政公益诉讼方面的最后救济理念的体现，在提起公益诉讼之前尽可能地发挥各界的力量，以应对未来行政公益诉讼案件数量日益增多的情形。

民事公益诉讼方面，在检察起诉的"最后救济理念"主要体现在"穷尽"方面，即为了防止公权过度介入私权，检察机关在诉前程序中必须先向适格的主体提出督促或者支持法律规定的机关和有关组织提起民事公益诉讼的检察建议，只有在无适格主体或者适格主体不依法提起诉讼的前提下，检察机关才能提起诉讼。《民事诉讼法》第55条规定，对污染环境、侵害众多消费者合法权益等损害社会公共利益的行为，法律规定的机关和有关组织可以向人民法院提起诉讼。人民检察院在履行职责中发现破坏生态环境和资源保护、食品药品安全领域侵害众多消费者合法权益等损害社会公共利益的行为，在没有前款规定的机关和组织或者前款规定的机关和组织不提起诉讼的情况下，可以向人民法院提起诉讼。

---

〔1〕 刘艺：《检察公益诉讼的司法实践与理论探索》，载《国家检察官学院学报》2017年第2期。

〔2〕 胡卫列、迟晓燕：《从试点情况看行政公益诉讼诉前程序》，载《国家检察官学院学报》2017年第2期。

2. 最后救济理念的具体贯彻

公共利益是关系社会公众的利益，检察机关作为法律监督机关，无法第一时间发现公共利益受到损害，最后救济理念则要求行政机关及有关组织和机构发挥自身优势，率先救济受损的公共利益。虽说在民事公益诉讼中，环保组织或其他有关组织作为专业性较强的组织，在各自的领域内能够第一时间发现问题，并就问题的解决提供方案，其应当先于检察机关提起诉讼，但是由于环保组织属于弱势一方，有时无法对抗行政权力，所以需要检察机关支持起诉，或者在环保组织不起诉的情况下代为起诉。这样既能有效地保护公共利益，又能有效地发挥检察机关作为法律监督机关的作用。

首先，在行政公益诉讼中，与检察机关相比，行政机关在保护公共利益方面具有政策性、专业性、主动性和及时性等特点，所以通过诉前程序直接督促行政机关履行职责或者纠正错误，有利于及时有效地保护公共利益，防止损害的进一步扩大。而将纠纷移交给法院，不仅周期长，成本高，受损的公共利益在很长一段时间内无法得到保障，最后虽然得到弥补，但往往造成了较大损失。其次，以相对柔性的检察建议模式，由行政机关自我纠错，可以在一定程度上防止检察机关与行政机关之间的矛盾，提高社会运行的效率。

因此，可以说，最后救济理念不论是在民事公益诉讼还是在行政公益诉讼方面都发挥着较大的作用。司法资源是最昂贵的资源，“好钢”最好用在“刀刃”上，最后救济理念的有效实施对提高办案效率，增强社会治理绩效，达到公益诉讼的双赢多赢共赢目的成效明显。

3. 最后救济理念的具体实践

案例1：湖南省蓝山县环保局不依法履行职责案

基本案情：蓝山县环境保护局作为环境保护主管部门，对发生在其主管范围内的选矿厂非法选矿，不设立污水处理设施，排放污水导致土地河流受到污染行为怠于履行监管职责，虽将该厂取缔，但厂内的污水以及尾砂未作处理，仍然持续地对周边环境造成污染，以致社会公共利益受到侵害。蓝山县人民检察院调查核实后，于2017年10月19日向县环境保护局发出检察建议，建议县环保局立即采取措施对污水废渣进行处置，防止废水废渣扩散，避免对环境造成破坏，责令环境保护机关依法履行职责。县环境保护局接到检察建议后，立刻进行整改，对污水废渣进行处理。

本案中检察机关并未就环保机关不作为提起行政公益诉讼，而是提出检察建议，要求环保机关进行整改，而环保机关在收到检察建议后立刻整改并且取得了实质效果，该起案例成功表明了检察起诉最后救济理念在行政公益诉讼中的体现，即检察机关不直接提起诉讼，而是在相关行政机关不履行检察建议后再行提起诉讼，此做法既节约了司法资源，又提高了处理效率。在公益诉讼案件大量增加的情况下，该种处理结果能够最大限度地节约公共司法资源，将司法资源留给真正需要通过司法途径解决的问题中，同时，行政机关在接到检察建议后立刻进行整改，防止公共利益进一步受到侵害，在一定程度上来说不提起诉讼相当于保护了公共利益，因为诉讼周期长，成本大，而在诉讼过程中对公共利益的危害仍然持续。此外，提出检察建议缓和司法机关和行政机关的冲突，并且对当地的行政机关起到警示作用，能有效解决实际问题。

案例2：山东省聊城市人民检察院诉路某太民事公益诉讼案

基本案情：2014年12月至2015年10月，路某太在未经相关部门审批且不具备清洗资质的情况下，使用强碱洗刷机油桶，并将未经无害化处理的强碱废液直接排入私自挖掘的渗坑内，对渗坑周边及地下土壤造成污染。淄博市周村区公安分局根据举报线索，并经对涉案地的排放液体取样鉴定，以路某太涉嫌污染环境罪将其逮捕，并移送检察机关提起公诉。淄博市检察院向淄博市民政局进行查询，根据环境保护法相关法律规定，目前淄博市辖区内没有符合提起民事公益诉讼条件的公益组织，且无法律规定的机关提起民事公益诉讼，所以由检察机关代为提起诉讼。

在本案中，检察机关对危害公共利益的行为并没有直接提起公益诉讼，而是先对民政局进行咨询，寻找符合提起民事公益诉讼条件的公益组织。检察机关不直接针对侵害公共利益的行为提起公益诉讼是检察起诉最后救济理念的体现。检察机关本身作为国家权力的代表，并不是环境问题的直接受损主体，若均由其直接提起环境公益诉讼，将给检察机关的工作、财政状况等诸方面造成极大的负担，尤其是中国当下检察机关职责众多、工作繁重，且经费方面亦着实难以应对费用高昂的环境公益诉讼。因而，检察机关可以凭借其自身优势，“在公民无力或求助行政机关无果时出现，作为补充性主体提起环境公益诉讼，这一点参考英国的检察官诉讼，则既减轻其工作压力，亦能在不侵犯公民公益诉讼权的情况下维护环境公共利益”[1]。

---

〔1〕管伟康：《探索完善中国环境公益诉讼主体制度设计》，载《环境与可持续发展》2019年第4期。

（五）坚持防范监督理念

1. 防范监督理念的基本含义

维护宪法和法律的尊严是检察机关神圣的使命，检察机关的法律监督对于维护国家宪法和法律尊严，保障国家法律统一和正确实施具有重要作用。随着我国政治经济的快速发展，民众对依法治国的要求不断提高，检察机关发挥法律监督权的领域不断扩展，公益诉讼作为近几年兴起的一项较新的制度，在公益诉讼发展的过程以及实践中，需要有检察机关参与并发挥法律监督的作用。

从公益诉讼的制度设计初衷上看，我国公益诉讼检察主要有如下两个作用。其一，检察机关提起公益诉讼的补充和保障作用。对于社会公益组织主动提起的诉讼，检察机关可以予以支持，但是由于我国公益诉讼尚处于起步阶段，符合起诉条件的社会组织太少，或者根本没有，即使有的地方存在一些符合条件的社会组织，但其人员配备、诉讼能力也与开展公益诉讼的要求不相匹配，大多公益组织无法、也不愿真正提起公益诉讼。同时，“特定的侵权行为最终侵害的是社会公共利益，若不存在直接的利害关系，公民、法人等一般社会主体一般是没有足够的热情、动力付诸实际的救济行动，特别是在有经济、宣传等方面具有天然优势和较强影响力的组织面前，作为一般的社会主体，即使其有诉诸行动的意愿，本身也缺乏足够的能力和相应的实力支持”〔1〕。所以当社会组织不愿意或者不想提起公益诉讼时，检察机关就需要发挥公益诉讼职权主义的角色功能，提起公益诉讼，实现维护公共利益的根本目的。其二，

〔1〕 陆军、杨学飞：《检察机关民事公益诉讼诉前程序实践检视》，载《国家检察官学院学报》2017 年第 6 期。

检察机关提起公益诉讼对公权力有监督作用。监督公权力运行是检察机关提起公益诉讼的直接目的，检察机关提起公益诉讼是检察机关法律监督权的有力补充。检察机关作为我国宪法定位的法律监督机关，其机构设置的目的在于监督公权力的运行。由检察机关提起公益诉讼可以对行政权力起到有力的监督作用。

公权力机关作为社会公共利益的一般代表，其所有行为都会对社会公共利益产生影响，公权力机关正确行使公权力能有效保障社会公共利益以及公民利益。但是在实践中，一些公权力机关存在滥用职权、玩忽职守以及不作为的问题，对社会公共利益以及人民的利益都视而不见，监督公权力运行的措施亟待实施，那么如何监督公权力机关高效正当地行使职权，保证公权力机关始终站在人民的立场，为人民谋幸福、谋发展，就显得至关重要。这也是检察机关提起公益诉讼的目的之一。“党的十八届四中全会之后，检察机关对行政权力的监督范围有了很大的变化，检察机关在履行职责中发现行政机关违法行使职权或者不行使职权的行为，应该督促其纠正。”〔1〕

2. 防范监督理念的具体贯彻

在公益诉讼的实践中，检察机关支持社会组织提起公益诉讼，保护公共利益不受侵害，但检察机关在支持起诉的同时，对社会组织也要进行监督。因为尽管社会组织具有公益性，但是作为自律性管理的民间组织、社会组织在环境公益诉讼等过程中存在处分环境公益的道德风险。比如，某工厂在河流中排放废水、废渣，在湿地中填埋数千吨的危险物质，环保组织针对该危害公共利益的行为提起公益诉讼，并且要求该工厂赔偿

〔1〕 蒋惠岭：《司法能为约束公权力做些什么》，载《人民论坛》2016年第2期。

5000 万元的治理费以及 2% 的律师费用，经过法院调解，企业支付 1000 万元及律师费用，最后在工厂支付全部赔偿之后，原告撤诉。同样，在调解过程中，作为原告的社会组织会出于自身考虑，放弃或减少部分诉讼请求，以换取其他利益。检察院应当对支持起诉的社会组织的处分权进行监督，防止社会组织为了谋求自己的利益与被告之间进行串通，放弃或减少诉讼请求，最后损害公共利益。〔1〕 对于社会组织的监督，由于社会组织扎根于社会当中，为了自身发展有时候不能很好地保护公共利益，更有甚者，有些社会组织在与被告妥协中会作出侵害公共利益的行为，将公共利益作为交易对象，以谋求自身的利益。针对此种情况，检察机关需要对有关社会组织进行资格审查，当社会组织因为环境等问题提起公益诉讼后，检察机关一方面对作为弱势一方的社会组织支持起诉，帮助其调查取证；另一方面可以派员参与社会组织与被告的和解讨论，将讨论结果记录备案，并且可以提出检察建议，如果事后发生损害公共利益的情况，检察机关可以就备份的文件对社会组织进行监督，防止社会组织与被告和解后作出损害公共利益的行为。

防范监督理念强调的是检察机关的原始职能，在公益诉讼中，环境修复资金的使用也是检察机关需要进行防范监督的一项内容。目前生态环境修复资金的使用和管理不规范，也不公开透明，检察机关作为法定的环境公益代表人应将环境诉讼和生态修复结合起来，对环境修复资金加强管理，监督资金的使用，使资金的使用真正落实到实处，真正达到保护环境的目的，从而使公共利益不被损害。对资金的使用是检察机关应当

〔1〕 陈晓景：《新时期检察环境公益诉讼发展定位及优化进路》，载《政法论丛》2019年第6期。

防范和监督的一个方向，环境修复资金往往数额巨大，管理不规范将使资金浪费，从而使得生态环境进一步遭受损害，所以，检察机关需要加强对修复资金的监督存在现实上的必要性。[1] 从公益诉讼试点情况来看，检察机关提起公益诉讼虽然取得了瞩目的效果，但仍然暴露一些问题，如对社会组织的监督力度不够，对通过公益诉讼所得相关费用的使用的监督有待加强等。

3. 防范监督理念的具体实践

案例1：江苏省泰州市环保联合会诉锦汇、常隆等公司环境污染纠纷案[2]

基本案情：2012年1月至2013年2月，常隆、锦汇等六家公司将生产过程中产生的副产酸等危险废物总计25934.795吨，通过买卖合同等方式交给没有危害废物经营许可证的江中公司等企业进行处置，同时还以每吨20元至100元不等的价格提供补贴。江中公司等企业对这些危险废物未做任何处理，直接将其倾倒进如泰运河、古马干河，造成了严重的环境污染。江中公司等企业负责人及倾倒者因此犯有污染环境罪，被判处2—5年不等的有期徒刑。2013年泰兴市环境监测站对如泰运河、古马干河水质进行检测，结果显示不达标。经泰州市人民检察院和泰州市环境保护局委托，江苏省环境科学学会于2014年4月出具《评估技术报告》，载明正常处理倾倒危险废物中的废酸需要花费3662.0644万元。2014年8月，泰州市环保联合会对上述六家企业提起诉讼。

---

〔1〕陈晓景：《新时期检察环境公益诉讼发展定位及优化进路》，载《政法论丛》2019年第6期。

〔2〕转引自吕忠梅：《环境司法理性不能止于"天价"赔偿：泰州环境公益诉讼案评析》，载《中国法学》2016年第3期。

江苏省泰州市中级人民法院认定六家被告构成侵权，并根据环境保护部《环境污染损害数额计算推荐方法》所规定的III类水体环境修复费用计算标准，以上述评估报告中合法处置副产酸的成本3662.0644万元为虚拟治理成本，按该虚拟治理成本的4.5倍计算环境修复费用。最终，一审判决六家公司分担赔偿环境修复费用共计约16066.674511万元。

常隆、锦汇等四家公司不服一审判决，向江苏省高级人民法院提起上诉。2014年12月，二审判决基本维持了一审判决，仅对一审确定的判决履行方式和履行期限作了改判，即如果当事人提出申请，且能够在判决生效之日起30日内提供有效担保的，环境修复费的40%可延期至判决生效之日起一年内支付。在判决生效之日起一年内，如常隆公司等能够通过技术改造对副产酸进行循环利用，明显降低环境风险，且一年内没因环境违法行为受到处罚，其已支付的技术改造费用可以凭环保行政主管部门出具的企业环境守法情况证明、项目竣工环保验收意见和具有法定资质的中介机构出具的技术改造投入资金审计报告，向泰州市中级人民法院申请在延期支付的40%额度内抵扣。

锦汇公司对终审判决仍存异议，向最高人民法院提起再审申请，最高人民法院经审理最终裁定驳回锦汇公司的再审申请。

修复资金对于被破坏的公共利益的修复具有重要作用，只有规范修复资金的使用，才能更好地对公共利益进行保护，所以，监督修复资金的使用是防范监督理念的题中应有之义。有关数据反映，各地财政的环境修复专项基金账户管理混乱，通常和其他资金混合使用，多方原因下导致生态修复问题成为“公地悲剧”，效果无法保证。对修复资金的管理作出如下改进或可有效防范此问题的再次发生：首先，需要对修复资金的使用进行管理，需要有完整的发票和收据，并且将发票收据进行备份，同时在使用后及时将用途向检察机关进行说明；其次，对数额进行限制，数额较小的资金，可以由行政机关自由决定，数额较大的资金，检察机关可以派员参与，监督行政机关的使用，但是此时检察机关不能干预行政机关的使用决定，只能监督行政机关是否按照市场价值对资金进行使用；最后，数额巨大的资金，在行政机关使用前，需向检察机关进行报备，经由检察机关与行政机关共同商议后得出结论，并且注明详细的使用用途，方可进行使用，但是紧急情况下，可以先使用资金再向检察机关报告。

三、公益诉讼法律监督实践中存在的问题

（一）公益诉讼法律监督的规范检视

1. 现有领域及扩张性不足

当前，关于社会公共利益的保护仍然存在一些问题：一是现有的法律规定不足以涵盖复杂多变的社会方方面面，诸多领域存在无法可依的局面；二是面对此类问题从能力上来看单单依靠政府某一部门的努力是难以化解的，更遑论在执法过程中行政机关自身还存在怠于履行职责的情况。此时借助独立于政府且具有较强专业能力的检察机关，以提起公益诉讼的方式督促地方政府积极履行监管职责，是一个新的探索方向。

2017 年，行政诉讼法和民事诉讼法修改，正式将检察院提起公益诉讼纳入立法。根据 2018 年最高人民法院、最高人民检察院《关于检察公益诉讼案件适用法律问题的解释》（以下简称《“两高”解释》）第 13 条[1]规定，现阶段民事公益诉讼

〔1〕 第 13 条第 1 款规定，人民检察院在履行职责中发现破坏生态环境和资源保护、食品药品安全领域侵害众多消费者合法权益等损害社会公共利益的行为，拟提起公益诉讼的，应当依法公告，公告期间为 30 日。

主要有两大类型：生态环境和资源保护、食品药品安全保护。第21条[1]对行政公益诉讼的主要案件类型作出了规定：生态环境和资源保护、食品药品安全、国有财产保护、国有土地使用权出让保护。全国人民代表大会常务委员会《关于授权最高人民检察院在部分地区开展公益诉讼试点工作的决定》（以下简称《人大常委会授权决定》）："授权最高人民检察院在生态环境和资源保护、国有资产保护、国有土地使用权出让、食品药品安全等领域开展提起公益诉讼试点。"在上述类型后加有"等"字，立法机关对此留有余地以期待将来能够在必要时候予以解释，来适应快速变化的社会需求。要准确把握法律条文中的"等"字，一般要结合立法的目的、该法条在整部法律当中所处的位置以及所属部门法的性质去理解。[2] 对此，十九届四中全会通过的《中共中央关于坚持和完善中国特色社会主义制度、推进国家治理体系和治理能力现代化若干重大问题的决定》已经明确提出"拓展公益诉讼案件范围"。例如，2018年4月全国人大常委会通过的英雄烈士保护法赋予检察机关对侵害英烈姓名、肖像、名誉、荣誉，损害社会公共利益的行为向法院提起诉讼的权力。又如，2020年1月最高人民检察院联合全国妇联下发《关于建立共同推动保护妇女儿童权益工作合作机制的通知》规定，针对国家机关、事业单位招聘工作中涉嫌的就业性别歧视问题，规定检察机关可以发出检察建议或者提起公益诉讼，这些均是在原有基础上对《人大常委会授权决

〔1〕 第21条第1款规定，人民检察院在履行职责中发现生态环境和资源保护、食品药品安全、国有财产保护、国有土地使用权出让等领域负有监督管理职责的行政机关违法行使职权或者不作为，致使国家利益或者社会公共利益受到侵害的，应当向行政机关提出检察建议，督促其依法履行职责。

〔2〕 王万华：《完善检察机关提起行政公益诉讼制度的若干问题》，载《法学杂志》2018年第1期。

定》中类型后加有“等”字的合理阐释。如果按照这个标准来衡量，文化遗产保护同样可以纳入公益诉讼适用范围，因为“文化遗产同样蕴藏着民族的共同情感记忆和民族精神，体现着社会主义核心价值观，有助于弘扬正能量的社会风气”[1]。“学界多认为应当将这里的‘等’字理解为一种‘兜底性’表述。”[2] 如王万华教授就认为：“为更好地维护公益、回应民众诉求计，检察机关应在试点结束后适度扩张案件范围，除法定四类领域之外，文化遗产保护等领域也可以提起行政公益诉讼。”[3]

条文中晦涩的受案不明问题清晰化才能有效地完善公益诉讼的治理手段，部分地方的探索经验表明，检察机关有能力通过公益诉讼介入新的领域展开法律监督。例如，内蒙古赤峰市翁牛特旗检察院诉当地安全生产监督管理局不履行危化品储存监管职责案；北京不可移动文物保护案，在通州有两座明代石桥由于年久失修基本处于被黄土掩埋的状态，为此通州区检察院向作为主管行政机关的区文化委员会制发了检察建议，要求尽快划定涉案文物的保护范围与建设控制地带，以及切实保护好以大运河为核心的历史文化资源，最后该案以区文化委员会在法定期限内采取了积极得力的保护措施而终结。[4] 再如，上述典型案例“宁波骚扰电话案”，海曙区检察院成立专案组，

[1] 李响：《公众参与文化遗产保护的公益诉讼进路研究》，载《中国社会高校科学》2019 年第 6 期。

[2] 林鸿潮、赵艺绚：《论安全生产行政公益诉讼——从“3·21”响水爆炸事故暴露的监管短板说起》，载《西南民族大学学报（人文社科版）》2020 年第 1 期。

[3] 王万华：《完善检察机关提起行政公益诉讼制度的若干问题》，载《法学杂志》2018 年第 1 期。

[4] 蓝向东、杨彦军：《以公益诉讼方式开展文物保护的可行性研究》，载《北京人大》2018 年第 6 期。

进行了调查，收集了逾2000个骚扰电话号码，查清了通信运营商—营销公司—群呼平台三者之间的利益链，并于2018年7月向宁波市通信管理局发出检察建议。检察机关以维护公益为出发点，探讨“骚扰电话”是否属于侵害公共利益的行为，是否属于公益诉讼的范围，并通过委托第三方进行社会调查、邀请多位法学家进行专家讨论等方式进行论证，最终得出“骚扰电话”具有侵害社会公共利益的结论，并向通信管理局发出检察建议，督促其积极履职，使宁波“骚扰电话”治理取得较好成效，既实现了社会效果与法律效果的统一，维护了公共利益，又体现了检察机关提起行政公益诉讼的价值和意义，即在法律没有对“骚扰电话”作出规定的情况下，积极探索公益诉讼未知领域，切实履行自身职责，具有良好的社会导向。检察机关提起公益诉讼的案件类型范围亟待扩容，并且现有的立法中也为此留下了制度空间。以上列举的几种类型当然也不能满足当前需求，仍需要在实践中探索发现有待扩充的领域。

2. 公益诉讼中检察机关身份混同

“检察机关被宪法确定为法律监督机关，在公益诉讼制度未实行前，检察机关在民事诉讼和行政诉讼中的身份是法律监督机关。公益诉讼确立后，检察机关被赋予了公益诉讼的主体性地位，检察机关在对民事、行政公益诉讼进行诉讼监督的基础上更进一步，同时又成为了民事、行政公益诉讼的提起者，双重身份冲突的问题便凸显出来。”[1] “诉权理论包括两个方面，一是当事人适格，即能够以自己名义起诉或应诉，一般被

〔1〕方姚：《论公益诉讼中检察机关身份的差异化定位及重塑》，载《新疆大学学报（哲学·人文社会科学版）》2019年第3期。

认为是诉讼标的之实体权利义务享有者。"[1] 而对于公益诉讼而言，社会影响范围较大且较为分散，涉及人数较多且较为复杂，当事人与诉讼标的不一定有直接关联，因此必须适当扩大诉讼主体的范围，授权某些机关提起公益诉讼，打破传统当事人适格理论对原告起诉资格的限制，扩大司法解决纠纷的功能。二是诉的利益。在法治国家，无利益即无诉讼，没有法律的调整对象，则没有可诉的利益，诉讼将变得毫无意义。就法理上而言，"在现有的民事诉讼构造下，双方在整个庭审过程中是平等武装的，一方基于原有的实体权利通过法庭向另一方主张，此时的诉权实际上是原有的私权利在诉讼过程中的映射"[2]，也只有存在直接利害关系的当事人可以提起诉讼[3]，故此时其对于诉权的处分是完全的。

然而，在多元化纠纷中，由于社会的集成化程度变高，社会群体的纠纷多表现出团体性、集合性。由此开始有人提出，私法有了公法化的趋势。公益诉讼实际上是第三人提起的诉讼，此时实体权利的主体和诉讼主体分离，也即实施诉讼的主体和案件没有直接的利害关系。而检察院提起公益诉讼其实是一种法律拟制[4]，就此问题法定诉讼担当学说为此提供了丰富的论述。从形式上看，虽然《"两高"解释》明确的"公益诉讼起诉人"暂时回避了对检察机关诉讼身份的困惑，但是，如

---

〔1〕江伟：《探索与构建：民事诉讼法学研究》，中国人民大学出版社2008年版，第136页。

〔2〕张陈果：《论公益诉讼中处分原则的限制与修正——兼论〈新民诉解释〉第289、290条的适用》，载《中外法学》2016年第4期。

〔3〕《民事诉讼法》第119条第1款规定：起诉必须符合下列规定：（1）原告是与本案直接利害关系的公民、法人和其他组织……

〔4〕张陈果：《论公益诉讼中处分原则的限制与修正——兼论〈新民诉解释〉第289、290条的适用》，载《中外法学》2016年第4期。

果过度强调检察机关作为公益起诉起诉人的特殊身份，不认同其原告资格，就意味着对现行诉讼制度体系一系列的根本改变。

“我国的检察机关从权力性质上讲是司法机关，从功能定位上说是宪法专门规设的法律监督机关，这就决定了它不能越俎代庖，不能成为公共利益的直接责任主体。”〔1〕“检察机关作为法律监督机构，肩负着对诉讼的公正审判予以法律监督之职责，双重的身份和地位增强了检察机关滥用法律监督权损害当事人利益的风险，实质不平等的法律地位也违背了民事诉讼的‘当事人处分原则和行政诉讼的‘当事人法律地位平等原则’。”〔2〕由于两种身份的概念及定位无法作到泾渭分明的区分，要改变这种困局，检察机关就必须在身份定位上有所侧重，根据两类公益诉讼类型各自的功能特点，确定自身的身份定位，更好地发挥检察院在公益诉讼中的作用。

3. 检察建议实效不足

《“两高”解释》第21条〔3〕对检察院提起公益诉讼的诉前程序作出了规定，人民检察院提起行政公益诉讼之前，必须先通过检察建议的方式督促行政机关纠正违法行政行为或者履行法定职责，只有行政机关拒不履行且公益仍受侵害状态的，才可以向人民法院提起行政公益诉讼。诉前程序是前置程序的一

〔1〕 梁鸿飞：《检察公益诉讼：法理检视与改革前瞻》，载《法制与社会发展》2019年第5期。

〔2〕 柯坚、吴隽雅：《检察机关环境公益诉讼原告资格探析——以诉权分析为视角》，载《吉首大学学报（社会科学版）》2016年第6期。

〔3〕 第21条第1款规定：人民检察院在履行职责中发现生态环境和资源保护、食品药品安全、国有财产保护、国有土地使用权出让等领域负有监督管理职责的行政机关违法行使职权或者不作为，致使国家利益或者社会公共利益受到侵害的，应当向行政机关提出检察建议，督促其依法履行职责。

种，其和起诉条件一样发挥制约诉讼能否向前推进的法律效果。如行政诉讼程序中，未经复议程序就不能提起行政诉讼，即使提起行政诉讼，人民法院也会以未经复议前置而不予受理或者驳回起诉，复议前置就是一种诉前程序。行政公益诉讼的检察建议前置具有以下三个方面的优势：一是以检察建议的方式来制约行政机关的具体行政行为有着一定“软强制性”；二是检察建议是提起行政公益诉讼的必要条件，便于司法资源的合理利用；三是检察建议能起到督促行政机关及时改正的作用，从而避免漫长的诉讼，提升效率。但是检察建议也存在一定弊病，实践中存在检察院只适用检察建议，几乎不提起诉讼，导致大案要案草率了事，诉讼程序往往“形同虚设”。故而目前对于提起行政公益诉讼的诉前程序检察建议的适用和检察建议如何落实，成为了行政公益诉讼不可避免的前置性探讨的问题。

我国构建了只有当用尽行政手段仍无法有效保护公共利益时才能提起行政公益诉讼的模式，其目的在于以下三个方面：其一，法律监督权与行政权的分工不同。检察机关是法律监督机关，并不能代替行政机关实施社会管理工作，故而检察机关的主要职责在于督促行政机关依法履行职责，诉前检察建议设计的初衷并不是为了提起诉讼，而是促进行政机关及时纠正错误。行政公益诉讼的检察建议的作用在于对行政机关提醒、警示。在检察建议中告知行政机关对这种行为放任下去后可能的后果，从而促使行政机关及时自纠自查，积极履行法定职责。其二，诉前程序可以有效地节约资源。近年来随着法官员额制改革的推进，法官数量急剧减少，出现了案多人少的局面，司法资源不足，分配不合理。据 2018 年全国检察机关办理诉前程序案件的情况来看，全年共办理 102975 件案件，其中发出检察建议为101254件，采纳率高达97%以上，诉前程序产生的价值不言而喻。其三，专业性领域更适合行政机关的自我纠错。行政公益诉讼的范围主要是“生态环境和资源保护、食品药品安全、国有财产保护、国有土地使用权出让等领域”，这些领域专业性较强，尤其是生态环境、资源保护、食品药品安全的领域，体现了较高的技术性和专业性，而对这些领域，行政机关最为熟悉、最为专业，也有更多从事这方面工作的人员；从已经发生的行政案件来看，大多数是行政机关怠于履行职责的案件。[1] 如何履行职责，专门从事该领域管理的行政机关最为熟悉、最为专业，相反，以法律为主要知识背景的检察人员并不内行。而通过诉前程序，让专业的行政机关主动地纠正违法行为或依法履行法律职责且充分发挥行政机关的积极性，更有利于实现纠错的彻底性。

然而在实务操作中却难以达到该目的。诉前程序的问题主要有以下几个方面：

其一，诉前程序中界定行政机关是否履职标准不明确。[2] 例如，2017年，南京某区检察机关在依法履职中发现，某水业有限公司未办理环保竣工验收，未建设国家要求的泥水分离系统等环保配套设施，且持续向长江水体排放不达标的泥浆水，污染水体。区检察院经审查认为，某水业有限公司的行为违反了《建设项目环境保护管理条例》第15条“三同时”[3] 的规

〔1〕 在最高人民检察院公布的《检察机关提起公益诉讼试点工作诉前程序典型案例》15个典型案例中，有14个都是行政机关怠于履行法定职责的案例。

〔2〕 姜红舸、孟祥凤：《检察机关开展长江生态环境资源保护公益诉讼实务研究》，载《中国检察官》2019年第8期。

〔3〕 “三同时”制度，是指新建、改建、扩建的基本建设项目、技术改造项目、区域或自然资源开发项目，其防治环境污染和生态破坏的设施，必须与主体工程同时设计、同时施工、同时投产使用的制度。

定，同时，该公司持续向长江水体排放不达标的泥浆水，造成了环境损害，遂向市级环境保护主管部门提出了检察建议，建议责令该水业有限公司按照规定建设相关配套设施，并对该公司向长江水体直排泥浆水的行为作出行政处罚。环保部门 2 个月内回函采纳检察建议，但未对违法单位向长江直排泥浆水的行为进行处罚，仅作出立案决定，该环保部门是否已履职？或者环保部门已作出处罚决定，但违法单位仍未停止违法行为，该环保部门是否已经履职？界定行政机关是否履职关系到国家利益、社会公共利益是否已得到保护，后续是否有必要进入诉讼程序，均无可操作的标准可以参照。鉴于目前生态环境资源保护的严峻态势，如果行政机关能够在诉前程序依法履职、实现对公共利益的保护，将极大地促进生态环境资源整体的保护效果，故界定行政机关履职的标准尤为重要。

其二，检察建议缺乏明确的制度规范。如湖北省荆州市公安县检察院办理的某豆制品厂工业废水直排长江公益诉讼案[1]，检察机关发出的检察建议过于形式不够明确具体，最后废水仍持续排入长江，延缓了环境的修复导致严重的损害。规范明确的检察建议，既可以避免环境进一步被破坏，又可以在诉讼之前对破坏环境的违法行为人或者不作为的行政机关予以提醒，及时采取相关措施免于进入诉讼程序，也节约了司法资源。

其三，行政机关对检察建议的回应不一。如在江苏省盐城市射阳县检察院督促射阳县环保局、射阳县合德镇政府、射阳县农业委员会履行职责案中，该县检察机关就多次组织职能单位沟通会办，召集环保局、农业委员会、合德镇政府及耦耕堂

〔1〕（2016）鄂 1022 行初 18 号判决。

村等单位负责人就检察建议的落实情况举行联席会，听取各行政单位就环境公益诉讼检察建议的推进落实情况，商讨联合整治方案。目前之所以许多案件在诉前程序就得到较好解决，与检察机关的威慑力不无相关，但如果检察机关像上述案例一样在诉前程序上过多地与行政机关不断协商，会给行政机关造成是检察机关在央求行政机关的错觉，而不认为是检察机关对行政权的一种尊重，长此以往，必然影响了检察机关的威慑力，不利于该项制度的良性发展。

其四，提出有效的检察建议成本过大。如福建省泉州市惠安县市政公用事业管理局怠于履行职责案[1]中，惠安县检察机关向惠安县市政公用事业管理局发出的检察建议是：（1）对梅山垃圾填埋场渗沥液因排流不畅造成周边环境污染的情况进行排查整改；（2）加强对梅山垃圾卫生填埋场的日常巡视，发现问题及时处理，确保安全、环保，防止再次出现类似情况。同时，惠安县市政公用事业管理局在回复中，提出的采取措施是：一是立即组织市政维护等相关人员进行现场勘查，提出修复方案后立即组织现场施工；二是督促县环境卫生管理处加强对梅山垃圾填埋场的日常管理，加强巡查，及时发现问题并进行处理。上述的行政机关解决了问题，及时纠正违法行政行为或依法履行法定职责，但是检察机关在提出检察建议前，要做大量的准备工作，尤其是对事实部分的调查分析，梅山垃圾填埋场关闭多年事实认定困难，甚至对可能造成的国家和社会利益侵害程度都要作出大量的评估，其成本和代价相当大。

---

〔1〕《检察机关提起公益诉讼试点工作诉前程序典型案例》，载《检察日报》2016年1月7日。

4. 公益诉讼执行监督缺失

当下公益诉讼的案件执行，存在如下两个主要问题：其一，民事赔偿费用执行方式多元，依法监督程序缺失；其二，检察机关后续跟进“长度”和“深度”不足。民事赔偿费用执行方式多元，缺乏依法监督程序。科学使用民事赔偿费用并使之达到预期设定的效果是民事公益诉讼的重要任务，这样才能确保民事公益诉讼案件诉讼目的的真正实现。实践中，民事赔偿费用的使用管理较为混乱，具体表现为以下两个方面：一是赔偿费用的执行方式无统一标准。目前对于财产的执行大致可以分为以下三种情况（向国库支付；向专门账户支付；向法院指定的账户支付）。[1] 二是赔偿费用缺乏依法监督程序。目前没有相关法律法规或司法解释明确对执行财产管理、使用、检验等环节的法律监督的问题。赔偿金执行到位后，其管理和使用无法有效监管。如江苏省泰州市1.6亿元天价环境公益诉讼案[2]，在责任承担方式上将恢复性司法和预防性司法相结合，取得了很好的社会效果，但是“此案中1.6亿余元环境修复费用如何落实、环境修复方案由谁来实施、环境修复方案在实施过程中是否需要修改、如何确定环境修复方案已实施完毕、环境修复项目如何进行管理与监督等重要的后续问题无人监督和关注”[3]，由此职能监督的现实缺位导致无法实现保护法益的目的。检察机关后续跟进“长度”和“深度”不足。

〔1〕 吕凤国、苏福：《论环境民事公益诉讼案件执行制度的建构》，载《法律适用》2019年第1期。

〔2〕 2014年12月30日，江苏泰州1.6亿天价环境公益诉讼案终审宣判，江苏省高级法院维持了一审法院作出的“排污企业需支付1.6亿余元环境修复费用”的判决，参见《泰州1.6亿元天价环境公益诉讼案》，载《人民法院报》2015年1月7日。

〔3〕 张辉：《论环境民事公益诉讼裁判的执行——“天价”环境公益诉讼的后续关注》，载《法学论坛》2016年第5期。

实践中，部分检察机关在公益诉讼案件中早早结案，跟进时间“长度”不足。部分检察机关在提起公益诉讼得到法院判决之后，便认为案件已告完结，不再继续跟进，致使执行拖延，甚至大打折扣；或在作出检察建议收到行政机关的回复之后，不跟进核实行政机关的依法履职情况，不审查行政措施对公共利益的修复程度，以及在上述情况发生时提起行政公益诉讼的必要性把握不足，致使制度成效不明显。例如，湖南省益阳市沅江市人民检察院在办理沅江市水务局不依法履职案[1]，检察建议发出后未及时跟进整改落实情况，导致沅江市水务局更正后的行政处罚决定书、申请法院强制执行书以及法院作出的准予强制执行裁定书，遗漏了 2017 年政府财政支出的拆除北闸费用 77 万元（已联系法院补正）。

5. 刑事附带民事公益诉讼制度有待完善

《“两高”解释》第 20 条首次规定了刑事附带民事公益诉讼制度，增加了这一新的诉讼类型。该条作为刑事附带民事公益诉讼的授权性条款，缺乏充分的程序性操作规范。那么实践中检察机关如何通过具体实践化解法律依据、法定程序缺乏的难题，其程序未来该如何设置，成为重要问题。[2] 根据第 20 条的规定，谢小剑教授认为：“刑事附带民事公益诉讼具有以下特征：其一，提起刑事附带民事公益诉讼的主体只能是人民检察院。其二，提起刑事附带民事公益诉讼的范围有限，仅‘对涉及破坏生态环境和资源保护、食品药品安全领域侵害众多消费者合法权益等损害社会公共利益的犯罪行为提起刑事公诉时’，可以向人民法院一并提起刑事附带民事公益诉讼。其

[1] 该案为湖南省“洞庭湖下塞湖矮围”公益诉讼系列案中的一例。

[2] 刘艺：《刑事附带民事公益诉讼的协同问题研究》，载《中国刑事法杂志》2019 年第 5 期。

范围和《民事诉讼法》第55条[1]的表述基本一致。其三，审理刑事附带民事公益诉讼与审理刑事部分的主体一致，‘由人民法院同一审判组织审理’。其四，人民检察院提起的刑事附带民事公益诉讼案件由审理刑事案件的人民法院管辖。其五，该解释将之规定在民事公益诉讼制度中，而不是在传统的刑事附带民事诉讼制度中。其六，人民检察院‘可以’提出，而不是必须提出，检察院具有选择权。”[2] 上述六个特征表明了我国刑事附带民事公益诉讼至少存在如下三个方面的问题：

第一，检察机关可以选择性起诉。依据《“两高”解释》第20条之规定，检察机关可以选择起诉而非应当起诉。在这种情况下可为相关组织提起民事公益诉讼提供一定的余地。可是此时违背了刑事附带民事诉讼审理中应遵循“先刑后民”的原则，另外即便在检察机关提起的刑事附带民事公益诉讼中，通过相关查阅和总结发现大多数法院在审理的过程中普遍做法是将刑事部分与附带民事检察公益诉讼部分进行合并审理[3]，其也违背了“先刑后民”的原则。

第二，检察机关具有主动性。刑事附带民事公益诉讼中由于与犯罪行为关联的可以绕过公益诉讼的前置程序，检察机关在处理该类案件时表现出一定的主动性，这与检察机关在处理单纯的民事公益诉讼中的表现有所不同。

---

〔1〕《民事诉讼法》第55条规定，对污染环境、侵害众多消费者合法权益等损害社会公共利益的行为，法律规定的机关和有关组织可以向人民法院提起诉讼。人民检察院在履行职责中发现破坏生态环境和资源保护、食品药品安全领域侵害众多消费者合法权益等损害社会公共利益的行为，在没有前款规定的机关和组织或者前款规定的机关和组织不提起诉讼的情况下，可以向人民法院提起诉讼。前款规定的机关或者组织提起诉讼的，人民检察院可以支持起诉。

〔2〕谢小剑：《刑事附带民事公益诉讼：制度创新与实践突围——以207份裁判文书为样本》，载《中国刑事法杂志》2019年第5期。

〔3〕石晓波、梅傲寒：《检察机关提起刑事附带民事公益诉讼制度的检视与完善》，载《政法论丛》2019年第6期。

第三，并行设立刑事附带民事公益诉讼制度还是将其纳入现有的刑事附带民事诉讼中。“刑事附带民事公益诉讼‘合会’了大量性质迥异的要素和程序。如何在短期内让这些要素和程序达到协同状态是亟待解决的问题。”〔1〕刑事附带民事公益诉讼同刑事附带民事诉讼在制度运行上有一定的相融性，可以通过对刑事附带民事公益诉讼中的特别之处作出相应的特殊规定，以满足刑事附带民事公益诉讼的要求。如按照最高人民法院、最高人民检察院《关于人民检察院提起刑事附带民事公益诉讼应否履行诉前公告程序问题的批复》〔2〕，人民检察院提起刑事附带民事公益诉讼的必经程序和民事公益诉讼的诉前程序为公告，这将可能导致大部分刑事附带民事公益诉讼案件因为其刑事部分办案期限的限制而只能终结审查，待刑事判决生效后再提起民事公益诉讼。又如，《人民陪审员法》第 16 条规定，人民法院审判下列第一审案件，由人民陪审员和法官组成 7 人合议庭进行：（1）可能判处 10 年以上有期徒刑、无期徒刑、死刑，社会影响重大的刑事案件；（2）根据民事诉讼法、行政诉讼法提起的公益诉讼案件；（3）涉及征地拆迁、生态环境保护、食品药品安全，社会影响重大的案件；（4）其他社会影响重大的案件。部分法院向检察机关反映，对于当前比较普遍的刑事附带民事公益诉讼，组成七人合议庭人员比较困难，个别地区甚至还有独任审判的现象。由于现在尚在探索阶段，相关立法不足，待经验成熟后可以制定相应的法律规定，但不可否认的是刑事附带民事公益诉讼的确具有其特别之处。

---

〔1〕 刘艺：《刑事附带民事公益诉讼的协同问题研究》，载《中国刑事法杂志》2019 年第 5 期。

〔2〕 人民检察院提起刑事附带民事公益诉讼，应履行诉前公告程序。对于未履行诉前公告程序的，人民法院应当进行释明，告知人民检察院公告后再行提起诉讼。

（二）检察公益诉讼的程序检视

1. 线索衔接机制不畅

检察院提起公益诉讼在前期线索的发现以及证据的取得上存在一定的困难，主要表现为：线索发现的途径少，取证困难。线索发现难、转化难、成案难是各地检察机关在开展公益诉讼时遇到的共同难题。按照《“两高”解释》第13条、第21条的规定，检察院在提起民事公益诉讼案件或者行政公益诉讼案件的线索必须来源于“人民检察院履行职责中”，但条文的规定抽象模糊，很难通过字面解读具体的方式。目前实务中具体的方式主要包括：（1）履行职务犯罪侦查、审查起诉、批捕或刑事审判监督职责中发现案件线索；（2）开展专项法律监督工作发现案件线索；（3）借助纪委监委信息共享平台和案件管理平台，主动对重点领域行政执法信息进行集中排查，进而获取案件线索；（4）群众举报投诉，追查取得线索；（5）从新闻媒体报道中发现相关线索；（6）依靠其他行政部门的积极配合，取得案件线索。[1] 专项的法律监督并不是检察机关常态性的工作机制，而是某一时期下高频率就某一重点领域或者重点地区进行的主动出击，寻找案件线索，此种方式和第三种方式类似，但相对第三种方式具有一定的随机性。依靠其他行政部门的取得线索，导致对相关行政机关的依赖性极强，并且就本质上而言，检察机关寻找线索的目的与行政机关的利益相悖。综合而言，第一种方式在使用频率上占比达到了绝对比重。这一方式也是目前检察机关案件线索获取的主要方式。[2]

---

〔1〕 覃慧：《检察机关提起行政公益诉讼的实证考察》，载《行政法学研究》2019年第3期。

〔2〕 胡卫列、田凯：《检察机关提起行政公益诉讼试点情况研究》，载《行政法学研究》2017年第2期。

“监察体制改革以前，绝大部分的线索来源于检察机关内部其他部门的移交，但是此时期由于检察机关其他业务部门不从事行政公益诉讼具体工作，对公益诉讼案件的种类、范围等缺乏明确和清晰的认识，导致一定数量的线索可能遗漏。”[1] 现在，检察机关反贪反渎的职能整体转隶监察委员会，检察机关的线索发现和线索移送也需要监察委的积极配合。可见，目前检察机关真正依靠自己的业务范围内直接获取的线索是极为有限的，需要多方面予以配合进行线索的发现和移送。

此外，发现线索后，进行取证也存在一定的困难，具体表现在如下三个方面：其一，无刚性取证方式保障调查取证权。《人民检察院提起公益诉讼试点工作实施办法》（以下简称《实施办法》）第 6 条、第 33 条分别规定了检察院在民事公益诉讼和行政诉讼案件中的调查核实权，但是未明确检察院在违法行为人、行政执法人员不履行甚至对抗配合义务时可以采取限制人身自由以及查封、扣押、冻结财产等强制性措施，无法充分保障调查取证权的“刚性”，导致部分案件出现了证据发现难、收集难、认定难的局面。其二，取证耗时长、成本高。一些案件，如生态环境和资源保护、国有资产保护领域，其专业性、技术性较强，检察机关需要耗费较长的时间和高昂的成本来委托有关机构及专家对案件涉及的专业性问题进行鉴定，甚至一些地区没有相关的鉴定机构，需要异地鉴定。其三，部分行政机关存在畏惧和抵触情绪。实践中，许多行政机关担忧检察机关在提起行政公益诉讼的同时，会进一步追究行政机关主要领导和负责人有关职务犯罪的刑事责任，或者认为检察机

〔1〕 孔祥稳、王玎、余积明：《检察机关提起公益诉讼试点工作调研报告》，载《行政法学研究》2017 年第 5 期。

关单纯的是想来“找茬”，不予以配合、故意隐瞒证据甚至是采取对抗措施，严重影响取证进度。

2. 证明责任分配不明与举证困难

在检察院提起的公益诉讼中，其举证证明责任分配上主要存在如下三个困境：其一，私益诉讼和公益诉讼的举证证明责任趋同；其二，原告举证证明的方向上存在偏差；其三，部分事实举证困难。私益诉讼和公益诉讼的举证证明责任趋同。举证证明责任最早可以追溯到罗马法，规定原告负有举证的义务，现代民事诉讼一般遵循“谁主张谁举证”，举证责任的倒置则是例外，在我国举证证明责任的倒置需要作出明确的规定。如就环境污染侵权而言，“大致是从‘过错责任’到‘无过错责任’的转变”〔1〕，其适用举证责任倒置规定于《侵权责任法》第66条〔2〕要求污染者承担不存在因果关系的证明责任，并且同时适用于私益诉讼和公益诉讼两大领域。可是环境私益诉讼是加害人通过环境这一介质，对受害人人身或财产权益造成侵害，就此存在“原告举证困难”，将举证证明责任倒置是合理的。较之普通的民事侵权案件，环境公益诉讼有复杂性、长期性、利益性、双方当事人诉讼实力的不平等性等特点。〔3〕环境公益诉讼在于保护环境本身，与环境私益诉讼有着明显不同。

而检察院在作为原告时，举证能力明显较私益诉讼的个人要强。公益诉讼和私益简单、趋同化的适用举证证明责任倒置

〔1〕 蔡彦敏：《对环境侵权受害人的法律救济之思考》，载《法学评论》2014年第2期。

〔2〕 第66条规定，因污染环境发生纠纷，污染者应当就法律规定的不承担责任或者减轻责任的情形及其行为与损害之间不存在因果关系承担举证责任。

〔3〕 吴伟华、李素娟：《民事诉讼证据收集制度的演进与发展——兼评环境公益诉讼证明困境的克服》，载《河北法学》2017年第7期。

殊为不妥。[1] 原告举证证明方向上存在偏差。依据《侵权责任法》第66条并不意味着原告对此不负举证责任，在司法实践中，私益诉讼中和公益诉讼中各原告的举证责任是不同的，私益诉讼中原告依据最高人民法院《关于审理环境侵权责任纠纷案件适用法律若干问题的解释》第6条规定[2]，一般会要求环境受害人先提出初步的证据证明污染环境、破坏生态的行为与损害之间可能存在基本的因果关系。[3] 在非检察院提起的公益诉讼中依据最高人民法院《关于审理环境民事公益诉讼案件适用法律若干问题的解释》（以下简称《环境民事公益诉讼司法解释》）第8条中要求原告进行“被告的行为已经损害社会公共利益或者具有损害社会公共利益重大风险的初步证明材料”的举证；在检察院提起的公益诉讼中，依据《“两高”解释》第14条中检察院提起民事公益诉讼则要求提交“被告的行为已经损害社会公共利益的初步证明材料”。而对比检察院提起行政公益诉讼，《“两高”解释》第22条要求检察院提交“被告违法行使职权或者不作为，致使国家利益或者社会公共利益受到侵害的证明材料”进行证明。比起法律授权的组织提起民事公益诉讼，检察院提起公益诉讼删去了“或者具有损害社会公共利益重大风险”这一证明责任。此外，横向对比检察院提起的行政公益诉讼和普通行政诉讼，根据《“两高”解释》相关规定，检察机关在提起行政公益诉讼时应该提交“被

〔1〕 王秀卫：《我国环境民事公益诉讼举证责任分配的反思与重构》，载《法学评论》2019年第2期。

〔2〕 第6条规定：“被侵权人根据侵权责任法第六十五条规定请求赔偿的，应当提供证明以下事实的证据材料：（一）污染者排放了污染物；（二）被侵权人的损害；（三）污染者排放的污染物或者其次生污染物与损害之间具有关联性。”

〔3〕 傅贤国：《环境民事公益诉讼证明责任分配研究》，载《甘肃政法学院学报》2015年第3期。

告违法行使职权或者不作为，致使国家利益或者社会公共利益受到侵害的证明材料”。对比以上规定的异同可以发现，公益诉讼的举证证明责任的分配在方向上出现一定的偏差，如在民事公益诉讼中检察院对于“具有损害社会公共利益重大风险”不负举证证明责任，是否意味着在发现有重大风险时不启动诉讼程序，而待已经出现了损害时方采取措施，这与生态环境保护的理念是背道而驰的；又如，在行政公益诉讼中，要求检察院就由于行政机关违法行使职权或者不作为致使国家利益或者社会公共利益受到侵害进行证明，同样对于“重大风险”没有涉及。“原告在对于环境公益损害程度及赔偿数额等同样存在较大的证明难度。”[1] 环境损害问题存在一定的特殊性，致使原告在举证时存在一定的障碍，以最高人民法院发布的典型案例：绍兴市环境保护局、浙江上峰建材有限公司、诸暨市次坞镇人民政府生态环境损害赔偿协议一案为例[2]，上峰建材公司利用在大气污染物在线监控设施监测取样管上套装管子并喷吹石灰中和后的气体等方式干扰自动监测数据，超标排放大气污染物，案发时，经专门机构鉴定，上峰建材公司违法排放的大气污染物已通过周边次坞镇大气生态环境稀释自净，无须实施现场修复。本案中排污者排入大气环境的污染物质，后因空气的流动，在案发后已检测不出，或检测不到污染损害结果，此时环境损害的程度是非常难以界定的。

3. 检察机关撤诉标准与程序缺乏

在检察机关提起的公益诉讼中，撤诉问题是理论和实践中的重点难点。自处分原则和辩论原则继入我国以来，目前通说

〔1〕 吴伟华、李素娟：《民事诉讼证据收集制度的演进与发展——兼评环境公益诉讼证明困境的克服》，载《河北法学》2017 年第 7 期。

〔2〕 2018 浙 06 民特 48 号判决书。

认为其已是我国民事诉讼领域中的主导性原则，依照处分原则，诉讼当事人在诉讼的全过程中都可以对自己的诉权处分，不论是转移、撤诉、和解等。而法院基于其被动地位，受限于其司法裁判的中立性，是无法通过职权对于当事人双方就诉权的处分进行干预的。我国现有的法律体系中，体现出法院对于公益诉讼的职权干预，由此对处分原则加以了限制。如最高人民法院《关于适用〈中华人民共和国民事诉讼法〉的解释》第289条规定[1]，在调解或和解之后需要进行为期30日的公示，又有第290条规定[2]不允许公益诉讼的原告在法庭辩论终结之后撤诉。以上解释对于防止滥诉、诈诉当有巨大作用。但通过《"两高"解释》第19条[3]、第24条[4]之规定，一方面，检察院在提起民事公益诉讼时是可以在诉讼的过程中决定撤诉的，这是出于对检察院作为国家机关的公信力的尊重，其在诉讼过程中忠实勤勉地履行职能的可能性较大这样一种考量作出的；另一方面，在该解释中检察院撤诉的前提条件是诉讼请求全部实现后方可以撤诉，检察院无疑处于一种强势的地位，诉讼请求全部实现并无标准，各地做法不一。

在行政公益诉讼中，表现出两种样态：其一，准予检察机

〔1〕第289条规定："对公益诉讼案件，当事人可以和解，人民法院可以调解。当事人达成和解或者调解协议后，人民法院应当将和解或者调解协议进行公告。公告期间不得少于三十日。公告期满后，人民法院经审查，和解或者调解协议不违反社会公共利益的，应当出具调解书；和解或者调解协议违反社会公共利益的，不予出具调解书，继续对案件进行审理并依法作出裁判。"

〔2〕第290条规定："公益诉讼案件的原告在法庭辩论终结后申请撤诉的，人民法院不予准许。"

〔3〕第19条规定："民事公益诉讼案件审理过程中，人民检察院诉讼请求全部实现而撤回起诉的，人民法院应予准许。"

〔4〕第24条规定："在行政公益诉讼案件审理过程中，被告纠正违法行为或者依法履行职责而使人民检察院的诉讼请求全部实现，人民检察院撤回起诉的，人民法院应当裁定准许；人民检察院变更诉讼请求，请求确认原行政行为违法的，人民法院应当判决确认违法。"

关撤诉并作出确认行政行为违法的判决。民事和行政公益诉讼撤诉标准也不同。如以江苏省无锡市中级人民法院审结的无锡市检察院提起的一起跨区倾倒生活垃圾环境民事公益诉讼案为例。该案中，公益诉讼人无锡市检察院请求判令上海市杨浦区绿化和市容管理局等被告承担涉案环境污染的应急处置费用、环境修复费用等2094649.16元，后其以诉讼请求全部实现为由申请撤诉，无锡市中级法院依据《环境民事公益诉讼司法解释》第26条[1]，经专家论证程序、听取群众意见后依法裁定准许。该案中，法院重点就撤诉的条件即“诉讼请求全部实现”进行司法审查，认为环境修复目标的实现及杜绝环境侵权再次发生的可能性为审查的实质标准。又如，贵州省毕节市七星关区检察院诉毕节市七星关区环境保护局不履行行政职权案[2]中，贵耀公司将废水直接排入河中，被告发现违法后，并未依照环境保护法责令其停产并予以罚款或给予建设单位人员行政处分，检察机关当庭撤回要求被告继续对贵耀公司违法行为履行职责的诉讼请求，毕节市七星关区人民法院判决准许该区检察院撤回该项诉讼请求，并判决确认该区环境保护局对贵耀公司在2014年7月至2016年3月期间的违法排污行为未依法履行职责违法。其二，对检察机关的撤诉申请不予准许。比如，贵州省贵阳市开阳县检察院诉开阳县花梨镇人民政府确认行政行为违法及依法履行行政职责案[3]中，审判机关依据最高

---

〔1〕 第26条规定：“负有环境保护监督管理职责的部门依法履行监管职责而使原告诉讼请求全部实现，原告申请撤诉的，人民法院应予准许。”

〔2〕（2016）黔0382行初4号判决书。

〔3〕（2017）黔0181行初3号判决书。

人民法院《关于行政诉讼撤诉若干问题的规定》第2条[1]规定，以公共利益为判断标准，认定被告的修复手段不足以消除环境致害影响，不准许检察机关撤诉。

四、公益诉讼法律监督的制度完善

（一）完善检察机关公益诉讼的法律依据

针对现有法条过于简单的问题，最为行之有效的方法为制定“公益诉讼法”，专门规范和调节检察公益诉讼涉及的方方面面关系和矛盾。陈晓景教授认为：“从短期来看，检察机关提起公益诉讼的立法形式可由全国人大常委会授权进行，从长远来看，待条件成熟时，应该制定专门的公益诉讼法。”并且由于行政公益诉讼与民事公益诉讼的不同，对行政公益诉讼和民事公益诉讼应当分章规定。所以从目前来看，短期内最为直接有效的方式为通过全国人大常委会授权决定的方式进行规定，待到条件成熟后制定“公益诉讼法”，并且采取分章的方式分别规定民事公益诉讼和行政公益诉讼。[2]

由于立法并不是一朝一夕的事情，在立法之前需要考虑的是如何度过从现在到未来正式立法的空窗期，现阶段由全国人大常委会授权决定的方式对有关公益诉讼问题进行解决是值得期待的，同时，由最高人民法院和最高人民检察院就具体问题联合制定相关的司法解释。2017年上半年，在试点期间即将届满前，最高人民法院会同最高人民检察院向立法机关提出立法

〔1〕第2条规定：“被告改变被诉具体行政行为，原告申请撤诉，符合下列条件的，人民法院应当裁定准许：（一）申请撤诉是当事人真实意思表示；（二）被告改变被诉具体行政行为，不违反法律、法规的禁止性规定，不超越或者放弃职权，不损害公共利益和他人合法权益；（三）被告已经改变或者决定改变被诉具体行政行为，并书面告知人民法院；（四）第三人无异议。”

〔2〕胡卫列在国家检察官学院河南分院、河南省法学会联合举办的“人民检察院提起公益诉讼立法问题研讨会”的发言，载《检察日报》2017年5月5日。

建议，共同推动对民事诉讼法、行政诉讼法进行修改。随后成立检察公益诉讼司法解释起草小组，联合制定双赢多赢共赢的理念及《“两高”解释》，于2018年3月2日起施行。[1]《“两高”解释》是第一个解决公益诉讼问题并且由最高人民检察院和最高人民法院共同发布的相关司法解释，规定了审理检察公益诉讼案件的任务和原则；人民检察院的诉讼地位和诉讼权利义务；检察公益诉讼的案件的起诉和受理；二审程序的启动和出庭人员以及刑事附带民事的公益诉讼等问题。《“两高”解释》作为第一部关于公益诉讼的司法解释文件，起到了很好的示范作用，也为之后解决公益诉讼问题提供了思路。在制定完整的“公益诉讼法”之前，需要将贯彻执行《“两高”解释》与贯彻落实民事诉讼法、行政诉讼法和其他司法解释结合起来，充分发挥公益诉讼制度功能，同时与审判公益诉讼实践结合起来，在实践中不断探索完善公益诉讼制度。综上所述，现阶段解决公益诉讼法条过于简便的办法便是由全国人大常委会进行授权，其中对于公益诉讼的原则性条款由全国人大常委会在授权决定中进行规定，具体的实施办法由最高人民法院和最高人民检察院进行详细制定。由于公益诉讼与实践紧密相关，所以最高人民法院和最高人民检察院出台的文件应当紧密结合实践，并且当出现问题后马上对条款进行修正，以使公益诉讼正常发挥应有的功能。

由于需要立法、执法、司法部门等多方配合，因此在条件成熟之后需要一部完备的法律将公益诉讼的整个程序完整地规定下来，所以制定“公益诉讼法”就显得十分必要。制定“公

〔1〕江必新：《认真贯彻落实民事诉讼法、行政诉讼法规定，全面推进检察公益诉讼审判工作》，载《人民法院报》2018年3月5日。

益诉讼法”应当结合《“两高”解释》的相关规定，并在其基础之上进一步细化相应内容。同时，参考国外关于公益诉讼的相关规定，进行有选择的吸收，总结类似案例的共通之处，基于此制定一部内容完整与实际结合紧密，程序完备的“公益诉讼法”。

（二）明确检察机关公益诉讼的启动机制

1. 确定检察机关公益诉讼的范围与启动

受理范围是检察公益诉讼的重要内容，公益诉讼是我国治理能力现代化的重要体现，公益诉讼范围一定不是局限行政公益诉讼中生态环境和资源保护、食品药品安全、国有财产保护、国有土地使用权出让等法定领域，以及民事公益诉讼中生态环境和资源保护、食品药品安全、英雄烈士保护等法定领域，但又不是无限扩张的。民事诉讼法及行政诉讼法对检察机关提起民事公益诉讼及行政公益诉讼有了原则规定，如在民事环境公益诉讼中遵循“特别法理优于一般法理原则”。

一方面，在民事公益诉讼中针对同一违法行为，社会组织在起诉上具有一定的优先顺序，在穷尽一切方式后，才能将检察公益诉讼提上日程，因而首先需对公益诉讼进行类型化：一是对于有特定被侵害主体的存在但涉及公共利益，若没有相关主体提起，检察机关可以建议相关主体提起，经过一定期限，才能提起公益诉讼；二是没有特定被侵害主体的公共利益行为，但存在相关社会组织，也应建议社会组织提起，经过一定期限，才能提起公益诉讼。“尽管现阶段社会组织在公益诉讼中的作用有限，但不能因此就否认它的价值，而将其边缘化。社会组织的参与不仅能弥补检察、行政机关提起公益诉讼的不足，而且一定程度的‘社会化’也更有利于公益诉讼制度的良性及可持续发展。社会组织在公益诉讼中的作用可谓无可替代。"[1]

另一方面，在行政公益诉讼中针对违法行为，要突出行政机关的主体作用，强调行政机关自身的积极作为。在作出检察建议后，行政机关仍不积极作为，方可提起诉讼。需要注意的不要在面对检察建议和起诉之间有失偏颇，而是两手都要抓，两手都要硬。因而对于行政公益的启动要做到：一是制定检察建议的长效跟进措施。检察建议发出后要持续跟进，及时反馈落实，尽量在诉前解决大部分的行政违法行为，从而高效地修正违法行政行为。二是对于典型的和重大疑难案件提起诉讼。检察机关应该重视起诉在公益诉讼中解决重大疑难问题的作用，杜绝实践中存在的检察机关对于某些该诉的案件只作检察建议，导致不法侵害由于得不到救济而持续存在的现象。

2. 规范诉前程序与处分权限

诉前程序应是公益诉讼的必要程序，诉前程序的内容与程序都需要明确出来。法院公告程序是环境民事公益诉讼和消费民事公益诉讼的必经程序。从程序功能上看，诉前程序与法院公告程序有所重复，即二者的"逻辑起点和初衷是相同的"[2]，都具有督促其他适格原告提起诉讼、维护国家利益和社会公共利益的功能。因此，为了避免程序功能重复所带来的司法资源浪费，提高诉讼效率，应在未来立法将履行诉前程序明确规定为除刑事附带民事公益诉讼应当进行公告外[3]，取消法院立案后再"公告案件受理情况"的规定。这是因为，诉前程序的履

〔1〕 陈杭平、周晗隽：《公益诉讼"国家化"的反思》，载《北方法学》2019年第6期。

〔2〕 陆军、杨学飞：《检察机关民事公益诉讼诉前程序实践检视》，载《国家检察官学院学报》2017年第6期。

〔3〕 最高人民法院、最高人民检察院《关于人民检察院提起刑事附带民事公益诉讼应否履行诉前公告程序问题的批复》。

行已经实现了法院公告程序的功能，法院立案后就不再具有公告案件受理情况的必要，应该取消法院公告程序。[1]

除此之外，在对诉前程序进行规范时，还必须关注检察机关的处分权及其限度。笔者认为，在诉前程序中，不宜直接禁止检察机关与被告进行和解与调解，而是应当在充分尊重检察机关处分权的基础上，通过必要的监督制约机制为其处分权的行使划定合理的“边界”。这是因为：第一，公益诉讼与以调整个人之间利益冲突为对象的传统私益诉讼不同，对于这种以处理国家利益和社会公共利益冲突为特征的新型纠纷而言，“其解决的方式区别于传统的所谓‘非黑即白’的判定，而不得不更多地采取调整式或和解式的方法”。即使在诉前程序中，也应如此。第二，从性质上看，民事公益诉讼属于民事诉讼的范畴，而通过和解与调解的方式解决民事纠纷，既是案件分流的需要，又有利于节约司法资源。即使考虑到检察机关“形式当事人”的地位而担心其在诉前程序中不当行使处分权损害国家利益和社会公共利益，也只能对其处分权进行限制，而不能完全禁止。第三，允许检察机关与被告和解与调解，既符合我国立法的规定，也有利于及时救济受损国家利益和社会公共利益。这是因为，根据民事诉讼法及相关司法解释的规定，民事诉讼应当遵循处分原则，即使案件涉及国家利益和社会公共利益，立法也只是对处分原则的适用进行必要限制，并未直接禁止。相反，在有些情况下，如果检察机关能够在诉前程序中与被告达成和解或调解协议，此时，被告为了能够获得从轻量刑，往往会积极采取修复措施，反而有利于及时救济受损的国

〔1〕 杨雅妮：《刑事附带民事公益诉讼诉前程序研究》，载《青海社会科学》2019 年第 6 期。

家利益和社会公共利益。

（三）完善检察机关线索证据举证追诉制度

1. 建立机制，扩大线索来源路径

加强与监察委的有效衔接，探索建立公益诉讼线索移送机制。由于我国监察体制不断地改革与完善，监察委在行使其职权的过程中对于公益诉讼案件中所发现的相关线索材料，是检察机关提起行政公益诉讼发现其线索的主要途径。故，必须清楚监察委和检察机关各自行使职权的权限和范围，科学合理地设置监察机关和检察机关的制度衔接，明确两个机关之间的工作协作、线索移送机制及联合执法检查、信息资源共享等内容，整合监督职能，实现常态监督，充实线索资源。

建立公益诉讼线索周报制度，健全全省公益诉讼案件线索库并对案件线索实行动态管理机制，努力推动行政机关执法信息平台与检索信息平台共享建设，实现公益诉讼案件线索大数据人工智能化。目前，实务中检察机关获得公益诉讼案件的相关证据的线索来源太过于杂乱，且大多依赖于行政机关提供，这对于检察机关想规范和扩大公益诉讼线索来源是十分不利的，故笔者认为应建立公益诉讼周报制度，建立全省公益诉讼线索库并对案件线索实行动态管理，这样就可以实时掌握行政单位执法动态，及时掌握侵害国家利益和社会公共利益的案件线索和相关信息，增强线索发现的及时性、准确性。还可考虑让检察机关加大主动寻找、发现线索的力度，采用走访群众等形式，了解环境污染和资源破坏严重的现象，通过走访环保、水利、林业等重点机关，了解各单位执法难点和盲点，掌握污染环境和破坏资源的违法情形。

宽泛理解“履行职责中”，以便畅通和扩大其他线索来源。这样才可以保证检察机关能够充分利用各种各样的途径发现相关线索，如基于公民、法人或其他组织对侵害公共利益行为的揭发、控告，提起诉讼等途径发现的线索，以及有关国家机关交办或转办的相关线索。

2. 完善线索发现、取证相关问题

完善法律依据，明确调查取证权的强制力，从制度层面保障检察机关公益诉讼的调查取证权。尽管我国相关法律制度规定了检察机关对于公益诉讼有调查取证权，但并没有规定行政机关、相关组织或个人不配合检察机关调查取证的法律后果，故应在立法层面建立取证对象拒不履行时所应采取的强制措施和相关法律后果。

加强对调查取证的刚性保障。法律未规定检察机关调查核实面对的大量专业问题如何解决。如需要委托鉴定机构鉴定评估，但省内鉴定机构少、鉴定专业化要求高、评估费用高昂，造成了取证耗时长、成本高等问题，掣肘了公益诉讼工作的开展，故此，应加大对鉴定费用的投入，建立专门化的鉴定机构，解决相关地区无鉴定机构，鉴定不起的问题。还可参照最高人民检察院《关于指派、聘请有专门知识的人参与办案若干问题的规定（试行）》，请求最高人民检察院相关业务部门或技术信息中心予以帮助，办理聘请或委托手续，充分发挥专家意见作用。

建立常态化的学习机制，以懂行政、会调查、善公诉为目标，切实强化证据收集提取能力、案件审查能力、法律文书制作能力、出庭应诉能力，努力打造一支理念先进、能力突出、专业精通、人员稳定的队伍。严格规范行使法律赋予的公益诉讼职权，正确把握公益诉讼的标准和范围，严格履行诉前程序，稳妥慎重提起公益诉讼。将行政机关落实公益诉讼案件情况作为干部选任的否定性评价指标。对于不配合、故意隐瞒证据甚至是采取对抗措施，严重影响取证进度的直接负责的领导人员处以罚款、降职等处罚。

格外注意对检察机关调查取证环节权力行使的力度控制。检察机关在行政公益诉讼中所享有的调查取证权并不同于刑事诉讼中的情况，不应在调查取证过程中固守旧有思维，混用其在刑事侦查中所惯常使用的侦查措施和手段。为了最大限度地避免检察机关滥用权力，应在办案过程中加大对民事行政检察部门权力行使问题的监督力度。

（四）完善检察机关公益诉讼监督机制

“检察建议是中国特色检察权中的一项功能性权力，构成实施法律监督不可或缺的内容。”[1] 国家权力最本质的特征在于其强制性，作为法律赋予检察机关的一项权力，检察建议理应具有一定的强制性。诉前调查权是公益诉权行使的基础。行政公益诉讼关涉公共利益，且常常损害严重，检察机关只有认真调查取证，才能掌握行政违法的事实，才能提出有说服力和影响力的检察建议，进而才会引起行政机关的认真对待并积极纠正违法行为或者履行法定职责，同时又能为公益诉讼的提起提供坚实的事实依据。鉴于行政公益诉讼与刑事诉讼和民事诉讼的区别，以及检察机关与行政机关的性质、行政公益诉讼的目的、行政执法的特点和诉讼经济等诸多因素的综合考量，《实施办法》第 33 条设定了检察机关诉前程序调查权的行使原则，即以调取行政执法证据为主、依职权补充调查为辅，并列举了检察机关调查核实证据的 7 项措施。同时要求，检察机关调查核实证据不得采取限制人身自由以及查封、扣押、冻结财

〔1〕 张晓飞、潘怀平：《行政公益诉讼检察建议：价值意蕴、存在问题和优化路径》，载《理论探索》2018 年第 6 期。

产等强制性措施，行政机关及其他有关单位和个人应当配合检察机关调查核实有关情况。按理说，这些规定无可厚非，但出于确保检察机关充分履行法律监督职责，以及实现诉前程序与诉讼程序有效衔接的考虑，调查核实不能仅仅依靠行政执法证据，应当加强与履职需要相对称的自行调查取证职权。同时，还应当赋予检察机关强制性调查权。如果仅从检察机关公权力属性和诉讼公正的角度看，给予检察机关强制性调查权有悖法理。但为了克服被调查人以及有关单位和个人不予配合的问题，有必要赋予检察机关强制性调查权。一方面，检察机关在行使诉前程序调查权时，可以适用《行政诉讼法》第59条的规定，对无故拖延、拒绝或者妨碍协助调查的义务人提请人民法院采取妨碍诉讼的强制措施。另一方面，为体现行政权与检察权双方权力的平衡，可参照我国行政强制法关于行政强制措施方式的规定，赋予检察机关适当的、有限的强制性手段。此外，还应制定检察机关调查核实办法细化调查取证程序，防止检察机关调查权的恣意行使。

行政公益诉讼检察建议能否取得良好效果，取决于相关工作机制是否完善。一要建立跟踪督查机制。衡量行政机关是否实质性履职尽责，既有行为标准，又有结果标准，不能仅仅从是否回复来判断，关键是要及时跟踪监督检察建议的落实情况，并由此加以全面、客观、合法的判定。二要建立约谈机制。近些年，一些地方检察机关创新工作模式，探索建立检察建议约谈制度[1]，并取得了一定成效。针对行政机关随意应付检察建议或者在法定期限内不回复检察建议的突出问题，检察

〔1〕邓铁军、廖维玉：《“面对面”约谈推动检察建议落实》，载《检察日报》2014年10月20日。

机关以“面对面”的方式，与行政机关相约座谈，阐释检察建议的内容，明确行政行为存在的问题，听取行政机关的解释，共同研究整改措施，使其正确、清晰地认识到自身行为是否违法以及应如何回复检察建议和整改落实，从而实现诉前程序的目的。否则，对仍不落实检察建议的及时提起公益诉讼。三要建立执行救济机制。定期向人大及其常委会报送行政机关对检察建议的回复与落实情况，对被监督者不落实检察建议的，可以通报其上级、提请人大进行监督，构成违纪违法的，移送有关机关处理。同时，完善权利救济途径，被监督者对检察建议存有异议时，可申请复议复核。四要建立公开机制。推行检察建议文书公开制度，以检察公告方式设定检察建议的公告期和公告的程序效力，进一步扩大检察建议的透明性、公正性及其辐射和威慑效应，提升检察建议的实际效果。同时，定期向社会公开发布行政机关回复和落实检察建议的情况，发挥社会监督的功能。五要普遍建立评估、鉴定等办案费用保障机制。设立环境公益诉讼专项资金，破解环境公益诉讼高成本难题。借鉴一些地方关于环境公益诉讼的探索经验，将环境修复资金和服务功能损失等款项缴入专户或基金进行管理，主要用于修复被损害的生态环境，同时，还可以支付其他提起环境公益诉讼的原告在诉讼中所需的调查取证、专家咨询、环境监测、鉴定评估等必要费用。

第九章　法律监督调查核实的具体实施

法律监督是专门的国家机关根据法律的授权，运用法律规定的手段对法律实施情况进行监察、督促并能产生法定效力的专门工作。法律监督的前提是能够及时发现法律实施过程中存在的违反法律的情况。因此，调查核实就成了检察机关开展法律监督必不可少的重要手段。2018 年 10 月 26 日，十三届全国人大常委会第六次会议审议通过的《人民检察院组织法》，在第 21 条中专门增加了一款："人民检察院行使本法第二十条规定的法律监督职权，可以进行调查核实"。这是在总结以往法律监督实践的基础上，为了增强法律监督的效能，首次以法律的形式，明确规定了检察机关履行法律监督职责时可以使用调查核实权。

一、调查核实权概述

为了充分发挥调查核实权的法律监督作用，准确把握调查核实权的行使范围和行使方式，合理构建符合中国实际、具有中国特色的调查核实权运行机制，有必要对调查核实权的概念、权力属性、基本特征等进行深入研究。

（一）人民检察院调查核实权的立法沿革

"我们感兴趣的社会科学是一门关于具体实在的经验科学。

我们的目标是要理解我们身历其中的实在的独特之处：一方面，我们需要理解它现在的表现形态中的个别现象的联系和文化意义；另一方面，我们需要理解它们在历史上为何如此而非如彼地形成的依据。"〔1〕我国法律关于检察机关调查核实权的规定，也经了一个从无到有、从不成熟到成熟的立法过程。

新中国成立以后，我国曾先后颁布了5部与检察机关的组织机构有关的法律，其中有多处对调查核实权进行了规定，而调查核实权的名称和内容也随着时代的发展经历了一系列的变化。

1949年12月20日，中央人民政府通过了《中央人民政府最高人民检察署试行组织条例》，其中，第12条规定："最高人民检察署为有效达成其所负任务，得向各机关调阅有关法律、法令、决议等类之文书，并得参加最高人民法院、人民监察委员会、司法部、公安部之委员会议及部务会议。"这是新中国成立后有关检察机关组织法首次对调查核实做的相关规定。1950年11月，最高人民检察署在以前制定法的基础上，根据上位法的相关原则、规定，先后制定了《中央人民政府最高人民检察署暂行组织条例》和《各级地方人民检察署组织通则》。其中，1951年9月3日通过的《中央人民政府最高人民检察署暂行组织条例》第14条规定"最高人民检察署为有效完成其任务，得向各机关调阅有关于法律、法令、决议、命令等类之文书"。《各级地方人民检察署组织通则》第6条第4项规定"各级地方人民检察署为有效完成其任务起见，得向各机关调阅有关的材料文件"。1954年"五四宪法"通过之后，根

〔1〕［德］马克斯·韦伯：《客观性和经济学中的解释》，载［美］丹尼尔·豪斯曼：《经济学的哲学》，丁建峰译，上海人民出版社2007年版，第3页。

据宪法的规定，在广泛征求意见的基础上，9月21日通过了《人民检察院组织法》，也就是“五四检察院组织法”，为现行检察机关组织法的制定提供了直接蓝本。其中，第19条规定“人民检察院为执行检察职务，有权派员列席有关机关的会议，有权向有关的机关、企业、合作社、社会团体调阅必要的决议、命令、案卷或者其他文件，有关的机关、团体和人员都有义务根据人民检察院的要求提供材料和说明”。“五四检察院组织法”虽然没有明确赋予调查核实权，但对调查核实权的具体措施已作了较为全面的规定，为现行检察院组织法调查核实权的提出奠定了基础。1979年制定的《人民检察院组织法》由于取消了检察机关的一般监督权，所以没有对检察机关调查核实权进行明确规定。直到2018年10月26日，第十三届全国人民代表大会常务委员会第六次会议对《人民检察院组织法》进行了修订，明确以法律的形式赋予检察机关调查核实权。其中，第21条规定：“人民检察院行使本法第二十条规定的法律监督职权，可以进行调查核实，并依法提出抗诉、纠正意见、检察建议。有关单位应当予以配合，并及时将采纳纠正意见、检察建议的情况书面回复人民检察院。抗诉、纠正意见、检察建议的适用范围及其程序，依照法律有关规定。”这个规定，明确了检察机关调查核实权的启动条件、行使范围、行使结果以及相关单位的配合义务，对于增强法律监督的刚性、提出法律监督的效能，具有重要意义。

除了人民检察院组织法的规定之外，《刑事诉讼法》第57条规定，“人民检察院接到报案、控告、举报或者发现侦查人员以非法方法收集证据的，应当进行调查核实。对于确有以非法方法收集证据情形的，应当提出纠正意见；构成犯罪的，依法追究刑事责任”；《民事诉讼法》第210条规定：“人民检察院因履行法律监督职责提出检察建议或者抗诉的需要，可以向当事人或者案外人调查核实有关情况。”这些规定，都赋予了检察机关在诉讼过程中可以进行调查核实的权力。

根据人民检察院组织法以及其他相关法律的规定，2019年12月30日起施行的《人民检察院刑事诉讼规则》第72条对调查核实权的启动条件、适用范围以及管辖范围作了详细规定：“人民检察院发现侦查人员以非法方法收集证据的，应当及时进行调查核实。当事人及其辩护人或者值班律师、诉讼代理人报案、控告、举报侦查人员采用刑讯逼供等非法方法收集证据，并提供涉嫌非法取证的人员、时间、地点、方式和内容等材料或者线索的，人民检察院应当受理并进行审查。根据现有材料无法证明证据收集合法性的，应当及时进行调查核实。上一级人民检察院接到对侦查人员采用刑讯逼供等非法方法收集证据的报案、控告、举报，可以直接进行调查核实，也可以交由下级人民检察院调查核实。交由下级人民检察院调查核实的，下级人民检察院应当及时将调查结果报告上一级人民检察院。人民检察院决定调查核实的，应当及时通知公安机关。”第551条则对调查核实的具体措施进行了细化：“人民检察院对刑事诉讼活动实行法律监督，发现违法情形的，依法提出抗诉、纠正意见或者检察建议。人民检察院对于涉嫌违法的事实，可以采取以下方式进行调查核实：（一）讯问、询问犯罪嫌疑人；（二）询问证人、被害人或者其他诉讼参与人；（三）询问办案人员；（四）询问在场人员或者其他可能知情的人员；（五）听取申诉人或者控告人的意见；（六）听取辩护人、值班律师意见；（七）调取、查询、复制相关登记表册、法律文书、体检记录及案卷材料等；（八）调取讯问笔录、询问笔录及相关录音、录像或其他视听资料；

（九）进行伤情、病情检查或者鉴定；（十）其他调查核实方式。人民检察院在调查核实过程中不得限制被调查对象的人身、财产权利。”《人民检察院民事诉讼监督规则（试行）》第五章第三节的第65条至第73条也对调查核实权具体的启动条件、适用范围，措施，结果适用以及相关单位的配合义务均作了较为明确、详细的规定。

另外，还有一些关于调查核实权的规定零散地分布于其他相关法律规范中，如《人民检察院提起公益诉讼试点工作实施办法》第6条对民事公益诉讼中调查核实的适用范围、具体措施、相关单位的配合等进行了规定：“人民检察院可以采取以下方式调查核实污染环境、侵害众多消费者合法权益等违法行为、损害后果涉及的相关证据及有关情况：（一）调阅、复制有关行政执法卷宗材料；（二）询问违法行为人、证人等；（三）收集书证、物证、视听资料等证据；（四）咨询专业人员、相关部门或者行业协会等对专门问题的意见；（五）委托鉴定、评估、审计；（六）勘验物证、现场；（七）其他必要的调查方式。调查核实不得采取限制人身自由以及查封、扣押、冻结财产等强制性措施。人民检察院调查核实有关情况，行政机关及其他有关单位和个人应当配合。”第33条对行政公益诉讼调查核实权进行了规定：“人民检察院可以采取以下方式调查核实有关行政机关违法行使职权或者不作为的相关证据及有关情况：（一）调阅、复制行政执法卷宗材料；（二）询问行政机关相关人员以及行政相对人、利害关系人、证人等；（三）收集书证、物证、视听资料等证据；（四）咨询专业人员、相关部门或者行业协会等对专门问题的意见；（五）委托鉴定、评估、审计；（六）勘验物证、现场；（七）其他必要的调查方式。调查核实不得采取限制人身自由以及查封、扣押、冻结财产等强制性措施。人民检察院调查核实有关情况，行政机关及其他有关单位和个人应当配合。”《关于对司法工作人员在诉讼活动中的渎职行为加强法律监督的若干规定（试行）》中对人民检察院对应当调查核实的12种涉嫌渎职行为进行了详细规定。除此之外，《人民检察院行政诉讼监督规则（试行）》等相关法律规范中也有关于调查核实权的相应规定。

（二）调查核实权的内涵

调查核实权，是指人民检察院因履行法律监督职能的需要，对监督对象可能存在的违法情况，通过查阅、询问、鉴定、勘验等方式，就案件的具体情况向有关人员进行调取、核实证据的一项职权。从本质上讲，调查核实权根源于宪法规定的法律监督权，是检察权的派生权力，其授权的初衷在于对整个诉讼活动进行更有效的法律监督，以达到司法公正的目的。

从字面上讲，调查核实是由“调查”与“核实”两个词语组成。根据《辞海》的解释，“调查”是指对事物进行系统周密的考察和了解，是获得感性认识最直接的方法，一般通过深入现场进行观察、走访等方式获取相关信息。“核实”是指检验和查证，审核事务的真实性，多指确认已有的数据、证据等是否属实。因此，调查核实包括两个层面：

第一，调查，即通过调查的方式收集证据。证据是整个诉讼过程的核心，是认定案件事实、作出公正判决的依据。调查是检察机关行使调查核实权的重要部分，也是履行法律监督职能的重要手段。对于在诉讼过程中可能出现证据收集不全、事实了解不清等情况，检察机关及时运用调查手段，询问、讯问案件相关人员，勘验物证、现场，收集相关证据，以此确认整个诉讼过程是否公正、合法，并决定是否提出抗诉、纠正意见、检察建议等。这对于维护当事人的合法权益，确保司法公正，促进国家现代化法治建设具有重要意义。

第二，核实，即对已有证据的真实性、合法性进行审核、认定。在侦查、审查起诉和审判阶段，检察机关发现侦查人员以非法方法收集证据或者接受有关人员的报案、控告、举报，侦查人员存在非法收集证据的情形并提供相关材料和线索等，经检察长的批准，检察机关应及时对相关证据的真实性、合法性等进行审核、认定。并根据核实结果决定是否提出抗诉、纠正意见、检察建议等。通过对证据的真伪进行核实，可以增进司法公信力，达到维护司法公正和司法权威的目的。

根据《人民检察院组织法》第 21 条的规定，调查核实权属于实现法律监督职权的附属权能，具有双重属性。从本质上来说，调查核实权属于检察权的派生权力，根源于法律监督权，是检察机关履行法律监督职能的重要手段，因此调查核实权具有法律监督的属性。检察机关的法律监督具有事后监督的特性，因此，调查核实的客体为过去已经发生的违法行为，检察机关根据已有的证据事实作出是否有必要进行调查核实的决定。调查核实是一种动态的双向互动过程，检察机关可以通过调查核实权的行使，对案件进行全面了解、详细核实，使法律监督活动由以往的只能对移送案件材料进行静态审查这种封闭式办案转变为参与式办案，有助于提升检察机关法律监督的力度和效能。

从目的上来说，调查核实权是实现法律监督的重要手段和工具。立法授予检察机关调查核实权是基于实现法律监督职能的需要。因此，调查核实权必须围绕如何更好地履行法律监督的职能而展开。从这个层面来讲，调查核实权应当属于主动监督，即对侦查活动、审判活动、执行活动的过程中可能出现的违法情况以及行政活动中可能侵害不特定多数人利益的情况进行调查核实。调查核实的目的在于是否启动法定的纠错程序，即决定是否依法提出抗诉、纠正意见、检察建议等。因此，调查核实权不是实体处分性质的权力。

（三）调查核实权的特征

调查核实权是检察机关履行法律监督职能的重要手段。调查核实权具有以下几方面的特征：

1. 派生性

调查核实权不是法律监督的基本权能，因而也不是检察权当然包含的内容，而是为了有效履行法律监督职能，增强法律监督的刚性和可执行性，立法机关专门授予检察机关的一项职权，是作为检察权之下的一项派生权力。调查核实权是附属于法律监督职权并为履行法律监督职责服务的一项权能。法律赋予检察机关调查核实权的目的，是使检察机关在履行法律监督职责的过程中更及时更有效地发现监督对象的职能活动中可能存在的违法情况，以便决定是否需要通过提出抗诉、纠正意见、检察建议等方式督促纠正相关问题。因此，调查核实权的行使要服从履行法律监督职责的需要。

2. 非强制性

《人民检察院刑事诉讼规则》《人民检察院民事诉讼监督规则（试行）》《人民检察院提起公益诉讼试点工作实施办法》及《人民检察院行政诉讼监督规则（试行）》等法律文件列举了检察机关行使调查核实权的手段。这些手段主要包括询问、讯问、查阅、勘验、鉴定等非强制性措施。同时，《人民检察院民事诉讼监督规则（试行）》《人民检察院提起公益诉讼试点工作实施办法》等也明确规定了检察机关在行使调查核实权时不得采取限制人身自由以及查封、扣押、冻结财产等强制性措施。因此，与侦查机关或监察机关对犯罪的侦查活动或调查活动有所不同的是，调查核实权属于通过非强制性手段获取相关事实的调查手段，不涉及对人身和财产的强制。但是，在明确调查核实手段非强制性的同时，规定了有关个人和单位的配合义务以及拒绝、妨碍检察机关调查核实的法律责任，从而确保了调查核实的顺利实施。

3. 中立性

检察机关行使调查核实权的目的在于强化对诉讼活动的法律监督，确保司法公正，维护司法权威。部分学者认为，调查核实权的介入，尤其是在民事诉讼领域中，会破坏民事诉讼双方的平等对抗结构。这种观点不符合调查核实权监督与制衡的本质属性。因此，检察机关在行使调查核实权时，要站在维护国家法律权威的立场，扮演中立的“第三人”角色，独立行使职权，做到不代表任何一方利益，不偏袒任何一方权益，客观公正地履行法律监督职责，有效维护诉讼过程的良性运作。

4. 基础性

调查核实权既是法律监督职权中派生出来的影响权能，也是一项基础性的权能。检察机关在履行法律监督职责的过程中，首先需要查清楚违法情况是否存在以及存在的具体形式，然后才能有效地进行监督。在诉讼监督中，发现违法的责任在检察机关。检察机关只有运用好调查核实权，才能查明违法事实是否存在，才能有理有据地进行法律监督。特别是在公益诉讼中，检察机关承担着线索发现、证据收集、审查起诉等全部任务。其中，证据收集又是关系整个诉讼胜败的关键。因此，检察机关需要将调查核实权作为收集证据的基础性手段。调查核实权行使得充分与否，直接关系证据收集是否完整、合法，直接关系诉讼的胜败以及公共利益是否得到维护。

5. 有限性

调查核实权的有限性主要是指行使调查核实的范围是有限的。调查核实权是为了保证检察机关能够有效履行法律监督职权而赋予的，其范围仅包括对案件事实本身的了解、原有证据正当性、合法性的认定以及诉讼主体违法行为的调查等，其调查核实的结果只能用于提出抗诉、纠正意见、检察建议等。检察机关在行使检察权对诉讼活动进行法律监督的过程中，为了不影响公权力的行使、不过多地干预私权利以及破坏诉讼平衡，应当坚持检察权的谦抑性原则，对调查核实权的行使范围进行限定。例如，《人民检察院刑事诉讼规则》《人民检察院民事诉讼监督规则（试行）》及《人民检察院行政诉讼监督规则（试行）》等都对检察机关行使调查核实权的边界作出了明确的限定。

二、调查核实权的必要性与正当性

（一）赋予检察机关调查核实权的必要性

必要性是指为达到一定目标所必需的条件或因素。在行政法中，必要性被认为是“帝王原则”之一，即在所有可以选择的手段范围内，该手段是成本最低、损害最小的。立法赋予检察机关调查核实权同样符合必要性要求：一方面，它是履行法律监督职能所必需的手段；另一方面，相对而言，调查核实权具有执行成本低、收效高的特点，符合法的经济性要求。

1. 调查核实权是提升法律监督效能的必然要求

法律监督从本质上来讲是对国家公权力的监督，即对行政权和司法权进行监督，及时发现和纠正法律适用、执行中的各项错误，防止权力滥用，维护国家法制统一。检察机关通过实施调查核实权，获取、查证相关证据，为依法提出抗诉、纠正意见、检察建议等提供依据，对法律监督职能的履行起到了制度保障作用。调查核实权作为检察权的派生权力，根源于宪法赋予检察机关的法律监督权，并非实体性权力，而是一种程序性权力。因此，调查核实权不会改变诉讼参与者的权利与义务，更不能对违法行为进行直接处置。诉讼的核心问题在于证据问题。在诉讼过程中，检察机关通过运用调查核实权赋予的询问、查阅、勘验、鉴定等手段，对与案件相关的事实情况进行了解，对证据的完整性、正当性进行审核，对相关公务人员的执法活动进行监督，从而确保检察机关能够充分做好本职工作，高效履行法律监督职能，保证宪法和法律的全面正确实施。

在拥有调查核实权之前，由于检察机关的法律监督手段缺乏必要的刚性和可操作措施，加之公安机关侦查工作的专业性、保密性，使得检察机关对相关工作的监督面临着发现问题困难，核查问题不易，纠正问题乏力等困境。刑事诉讼法修改后，明确规定了检察机关可以对侦查人员非法收集证据的行为进行调查核实，为有效履行法律监督职能奠定了法制基础。调查核实的直接目的就是要把事实查清楚，包括案件的客观事实和司法人员的违法事实。只有通过综合运用调查核实权赋予的各项手段措施，才能把案件事实与违法事实查明白，确定是否存在违法情节，明晰损害程度以及责任分配等事实情况，使检察机关在履行法律监督职能时，能够以事实基础为依据，增强抗诉、纠正意见、检察建议的有效性和针对性，从而大大提升法律监督的效能。

2. 调查核实权是权力制约的必然要求

无论什么类型的权力，一旦失去了制衡机制，就会演变为“绝对的权力”，而“绝对的权力”必然会倾向于腐败与非正义。英国和法国最初设置检察权的目的之一就是通过检察权来制衡审判权，通过设立中立的第三者的监督，来实现与审判权力的制衡。事实证明，这种权力制衡是行之有效的。虽然我国并没有采用西方三权分立式的政体，但我国的国家机关在权力运行时也存在相应的监督制约机制。《刑事诉讼法》第7条明确规定："人民法院、人民检察院和公安机关进行刑事诉讼，应当分工负责，互相配合，相互制约，以保证准确有效地执行法律。"这便是公检法三机关之间进行权力制约的法律依据。法院、公安机关或其他行政机关在化解社会矛盾纠纷、维护社会和谐稳定、保障公民权益方面发挥了重要作用。绝大多数的公务人员能够做到奉公守法、廉洁自律，自觉遵守党纪国法，自觉做到全心全意为人民服务。但是，也有极少数公务人员存在贪污腐败等渎职行为，以权谋私，徇私枉法，利用手中的权力为自己或亲属牟利，办关系案、人情案，严重影响了司法公正、危害了司法公信力，使得民间有冤难伸、有愤难平，社会影响极其恶劣。特别是在司法活动中，由于侦查、审判等活动专业性强、公开性弱，因此该领域内公务人员的违法行为隐蔽性强，一般很难被发觉。如公安机关的非法取证行为，会对证据材料、相关文书等资料进行配套的修饰掩盖，只通过对卷宗的审查一般很难发现明显漏洞。如果没有必要的调查手段，就很难发现违法行为的存在，很难有效地对其进行法律监督。而调查核实可以使检察机关提前介入侦查活动中，直接通过询问当事人或其他知情人员的方式对侦查人员非法取证的行为进行调查，而不是被动地等待侦查结束后审查证据材料，从证据材料中或者从犯罪嫌疑人及其辩护人方面获得可能存在非法取证的情况。因此，调查核实权有助于改变原来检察机关只能事后监督、被动监督的特点，综合运用调查核实的各项措施，对案件事实情况以及证据的合法性进行了解审核，从而发现在侦查活动中的违法问题，及时纠正错误，有效抑制违法行为的发生。

3. 调查核实权是维护司法权威的必然要求

司法权威来自司法机关通过对宪法和法律的严格执行，从而形成让人信服的力量和威望。司法权威的形成主要来自两方面的力量：一是司法具有至高无上的权力，即解决法律范围内所有争议的最终决定权力；二是司法在程序上和实体上是公正的，能够获得公众对司法机关的普遍信任和认可。检察机关行使调查核实权履行法律监督职能，及时发现和纠正在司法过程中可能存在的错误，能够缓和、化解当事人的不满，保障法律正确实施，维护国家法制统一；可以促进司法机关公正司法、严格执法，从而增强社会公众对司法的信任和认可，增强司法的权威性。

有人认为，检察机关的调查核实权会干预司法审判，破坏既判力的效力，从而影响司法权威。这种观点显然是不符合实际的，尤其不符合中国司法的实际情况。司法权威的建立是以司法公正为前提的。既判力的效力是以司法程序上和实体上的公正为基础的。离开了司法公正，司法机关的判决就不会得到社会公众的普遍认可，司法公信力就会下降，甚至有可能进一步激化社会矛盾，导致社会动荡，更无法谈及司法权威的建立了。调查核实权的行使，可以使检察机关进一步查清当事人申诉的案件事实，准确把握案件关键，及时正确地作出是否抗诉的决定，既可以有理有据地说服当事人服法息诉，减少不必要的抗诉，节约司法资源和诉讼成本，强化司法权威；又可以提高抗诉案件的再审改判率，维护司法公正。离开了调查核实权，检察机关就很难保证诉讼监督的准确性，更谈不上维护司法权威。

4. 调查核实权是构建和谐社会的必然要求

社会进步、经济发展、人民幸福等目标的实现都离不开和谐、稳定的社会环境。社会和谐离不开法治，法治是社会和谐的重要支撑。如果法律体系不健全、存在程序上的漏洞或实体上的不公，那么，和谐社会将无从谈起。法治是国家机关之间互相配合、互相监督的良性运行关系，检察机关的法律监督正是实现国家权力良性运行的关键。在全面依法治国的背景下，法治建设作为谋长远之策、建固本之基，成长治久安之势的关键，离不开高效运行的法律监督体系，而调查核实权正是检察机关履行法律监督职能的工具和手段。社会中的弱势群体处在社会矛盾最激烈、最中心的位置，也是决定能否建成社会主义和谐社会的关键点。检察机关通过调查核实，为社会中的弱势群体建立法律保护的最后一道防线，从实质意义上促进社会公平，有利于及时化解社会矛盾，减少犯罪发生，保持社会大局平稳。

由于事物发展的客观规律以及人类认识能力、知识水平的局限性，法律在实施的过程中会难以避免地出现错误，其直接结果就是影响司法公正，不利于社会和谐。因此，有必要对法律的实施过程进行监督和制衡。调查核实权作为检察权的派生权力，其目的在于更高效地履行法律监督职能，维护司法公正，最终促进社会公平。虽然检察机关调查核实的结果可能对诉讼一方有利，但调查核实是为了确保程序公正和实体公正，并不是出于维护某一方权益的目的，无论是在主观目的上，还是在客观结果上，都能达到促进司法公正，构建和谐社会的最终目的。

（二）赋予检察机关调查核实权的正当性

法的正当性基础是由人的价值观念和国家的政治理想决定

的。根据日本法学家谷口安平的观点，“正当性就是正确性。这里的正确有两层意思。一是结果的正确，另一个则是实现结果的过程本身所具有的正确性”[1]。美国法学家罗尔斯认为：“法律或制度的正义包括形式正义、实质正义和程序正义。”[2]因此，法律授予国家机关一项权力，不仅要具有程序上的正当性，还要具有实体上的正当性。检察机关的调查核实权，作为履行法律监督职能的重要手段，在实质上和程序上符合社会公众的基本价值取向，且与构建社会主义法治国家的基本目标相一致，具有正当性。虽然人民检察院组织法明确授予检察机关调查核实权，相关法律也对调查核实权的具体施行作了相关规定，但在实践中仍存在不理解、不支持、不配合的情况，因此，有必要对调查核实权从形式正当性、程序正当性和实质正当性三个方面作出进一步解释。

1. 调查核实权的形式正当性

法的形式的正当性主要是解答权力的来源和边界、法如何制定、实施、修改和解释等问题。美国法学家富勒曾就法的形式正当性提出了八项原则：法的普遍性、法律公布、非溯及既往、明确性、不自相矛盾、可为人遵守、稳定性以及官方行为与法律的一致性。

在我国，法的形式正当性主要是指符合宪法精神，不得与宪法、法律相抵触，即调查核实权的赋予必须与宪法精神相一致，并且符合上位法的规范要求。我们认为，法律赋予检察机关调查核实权具有形式正当性，主要理由是：一是调查核实权

---

〔1〕［日］谷口安平：《程序的正义与诉讼》，王亚新、刘荣军译，中国政法大学出版社2002年版，第49页。

〔2〕［美］约翰·罗尔斯：《正义论》，何怀宏等译，中国社会科学出版社1988年版，第54页。

来源的正当性。我国《宪法》第 2 条前两款明确规定："中华人民共和国的一切权力属于人民。人民行使国家权力的机关是全国人民代表大会和地方各级人民代表大会。"第 3 条第 3 款规定："国家行政机关、监察机关、审判机关、检察机关都由人民代表大会产生，对它负责，受它监督。"调查核实权作为检察权的派生权力，是由人民代表大会通过立法的形式赋予的，权力源于人民，其来源具有正当性。二是调查核实权设置的正当性。任何权力的设置必须具有明确的边界，才符合正当性的要求。法律赋予检察机关的调查核实权同样具有明确的边界，即限定在检察权的范围以内。检察机关作为国家的法律监督机关，宗旨是维护宪法和法律的统一正确实施，职权主要包括刑事检察、民事检察、行政检察、公益诉讼检察等四大部分。调查核实权的行使并没有超出检察权的范围，符合职权配置的基本原理。调查核实权的目的与宗旨与检察权的要求一致，符合宪法精神，保持了人民检察院组织法与刑事诉讼法、民事诉讼法、行政诉讼法在法律规范体系上的一致性。并且，人民检察院组织法明确规定，人民检察院行使本法规定的法律监督职权，可以进行调查核实，这个就把检察机关行使调查核实权的范围明确地限定在行使法律规定的法律监督职权的范围之内。

2. 调查核实权的程序正当性

近年来，随着"重实体轻程序"的传统观念向"实体与程序并重"理念的转变，程序的正当性作为一种"看得见的正义"，逐渐成为衡量法律行为正当性的重要标志。

就调查核实权而言，程序的正当性主要是指立法授权程序和具体执行程序。调查核实权的立法程序经过了提出草案、征求意见、审议通过、发布等过程，符合宪法与立法法的精神和要求，其程序当然具有正当性。另外，调查核实的运作程序自身同样具有合理性、合法性，体现出了调查核实的程序正义。例如，《人民检察院民事诉讼监督规则（试行）》第71条规定："人民检察院调查核实，应当由二人以上共同进行。调查笔录经被调查人校阅后，由调查人、被调查人签名或者盖章。被调查人拒绝签名盖章的，应当记明情况。"《人民检察院民事行政抗诉案件办案规则》第20条也作了同样的规定："人民检察院的调查活动应当由两名以上检察人员共同进行。调查材料应当由调查人、被调查人、记录人签名或者盖章。"这些规定都从程序上保证了调查核实权行使的正当性。

3. 调查核实权的实质正当性

法的实质正当性是指法律必须符合社会公众的道德理想、价值诉求，主要包括内容和目的的正义性。法的实质正当性是法存在的基础。在不同的时代，人们的道德理想和价值诉求是不同的，因此，人们对法律是否具有实质的正当性的标准也是不同的。但在同一时期，人们总是能就一些基本价值、共同利益等达成共识。在当下，构建社会主义法治理论体系，建成法治国家、法治政府和法治社会是我们共同的目标。这其中包括社会各界要求强化检察机关的法律监督职能，以维护司法公正和社会正义。而调查核实是检察机关进行法律监督的重要措施和手段。没有调查，没有发言权。法律监督必须建立在案件事实明了、法律关系清晰之上，因此，调查核实权是法律监督有效运行的基础与保障。

法律监督职能的实现必须借助一定的手段，否则，该职能便只能行于纸上。赋予检察机关调查核实权，有利于保障法律正确实施，维护国家法制统一，构建具有中国特色的社会主义法治体系。这种授权是符合全社会共同利益的，是人民意志的集中体现，因此，具有实质的正当性。

三、调查核实权的具体实施

检察机关的调查核实权作为一项国家公权力，在具体实施中应当坚持谦抑性原则。谦抑性原则本是刑法中的一项基本原则，又称必要性原则，是指用尽量小的刑罚力度换取最大的刑罚效果。在调查核实中，谦抑性原则主要体现在两个方面：一是启动的必要性。对于主动启动调查核实，在刑事诉讼中则应出于查明侦查人员是否存在以非法方法收集证据的需要，在民事诉讼中则应限定在对审判人员是否存在违法的情形、人民法院应当收集而未收集以及诉讼当事人存在虚假诉讼从而损害国家利益、社会利益或案外第三人权益的情形；对于被动启动调查核实，则应根据当事人申请，或接到报案、控告、举报等，经初步查证，认为有启动调查核实必要的，才可以依法启动。二是措施的必要性。例如，《人民检察院提起公益诉讼试点工作实施办法》第32条规定的检察机关在提起行政公益诉讼时可以采取的措施包括：调阅、复制行政执法卷宗材料；询问行政机关相关人员以及行政相对人、利害关系人、证人等；收集书证、物证、视听资料等证据；咨询专业人员、相关部门或者行业协会等对专门问题的意见；委托鉴定、评估、审计；勘验物证、现场等其他必要的调查方式。在具体的行政公益诉讼案件中，调查核实具体措施的选择应当根据具体案情需要，以查清案件事实和是否存在违法事实为限度，在法律规定的范围内选取必要的措施，而不是使用全部措施。另外，调查核实也不得采取强制性措施，如限制人身自由以及查封、扣押、冻结财产等。如在民事诉讼中，调查核实权的行使仅限于检察机关履行法律监督职责提出检察建议或者抗诉的需要，不能代行当事人的举证权，从而打破民事诉讼的平等构造，破坏法定的举证责任规则。

（一）调查核实的范围

调查核实的范围是指检察机关适用调查核实权予以调查、核实的对象和案件的范围，即向谁调查核实和调查核实哪些问题。

《人民检察院组织法》第21条第1款规定，“人民检察院行使本法第二十条规定的法律监督职权，可以进行调查核实”，这就意味着，检察机关在行使法律赋予检察机关的各项职权时都可以进行调查核实。为了明确调查核实权的权力边界，根据人民检察院组织法以及最高人民检察院制定的有关规则规定，我们认为，检察机关调查核实的范围主要包括两个方面：

1. 调查核实的对象

（1）当事人

根据《辞海》的解释，当事人是与某种法律事实有直接关系的人。当事人可以分为刑事诉讼当事人、民事诉讼当事人、行政诉讼当事人以及公益诉讼当事人。根据《刑事诉讼法》第108条的规定，刑事诉讼的当事人包括被害人、自诉人、犯罪嫌疑人、被告人、附带民事诉讼的原告人和被告人。民事诉讼的当事人是指以自己的名义请求法院行使审判权解决民事纠纷或者保护民事权益的人及其相对人，包括原告、被告和第三人。行政诉讼的当事人由公民、法人和其他组织以及行政机关组成，包括原告、被告、共同诉讼人、诉讼中的第三人。公益诉讼可以分为民事公益诉讼和行政公益诉讼，其当事人分别与民事诉讼当事人和行政诉讼当事人相同。

（2）案外人

根据《民事诉讼法》第210条的规定：“人民检察院因履行法律监督职责提出检察建议或者抗诉的需要，可以向当事人或者案外人调查核实有关情况。”可以看出，案外人是与当事人相对的概念。因为调查核实履行的是法律监督职能，直接目的在于查明与案件有关的所有事实，所以无论是否与案件存在利害关系，都可以成为调查核实的对象。因此，作为调查核实对象的案外人应当是指除当事人以外，与案件有牵连或知情的其他组织或个人。

（3）国家机关及其工作人员

根据《人民检察院组织法》第21条的规定，检察机关在行使诉讼活动法律监督，判决、裁定等生效法律文书的执行工作法律监督，监狱、看守所的执法活动法律监督时可以进行调查核实。因此，调查核实的对象必然包括相应的国家机关及其工作人员。如刑事诉讼调查核实的对象即为可能存在非法收集证据的侦查人员，《人民检察院行政诉讼监督规则》第13条也规定了检察机关可以向相关审判、执行人员调查核实。

2. 调查核实的案件范围

为了适应形势发展变化，深化内设机构改革，检察机关将其职能系统地概括为“四大检察”，即刑事、民事、行政和公益诉讼四大检察。由于“四大检察”的业务属性不同，因此，对检察机关开展调查核实的案件范围也会有所不同。

（1）刑事诉讼检察的调查核实范围

《人民检察院刑事诉讼规则》规定了检察机关可以对侦查、审查起诉和审判阶段可能存在的违法情形进行调查核实。

（2）民事诉讼检察的调查核实范围

《人民检察院民事诉讼监督规则（试行）》第65条规定了检察院机关可以对以下四种情况进行调查核实：“（一）民事判决、裁定、调解书可能存在法律规定需要监督的情形，仅通过阅卷及审查现有材料难以认定的；（二）民事审判程序中审判人员可能存在违法行为的；（三）民事执行活动可能存在违法情形的；（四）其他需要调查核实的情形。”

（3）行政诉讼检察的调查核实范围

《人民检察院行政诉讼监督规则（试行）》第13条规定了检察机关可以对以下四种情况进行调查核实：“（一）判决、裁定、调解书可能存在法律规定需要监督的情形，仅通过阅卷及审查现有材料难以认定的；（二）审判人员可能存在违法行为的；（三）人民法院执行活动可能存在违法情形的；（四）其他需要调查核实的情形。”

（4）公益诉讼检察的调查核实范围

公益诉讼检察分为民事公益诉讼检察和行政公益诉讼检察。根据《人民检察院提起公益诉讼试点工作实施办法》第6条和第13条规定，民事公益诉讼中调查核实的范围包括“污染环境、侵害众多消费者合法权益等违法行为、损害后果涉及的相关证据及有关情况”。行政公益诉讼中检察机关可以对有关行政机关“违法行使职权或者不作为的相关证据及有关情况”进行调查核实。

同时，根据《关于对司法工作人员在诉讼活动中的渎职行为加强法律监督的若干规定（试行）》第3条规定，最高人民法院、最高人民检察院、公安部、国家安全部、司法部对司法工作人员在诉讼活动中渎职行为调查核实的范围也作了明确规定：“（一）徇私枉法、徇情枉法，对明知是无罪的人而使其受追诉，或者对明知是有罪的人而故意包庇不使其受追诉，或者在审判活动中故意违背事实和法律作枉法裁判的；（二）非法拘禁他人或者以其他方法非法剥夺他人人身自由的；（三）非法搜查他人身体、住宅，或者非法侵入他人住宅的；（四）对犯罪嫌疑人、被告人实行刑讯逼供或者使用暴力逼取证人证言，或者以暴力、威胁、贿买等方法阻止证人作证或者指使他人作伪证的，或者帮助当事人毁灭、伪造证据的；（五）侵吞或者违法处置被查封、扣押、冻结的款物的；（六）违反法律规定的拘留期限、侦查羁押期限或者办案期限，对犯罪嫌疑人、被告人超期羁押，情节较重的；（七）私放在押的犯罪嫌疑人、被告人、罪犯，或者严重不负责任，致使在押的犯罪嫌疑人、被告人、罪犯脱逃的；（八）徇私舞弊，对不符合减刑、假释、暂予监外执行条件的罪犯，违法提请或者裁定、决定、批准减刑、假释、暂予监外执行的；（九）在执行判决、裁定活动中严重不负责任或者滥用职权，不依法采取诉讼保全措施、不履行法定执行职责，或者违法采取诉讼保全措施、强制执行措施，致使当事人或者其他人的合法利益遭受损害的；（十）对被监管人进行殴打或者体罚虐待或者指使被监管人殴打、体罚虐待其他被监管人的；（十一）收受或者索取当事人及其近亲属或者其委托的人等的贿赂的；（十二）其他严重违反刑事诉讼法、民事诉讼法、行政诉讼法和刑法规定，不依法履行职务，损害当事人合法权利，影响公正司法的诉讼违法行为和职务犯罪行为。”

（二）调查核实的启动

调查核实的程序是指检察机关在进行调查核实工作时必须遵循的步骤、流程，根据性质和功能的不同，可以将调查核实的程序分为启动、实施、终结三个阶段。

检察机关的调查核实程序启动方式可以分为依职权启动和依申请启动两种。依职权启动要符合法律规定的具体情形。相关法律对依职权启动的情况作了明确的规定，如《人民检察院刑事诉讼监督规则》第72条规定调查核实的启动既可以是人民检察院自行发现，也可以是接受当事人及其辩护人或者值班律师、诉讼代理人报案、控告、举报等；《人民检察院民事诉讼监督规则（试行）》第23条规定检察机关依职权发现需要启动调查核实的情形。

依申请启动的方式包括当事人或案外人向检察机关申请、报案、控告、举报，并提供相应的证明材料或线索，是启动调查核实程序的必要条件，而非充分条件。例如，《人民检察院刑事诉讼监督规则》第72条规定“当事人及其辩护人或者值班律师、诉讼代理人报案、控告、举报侦查人员采用刑讯逼供等非法方法收集证据，并提供涉嫌非法取证的人员、时间、地点、方式和内容等材料或者线索的，人民检察院应当受理并进行审查。根据现有材料无法证明证据收集合法性的，应当及时进行调查核实”。《人民检察院民事诉讼监督规则（试行）》第23条也规定了当事人可以向检察机关申请启动以及当事人以外的公民、法人和其他组织可以通过控告、举报的形式向检察机关申请启动。人类认识能力的局限性与事物发展的客观性规律之间的矛盾决定了在法律实施的过程中会不可避免地出现错误，因此，给予当事人和案外人申请启动调查核实的权利，是充分发挥人民群众广泛的监督作用，及时纠正法律实施中可能出现的错误，维护法制统一的重要举措。

调查核实程序的启动必须慎重，既要确保法律监督职能的有效发挥，又要避免权力滥用。当事人或案外人申请启动调查核实时，必须经过必要性审查。对于确实需要进行调查核实的，要经过负责人或检察长的批准。这都体现了检察机关一贯坚持的慎重原则。一方面，调查核实权应当快速及时启动，以便及时发现法律实施过程中的各种违法问题；另一方面，要形成内部和外部制约机制，坚持程序的规范性、合法性，严格区分调查核实权与检察机关的侦查权，严禁使用各种强制性措施，防止调查核实权的扩张。

（三）调查核实的措施

调查核实的措施，又称调查核实的手段，是指检察机关在进行调查核实的过程中，依照法律规定，所采取的发现、收集、审查各类证据的方法和对策的总和。此处的证据是指能证明案件真实情况的一切事实，其中包括案件事实情况与违法违纪情况。调查核实工作的顺利开展，必须以具体的措施为支撑。相关法律法规对调查核实的措施做了较为详细的规定，如《人民检察院刑事诉讼规则》第169条、第551条规定的调查核实可以采取询问、查询、勘验、检查、鉴定、调取证据材料等不限制被调查对象人身、财产权利的措施；《人民检察院民事诉讼规则（试行）》第66条规定的调查核实的手段有查询、调取、复制、询问、鉴定、评估、审计、勘验等措施。通过梳理总结，调查核实的措施大致可以分为以下几类：一是查阅；二是询问；三是讯问；四是委托鉴定、评估、审计；五是勘验。

1. 查阅

查阅是指检察机关在进行调查核实时，通过查看、调取、复制相关的证据材料、法律文书或案卷材料，对相关证据材料的合法性进行对比核实。查阅的对象是书面材料。主要包括书证、视听资料、电子证据、证人证言、当事人陈述、鉴定意见、笔录、庭审记录、犯罪改造材料等。在整个诉讼过程中形成的各类案卷材料是案情的最基本体现，检察机关查阅案件材料是全面知悉案情、掌握案件证据情况、了解诉讼运行程序，进而发现问题的最直接、最有效的方法。新中国成立以来，检察机关一直把查阅各类记录、法律文书、卷宗资料作为获取法律监督信息的重要方式。

检察机关在查阅相关证据时必须调取全部的案卷材料，进行全面详细的审查，并制作查阅笔录。同时，还应当重点注意以下几点：一是各类证据材料是否为原件；相关证据材料的照片、录像、复制品是否与原件相符；拍摄、复制程序是否规范、合法；是否经过专业的认定。二是相关证据材料的收集程序、方式是否合法；各类证据的数量、特征、质量、用途等记录、清单是否完整；有无相应的见证人签名。三是相关证据在收集、鉴定、保存的过程中是否遭到了破坏。四是相关证据与认定案件事实是否存在关联，如现场遗留的生物物证与被告人、犯罪嫌疑人的生物特征是否吻合。五是相关证据收集是否完整、全面。

对于侦查人员、审判人员、执行人员等可能存在的违法情况，不仅要查看、调取相关的报案登记、法律文书、卷宗材料等，还应当向其他相关的单位和个人查阅相关资料。同时，要严格审查在侦查、执行过程中的录音、录像，记录过程是否完整，人员表现是否异常，并及时配合其他的调查核实措施予以查证。

对于查阅的有关材料，需要作为证据使用的，应当进行调取；不能调取的，应当进行复制，并保证复制的完整性、真实性。

2. 询问

询问是指检察机关在调查核实过程中，为了进一步查明案件事实，通过对话交流的方式向当事人和案外人获取相关信息的一种措施。询问的对象包括当事人、证人、办案人员、在场人员以及其他可能知情的人员，同时也包括就专业问题向专业部门、技术人员等咨询，以及听取辩护律师、申诉人、控告人的意见等。

询问是检察机关工作人员与询问对象之间进行语言交流的

过程，语言交流的策略与方法对于能否取得预期效果起着至关重要的作用。另外，社会中存在的明哲保身，“多一事不如少一事”，害怕打击报复等风气也会增加询问的难度。因此，检察机关工作人员在询问时要讲策略、用方法，选择正确的时机、场合，以恰当的询问谈话开场，积极教育启发，做到以诚相待，以此唤起被询问人的正义感和社会责任感，消除其思想顾虑，充分调动被询问人交谈的积极性。在询问的过程中，要坚持正式询问与非正式询问相结合、正面询问与侧面询问相结合、询问对象的自由陈述与检察人员的辅助提问相结合，及时制作询问笔录，确保询问效果。

《刑事诉讼法》第52条明确规定了严禁以威胁、利诱、欺骗或者其他非法方法收集证据，该规定同样适用于检察机关调查核实的全过程。因此，检察机关在调查核实的过程中，不能对询问对象采取威胁、利诱、欺骗等其他方式进行询问交谈，要保证询问结果的客观性、合法性。同时，检察机关必须为询问对象保密，保障其人身安全。

3. 讯问

讯问是指检察机关在调查核实的过程中，为了查明案件事实，核实已有证据的合法性，依照法律规定，对在押的犯罪嫌疑人采取的一种专门的调查措施。调查核实过程中对犯罪嫌疑人进行讯问是掌握犯罪嫌疑人心理状况，了解犯罪嫌疑人对诉讼过程的态度、观点，发现非法收集证据等情况最为直接、有效的方式。

讯问犯罪嫌疑人必须严格依照法律规定进行，保障犯罪嫌疑人的合法权益。在讯问开始前，检察机关工作人员必须如实告知犯罪嫌疑人享有的各项权利和应承担的各项义务，其中包括拒绝回答与案件无关的问题的权利和如实回答的义务。严禁刑讯逼供和以威胁、引诱、欺骗等方式非法讯问。但是，讯问的过程中必须充分考虑到犯罪嫌疑人提供虚假口供、随时翻供的可能性。

充分的准备是取得讯问效果的重要前提。检察机关在进行讯问之前，要全面掌握案件的基本情况和犯罪嫌疑人的基本信息，通过相关法律文书，了解犯罪的时间、地点、过程、手段、结果等，通过对犯罪嫌疑人资料的分析，了解其基本情况、个性特点、心理特征，以此为根据有针对性地制订讯问计划，选择恰当的讯问策略，及时高效地开展讯问活动。在讯问结束后，根据讯问结果，对已有证据及其来源、法律文书等进行对比审查，核实其证据是否完整、充分，来源是否合法，法律文书是否符合规范要求等。

4. 委托鉴定、评估、审计

委托鉴定、评估、审计是指检察机关在进行调查核实的过程中，为了查明案件事实，确认诉讼活动是否合法，可以就案件中的一些专门性问题委托具有专门知识的单位或个人对该问题进行鉴别、评价和判断的一种措施。鉴定、评估、审计等措施因其具有客观性强、权威性高等特点，对于鉴别证据的真伪，查明案件事实，揭露违法犯罪等方面具有不可替代的作用，因此，在检察机关法律监督的过程中被广泛运用。但是，在调查核实的过程中，委托鉴定、评估、审计等措施的使用要遵循必要性原则，即在诉讼过程中，已经进行过鉴定、评估、审计的案件，原则上不再重复进行，调查核实的重点应当放在对鉴定、评估、审计的标准、程序、结论的合法性和可信性审查上。

被委托进行鉴定、评估、审计的单位和个人必须具备两个条件：一是具有专业的鉴定资格。因为需要委托鉴定、评估、审计的问题一般都是专业性较强的问题，因此要求鉴定人员必须具备相关的专业知识技能，并获得国家相关部门专业能力的认定或许可。二是不具备回避情形，接受委托鉴定、评估、审计的单位或个人应当与案件没有利害关系，不具有法律规定应当回避的情形。检察机关在决定委托鉴定、评估、审计后，应当积极配合受委托单位和个人的工作，为其提供便利条件。

委托鉴定、评估、审计结束后，被委托单位和个人应当出具正式的结论和意见，检察机关对结论和意见的合法性进行判断并确认。由于受主客观因素的影响，被委托鉴定、评估、审计的单位和个人给出的结论和意见可能会出现不准确甚至错误的情况。因此，委托鉴定、评估、审计的结论和意见必须经过检察机关审核之后才能作为下一步处理的依据。

5. 勘验

勘验是指检察机关在调查核实的过程中，依照法定程序，对与案件有关的场所和物证进行实地调查和分析研究的一种措施。勘验作为常规性调查手段，在调查核实中同样具有重要地位。其理论依据在于任何行为都是在一定的时空条件下进行的，都会与其周围的物质产生物质交换，即留下痕迹。在调查核实过程中，通过勘验，可以对相关证据材料、法律文书的真伪进行判断，以发现其中与实际情况不相符的地方。

在调查核实的过程中，通过勘验措施，既可以查明案件的性质，分析基本案情，与原有证据材料进行比对核实，又可以收集新的证据。勘验的对象包括与案件有关的场所勘验、痕迹勘验、物证勘验、尸体检验和人身检查五个部分。在调查核实中，勘验的直接任务是通过制作勘验笔录、绘制现场图、摄影摄像等形式记录现场情况，对比核实已有痕迹物证，发现、收集新的证据。所有的勘验行为都必须依照相关法律法规进行，确保程序和结果都在法律许可的范围内。

勘验结束后，应当对比研究新的勘验结果与原有勘验记录、痕迹物证，以发现其中的不符之处。如勘验过程是否合法，笔录制作内容是否全面，各种数据记录是否准确，相关人员的签名、盖章是否齐全，是否符合法律的要求。重点对比结果与前期勘验情况是否相符，勘验情况与当事人、案外人的陈述以及鉴定意见等证据是否存在互相矛盾之处。

另外，检察机关在进行调查核实的过程中，因查明案件事实和违法情况的需要，经相关程序批准，可以使用其他必需的措施。但是，调查核实不得采取强制性措施，如限制人身自由、查封、扣押等。同时，相关单位和个人应当配合检察机关的调查核实工作，拒不配合或者阻碍调查核实工作的，检察机关可以向其主管单位或上级单位提出检察建议或纠正意见，构成犯罪的，依法移送司法机关处理。

（四）调查核实的终结

检察机关调查核实结束后，应当对获取的各类证据材料的复制件，询问、讯问笔录，委托鉴定、评估、审核结论，勘验结果以及各类新发现、收集的证据进行整理，并制成调查核实终结报告，提出进一步处理意见，报部门负责人或检察长批准审核。

调查核实报告中除了包括被调查人的基本情况、案件事实情况、有无违法事实等情况外，还应当重点包括调查核实查明的事实证据情况，及其与当事人陈述的或有关机关认定的事实证据情况是否相符、以及不相符的原因，调查对象中是否存在违法情况，是否发现新证据以及对案情的影响等。调查终结报告应当由检察人员、调查对象、专业技术人员、记录人签名或盖章，对调查报告中内容的真实性进行确认、证明。相关人员拒绝签名的应当注明情况。同时，检察机关对在调查核实中获得的国家机密、商业秘密、个人隐私应当予以保密。

根据调查核实的具体结论，检察机关可以作出以下几种处理：一是经调查核实后认定证据与事实情况相符、没有违法事实存在的，应当及时向被调查人及其单位通报相关情况，及时消除对被调查人的影响，同时回复申诉人、申请人、控告人，并说明原因。二是检察机关调查核实终结后，认定有关证据与事实情况不符或者存在违法事实的，应当针对具体的事实情况、违法情况提出纠正意见或检察建议，并要求相关单位对纠正意见或检察建议的落实整改情况进行书面回复，同时将处理情况告知申请人。对报案材料进行调查核实的，应当作出是否立案的决定。对申诉材料进行调查核实的，应当作出是否抗诉的决定。三是经调查核实，发现有关单位认定的证据与事实严重不符，或国家工作人员存在严重违纪违法情况的，应当提请有关单位重新审查以前作出的决定，并将材料移交有关单位，或者依法提出监督意见。

四、调查核实中存在的问题及改进

调查核实权是检察机关有效履行法律监督职能的保障，是法律监督权的下位权力，其行使质量的高低与检察机关能否充分履行法律监督职能息息相关。调查核实权的法律监督属性要求其必须具备程序的规范性，克服柔性取证的不足。但是，目前调查核实权的行使还处在探索阶段，还没有形成完整的运行、保障机制，因此，调查核实权在实际行使过程中仍存在诸多问题，限制了检察机关法律监督职能的有效发挥。

（一）调查核实存在的不足

1. 缺乏专门立法规定

2018 年，全国人大常委会以立法的形式授予检察机关调查核实权。但是，目前对调查核实权的规定仍存在诸多不明之处。相关规定过于原则化和宽泛化。相关程序性保障措施相对缺乏，操作层面的具体制度有待完善和规范。目前，关于调查核实权的规定多为原则性概括，缺乏具体的使用程序和相关的司法解释，导致调查核实权在启动方式、适用范围、取得证据的效力等方面都有不明确的地方。特别是在不同的诉讼领域，不同的法律分别规定了调查核实权的启动程序、行使范围、具体措施、调查结果等，因此容易出现标准不一，职权冲突的情况。这种情况不利于检察机关统筹行使调查核实权。

检察机关在调查核实的过程中获取的证据是否能够作为定案依据的问题，目前立法尚无明确规定。从实体正义的角度看，凡是可以证明案件事实情况的材料，只要是通过合法途径获得的，都应当作为定案的依据。但是，该观点在一定程度上会导致调查核实人员代行侦查人员职责的情况发生。从程序正义的角度看，调查核实工作是检察机关履行法律监督职能的辅助手段，其目的是为法律监督提供依据，仅具有对内效力，不能成为法院的判决依据。该观点极易造成司法资源的空耗，不利于实体正义的实现。

2. 缺乏强制力

虽然人民检察院组织法在赋予人民检察院调查核实权的同时，规定了“有关单位应当予以配合”，但是，对有关单位和个人不予配合的，没有任何法律规定相应的法律责任。在司法实践中，一些单位和个人出于种种原因而不愿配合检察机关调查核实工作，此时赋予检察机关调查核实权一定的强制力显得尤为重要。比如，在检察机关无法自行操作，必须由相关单位和个人配合才能完成调查工作时，有些单位和个人经常以“技术故障”“查询不到”等理由拒绝配合调查核实工作，或者以内部规定为由来对抗检察工作，甚至会有以暴力、威胁或者其他方法干扰、阻碍甚至聚众围攻、限制人身自由、抢夺破坏调查设备等妨碍调查核实工作的情况发生。

在实践中，检察机关对拒绝或者妨碍调查核实的，通常是向有关单位或其上级主管部门提出检察建议。但这种做法的实际效果往往依赖于有关单位的认识和态度，难以保证调查核实的顺利进行。检察机关在调查核实的过程中难以通过介绍信、检察建议的方式有效破解行政机关、金融机构、企业等单位和个人不予配合的难题。检察人员此时只能通过劝说或者通过私人关系来解决问题。

从近几年调查核实的实际执行情况来看，拒绝配合和阻碍调查核实的情况不在少数。但是，至今尚未出现因此而被追究法律责任的案例。在诉讼和执法过程中，相关单位拒不履行配合义务的，司法机关可以对人和财物采取强制措施。调查核实权以不采取强制措施为界限，因此，其配合义务的程度还有待斟酌。

3. 人员专业化程度不足

面对诉讼工作的新形势、新常态，基层检察机关在人员数量、知识储备、业务能力等方面均存在不足。传统的办案力量、办案模式与调查核实的现实需求不相适应。传统的诉讼监督以被动审查为主，在主动调查和证据收集方面存在一定不足。特别是在原来的职务犯罪侦查部门整体转隶的情况下，基层检察机关富有调查核实经验的人员极少，一线办案的检察人员对于如何使用调查核实措施进行案件查证依然较为陌生，具体操作思路尚不清晰，遇突发事件和专业性案件处置沟通能力不强。由于受调查力量不足、调查能力欠缺、线索发现渠道较少等因素限制，导致调查核实的效能不能充分发挥。

部分案件调查核实对专业性技术要求较高、涉及面较广，这就对调查核实的人员素质提出了更高的要求。由于现阶段我国检察机关尚未建立起专业的调查核实队伍以应对刑事诉讼、民事诉讼、行政诉讼、公益诉讼等领域内的专业性问题，加之员额检察官数量较少，应对复杂任务时往往捉襟见肘，因此，在实际调查核实工作中经常面临取证难度大，工作效率低等困境。部分检察人员对于是否主动启动调查核实程序缺乏必要性考量，以致错过了最佳的证据收集期。另外，由于检察机关尚未与专门鉴定机构建立常规联络机制，导致取证的时间、经济成本过高，影响调查核实工作效率。

4. 调查核实手段单一

对调查核实手段的规定主要散见于《人民检察院刑事诉讼规则》《人民检察院民事诉讼监督规则（试行）》《人民检察院行政诉讼监督规则（试行）》《人民检察院提起公益诉讼试点工作实施办法》等检察机关的规范性文件中。其中规定的主要手段有：调阅、复制有关行政执法卷宗材料；询问当事人、利害关系人、证人等；收集书证、物证、视听资料等证据；咨询专业人员、相关部门或者行业协会等对专门问题的意见；委托鉴定、评估、审计；勘验物证、现场等。但在司法实践中，检察机关工作人员仍以询问当事人、证人、专业人员和相关部门以及查阅卷宗材料、银行账户为主要措施。调查方式过于简单，且在询问过程中缺乏明确的询问点和必要的前瞻性、预见性，记载内容多为申诉意见、答辩意见询问，其目的和效果仅在于增强检察人员的内心确信。同时，检察机关对勘验、委托鉴定、评估、审计和收集书证、物证、视听资料等方式运用不足，这些都暴露了检察人员在调查核实方面的能力相对不足，执法办案中有较大的局限性，因此，难以充分发挥检察机关调查核实的作用。

5. 调查核实的范围不明确

在不同的诉讼领域，最高人民检察院分别出台了不同的细则，对不同诉讼领域内调查核实权的行使范围分别作出了细化规定。如民事诉讼领域，调查核实的范围主要为民事判决、裁定、调解书可能存在法律规定需要监督的情形，仅通过阅卷及审查现有材料难以认定的；民事审判程序中审判人员可能存在违法行为的；民事执行活动可能存在违法情形的；其他需要调查核实的情形等四种情况。但是，这些对调查核实权的行使范围的规定都不同程度地存在过于宽泛的问题，兜底性条款的设立更是扩大了调查核实权的自由裁量空间。然而，在实践中，某些检察人员为了追求事实，在调查核实的过程中经常出现超出职权范围办案的情况，甚至在一定程度上代行了侦查员的职责。调查核实权的过度行使违背了诉讼监督的初衷，破坏了司法平衡。

（二）调查核实的改进方法

针对调查核实权在实施中的不足，必须从优化其内部设计和加强外部保障两方面入手，通过完善法律政策顶层设计，从根本上解决调查核实难的困境。

1. 完善制度和规范

法治就是要严格地依法办事。调查核实权的正确行使，必须有法律或者规范性文件的明确规定。这些规定，既要保证调查核实权这项公权力能够充分行使，又要对其进行有效约束，保证调查核实权能够依照正当程序原则来行使。为此，需要从三个方面来完善：

一是通过立法明确拒绝履行配合义务、阻碍司法行为的法律责任，根据实际影响划分责任登记，并赋予检察机关对妨碍司法行为的处罚建议权。对于有重大嫌疑、确实需要查明的案件事实情况，有关单位或个人无故拒绝或者借故不配合调查核实的，检察机关可以会同侦查机关强制调查。

二是出台关于调查核实的规范性文件、解释性文件，进一步细化调查核实权的程序规范，增强可操作性，构建调查核实的工作机制。必要时可对调查核实过程实行全程同步录音录像，客观记录现场情况。明确鉴定的具体标准及鉴定机构的选择标准。赋予通过合法途径取得的证据以一定的法律效力，可以作为认定有关事实的依据。这样既不违背程序正义原则，也利于实现实体正义价值。但是，调查核实过程中获得的证据应当接受双方当事人的质证，然后才能作为定案的依据。

三是明确规定调查核实权的启动机制。在调查核实权的启动方面，检察机关具有依职权启动和依当事人申请启动两种方式，但都要部门负责人或者检察长批准。这样的程序设计在一定程度上可以防止调查核实权启动的随意性，节约检察资源，提高监督效率。但是，不同的调查核实措施所需要投入的资源和执行的方式是不同的，不应当“一刀切”。如询问当事人，查阅、调取、复印案卷材料等日常简单操作，可由部门负责人决定即可。对于讯问、勘验、鉴定等需要层级较高或具有重大社会影响、涉及国家机密、个人隐私等案件，则需要检察长批准。

2. 健全保障机制

为了确保调查核实权的充分行使，必须健全能力保障机制和组织保障机制。努力将政治素质好、理论水平高、熟悉检察业务、掌握侦查方法、办案经验丰富的人员吸收到调查核实工作队伍中。在经费预算、人员编制、专项学习方面向上级检察机关借力，加强基层检察机关的人员配备，增加科技投入，更新硬件设备，增强证据调查核实能力。要进一步明确检察机关调查核实权的履职保障措施，赋予检察机关对妨碍调查核实的违法行为一定的处分建议权，并完善检察机关与公安机关、法院履职保障协作配合机制，增强检察机关调查核实权的刚性，以保障法律监督的实效性。检察机关应当加强与监察、公安、银行、交通、通信等部门的协作配合机制，对与检察机关调查核实权有关问题形成共识，明确各方的权力义务，建立健全信息共享、案情通报等制度，尽可能为调查核实提供便利条件。以现有法律规定为依托，增强调查核实措施力度。根据《保护司法人员依法履行法定职责规定》相关规定，对干扰阻碍调查核实活动，威胁、报复陷害、侮辱诽谤、暴力伤害检察人员的依法从严惩处。

提升检察人员的专业素质，尤其是强化培养调查核实业务能力。调查核实作为检察机关新增权能，其具体行使无先例经验可循，因此，要加强检察人员配备和专业化培训。注重检察人员对不同诉讼领域专业知识的学习，采取邀请专门执法人员、相关专家授课，进行实地调研等多种方式，提升检察人员知识储备和办案水平。检察人员要更新办案理念，改变办案方式，充分行使调查核实权。借助外部力量研究破解调查核实过程中出现的新情况、新问题。对于深层次的专业技术问题，可以借助社会力量，引入专家辅助制度，建立专家库，明确具体职责和工作流程等。严格遵守《关于指派、聘请有专门知识的人参与办案若干问题的规定（试行）》，明确其出庭义务和相关保障。